INGE OTT

Das Geheimnis der Tempelritter

*Die Geschichte des Templerordens,
erlebt von den Steinmetzen aus Lyon*

VERLAG FREIES GEISTESLEBEN

4. Auflage 2005

Verlag Freies Geistesleben
Landhausstraße 82, 70190 Stuttgart
Internet: www.geistesleben.com

ISBN 3-7725-2020-0

© 1990 Verlag Freies Geistesleben
& Urachhaus GmbH, Stuttgart
Einbandillustration: Rolf de Bruin
Landkarten und Pläne: Uta Böttcher
Herstellung: Nørhaven Paperback, Viborg

INHALT

Der Verrat an den Templern

Anhang

Der Wissensschatz

Der Wald der Räuber

Der Februar des Jahres 1118 war kalt und klar. Neun junge Burggrafen ritten schweigend mit ihren Knappen in die Nacht. Schon beim Mittagsläuten waren sie in Troyes, der Hauptstadt der Champagne, aufgebrochen und hatten Lusigny passiert, als dort der Torwächter das Horn zum Schließen geblasen hatte.

Das Himmelsgrau verfärbte sich schwärzlich, und der Schnee wurde fahl. Der Weg verschwamm ihnen vor den angestrengten Augen und war bald überhaupt nicht mehr zu sehen. Sie hielten an. Ein alter Knappe rutschte schwerfällig von seinem Ross, blies in die Hände und machte sich daran, einen Pechstab anzuzünden. Die Herren blieben im Sattel. Unruhig stampften die Rosse.

Endlich zischte und knallte das Pech, und Funken stoben auf. Der Knappe kletterte auf sein Pferd und hob den Brand hoch über sich. So ritt er den anderen voran. Das rötliche Fackellicht erhellte den Boden nur eine kleine Strecke weit. Hier und dort funkelte ein Eiskristall im Schnee. Die Gesichter der beiden Herren, welche die Spitze des Reiterzuges bildeten, hoben sich rötlich gegen die Dunkelheit ab. «In einer Stunde sind wir da», sagte der eine mit kaum geöffneten Lippen. «Hinter dem Wald dort beginnt schon der Sumpf.»

«Habt Ihr letztes Mal, als Ihr Euch mit dem Grafen von Champagne auf der Sumpfinsel getroffen habt, auch bei Vendeuvre gelagert, Herr von Payens?», fragte der andere leise. «Ich war ja damals nicht dabei.»

Der Herr von Payens nickte. «Aber damals war es warm – nicht so wie heute», und er deutete auf den Dampf aus den Pferdenüstern. Dann schwiegen sie wieder.

Die Knappen, die am Ende des Zuges ritten, beugten sich tief neben die Hälse ihrer Pferde, um die Spuren der Vorausreitenden nicht zu verlieren. Bis zu ihnen drang der Fackelschein nicht. Der kleine Eustache und der dicke Edus, die beide noch nicht zwölf Jahre alt waren, ritten zuletzt. Hier, zwischen Troyes und Vendeuvre, war keine Nachhut nötig: Hier war man in Freundesland, im Land des Grafen von Champagne.

Nun tänzelten die Pferde; sie witterten den Sumpf. Sie hörten, wie er schnalzte, und stellten die Ohren.

«Halt!», befahl der Herr von Payens; und als der Zug stockte: «Gib die Fackel dem Herrn von Montbard, Knappe!»

Der Fackelträger reichte sie dem Ritter, der neben dem Herrn von Payens geritten war.

«Dort rechts vor uns», der Herr von Payens wies mit der Zügelhand ins Dunkel, «liegt die Stadt Vendeuvre. Wir befinden uns hier an dem Ort, an dem wir schon einmal ein Nachtlager gehalten haben. Gegen ein Lagerfeuer ist auch heute nichts einzuwenden. Die Pferde tränkt ihr wieder dort drüben am Rand des Sumpfes», sagte er zu den Knappen, «wo das Wasser ansteht. Das Eis ist ja dünn.

Ich verlasse euch jetzt mit den anderen Herren. Am frühen Morgen kommen wir hierher zurück.»

Die Ritter glitten aus den Sätteln und warfen ihren Knappen die Zügel zu. Dann sammelten sie sich um den Herrn von Montbard, der die Fackel hoch über sich hielt, und drangen unter der Führung des Herrn von Payens in das Buschwerk ein, das den Sumpf umkränzte.

Die Knappen lauschten auf das ferner werdende Rascheln und sahen den Lichtschein mehr und mehr vergehen. Aber keiner sprach davon. Schweigend schoben sie den Pferden die Hand unters Halfter und taten, was der Herr von Payens sie geheißen hatte.

Das Feuer ließ sich nur mühsam entfachen, denn das Astholz, das sie unterwegs gefunden hatten, war bereift. Endlich zischten und fauchten die zuckenden Flämmchen. Die jüngeren Knappen luden Lasten und Sättel von den Pferden und stellten sie in einiger Entfernung um das Feuer. Allmählich lohte es auf. Sie koppelten den Pferden die Vorderbeine zusammen und hängten ihnen die Futtersäcke um. Dann entrollten sie Felle nahe beim Feuer. Hungrig setzten sie sich auf ihnen nieder und aßen von dem, was sie in ihrem Reisesack mitgenommen hatten. Eustache und Edus saßen nahe beisammen.

Kauend stieß Eustache den Freund in die Seite. «Nachts im Sumpf?», murmelte er, «hoffentlich versinken sie nicht!»

«Die kennen den Weg im Schlaf», entgegnete Edus leise.

«Was tun sie dort?»

Edus hob die Schultern. «Man weiß es nicht. Keiner der älteren Knappen spricht davon, das hast du ja gemerkt. Nur so viel kann ich dir mit Sicherheit sagen: Morgen früh, wenn sie zurückkommen, werden ihre Augen leuchten. So war es das letzte Mal auch.»

Sie wickelten ihre Mäntel fest um sich und rollten sich auf ihren Fellen zum Schlafen zurecht.

«Vielleicht», sagte Edus nahe an Eustaches Ohr, «vielleicht gibt es in diesem Sumpf einen festen Ort, an dem sie etwas tun, was andere Leute nicht zu wissen brauchen.» Dann drehte er sich um und schlief. Eustache lag wach.

Das Feuer, das eine Zeit lang gelodert hatte, knackte nur noch schwach. Bald hatte es nur noch rote Glut. Nachts im Sumpf! Eustache sah an dem gleichmäßigen Heben und Senken der Mäntel, dass die anderen alle schliefen. Der Altknappe schnarchte, an den Sattel des Herrn von Payens gelehnt. Jetzt raschelte der Schritt der Wache dort links hinter dem Gebüsch. Ein Käuzchen schrie. Nachts im Sumpf! Eustache roch das glimmende Feuer, das Lederzeug der Sättel und das brackige Wasser vom Sumpf. Dies war sein erstes Nachtlager, seit er der Jungknappe des freundlichen Herrn von Montbard war.

Auch nahe der Burg, auf der Eustache geboren war, der Burg seiner Eltern, gab es einen Sumpf. Aber jener wurde von allen Menschen gemieden, denn dort waren Geister und Irrlichter, die den nächtlichen Wanderer in die Tiefe zogen. Gab es die nicht auch in diesem hier? Warum betraten ihn die Herren dann? Fürchteten sie die Geister nicht? Was hatten sie für ein Geheimnis?

Eine Zeit lang grübelte Eustache noch. Dann fielen ihm die Augen zu. Er träumte von der roten Glut des Lagerfeuers. Aber nun war das Feuer nicht auf der Wiese neben ihm, sondern hing an dem sternenlosen Himmel, den er vor dem Einschlafen gesehen hatte. Dort dehnte es sich zu einer riesenhaften Gestalt mit weit gespannten Flügeln aus. Ihr

Gesicht war so schön und majestätisch, wie Eustache noch keines gesehen hatte. Auf dem Haupt trug sie eine Krone aus glühendem Gold, in deren Mitte ein Karfunkelstein blendend erstrahlte. Aber plötzlich stürzte diese herrliche Gestalt vom Himmel herab und stieß mit einem grausigen Schrei in die Erde.

Eustache fuhr aus dem Schlaf empor. Dort, wo er meinte, dass die Lichtgestalt in die Erde gestoßen war, brannte die letzte Glut des Lagerfeuers. Die Kameraden schliefen; die Wachen waren gewechselt worden. Alles war, wie es sein musste. Eustache schaute auf die immer dunkler und schwächer werdende Röte der Glut. Als er wieder einschlief, nahm er ihr Bild aufs Neue mit in den Traum.

Er sah einen kleinen rothaarigen Mann, der wie ein Mönch gekleidet war. Mit seinem Wanderstecken stocherte er in dem verglühenden Brand. Was hat er bei unserem Lagerfeuer zu suchen? Warum haben ihn die Wachen herangelassen? Empört wollte Eustache ihn vertreiben. Da winkte der Rothaarige ihn lächelnd herbei. Er scharrte die verkohlten Aststückchen zur Seite, und Eustache wich geblendet zurück: Unter den Kohlen steckte der lichtsprühende Karfunkelstein in der Erde, den die Lichtgestalt in ihrer Krone getragen hatte.

Er war aber in drei Teile zersprungen: Der eine war so groß, dass man ihn in einen Ring hätte setzen können. Der zweite war wie eine Faust; und der dritte war größer als die beiden anderen zusammen. Fragend wandte sich Eustache dem Rothaarigen zu. Aber der war nicht mehr da.

Eustache öffnete die Augen. Das Lagerfeuer war grau und kalt. Langsam wurde der Himmel blass. Die Schläfer bewegten sich unter den Mänteln. Sie gähnten. Vom Sumpf her hörten sie näher kommende Geräusche, und sie sprangen auf: Die Ritter kehrten ins Lager zurück. Ihre Augen leuchteten.

Eustache und Edus holten die Pferde ein. Sie halfen, die Tragtiere mit den Fässern und Säcken zu beladen, die sie ihnen am Abend abgenommen hatten: Nahrungsmittel enthielten diese für das neu gegründete Kloster, das die Herren heute besuchen wollten. Ein junger Abt hatte es zusammen mit einer Hand voll gleichaltriger Mönche in dem verfluchten Räuberwald von Clairvaux erbaut. Er hieß Bernhard.

Ungeduldig trieb der Herr von Payens zur Eile an. Die Herren saßen auf. Eustache nahm einen Anlauf und sprang unter dem Gelächter der Knappen mit einem Satz auf sein Pferd. Der Zug setzte sich in Bewegung.

Das Wetter hatte umgeschlagen. Als die blässliche Sonne emporstieg, begann der bärtige Reif von den Bäumen zu tropfen. Eustache achtete nicht auf die Vorboten des Frühlings. Der Traum aus der vergangenen Nacht stand klar wie ein Bild vor seinen Augen: Er sah den kümmerlichen rothaarigen Mann, wie er mit seinem Wanderstecken den strahlenden Stein freilegte. Was wollte dieses Traumbild von ihm, da es ihn auch am Tage nicht verließ? Eustache schrak auf.

«He!», hatte Edus grob geschrien, «schläfst du noch, oder was ist mit dir?» «Wenn du wüsstest», sagte Eustache leise, «wovon ich geträumt habe!» Er ritt eine Weile schweigend neben Edus her, ehe er sagte: «Von einem Karfunkelstein», und dann erzählte er den ganzen Traum. Indessen waren die Reiter an einem Waldrand angekommen. Der Herr von Payens ließ halten.

«Ehe wir in den Wald von Clairvaux einreiten, wollen wir etwas essen», sagte er, «damit wir das junge Kloster nicht mit unserem Hunger schädigen.»

Während sie dann in der Mittagssonne saßen und aßen, sagte Edus zu Eustache: «Wer vom Karfunkelstein träumt, wird zum Mitwisser eines Geheimnisses, das er niemandem anvertrauen darf.» Scheu sah er seinen Kameraden an. Eustache ließ erschrocken das Messer sinken, mit dem er sich eben ein Stück Speck abgeschnitten hatte. In diesem Augenblick rief der Herr von Payens zum Aufbruch, und der lebhafte Herr von St.-Omer winkte Edus, seinen Jungknappen, zu sich. Geschlossen ritt der Trupp auf einem holprigen Weg, dem man ansah, dass er noch nicht fertig war, in den verrufenen Wald von Clairvaux ein.

Eustache blickte nicht mehr auf den Rastplatz zurück, sonst hätte er sein Messer im Schnee blitzen sehen, dort, wo er es versehentlich hatte liegen lassen.

Der Wald war düster und dicht verwachsen, und der Weg war nur schmal. Ein Eichelhäher warnte mit unheimlichem Schrei, und die Singvögel verstummten vor den Huftritten der Pferde. Eustache schaute sich ängstlich nach Edus um, der wieder hinten ritt. Raschelte es dort nicht im Unterholz? Hatten diese dichten Büsche nicht hundert Augen?

Edus, der Eustaches ängstlichen Blick gesehen hatte, schüttelte den Kopf und winkte nachsichtig lächelnd mit der Hand ab. Er kannte das Angstgefühl von seinem ersten Ritt durch diesen Wald. Plötzlich aber trieb er sein Pferd an und rief: «Eustache, dein Messer steckt nicht im Gürtel!»

Erschrocken tastete Eustache nach der gewohnten Stelle: Das Messer, dieses wertvolle, unentbehrliche Werkzeug, war nicht da. Das Messer, das ihm der große Bruder, der einst die heimatliche Burg erben wird, zum Abschied geschenkt hatte. Das Messer des Urgroßvaters, Eustaches einzige Waffe! Hilflos sah er Edus an. Und schon wendete er sein Pferd.

«Wenn du dich beeilst», rief ihm Edus nach, indem er sich im Sattel umwandte, «kannst du uns eingeholt haben, noch ehe wir am Klostertor angekommen sind!»

Eustache galoppierte durch den dichten Wald zurück. Krampfhaft sah er geradeaus. Wieso habe ich Angst? fragte er sich, um sich zu beruhigen. Sind denn die Räuber, die in diesem Wald gehaust haben, nicht weggezogen, als Bernhard das Kloster zu bauen begann? Und hat nicht Edus nachsichtig über meine Furcht gelächelt?

Dort sah man ja auch schon die Helligkeit der Wiese, auf der sie vorhin ihren Hunger gestillt hatten. Dort musste das Messer liegen. Aber das Messer war nicht mehr da. Suchend sah Eustache sich um. Weit drüben, am Rand der Wiese, gewahrte er unter einem Busch einen Mann. Eustache sah, dass er sich auf dem kalten Boden krümmte. Sein Hemd war blutüberströmt. Und dann bemerkte Eustache das Heft seines Messers, das dem Mann aus dem Rücken ragte. Erschrocken sprang er vom Pferd und beugte sich über ihn.

«Du!» rief er immer wieder, indem er seine Schulter berührte, «hörst du mich?» Er streckte die Hand aus, um das Messer aus der Wunde zu ziehen. Sofort nahm er sie aber wieder zurück: Ein Messer, das in einem

Rücken steckte, durfte nicht herausgezogen werden, sonst erstickte der Verwundete sofort an seinem Blut. Das war ein altes Wissen unter Kriegern. Eustache fing an zu weinen. Er fühlte plötzlich, wie allein er war. Er konnte den Mann nicht aufs Pferd heben; er konnte ihn hier aber auch nicht liegen lassen.

Der Verwundete hörte nicht auf sein Rufen. «Du!», versuchte er es noch einmal, «ich bringe dich ins Kloster; dort pflegen sie dich!»

Der Mann hörte auf, sich zu wälzen. Nach einer Weile schlug er die Augen auf. Eustache sah, dass er noch jung war. Er sagte: «Ich habe ein Pferd.»

Der Mann hob den Kopf und schaute suchend um sich. Er erkannte das Pferd. Er wollte Eustache etwas sagen, aber Blut kam aus seinem Mund. Eustache führte das Pferd neben einen nahen Baumstumpf und band es an einen Strauch. Einen Augenblick war er starr vor Angst, die Räuber könnten zurückkehren und auch ihn überfallen und ihm das Pferd wegnehmen.

Der Verwundete hatte sich aufgestützt. Das Messer steckte fest in seinem Rücken.

«Wenn du dich hinknien könntest», sagte Eustache, «könnte ich dich von vorne halten, und du kämst vielleicht auf die Füße». Der Mann versuchte es. Sein ganzer Leib zitterte, als er endlich auf den Füßen stand. Schwer auf Eustache gestützt, schleppte er sich zu dem Baumstamm hin und sank auf ihm nieder. Viel Blut brach aus seinem Mund hervor. Eustache keuchte. Wie bringe ich ihn auf das Pferd, dachte er verzweifelt.

Sobald er Atem schöpfen konnte, hob er den Mann wieder hoch. So half er ihm, auf den Stumpf zu steigen. «Halt dich am Sattel fest!», sagte er. Er lockerte den Bauchgurt des Pferdes und schob den einen Fuß des Verwundeten darunter. Dann drückte er den Mann mit aller Gewalt hoch, so dass er bäuchlings auf den Pferderücken zu liegen kam.

Sobald Eustache wieder ruhig atmen konnte, zog er den Gurt an und stieg auf. Langsam lenkte er das Pferd über den holprigen Weg durch den Wald. Die Angst vor den Räubern war sonderbarerweise von ihm abgefallen.

Der Verwundete stöhnte. Unaufhörlich rann Blut aus seinem Mund. Eustache wusste nicht, ob er ihn lebend ins Kloster würde bringen können. Aber er wusste, dass er das Richtige tat. Eine große Sicherheit war in ihm.

Plötzlich hörte er rasches Pferdegetrappel von vorn. Auf dem Waldweg kamen ihm zwei Reiter entgegen, und bald erkannte er, dass der eine von ihnen Edus war. Der andere war der Herr von Montbard, der sich um seinen Jungknappen sorgte. Aber die Erleichterung in dessen Gesicht schlug in Entsetzen um, als er den Verwundeten sah; und sein betroffener Blick ging zwischen dem Messer und Eustaches Augen hin und her.

Dies geschah nur einen Augenblick lang. Dann wandte er sein Pferd und trabte voraus dem Kloster entgegen. Edus ritt blass und schweigend hinter Eustache her.

Der Mann vom Lagerfeuer

Ein Pförtner stieß das Klostertor auf, noch ehe der Herr von Montbard gepocht hatte.

«Ich habe Euch als den Mutterbruder unseres Abtes schon von weitem erkannt!», rief er dem Herrn von Montbard zu, «sonst hätte ich Euch nicht so schnell aufgemacht – o weh! Der sieht aber gar nicht gut aus!» Er zeigte auf den Verwundeten. «Da kann nur noch einer helfen: unser Abt mit seiner heilenden Hand!»

Eustache drängte sein Pferd durchs Tor. Schnell, nur schnell, dachte er. Wo konnte man den armen Mann hier niederlegen?

«Der Abt wartet in der Zelle an der hinteren Mauer auf Euch, Herr», rief ein Mönch ihnen zu. Sie ritten vorüber an Werkstätten, in denen gepocht und gehämmert wurde, und kamen an einer steinernen Wand vorbei, die ohne Fenster war. Weiter drüben war ein niedriges Gebäude aus Holz. Dann überquerten sie auf einem Steg einen kleinen Bach, der unter der hinteren Umfassungsmauer hereingeleitet worden war. Und dann sahen sie die einzelne Zelle.

Ein schmächtiger, rothaariger Mönch – er mochte etwa einundzwanzig Jahre alt sein – stand in der Tür. Eustache meinte, er habe ihn früher schon gesehen, wusste aber nicht wo.

Der Herr von Montbard sprang vom Pferd, und die beiden fast gleichaltrigen Verwandten gaben einander den Bruderkuss. Ohne ein weiteres Wort deutete der Herr von Montbard auf den Verwundeten. Bernhard trat an ihn heran, hob ihm ein wenig den Kopf, spähte ihm ins Gesicht und befahl den herbeigelaufenen Brüdern, ihn vom Pferd zu heben und auf den Boden zu setzen. Eustache, der das alles vom Pferd aus genau beobachtet hatte, sprang nun auch zu Boden. Der Mann gab kein Lebenszeichen mehr von sich.

Bernhard kniete vor dem Verletzten nieder, den zwei Mönche von hinten stützten. Er hob die Hände zum Himmel auf und betete still. Dann beugte er sich vor, hauchte dem Leblosen ein wenig Atem in den Mund; und indem er ihn mit dem einen Arm fest umschlang, zog er ihm mit einem Ruck das Messer aus dem Rücken.

Eustache schrie auf. Entsetzt schlug er die Hände vors Gesicht. Dann hörte er, wie der Abt zu den Brüdern sagte: «Versorgt ihn jetzt gut; er wird diese Verwundung überstehen.»

Als Eustache ungläubig die Hände von den Augen nahm, traf sein Blick auf den des rothaarigen Mönches.

Der Abt lächelte ihn sonderbar an, und mit einem Mal wusste Eustache, dass er diesen Mann im Traum gesehen hatte: Der Abt war jener Mönch, der ihm in der Nacht den Karfunkelstein gezeigt hatte. «Dein Messer», sagte Bernhard immer noch lächelnd und hielt es ihm entgegen.

Woher weiß er das?, fragte sich Eustache verwirrt. Und noch ehe Eustache ihm die Zusammenhänge erklären konnte, wie das Messer in den Rücken des Verwundeten gekommen war, nickte der Abt bestätigend. Lang schaute Eustache ihn an, ohne sprechen zu können. Dann hob er zögernd die Hand und nahm das Messer von ihm entgegen.

Eustache sah den Mann, zu dessen Errettung er beigetragen hatte, nicht gleich, denn Mönche umstanden ihn, die ihn wuschen und ihm eine warme Kutte überwarfen. Sie fragten ihn aus, wer er sei, woher er komme, und wer ihn überfallen habe, und immer wieder, ob ihm noch etwas wehtue.

Die Stimme des Mannes war noch schwach; darum verstand Eustache nicht, was er antwortete. Ein Knecht kam herbei und führte die Pferde weg, und der Abt befahl ihm, die anderen Ritter zusammenzurufen, die sich weiter drüben die neuen Bauarbeiten des Klosters erklären ließen.

«Ich bitte die Herren alle in den Raum, den wir vorläufig als Refektorium benützen», sagte der Abt. Dann forderte er zwei von den Mönchen auf, den Verwundeten in die Kammer neben diesem Refektorium zu bringen. «Er ist noch sehr schwach», sagte er, «und muss ruhen.»

Aber der Mann sank vor Bernhards Füßen nieder und sagte mit bewegter Stimme: «Herr, Ihr habt mir mit Gottes Hilfe das Leben gerettet: Nun gehört es Euch. Macht damit, was Ihr wollt.»

«Es kann wohl sein», entgegnete der Abt ernst, «dass ich dich für eine besondere Aufgabe brauchen werde, sofern dies auch dein Wille ist. Jetzt aber steh auf.» Er half ihm auf die Füße. «Lass dich nun in die Kammer führen. Der Junge, der dich hergebracht hat, soll mit dir gehen und bei dir bleiben, für den Fall, dass du etwas brauchst.»

Daraufhin schlangen die Mönche hüben und drüben den Arm um den Mann und stützten ihn so beim Gehen. Eustache folgte ihnen noch immer verwirrt. Sie legten den Geschwächten in einer kleinen Kammer auf einen Strohsack nieder und kehrten zu ihrer Arbeit zurück.

Eustache sah sich in der Kammer um. Sie war weiß gekalkt und hatte ein kleines Fenster. In der anderen Wand war eine weitere Tür, die mit einer schmalen Bank verstellt war. Auf diese Bank setzte er sich und schaute auf den Mann, der mit geschlossenen Augen dalag.

Wie jung sah er doch aus! Seine Glieder waren sehnig, und seine

Hände waren wie die eines Handwerkers. Jetzt hob er die Lider und sah Eustache an.

«Du hast mich hergebracht.»

Eustache nickte.

«Nenn mir deinen Namen!»

Und als Eustache ihn genannt hatte, sagte der Mann: «Ich bin Peter, ein Steinmetz aus Lyon, und ich danke dir für deine Hilfe.» Dann schloss er die Augen wieder, und Eustache sah, dass er schlief.

Eustache lehnte den Rücken an die Tür. Der Raum nebenan, das Refektorium, füllte sich mit Stimmen. Er wusste, dass ein Refektorium ein klösterlicher Speisesaal ist. Von dorther kam die tiefe Stimme des Herrn von Payens und die wohltuende des Herrn von Montbard. Die helle mit dem flämischen Akzent gehörte dem Herrn von St.-Omer. Aber die Stimme des eleganten Herrn von Aldemar konnte Eustache nicht von der des Herrn von St.-Amand unterscheiden. Zuletzt vernahm er nur noch die kräftige des Herrn von Montdidier. Dann hörte er, wie sich die Männer auf den Bänken niederließen. «Liebwerte Herren!», begann der Abt. «Seid herzlich willkommen in den Klostermauern von Clairvaux. Seid auch herzlich bedankt für alle Gaben, die ihr uns mitgebracht habt! Ihr seid gekommen, um mit mir von der Sorge zu sprechen, die uns zusammengeführt hat: Es ist die große Sorge um unsre Natur! Die Menschen fangen an zu glauben, die Natur sei ihr Besitz und sie könnten mit ihr machen, was ihnen gefällt. Aus den arabischen Ländern dringen Wissenschaften in unser christliches Abendland ein, die zwar erstaunlich sind, aber unsere schöne Welt wie einen toten Stoff behandeln – bis sie eines Tages zerstört sein wird. Wir wollen, dass die Natur am Leben bleibt!

König Salomo hat vor zweitausend Jahren die Lebensgeheimnisse der Natur gekannt: ihre Gesetze, ihre Bausteine, ihre Gewalten. Vieles weist darauf hin, dass er dieses Wissen niedergeschrieben und verborgen hat, damit es keinem Unwürdigen in die Hände falle, der es missbraucht. Denn wer dieses Wissen erlangt, gewinnt große Macht. Ihr sollt ausziehen, um diese heilenden Erkenntnisse zu suchen.

Im Innern des Berges Moria, auf dem König Salomo seinen Tempel so herrlich erbaut hat, gibt es eine Säulenhalle. Man nennt sie heute die ‹Pferdeställe des Salomo›. Vieles weist darauf hin, dass sich im Umkreis dieser Säulenhalle der Weisheitsschatz befindet, nach dem wir forschen. Ihr seid neun. Der König von Jerusalem ist der Zehnte in unserem Bund, und der Graf von Champagne, den ihr heute Nacht an unserem geheimen Treffpunkt aufgesucht habt, ist der Elfte. Ich aber, der Geringste unter euch, bin der Zwölfte und kann nichts anderes tun, als für euch zu beten. Die jüdischen Schriftgelehrten, die hier im Kloster die Heiligen Schriften übersetzen, sind auf einen Spruch gestoßen, der euch vielleicht ein Hinweis werden kann, wenn ihr am Ziel der Reise sein werdet – in Jerusalem.» Eustaches Herz klopfte. Jerusalem!

«Ehe ich euch den hebräischen Spruch aber spreche», fuhr der Abt fort, «wollen wir gemeinsam geloben, dieses Geheimnis zu hüten und mit Leib und Leben vor ihm zu stehen.» Und alle murmelten: «Wir geloben!»

Dann gab der Abt den Spruch zuerst in der Sprache der Juden wieder, und es klang wie ein gewaltiger Zauber. Danach übersetzte er ihn:

> *«Nahe beim Heiligtum*
> *sind zwölf Häuser verborgen:*
> *Wohnungen des Nichts,*
> *wo du Worte findest*
> *zum Segen der Welt.*
>
> *Ein einziger Schlüssel*
> *schließt ihr Geheimnis auf.*
> *Mit dem Namen Jahve*
> *ist er gezeichnet.*
> *Hast du das Nichts entdeckt,*
> *Dann trenne die Häuser nie!*
> *Denn in einem von ihnen*
> *wohnt die Kraft für die anderen elf.»*

Er sprach den Spruch ein zweites und ein drittes Mal, auf dass er sich den Rittern einpräge. Dann gab er ihnen Segenswünsche mit auf den Weg und bat: «Grüßt mir den König von Jerusalem und überbringt ihm meinen Dank dafür, dass er euch die Gebäude überlassen will, die ihr braucht!»

Anschließend hörte Eustache noch, wie die Männer Lyon zum Treffpunkt wählten; dann verstand er nichts Einzelnes mehr. Der Raum leerte sich, und die Stimmen der Herren verloren sich draußen. Edus rief im Hof; und als Eustache ihm antwortete, wachte Peter auf.

«Wir sollen diesen Mann zum Abt in die Zelle führen», sagte Edus, indem er den Kopf durch die Tür steckte.

«Führen?» Peter wehrte sich. «Mich braucht man nicht mehr zu führen!» Allein ging er zur Zelle des Abtes von Clairvaux. Eustache sah, wie sich die Zellentür hinter Peter schloss. Er konnte den Blick nicht von ihr wenden. Aber der Abt kam nicht mehr mit Peter heraus.

«Komm jetzt», sagte Edus ungeduldig, «man wartet auf uns bei den Pferden!» Während sie zu den Pferden gingen, berichtete Eustache ihm, wie er Peter, den Steinmetz, gefunden hatte und dass er den Abt im Traum gesehen habe.

Nun, wo Eustache von dem Geheimnis der Ritter etwas wusste, sah er sie mit anderen Augen an. Wie feierlich war ihnen jetzt wohl zumute! Ihre Gesichter waren ernst, und schweigend bestiegen sie ihre Pferde.

Eustache nahm Peter hinter sich aufs Pferd; es waren kaum zwei Stunden vergangen, seit er ihn vor sich auf dem Pferdehals gehabt hatte. Ja, alles war vor zwei Stunden anders gewesen: Eustache hatte noch kein Geheimnis zu hüten gehabt, und er hatte noch nicht geahnt, dass er Jerusalem so bald würde sehen dürfen.

Die Ritter zogen durch den Wald von Clairvaux davon. Auch sie dachten an Jerusalem. Sie ließen ihre Blicke ins Ungewisse schweifen und grübelten über den eigenartigen Spruch, dessen Bedeutung sie noch nicht erkannten. Besonders jene Stelle war ihnen ein Rätsel, wo von versteckten Häusern und von einem Nichts die Rede war, in dem es Worte geben sollte. – Die sinkende Nachmittagssonne lockte feurige Blitze aus den Silbergehängen der Pferde. Später brach Nebel ein, und Wald und Wiesen wurden ungenau.

Edus kam mit seinem Pferd an Eustaches Seite.

«Kann man sich an so einem Kleinen», und er deutete auf Eustache, «richtig festhalten, Steinmetz? Sonst kannst du zu mir herüberkommen.»

«Er hält sich sehr gut an mir fest!», fuhr ihn Eustache an. Aber dann dachte er daran, dass er nun zum ersten Mal ein Geheimnis hatte, das er mit Edus nicht teilen konnte. Das hatte es in ihrer Freundschaft noch nie gegeben. Es kam ihm wie ein Verrat vor, der seine Freundschaft trübte. Kleinlaut fügte er darum hinzu: «Wenn Peter will, kann er gern eine Strecke mit dir reiten. Dann kann er dir erzählen, wie es gewesen ist, als er von den Räubern überfallen wurde.» Als Peter hinter Edus saß, versank Eustache ungestört im Sinnen. Leise wiederholte er das Wort Jerusalem und kostete es aus. Erst als sie auf die breite Straße gelangt waren, holte er wieder auf.

Die Dunkelheit wurde dichter, und man hielt an, um Fackeln zu entzünden. Peter setzte sich nun wieder hinter Eustache aufs Pferd. Bald würden sich die Burggrafen trennen. Schon tauchte die Straßenkreuzung auf, wo die Wege der Ritter auseinanderliefen.

Einige ritten mit dem Herrn von St.-Omer nach Norden; der Herr von Payens musste sich westlich halten; und der Herr von Montbard, der den Steinmetz auf seine Burg mitnehmen wollte, wandte sich nach Süden hin. Ein jeder sah die Fackel des anderen im Abendnebel verschwinden. Aber lange noch waren die Rufe der Scheidenden zu hören: «In einem Monat in Lyon!» – «Auf bald in Lyon!»

Eustache lächelte in der Dunkelheit: Lyon? – Nein, er dachte schon weiter als Lyon! Er sah sich auf dem Schiff in der Weite des Meeres und in der Heiligen Stadt Jerusalem. Peter aber dachte an seine Heimatstadt Lyon, wo die Werkstatt war und Susanne mit dem kleinen Sohn.

Dem Meer entgegen

Lyon ist der Mund zum Mittelmeer, hieß es bei den Einwohnern der Stadt, und sie hatten Recht damit: Lyon war ein wichtiger Handelsknotenpunkt, besonders seit vor zwanzig Jahren die ersten Kreuzfahrer die Handelshäfen des Heiligen Landes für die Christenheit gesichert hatten. Lyon, die Stolze, der Mund der Welt, war eine freie Reichsstadt und niemandem untertan als dem deutschen Kaiser allein. Nahezu uneinnehmbar war sie in den Steilabhang des umliegenden Gebirges hineingebaut, an dessen Fuß die Saône sie umfloss. Diese Saône läuft eine Strecke weit an der Rhône entlang, ehe sie südlich der Stadt in diese mündet. So konnten die Bewohner des alten Lyon von den Fenstern ihrer hohen Häuser aus zwei Flüsse und die dazwischen liegende Landzunge überblicken.

Viele von ihnen waren Schiffer, die mit ihrem Kahn bis nach Marseille fuhren oder hinauf bis Chalon. Durch Seide und Gewürz waren sie reich geworden. Fast alle besaßen mehr als einen Kahn, und jeder Kahn hatte außer den Stakestangen ein Hilfssegel, das an einem mittschiffs stehenden Mast gerefft wurde.

Im Winter brachte man diese Kähne auf die Landzunge zwischen den Flüssen. Dort wurden sie kalfatert, und der teerige Rauch zog bei Ostwind durch die Straßen der Stadt.

Die Steinmetze von Lyon besaßen auf dieser Landzunge ein Lager für die unbehauenen Blöcke; auch ein Unterstand mit einer groben Steinsäge befand sich dort. Die Werkstatt für die feineren Arbeiten war aber innerhalb der Stadtmauer, und neben ihr das Wohnhaus, Peters Elternhaus, das nun dem älteren Bruder gehörte. Im oberen Stock hatte dieser eine Kammer eingerichtet, in der Peter mit Susanne wohnte, seit sie verheiratet waren. Hier war auch das Söhnchen zur Welt gekommen; Susanne hatte es nach ihrem Vater Arnold genannt.

Peter war bald nach Weihnachten auf Fahrt gegangen, um in der

Champagne nach brauchbarem Kalksandstein zu sehen. Dort war er in den Wald von Clairvaux geraten und in die Hand der Räuber.

Susanne wartete auf ihn. Oftmals stand sie am Fenster der oberen Kammer, von dem aus man über die Stadtmauer hinweg auf die Saône sehen konnte. Sie wischte die schwarze Ringellocke von den spähenden Augen, um Peter nur gleich zu sehen, wenn er auf einem der Kähne zurückkäme.

Aber Peter befand sich noch auf der Burg des Herrn von Montbard. Dort war er eingekleidet worden und wohnte bei dem Bewacher des Hundezwingers. Eustache sah er kaum, denn der begleitete seinen Herrn bei dessen Geschäften.

Die wenigen Male, die er den Herrn von Montbard traf, schaute dieser ihn prüfend an und fragte: «Geht es dir gut? Tut dir nichts mehr weh?» Endlich befahl er ihn vor sich.

«Ich will dich nach Hause entlassen, Steinmetz, denn du siehst wirklich aus, als würdest du die Reise gut überstehen. Lass dir vom Kammerknecht Lederhut, Koller und einen Knüppel geben, ein Messer und was du sonst für diese Wanderung brauchst.»

«Herr», sagte Peter und schüttelte lachend den Kopf, «nach Hause gehe ich zwar gern, aber von entlassen kann da keine Rede sein! Ich habe dem Abt von Clairvaux versprochen, dass ich bei Euch bleibe, wohin Ihr in einem Monat auch zieht. Dort wartet eine große Aufgabe auf mich, ich weiß nur noch nicht welche.»

Der Herr von Montbard hob überrascht die Brauen. «Das hat der Abt gesagt?» Er lachte erheitert. «Soso.»

«Nun gebt mir Urlaub, Herr, wenn es Euch gefällt, und sagt mir, wann und wo ich mit Euch zusammentreffen soll.»

«Sei also am achtzehnten des nächsten Monats mit allem, was du auf die Reise mitnehmen willst, beim Mittagsläuten am Kai von Lyon. Wir fahren ins Heilige Land.»

Ins Heilige Land! Fröhlich zog Peter davon. Am Burgtor stand Eustache. Sie winkten einander noch lange zu. «Treffpunkt Lyon!» Dann schritt Peter aus und pfiff vergnügt. Er wusste, was er auf diese Reise mitnehmen wollte: Susanne und das Kind! Manchmal konnte er auf einem Bauernkarren ein Stück weit fahren, auch ein Händler nahm ihn unter das Zeltdach seines Wagens. Einmal ritt er auf dem Esel eines Müllerknechtes, und so näherte er sich der Stadt Chalon. Im Hafen fand er einen Schiffer aus Lyon; der nahm ihn den Fluss hinab mit.

Mit klopfendem Herzen spähte Peter der Stadt entgegen, die er beinahe nie mehr gesehen hätte. War Susanne gesund? Wie ging es dem Kleinen? Langsam schob sich vor seinen Augen das Stadtbild auseinander, und Peter erkannte das Fenster seiner Kammer. Bewegte sich dort nicht eine Hand? Er riss den Arm hoch und winkte. Und nun erst überwältigte ihn das Glück des wiedergewonnenen Lebens, das er dem Abt von Clairvaux und dem kleinen Eustache verdankte.

Am 18. März 1118 stand Peter lang vor dem Mittagsläuten mit Susanne und dem Kleinen am Kai von Lyon. Hinter ihnen hielt Peters finster blickender Bruder mit einem Knecht eine Ziege und zwei hoch bepackte Esel am Strick. Dem einen war ein Körbchen mit Kindszeug an der Seite befestigt; die Frau des Bruders schüttelte weinend die kleinen Kissen. Bald würde sie den Kleinen nicht mehr haben, und eigene Kinder waren ihr verwehrt.

Als Susanne die Schwägerin so weinen und Kissen schütteln sah, weinte auch sie ein wenig. Wer wusste denn, ob dieser Abschied nicht fürs Leben war? Sie machte sich keine rechte Vorstellung vom Orient. Zwar waren schon einige Einwohner von Lyon im Heiligen Land gewesen, seit es jene Kreuzfahrer vor zwanzig Jahren erobert hatten. Aber wenn sie zurückgekommen waren, hatte man ihren begeisterten Berichten nur halbwegs geglaubt.

Manch einer der Kreuzfahrer hatte aber doch ein goldenes Geschmeide oder eine Trinkschale aus edlem Stein mitgebracht – gar nicht zu reden von den Stücken Purpurseide, die sie zu Hause ehrfürchtig in ihre Stuben hängten. Eine Zeit lang hatte man die Heimkehrer deshalb belauert und gefürchtet, der Segen schwinde nun aus ihrem Haus.

Peter zuckte zusammen: Ein breiter Lastkahn mit wenigstens acht Stakern war nun im Norden auf dem Fluss zu sehen. Langsam glitt er heran.

«Sie sind es!», rief Peter. Da umarmten die Frauen einander Abschied nehmend. Die Schwägerin drückte noch einmal das Kind an sich und gab es widerwillig an Susanne zurück, und Peter bedankte sich beim Bruder für alles, was dieser ihm mit auf die Reise gegeben hatte.

Schon war der Kahn nahe herangekommen, und Peter unterschied alle neun Ritter, die Knappen, Pferde und Schlachtrösser.

Der Herr von Montdidier überragte alle anderen Männer. Hinter ihnen hatten sich Eustache und Edus auf den Ruderkasten gestellt und winkten und bedeuteten Peter, er solle zu ihnen nach hinten kommen. Und gerade, als die Staker das Anlegemanöver begannen, schlug die Mittagsglocke.

Der Herr von Payens stieg als Einziger aus. «Da bist du ja!», sagte er. «Ich habe vom Herrn von Montbard schon gehört, dass du uns begleitest. – Ist das deine Frau?» Er deutete auf Susanne. Aber dann fiel sein Blick auf das Kinderkörbchen, das am Bauchgurt des Esels festgemacht war, und seine Brauen verfinsterten sich. «Soll das dort», und er meinte damit den Korb, «etwa heißen, dass du deine Familie – ?»

«Haltet zu Gnaden», sagte Peter rasch, «ich hatte vom Herrn von Montbard die Erlaubnis, auf Reisen mitzunehmen, was ich will.»

Fragend schaute sich der Herr von Payens nach dem Herrn von Montbard um. Der aber hob nur die Schultern, als wolle er sagen, nun sei es eben so gekommen. «Die Familie», meinte er verschmitzt, «wird wohl im Segen des Abtes mit inbegriffen sein.»

«Na, dann steigt ein! Ich hoffe nur, dass du es niemals bereuen wirst, dass du sie mitgenommen hast.»

Die Tiere polterten über den Steg. Sie wurden an einer Stange hüben und drüben angebunden, die wie ein Geländer der Länge nach in der Mitte des Schiffes dahinlief. Und noch während sich Peter mit Susanne an den Herren, den Tieren und den Gepäckstücken ins Hinterschiff vorbeidrängte, legten die Staker ab. Als die Scheidenden einen letzten Blick auf den Kai warfen, sahen Bruder und Schwägerin aus wie zwei am Ufer vergessene spannenlange Puppen.

Die Staker fuhren in die reißende Rhône ein, und eine Weile schlingerte der Kahn. Susanne drückte den Kleinen ängstlich an die

Brust. Noch nie hatte sie eine Reise gemacht, und nun fuhr sie auf dem unberechenbaren Wasser eines Flusses und würde bald auf dem noch viel unberechenbareren Wasser eines Meeres fahren. Hilfe suchend tastete sie nach Peters Arm.

Das Kind hatte zuerst erstaunt auf die Bewegung der Ufer geschaut, die rechts und links vorüberflogen. Aber bald wurden sie ihm langweilig. Es quengelte ein wenig; und als Susanne es gestillt hatte, schlief es ein. Die Dämmerung fiel früh herab, Nebel stiegen auf. Die Schiffer aber kannten ihren Wasserweg gut; reihum riefen die Staker das lang gezogene «Hoohee!» in die Düsternis, um etwaige Hindernisse auszuloten. Außer diesen Rufen hörte man bald nichts mehr, denn die Reisenden duckten sich in ihre Mäntel und schwiegen. Nur manchmal polterte ein Pferd mit dem Huf, oder am Ruder plätscherte das Wasser, und die Stakestangen schürften an den Zargen.

«Wie kommt es», fragte Peter leise, «dass schon alle Herren auf dem Kahn waren, als er in Lyon eintraf? Wollten sie sich nicht erst in Lyon treffen?»

«Das war purer Zufall», sagte Edus. «Als wir in Chalon nach einem Kahn fragen wollten, standen sie plötzlich alle da; und mein Herr hat laut gelacht.»

Nun war der Mond schon am Himmel und schaute durch die zerrissenen Wolken, und nur noch auf den Wiesen war eine flache Nebelschicht zu sehen. Peter, der den Arm um Susanne gelegt hatte, schlief, an den Ruderkasten gelehnt, Susanne an seiner Brust. Das Kind lag in ihrem Schoß.

«Ich glaube, wir sind die Einzigen, die noch wachen», sagte Edus leise.

«Ich bin zum Schlafen zu aufgeregt, Edus. Was wird uns diese Reise bringen? Ich will dir gestehen, dass ich mich ein wenig ängstige. Hoffentlich werden wir, wenn wir auf dem Meer fahren, nicht von Piraten aufgebracht. Und hoffentlich gibt es keinen Sturm!» Dann sprachen sie von Jerusalem, und jeder von ihnen gab zu, dass er sich diese geheimnisvolle Stadt, die alle dem Namen nach kannten, nicht vorstellen konnte.

In Arles legte der Lastkahn an, und die Herren gingen mit ihrem Gefolge und dem Tross an Land. Der kleine Arnold wurde in den Korb gelegt, der am Esel hing, und mit einem Band in seinem Bettchen festgebunden. Peter hob Susanne auf den Esel, und der Reisezug setzte sich in Bewegung. Es waren zwei knappe Tagesritte bis Marseille; aber keiner achtete in diesen zwei Tagen auf die fremdartige Gegend, durch die sie ritten; keiner wunderte sich über die sonderbaren Formen der Pinien und Zypressen, die am Wege standen. Jeder dachte nur daran, dass sie alle nach diesen zwei Tagen ein Schiff besteigen würden zur Fahrt übers Meer.

Viele Reisende strömten in die Hafenstadt. Kaufleute mit ihren Zeltwagen, Abenteurer, auch Pilger, die sich ein Stoffkreuz seitlich auf den Mantel genäht hatten, an dem man erkennen konnte, dass sie ins Heilige Land ziehen wollten. Je näher die Stadt kam, desto belebter wurde die Straße. Der Altknecht des Herrn von Payens hatte Mühe, dem Zug der Ritter einen Weg zwischen den Fußgängern zu bahnen. Endlich sahen sie rechter Hand ein sonderbar glitzerndes eisgraues Band, und der Herr von St.-Omer rief mit seiner hellen Stimme: «Seht dort: das Meer!»

Nun gab es ein langes Warten und Gedränge am Tor. Der kalte Meerwind fuhr der Menge in die Mäntel und ließ die Kopftücher flattern. Und dieses Gedränge wurde in den Mauern der Stadt nicht sehr viel weniger.

Der Herr von Payens hatte sich an die Spitze des Zuges gesetzt und den Altknecht ans Ende verwiesen. In dieser Ordnung gelangten sie endlich in die Hafenstraße, in der eine Herberge neben der anderen stand. Ein Bote des Herrn von Payens hatte in einer von ihnen vor acht Tagen schon Quartier gemacht.

Der Wirt begrüßte die Herren und winkte einen Knecht herbei, der die Knappen zu den überdachten Stellplätzen der Pferde führte. Hier konnten sie sie festmachen und die Lasten unter Bewachung im Schuppen horten.

Während sie die Tiere abluden und ihnen die Futtersäcke umhängten, sagte Eustache: «Es ist ja nur für eine Nacht. Morgen sind wir auf dem Meer!» Plötzlich konnte er es nicht mehr erwarten. Er dachte nicht mehr an seine vorherige Angst.

Aber die Schiffe konnten noch nicht auslaufen; die Frühjahrsstürme hatten noch nicht aufgehört. Indessen kaufte der Herr von Payens mit der Sicherheit des Weitgereisten ein, was sie für die Fahrt brauchen würden. Im Hafen fand er auch einen vertrauenswürdigen Handelsfahrer aus Genua, der ihm die Geräumigkeit und Wehrhaftigkeit seines Schiffes pries.

«Kommt, Herr, und seht es Euch an!», rief er stolz; und er zeigte dem Herrn von Payens die Bordwände, die mit Pechschleudern bestückt waren, wo auch Lanzen, Keulen und Enterhaken in verschiedenen Halterungen steckten. «Ich fahre bis Jaffa», sagte der Genuese und strich sich den struppigen Bart. «Die Hinfahrt ist so gefährlich wie die Rückfahrt; und wenn es zu einem Zusammenstoß mit Piraten kommen sollte, bin ich darauf angewiesen, dass die kampfgewohnten Männer unter den Fahrgästen das Schiff mit verteidigen. Auf dem Hinweg habe ich nämlich Waffen und Lebensmittel an Bord, die den Seeräubern immer gut gefallen. Zudem haben die Pilger, die ins Heilige Land ziehen, immer einen vollen Beutel; wogegen diejenigen, die von dort zurückkommen, sich oftmals das Geld für die Rückfahrt in den syrischen Hafenstädten zusammenbetteln müssen.» Dann forderte er den Herrn von Payens auf, mit ihm unter Deck zu gehen, und zeigte ihm, wie muskulös die Rudersklaven waren und wie wohlgeölt ihre Leiber. Er stellte ihm den Comite vor, der die Sklaven befehligte. Im Schiffsbauch wies er auf die Wasserschläuche, die Kasten mit Gerste und auf den Heustock, der prall gestopft war für die Pferde. Dann gingen sie dazu über, den Fahrpreis auszuhandeln.

Drei Tage später – der Himmel hatte sich aufgehellt, und das Meer war glatt und blau geworden – schickte der Seefahrer einen Boten in die Herberge, dass am Abend noch eingeschifft werden sollte, denn am folgenden Tag wollte er vor Sonnenaufgang ablegen. Die Reiselasten wurden gebündelt und die Pferde beladen.

«Warum verkaufen wir unsere Kampfrösser nicht einfach und kaufen uns drüben dafür ein paar rassige Araber?», wollte Eustache wissen.

«Ach du Schlaukopf!», rief Edus aus: «Leg mal einem Araber eine gepanzerte Schabracke auf und setze einen Ritter in voller Rüstung darauf! Da wirst du was erleben, Kleiner!»

Sobald sie sich auf dem Schiff eingerichtet hatten, achtete der Herr von Payens darauf, dass sich seine Leute nicht zerstreuten. Peter mit Susanne und dem Kind hatte er einen windgeschützten Platz hinter einer Reihe von Taurollen zugewiesen. Eustache und Edus waren in ihrer Nähe. Viele Pilger waren mit auf dem Schiff.

In dieser Nacht schliefen die beiden Jungknappen nicht. Sie standen an der Reling und sahen, wie die Lichter der Hafenstadt nach und nach verlöschten. Auf dem Kai miauten die Katzen, und unten an der Mole pfiffen die Ratten. Der Mond wanderte mit großen Schritten nach Westen; und dann ertönte der erste Kommandoruf; gleichzeitig zeigte sich im Osten ein schmaler heller Streifen am Himmel. Der Schiffseigner befahl, die Glocke, die auf dem Vorschiff an einem Holzträger hing, zu läuten. Alle Reisenden knieten nieder und beteten um gute Fahrt. Sobald das Amen ertönt war, verließ das Schiff unter den eintönigen Kommandorufen des Comite den Hafen und glitt in das windstille Meer. Nur manchmal erhob sich eine Woge, bäumte sich auf und schlug an die Planken. Der Kurs ging entlang der Küste, denn aus Angst vor Piraten wagte sich kein Handelsfahrer aufs offene Meer. Aber auch hier suchte der Mann im Auslug die ganze Reise über den Horizont nach verdächtigen Schiffen ab.

Die Überfahrt

An den ersten Reisetagen herrschte große Unruhe auf dem Schiff; aber bald wurde es zur Gewohnheit, was vorher aufregend gewesen war. Keiner suchte mehr sein Gepäck; keiner verlor seinen Nachbarn. Die Schlafplätze mussten nicht mehr verteidigt werden, denn jeder hatte sich zwischen seinen Gepäckstücken häuslich eingerichtet und blieb, wo er war. Nur morgens beim Wasserfassen gab es Gedränge.

Die Stürme waren nicht wieder aufgelebt, und eine pralle Sonne schien vom dunkelblauen Himmel. Da half die Brise vom Wasser her wenig. Als die Hitze unerträglich wurde, ließ der Schiffseigner Sonnenlaken verteilen, und die Matrosen halfen, sie aufzuspannen.

Edus und Eustache saßen etwas entfernt von den Rittern unter dem Sonnentuch der Steinmetzfamilie. Eustache hatte es sich in den Kopf gesetzt, den kleinen Arnold das Laufen zu lehren; und so marschierte er, den Kleinen vor sich an den Händchen haltend, auf dem freien Stückchen Boden hin und her, das nicht größer war als das Fell einer Ziege. Dazwischen schaute er zu den Herren hinüber, die im Kreise saßen und sich berieten.

Hie und da zog Peter Eustache nahe neben sich und legte den Arm um ihn. Und Eustache seufzte tief: Es war nicht sehr schwer gewesen, dem dicken Edus das Geheimnis vorzuenthalten. Aber dass er es vor Peter verbergen musste, das war schwer. Peter, den er bewunderte, von dem er gelernt hatte, wie man Kleider um einen Stecken wickeln konnte, dass ein festes Bündel daraus wurde; der ihm ein Brettspiel auf einen Kistendeckel gemalt und aus Brot kleine Kügelchen dazu geformt hatte. Peter, der ihm Milch von seiner Ziege gab; der ihm allein sein Söhnchen anvertraute, der darauf achtete, dass Eustache vom Schatten des Sonnenlakens bedeckt wurde, wenn er tagsüber schlief; Peter, der mit ihm sprach, als sei kein Altersunterschied zwischen ihnen; der fröhliche und zuversichtliche Peter, der manchmal sehr ernst in die Ferne schaute und ihm schwer die Hand auf die Schulter legte: Diesem Peter das Geheimnis vorzuenthalten, war fast nicht möglich. – Oder hatte der Abt es Peter selbst anvertraut? Fragend schaute ihm Eustache ins Gesicht und öffnete den Mund schon zum Sprechen.

Am siebzehnten Tag der Reise führte Eustache den Kleinen wieder ein wenig hin und her. Als er sich aber über ihn beugte, wurde ihm schwindlig, und er fiel vornüber. Der Kleine schrie und jammerte nach seiner Mutter.

«Bin ich seekrank?», fragte sich Eustache. Aber das Ionische Meer war glatt.

Peter hatte den Vorfall von weitem gesehen. Zum ersten Mal hatte er sich von seiner Familie entfernt, um die Aufbauten des Hinterschiffs genauer zu betrachten. Er lief herbei und führte Eustache zum Schlafplatz, legte ihn nieder und rückte das Sonnentuch zurecht.

«Ich bin doch nicht krank!» Eustache wollte sich gegen die Fürsorge wehren, aber wieder schwindelte ihm. Er sank auf die Matte zurück. Peter schob ihm etwas Weiches unter den Kopf, das fühlte Eustache noch, dann schlief er ein. Zwischen den aufgetürmten Gepäckstücken sah Peter ein Stück weit über das Schiff. Dort, in der Gasse, die für die Mannschaft freigehalten wurde, gingen zwei Pilger hin und her. Mit einem Mal torkelte der eine, als schwindle auch ihm. An der Bordwand lehnte eine Frau, die nicht gesund aussah. Sie presste die Hand auf den Magen und stöhnte. Nun sah er weiter drüben mehrere krank aussehende Menschen; dort wurde einem Mann, der gelbhäutig am Boden lag, etwas eingeflößt, und ganz in der Nähe bettete man eine Frau auf einen Stapel von Bündeln. Sollte das Trinkwasser, das in Reggio gefasst worden war, nicht rein gewesen sein? Für teures Geld hatte es der Schiffseigner gekauft. Auch der Herr von St.-Omer krümmte sich plötzlich und sank torkelnd auf die Säcke nieder.

In der Nacht begann Eustache zu fantasieren. Seine Zähne klapperten im Fieber.

«Der Karfunkelstein!», ächzte er, «siehst du ihn nicht? Er schwebt doch über mir und dir! – Peter!», schrie er auf, «Peter!» Dann war er wieder ruhig und zog nur schnatternd das Fell, das Peter ihm übergebreitet hatte, hoch bis zum Mund. Später faselte er verworren von einem Feuer und einem kleinen Rothaarigen, und er wimmerte dazwischen.

«Heimlich, heimlich versteckt», hörte Peter ihn raunen, «versteckt im Sumpf – nein, nein, nahe beim Tempel – er strahlt! Peter! Peter! – Ach nun ist er verschwunden.» Erschöpft schlief er wieder ein.

Die Ritter, die gesund geblieben waren, schauten kopfschüttelnd und besorgt auf Eustache nieder.

«Noch einen Tag bis Kreta», sagte der Herr von Aldemar in seinem fremdartig provenzalischen Dialekt, «noch eine Nacht.» Aber was erwartete er von dieser Insel, die ja nur eine kurze Rast auf der Reise bis Jaffa gewährte. Es war wohl als Trost gemeint, aber es war kein Trost.

Der Kapitän ließ das restliche Trinkwasser ins Meer schütten und nahm auf der Insel neues an Bord. Langsam erholten sich die Kranken, die noch genügend Kraft hatten. Die, denen die Krankheit keine Kraft mehr gelassen hatte, starben und wurden unter Totengebeten ins Meer versenkt.

Peter hielt Eustache im Arm und flößte ihm Ziegenmilch ein. Das Fieber war gewichen, aber Eustache hatte sich seltsam verändert. Sein Gesicht war gelblich fahl wie das eines alten Mannes. Und wenn er die Augen aufschlug, waren sie schwermütig dunkel. Die größte Veränderung war aber, dass er nicht sprach. Er antwortete nicht, wenn Peter ihn etwas fragte, zum Beispiel: «Tut dir etwas weh? Möchtest du trinken?» Endlich merkte Peter mit Bestürzung, dass Eustache die Krankheit zwar überstanden hatte, dass er aber nicht mehr sprechen konnte. Er lehnte die Stirn an Eustaches Gesicht und weinte.

Edus aber, als er begriffen hatte, was mit Eustache geschehen war, formte mit blassen Lippen das Wort "Karfunkelstein". Er ahnte, dass es das große Geheimnis war, das mit Hilfe der Krankheit dem Freund die Sprache geraubt hatte.

Ein Schiff voller Gesang fuhr langsam in den Hafen von Jaffa ein, der von tausend Rahen strotzte. Draußen auf dem hohen Wasser hatte der Kapitän die Segel streichen lassen. Dann hatte er selbst die Glocke geläutet und das Dankeslied angestimmt, in das alle Stimmen eingefallen waren. Ja, die Pilger dankten Gott, dass er sie das Ziel ihrer Seereise mit Augen sehen ließ. Dass einige unterwegs gestorben waren, zählte nicht mehr viel. Wer wusste denn, ob nicht auch er selbst auf dieser großen Wallfahrt sterben würde? Damit musste man rechnen. Nur Peter stimmte nicht in diesen Jubel ein. Bekümmert schaute er auf Eustache, der auf einem Bündel saß und schwermütig vor sich niederstarrte.

Der Kapitän ließ alle die, die keine Reittiere bei sich hatten, zuerst an Land gehen. Dann ordnete er an, dass jeder sein Gepäck zum Kai hinüberbringen solle und es dort mit einem Wächter zurücklassen möge.

«Zuletzt holt ihr die ledigen Pferde; denn ehe ihr sie beladet, müsst ihr sie eine Stunde hin- und herführen. Ihre Glieder sind steif von der Reise.»

So geschah es dann auch. Die Uferstraße war voll geschäftiger Menschen. Gepäckträger eilten vorbei und priesen laut ihre Muskelkraft an. Wasserträger verkauften Quellwasser. Eseltreiber suchten mit ihren Tieren ein Geschäft zu machen. Frauen mit breiten, flachen Körben auf dem Kopf boten Früchte an, wie sie Eustache, der zusammen mit Susanne und dem Kleinen auf dem Gepäckhaufen der Herren saß, noch nicht gesehen hatte.

Nach einer Stunde kehrten Herren und Knappen mit den Pferden zurück. Die Lasten wurden aufgeladen, und so zog man zu einer Herberge. Die Knappen blieben bei den Pferden im Stall.

Aber noch vor Mitternacht befahl der Herr von Payens, die Pferde zu füttern und zu zäumen und die Lasttiere wieder zu beladen. «Wir wollen reiten und ein gutes Stück vom Weg hinter uns haben, ehe es heiß wird.»

Draußen vor der Herberge wartete ein Führer, der sich an die Spitze des Reiterzuges stellte. Er war ein Mann in mittleren Jahren. Ein weißes Hemd hing ihm über die Pumphose bis auf die Waden herab. Sein scharfgeschnittenes, braunes Gesicht wurde von einem Schleier umrahmt, der mit einem Filzring auf dem Kopf befestigt war. Am Gürtel hatte der Mann einen Streifen Dörrfleisch hängen; und ein geschweiftes Messer steckte an seiner Seite. Der Esel, auf dem er ritt, sah räudig aus. Er trug einen kleinen Wasserschlauch. Auch allen anderen Lasttieren wurden Wasserschläuche aufgebunden. Peter sah verwundert, dass die Herren ihre Lederkoller trugen und die Schwerter quer auf dem Sattel hielten. Die Schilde hatten sie am Riemen auf dem Rücken. Ihre Gesichter waren gesammelt. Der Herr von Payens teilte drei von den Herren zur Nachhut ein, die anderen drei setzte er zwischen die Steinmetzfamilie, bei der Eustache war, und den Tross. Er selbst ritt mit dem Herrn von St.-Omer und dem Herrn von Aldemar unmittelbar hinter dem Führer her. Die Männer des Trosses ermahnte er, die Knüppel griffbereit zu halten. Dann gab er das Zeichen zum Aufbruch.

Der Mond schien so hell, dass man die Landschaft in weitem Umkreis sehen konnte. Hinter ihnen lag das silbrig schimmernde Meer, und vor ihnen stieg das niedrig bewachsene Bergland auf. Der Himmel war nah, und die Sterne waren feurig groß. Schweigend zogen die Reiter dahin: zuerst durch die Gärten und Felder der Ebene, dann ging es in einer Geländefalte langsam bergauf. Das weiße Kleid des Führers war immer voran. Je weiter sie sich von der Stadt entfernten, desto wachsamer wurde ihr Gehör. Sie lernten die Geräusche der fremdartigen Nacht unterscheiden und fuhren nicht bei jedem Rascheln mit der Hand an den Schwertknauf oder Knüppel.

Dann erschien ein rosiger Streifen über dem Bergkamm am Himmel; er verbreiterte sich und wurde gelb. Die Sonne warf ihre Strahlen über Meer und Land.

Eine Stunde lang ritten sie bergauf. Dann sprang der Führer von seinem Esel und zog ihn zwischen die verkrüppelten Bäume. «Rasten!», sagte er. Dies war eines der wenigen französischen Worte, die er kannte. Er deutete auf die Pferde und das spärliche Gras, und die Knappen banden ihnen die Vorderbeine zusammen. Der Führer hieb ein Stück Dörrfleisch ab, schnitt es in kleine Stücke und steckte sie zwischen seine großen weißen Zähne. Er setzte sich zum Essen nicht nieder wie die Europäer, sondern blieb an einen dieser Krüppelbäume gelehnt stehen. Wenn seine umherirrenden, stechenden Blicke auf einen der Männer trafen, zog er die Lippen auseinander, als lächle er.

Peter war dieser Mann verdächtig. Er fürchtete sich vor ihm. Besorgt schaute er auf Susanne und das Kind. Wenn dieser Schleierträger nun mit einer Räuberbande heimliches Spiel machte? Die Worte des Herrn von Payens kamen ihm in den Sinn: «Ich hoffe nur, dass du es niemals bereuen wirst, dass du sie mitgenommen hast.»

Dann sah er, dass die Herren beim Essen die Schwerter quer auf den Schenkeln liegen hatten, und beruhigte sich ein wenig. Sie waren kampfgewohnte Männer; und wenn sie nun scheinbar unbesorgt aßen, sah er doch auf allen Gesichtern unverminderte Wachsamkeit.

Bei der zweiten Rast, oben im Gebirge, als Mann und Tier von Hitze und Staub ermattet waren, setzte sich keiner zum Essen und Trinken auf die Erde. Denn der Rastplatz war voll von Pferdespuren, Spuren kleiner eisenloser Hufe. Und an manchen Stellen war der zertrampelte Sand schwärzlichrot durchtränkt. Jeder der Herren hatte diese Flecken getrockneten, versickerten Blutes gesehen, aber keiner sprach davon. Peter aber ahnte, dass hier Türkenpferde gewesen waren und dass dieses Blut von Christen stammte.

Als alle getrunken hatten, brach man sofort auf. Peter meinte, ein bedauerndes Zucken im Gesicht des Führers zu sehen. Aber schweigend ritt der den anderen wieder voraus und ließ sich weiter nichts anmerken.

Zwei Stunden später lag die Heilige Stadt vor ihnen. In der sinkenden Sonne sahen Stadtmauer, Türme und die Bogen des riesigen Aquäduktes aus wie glühendes Erz. Betroffen blieben die Reiter stehen. Sie waren da! Sie waren am Ziel! Fragend schaute der eine dem anderen in die Augen: Würde sich hier erfüllen, was sie sich vorgenommen hatten? Schweigend bekreuzigten sie sich. Auch Peter und Susanne schauten mit hungrigen Augen auf diese Stadt. Keiner achtete auf Eustache.

Nur ganz allmählich hatte Eustache den traurigen Blick gehoben. Lang heftete er ihn auf das goldene Bild. Mit einem Mal quollen Tränen aus seinen Augen, seine Gesichtszüge röteten sich, während er lächelte: Jetzt war er in Jerusalem; aber niemals in seinem ganzen Leben würde er über das Glück dieses großen Augenblicks sprechen können.

Die Heilige Stadt

Der Führer bedeutete dem Herrn von Payens mit einer Handbewegung, dass er zurückkehren wolle. Er zog aus seinem Halsausschnitt einen Lederbeutel und hielt ihn geöffnet vor ihn hin. Lachend ließ der Herr von Payens den ausgemachten Führerlohn hineinklingeln. Der Mann legte einen Augenblick grüßend die Hand an die Stirn. Dann schlug er den Esel und ritt, unverständliche Worte schreiend, davon. Peter, der ihm nachschaute, sah, wie er hinter sich spuckte. Er fing einen letzten bösen Blick von ihm auf, dann trieb er seinen Esel an.

Vor ihnen lag das Jaffator; aber durch dieses ließ man sie nicht in die Stadt. Das Jaffator war den Handelsleuten vorbehalten. Pilger und Reisende wurden nach Norden zum Damaskustor gewiesen, wo man ihnen den Wehrpfennig abverlangte. Dort betrat der Herr von Payens mit seinem Reisezug die Stadt. Allen klopfte das Herz, nur der kleine Arnold schlief unberührt in seinem Korb.

Die Straßen waren voll Volkes. Es war die Stunde, zu der die Tore geschlossen wurden. Esel bockten unter turmhoch aufgeschichteten Säcken, Pferde scheuten in der Menge, Kamele schaukelten mit erhobenem Kopf und hochmütig gesenkten Lidern zur Zisterne. Ausrufer schrien: «Nehmt eure Füße zur Seite!» Straßenhändler schoben ihre Karren vor sich her. Andere trugen ihre Waren auf dem Kopf. Katzen und Hunde strichen beutegierig an den fensterlosen Hauswänden entlang. Verlockende Düfte mischten sich mit übelstem Gestank. Mohammedanische Mönche rasselten mit Gebetsrätschen; und christliche Mönche versuchten vergeblich, ihre singenden Prozessionsgänger zusammenzuhalten.

Der Herr von Payens bog in einen Torweg ein, der nach wenigen Schritten in einen viereckigen Palmenhof mündete. Dieser Hof wurde von einem hufeisenförmigen Gebäude umgrenzt, dessen unteres Stockwerk nur aus Pfeilern bestand, die mit Holzgeländern untereinander verbunden waren. Kamele, Pferde, Esel, Maultiere, Ziegen und Hammel waren an diese Stangen gebunden. Aus den darüber befindlichen Raufen fraßen sie Heu. Auch Käfige mit Hühnern und Gänsen hingen an den Querbalken.

Über diesen Ställen war ein Geschoss aus Kammern, die man über einen Steg erreichen konnte. Vor einigen Eingängen waren die Matten hochgerollt. Sitzende oder liegende Menschen, auch Gepäckstücke oder Verkaufsgüter waren vom Hof aus in den Räumen zu sehen. Aus manchen Kammern drang ein Stöhnen herab, das nur von Kranken oder Verwundeten herrühren konnte. Männer in langen, schwarzen Kutten eilten dorthin, und das Stöhnen hörte für einen Augenblick auf. Die Kutten dieser Männer waren auf der Schulter mit einem weißen Stoffkreuz gezeichnet.

«Johannitermönche», sagte der Herr von Payens, «sie pflegen kranke Pilger. Das Haus gehört ihnen.» Mit diesen Worten führte er sein Pferd zu dem großen Wasserbecken, das, wie man sah, aus dem jahrhundertealten Aquädukt gespeist wurde, den die Ankömmlinge schon von außerhalb der Stadt gesehen hatten. Ein riesenhafter, finster blickender Mönch trat zu ihm.

«Herr!», brüllte er in normannischem Französisch, «willkommen in unserer Karawanserei! Seid Ihr gestern übers Meer gekommen?» «Dank und Gruß», entgegnete der Herr von Payens. «Ja, gestern.» «Wir erwarten Gäste aus Frankreich», sagte der Johanniter. «Vielleicht kennt Ihr sie und könnt mir sagen, wann sie eintreffen?»

«Vielleicht», meinte der Herr von Payens achselzuckend.

«Es handelt sich um die Herren Hugo von Payens, Andreas von Montbard, Gottfried von St.-Omer, Archibald von St.-Amand, Pay von Montdidier, Geoffroy von Aldemar und die Ritter Roland, Ertfried und Joffroi Bisot, die die vorher Genannten begleiten.»

«Ihr seht sie vor Euch», entgegnete der Herr von Payens schmunzelnd.

Da brach der Johanniter in ein dröhnendes Gelächter aus und hieb ihm mit der Pranke auf die Schulter. Aber gleich wurde sein Gesicht wieder finster. Er griff in die Kutte und zog ein Schreiben hervor; es trug das Siegel des Königs von Jerusalem. Den Brief gab er dem Herrn von Payens.

Dann wandte er sich um und ging seiner Tätigkeit nach wie zuvor.

Der Herr von Payens öffnete den Brief, warf einen kurzen Blick auf das Geschriebene, und indem er ihn wieder faltete und unter dem Koller verwahrte, sagte er: «Der König erwartet uns übermorgen zur Audienz.»

Andere Johanniter kamen herbei, nahmen die Pferde entgegen und brachten sie im Stall unter. Die Herren bekamen drei Kammern, und den Knappen wurde ein Winkel angewiesen, wo sie das Gepäck bewachen und nächtigen konnten.

Früh am Morgen führte der Herr von Payens alle, die mit ihm aus dem Abendland gekommen waren, zu den heiligen Stätten. Sie verweilten in der kleinen Kirche, die man über dem Grabe Christi erbaut hatte. Der steinerne Grabdeckel war noch zu sehen, auf dem ein Engel gesessen hatte. Der hatte einst die Jünger gefragt: «Was suchet ihr den Lebendigen unter den Toten?» War das nicht auch eine Mahnung an die vielen Pilger, die sich um diese Grabstätte drängten?

So dachte Eustache, der mit aufmerksamen ernsten Augen auf das Geschehen sah, das sich hier abspielte: Pilger warfen sich weinend vor dem Heiligen Grabe nieder, andere brachten ihre Kranken her, in der Hoffnung, sie würden geheilt werden. Wieder andere spendeten reiche Geschenke, die von den hochmütig blickenden Priestern, die das Heilige Grab verwalteten, gnädig entgegengenommen wurden. Bettler hielten ihre Hände auf.

Der Herr von Payens führte seine Freunde auch zur Schädelstätte Golgatha. Hier kniete er nieder und küsste den Boden. Zu den Knappen gewandt, sagte er, sobald er sich erhoben hatte: «An dieser Stelle ist das allerkostbarste Blut auf unsere Erde geträufelt.»

Am kommenden Morgen erschien ein Adjutant des Königs in der Karawanserei der Johanniter, um die Herren zur Audienz abzuholen. Er war elegant gekleidet. Ein mit Silberfäden durchwirktes Wams aus braunem Samt hielt das faltenreiche Seidenhemd zusammen. Seine Tracht war weder europäisch noch orientalisch, sein Gang war geziert.

«Mein Herr, der König», sagte er in flämisch gefärbtem Französisch, «hat die Gnade, euch zu empfangen.» Und obwohl seine Redeweise äffisch war, sahen die Ritter es ihm nach. Der Herr von St.-Omer fragte ihn sogar mit zutraulicher Freimütigkeit: «Seid Ihr nicht Flame wie ich? Ich freue mich, in Euch einen Landsmann gefunden zu haben!» Aber der Adjutant entgegnete kühl: «Das war mein Vater, der mit den ersten Kreuzfahrern vor zwanzig Jahren hierher gekommen ist. Ich dagegen nenne mich einen adeligen Syrer, und ich erwarte von Euch, dass Ihr es auch tut.»

Bestürzt sahen die Ritter einander an. Sie zupften noch hier und bürsteten noch da an ihrer Kleidung herum und folgten endlich dem ungeduldigen Abgesandten des Königs. Er führte sie mit abweisender Miene in die Festung, die an das Jaffator grenzte. Sie trug den Namen Davidsturm.

Die Knappen hatten den Herren mit offenen Mäulern nachgeschaut. Die Art des Adjutanten gefiel ihnen nicht. Ob der König ebenso war? Kopfschüttelnd wandten sie sich den Pferden zu und striegelten wie zuvor. Peter aber nahm Eustache an der Hand und sagte: «Komm mit! Ich bin ein Steinmetz und will sehen, wie man hier im Orient die Steine zu Türmen und Mauern setzt.»

Jerusalem ist auf mehreren Hügeln erbaut, die durch einen nordsüdlichen Geländeeinschnitt voneinander getrennt sind. Es erhebt sich im Osten, Süden und Westen hoch über die umlaufenden Täler. Eine starke Mauer mit unzähligen Wehrtürmen umzog alle Teile der Heiligen Stadt.

Peter und Eustache sahen von dieser Mauer aus in ein weites, gebirgiges Land, wo Schafe und Kamele in kärglichen Gräsern weideten und Bauern in weißen Kopftüchern auf kleinen Ackerflächen arbeiteten.

Innerhalb der Mauer ragte der Tempelplatz über die niedrigen Wohnhäuser wie ein rechteckiges Tablett. Auf diesem Tablett sahen sie von dort aus, wo sie standen, eine riesige goldene und eine etwas kleinere silberne Kugel – als seien hier Sonne und Mond vom Himmel gefallen.

Als sie aber auf dem Tempelplatz angelangt waren, zeigte es sich, dass es Kuppeln waren. Die goldene lastete auf einem so herrlichen Bauwerk, wie man es im Abendland nirgends sehen konnte. In blaugrüner Pracht wuchtete es mitten auf dem Platz. Viele Menschen strömten aus und ein. Von einem jungen Mann erfuhr Peter, dass dies die Omar-Moschee sei, die seit dem Kreuzzug als christliche Kirche diente. Sie wurde von den Christen «Felsendom» genannt.

«Ich bin Steinmetz», sagte Peter zu dem Mann, «und du wirst verstehen, dass mich die wunderbaren Mosaiken beeindrucken, mit denen dieses Gebäude verziert ist. Sie sehen aus wie Edelsteine!»

Indessen waren die Ritter zum Davidsturm gelangt. Der Adjutant hatte sie über flache Treppen hinaufgeführt bis zu einem dunklen Saal, der wegen der Dicke seiner Mauern und Fensternischen keinen Sonnenstrahl empfing. Er pochte an eine schwere Tür, und als diese einen Spaltbreit geöffnet wurde, meldete er die Ankunft der neun erwarteten Herren.

Die Tür schlug zu; aber unmittelbar danach wurde sie heftig aufgestoßen, und der König von Jerusalem trat freudig in den Saal.

«Willkommen, meine Freunde!», rief er mit ausgebreiteten Armen. Die Ritter beugten das Knie und küssten ihm zum Zeichen der Unterwerfung die Hand. Er hob sie auf und umarmte jeden Einzelnen von ihnen herzlich, denn mit jedem war er näher oder entfernter verwandt.

Der König war nicht mehr jung. Sein grauer Bart und sein Haupthaar waren auf orientalische Weise gestutzt. Ein grünseidenes Hemd fiel ihm über die Beinkleider bis fast auf die mit gehämmertem Silber verzierten Sandalen. Er führte die Freunde in seine privaten Gemächer. Diener kamen und stellten Kerzen auf. Das Licht machte die düsteren Wände heimelig.

Der König sprach nicht gleich von dem, was ihnen allen am meisten am Herzen lag, sondern er erzählte ihnen von seiner letzten Reise zu den Grenzen des Königreiches Jerusalem – oder wie die Menschen hier sagten: des fränkischen Königreichs in Syrien.

«Unser christliches Königreich», begann er, «umfasst Grafschaften und Fürstentümer. Darum scheint es auch groß. Aber immer sind wir im Süden vom ägyptischen Sultan, im Osten durch den Atabeg von Damaskus und im Norden von den türkischen Seldschukken bedroht. Darum muss ich oft die Befestigungen an den Grenzen besichtigen. Sie müssen in Kriegsbereitschaft sein.» Er sah ihnen in die Gesichter, um zu erkennen, ob sie die gefährliche Lage dieses Reiches begriffen hatten. Die Männer nickten ernst.

«Es ist nicht leicht», sagte er, «König von Jerusalem zu sein. Die Fürsten, Grafen und Barone haben ihren eigenen Kopf. Häufig stimmen ihre Meinungen über Politik nicht mit den meinen überein.

Darüber freuen sich unsere Feinde. Denn wenn wir uneins sind, sind wir schwach. Sie erfahren es in jedem Fall, denn die christliche Oberschicht ist dünn in diesem Land. Unter der zahlreichen nichtchristlichen Bevölkerung befinden sich viele Spitzel; und es ist gewiss, dass sie Nachrichtenketten bilden bis zum Ohr unserer Feinde.

Erzählt mir nun aber vom Abendland, denn wenn ich auch viele Briefe von dort erhalte, so ist mir ein Bericht aus dem Mund meiner Freunde doch lieber.»

Nun überbrachten sie ihm die Grüße des Abtes von Clairvaux und erzählten ihm, wie das Kloster aussah und wie Bernhard bei ihrer letzten Zusammenkunft den verwundeten Steinmetz geheilt hatte. Auch dass er Peter mit ihnen ins Heilige Land geschickt hatte, berichteten sie ihm.

«Wir grüßen Euch auch vom Grafen von Champagne», sagte der Herr von Payens, «mit dem wir in der Nacht zuvor im Sumpf von Vendeuvre zusammengetroffen sind. Er zeigte uns dort, wie er die mit Buschwald überzogene Insel zum festen uneinnehmbaren Versteck auszubauen gedenkt, damit sie jenes Geheimnis bergen könne, das niemals in die Hände Unwürdiger fallen darf.»

«Möge es euch beschieden sein», sagte der König nun feierlich, denn sie waren im Gespräch bei ihrer geheimen Aufgabe angekommen, «das zu finden, was ihr sucht. Das Wohl der Menschheit hängt davon ab, denn es ist eng mit der Gesundheit und der Lebensfülle der Natur verbunden.

Ihr sollt in den weitläufigen Gebäuden wohnen, die den Tempelplatz im Süden begrenzen. Bis vor acht Tagen habe ich in ihnen mit meinem Hofstaat gelebt. Ihr habt wohl schon gehört, dass der gesamte Tempelplatz auf einem Unterbau von massigen Säulen steht. Dieses Riesenwerk stammt aus der Zeit des Königs Salomo und ist von Herodes einst erweitert worden. Man nennt dieses Gewölbe darum die Pferdeställe des Salomo. Und die Gebäude, die nun eure sein werden, haben eine Treppe dort hinunter. Ihr seid dort also nahe an dem Ort eurer Hoffnung. Meinen Leuten hatte ich verboten, die Treppe zur unterirdischen Säulenhalle zu betreten. Ich selbst bin nur einmal auf ihr zur dunklen Tiefe hinabgestiegen. Aber ihr unterster Teil ist mit Geröll zugeschüttet, und so konnte ich nicht weiter. Haltet mich auf dem Laufenden mit allem, was ihr tut und erforscht. Was ihr als Besitz des Königreiches bei etwaigen Grabungen zutage fördert, soll mein sein. Ich wünsche euch Segen zu eurem Tun.»

Sie nickten dankend. Dann begann der König noch einmal: «Eine andere Sache, liebe Freunde, müssen wir auch noch besprechen: Außer eurer geheimen Aufgabe solltet ihr eine öffentliche Aufgabe haben, die das Volk begreift. Habt ihr darüber schon nachgedacht?»

«O ja!», rief der Herr von St.-Omer mit seiner hellen Stimme lebhaft, und die Ritter schauten einander froh in die Augen.

«Es war der Rat meines Neffen Bernhard», erklärte der Herr von Montbard, «dass wir uns – 'ehe wir nach dem ehrwürdigen Schatze graben – zu Besitzlosigkeit verpflichten. Wir haben darum beschlossen, Mönche zu werden. – Dies wollte ich vorausschicken. Eure Frage aber kann ich folgendermaßen beantworten: Wir alle haben das Kriegshandwerk gelernt, wie Ihr wisst. Nun geben wir unsere Schwerthand in Euren Dienst. Nutzt sie, wie es Euch notwendig erscheint zum Heil des Heiligen Landes.»

«Es soll fortan Mönchskrieger geben?», fragte der König lächelnd. «Habt ihr das gut bedacht?»

«Im nichtchristlichen Teil des Orients gibt es seit langem kriegerische Mönche», warf der Herr von St.-Amand ein.

«Ja, gewiss», gab der König zu; und nach einigem Nachsinnen sagte er: «Es wird gut sein, wenn ihr eure Mönchsgelübde in die Hand des Patriarchen von Jerusalem ablegt. Dieser erste Priester und oberste Kirchenmann, der sehr auf seine Ehre bedacht ist, hat die Aufgabe und das Recht, Jerusalem zu verteidigen, solange der König, in dem Fall also ich, außerhalb der Mauern kämpfen muss.»

«Nun», rief der Herr von Aldebar, «das käme ja nur bei einer Belagerung in Frage, und die, lieber Herr, wird es – so Gott will – niemals geben!»

«Ich mache den Vorschlag», sagte der König, ohne weiter auf die Worte des Herrn von Aldebar einzugehen, «dass ihr die Sicherung

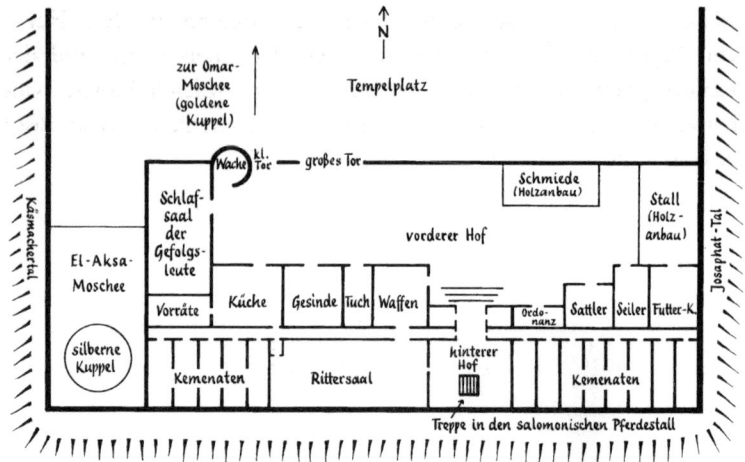

der Pilgerwege übernehmt, besonders der Straße nach Jaffa, auf der ihr hergekommen seid. Immer wieder werden Pilger und Kaufleute von türkischen Reitertrupps überfallen, beraubt oder sogar niedergemacht. Es vergeht kaum ein Tag, an dem dort kein Blut fließt. Ich denke dabei auch weiter: Ihr braucht eines Tages einen absolut sicheren Weg zum Hafen, wenn ihr gefunden habt, was ihr sucht. Möge Gott euch geben, dass ihr es findet!»

Der König stand auf. Er begleitete die Herren bis zur Tür und verabschiedete sie herzlich. Während er die Tür aber öffnete, sprang draußen der Adjutant zur Seite. Schweigend gingen die Ritter an den Wachen vorbei zum Tor. Erst als sie auf der Straße standen, sagte der Herr von Montdidier wütend: «Er hat gelauscht!»

Aber der Herr von Montbard antwortete ihm leise: «Bekümmert Euch deshalb nicht, Herr Pay, die Tür ist doch ganz schwer und dicht.»

Die Gebäude, die der König verlassen hatte, befanden sich auf dem südlichen Teil des Tempelplatzes. Als die Ritter am kommenden Tag mit ihren Knappen und Lasten von der Karawanserei herankamen, rief der Muezzin das mohammedanische Stundengebet vom Minarett der silbrig schimmernden Aksa-Moschee. Ein Wächter stand vor dem Tor des Templerhauses und überreichte dem Herrn von Payens den großen Schlüssel. Der Herr sperrte auf, und der Reisezug verschwand hinter der Mauer des vorderen Hofes. Nun hatten die neun Freunde des Abtes von Clairvaux den Ort ihrer großen Aufgabe erreicht.

König Salomos Pferdestall

Peter war von einem Königsdiener zu einem kleinen Haus geführt worden, das zwischen Tempelplatz und Grabeskirche in einer engen Gasse lag.

«Mein Herr weist euch dieses Haus als Wohnung an», sagte er. «Ein Mohammedaner hat es wohl erbaut, denn wie ihr seht, hat es keine Fenster zur Straße hin. Die Mohammedaner dulden keinen Einblick in ihr Familienleben, und ihre Frauen dürfen sich nicht vor Fremden zeigen. Bleibt gesund in diesem Haus!» Er nickte freundlich und ging davon.

In der blickabweisenden Außenwand des Häuschens gab es nur ein schmales bescheidenes Pförtchen über zwei schiefen steinernen Stufen. Als Peter mit seiner Familie aber eingetreten war und den Esel über die Schwelle gezogen hatte, da sahen sie, dass sie sich in einem heimeligen Innenhof befanden, den man mit einem Sonnensegel ganz überziehen konnte. Eine steinerne Vogeltränke war in der Mitte des Hofes in den Boden gesenkt, die von bräunlichem Dürrgras umwachsen war. Seitlich an der Wand führte eine Stiege zu einer hölzernen Galerie hinauf, die drei von den vier Hofwänden umzog.

Auf diese Galerie mündeten drei Türen, je eine auf jeder Seite: Da, wo unten die Küche war, lag oben die Schlafkammer. Gegenüber, wo unten der Stall für den Esel und die Ziege war, gab es oben einen Speicher; und über der Eingangstür befand sich eine Vorratskammer. Die dem Eingang gegenüberliegende Wand gehörte schon zu einem solchen Haus in der nächsten Gasse und hatte keine Galerie. Während Peter und Susanne das bisschen Hausrat, das sie aus der Heimat mitgebracht hatten, in der Küche verteilten, krabbelte das Kind vergnügt über den gepflasterten Hof.

Eine Woche war vergangen, als Peter zum ersten Mal das Templerhaus betrat. Eustache, der den Pfortendienst in der Turmstube übernommen hatte, ließ ihn ein. Im Hof stand der Herr von Montbard.

«Da bist du ja!», sagte er und fasste Peter am Ärmel. «Komm nur gleich mit!» Er führte ihn vom äußeren Hof über die drei flachen Stufen des Hauptportals, die Peter als Einritt erkannte, hinauf und vorbei an den beiderseits liegenden Gerätekammern in den Innenhof. Dort deutete er auf die erkaltete Feuerstelle.

«Im ganzen Haus ist kein Pech zu finden», sagte er. «Hast du in der Stadt schon einen Pechhändler gesehen? Wir brauchen dringend Fackeln.»

«Ich will mich nach einem solchen umsehen», sagte Peter. Aber der Herr von Montbard zog ihn in die Mitte des Hofes, ohne auf seine Antwort zu hören. An der Treppe ließ er Peters Ärmel los. «Sieh dir das an!» Er deutete auf die schadhafte, schuttbedeckte Treppe, die in eine dunkle Tiefe führte. «Was hältst du davon?»

Peter stieg einige Stufen abwärts, bückte sich und spähte ins Dunkel. «Mir scheint», sagte er, ohne sich aufzurichten, «da unten ist eine Art Keller, dessen Stützmauern schadhaft sind. Ich meine, Ihr solltet diesen Schaden nicht unbeachtet lassen, Herr, damit dieses Gewölbe von den oberen Gebäuden nicht eingedrückt wird.»

«Dann besorg dir alles, was du nötig hast, um diese Arbeit zu verrichten. Ich kann dir keine Knappen zur Hilfe beigeben; sie sind mit anderen Pflichten betraut. Geht es auch ohne sie?»

«Es geht auch ohne sie, Herr, nur dürft Ihr nicht fragen, wie lang es dauern wird, bis alles getan ist.»

«Dann geh nun in die Stadt und besorg dir alles, was zu dieser Arbeit notwendig ist. Was wirst du brauchen?»

«Schaufel und Körbe zum Wegschaffen des Gerölls. Eine Leiter. Ein Wasserschaff, Sand und eine Kelle. Einen Hammer, falls Steine aus den Wänden gefallen sind und ich sie wieder einsetzen muss.»

«Und vergiss Pech und Fackeln nicht!»

«Ich vergesse sie nicht.»

Dann kam der Sonntag heran, an dem die neun Herren ihre Mönchsgelübde ablegen wollten. Zum letzten Mal zogen sie ihre ritterlichen Gewänder an und befahlen den Knappen, sich in den Farben ihrer Herren zu kleiden.

Voll Neugier säumte das Christenvolk von Jerusalem die Gassen, als die Ritter zur Kirche zogen; denn die Kunde, dass es nun Krieger geben sollte, die Mönche waren, hatte sich rasch verbreitet.

Der Patriarch war ein düsterer, streng blickender Mann. Die Augenbrauen auf seiner Stirn bildeten einen durchgehenden, dicken, dunklen Strich. Er trug eine rötliche Seidenkappe auf seinem pechschwarzen Haar, das ohne Unterbrechung in den dichten Bart überging. Zwischen den beiden langen Bartzipfeln funkelte ein breites goldenes Kreuz. Stolz nannte er sich den siebenundsechzigsten Nachfolger des Lieblingsjüngers Johannes.

Prunkvoll wurde der Gottesdienst gehalten. Auch der König und die Herren seiner Suite waren prächtig gekleidet zugegen.

Die neun Ritter standen vor dem Altar. Ihre Linke hatten sie auf das Evangelienbuch gelegt, ihre Rechte hoben sie zum Schwur und gelobten den bedrohten Pilgern Schutz und Wehr. Dann legten sie die drei Mönchsgelübde – das der Armut, des Gehorsams und das der Keuschheit – in die Hand des Patriarchen ab, und der Patriarch spendete ihnen den Segen.

Nun wandten sie sich an die anwesenden Gläubigen und verkündigten ihnen den Wahlspruch, unter den sie ihr weiteres Leben stellen wollten. Feierlich sprachen sie die Worte: «Nichts für uns, Herr, nichts für uns; sondern alles zur Ehre deines Namens!»

Nachdem die Mönchsritter ihren Wahlspruch gesprochen hatten, nahmen sie ihre edelsteinbesetzten Stirnbänder, Halsketten und Fingerringe ab und übergaben sie dem Almosenmeister des Königs. Schild und

Schwerter behielten sie aber, wenngleich auch diese mit Juwelen und edlen Metallen geziert waren. Über ihre Prunkgewänder warfen sie graue Kutten, die auf der Herzseite mit einem kleinen roten Kreuz gezeichnet waren.

Ehrfürchtig schweigend wichen die Gläubigen zur Seite und bildeten eine Gasse, als die neun Mönchsritter die Kirche verließen. Zu Fuß gingen sie den Weg zurück zu ihrem Haus. Von da an nannten sie sich die «Armen Ritter Christi»; das Volk aber nannte sie nur Templer oder Tempelritter, weil sie auf dem Tempelplatz wohnten.

Bald brachte man ihnen Almosen, damit sie leben konnten, denn man brauchte ihren Schutz. Aber von ihrer geheimen großen Aufgabe ahnte man nichts.

In der Nähe des Templerhauses war der Adjutant den Mönchsrittern wie zufällig in die Quere gekommen. Freundlich lächelnd hatte er sich ihnen angeschlossen. Wie hatte er sich verändert! Die Ritter wussten nicht, wie ihnen geschah.

«Seht, welch ein heiterer Himmel heute ist!», rief er übertrieben fröhlich. Als der Herr von Aldemar, neben dem er ging, nur die Schultern hob, wechselte er das Thema und fragte besorgt: «Ihr habt euch hoffentlich in eurem Haus schon eingewöhnt?» Aber auch auf diese Frage erhielt er nur ein Achselzucken als Antwort.

«Nun ja», murmelte der Herr von St.-Amand endlich, indem er sich ein wenig umwandte, denn er ging dem Adjutanten voraus.

«Offen gestanden», begann dieser aufs Neue, «offen gestanden wundere ich mich ein wenig darüber, dass der König mit seinem gesamten Hofstaat aus diesen schönen Gebäuden ausgezogen ist – und das euretwegen!» Er deutete auf das Templerhaus, an das man nun gelangt war. Der Altknecht öffnete zusammen mit Edus das große Tor. Die Ritter traten zur Seite und ließen erst die Knappen mit den Pferden ein; dann wandten sie sich dem Volke zu, das ihnen bis hierher Geleit gegeben hatte, und hoben grüßend das Schwert. Nun erst schritten sie durchs Tor.

Nachdem Peter alles eingekauft hatte, hatte er sofort damit begonnen, das Geröll von der Treppe in den Korb zu schaufeln und über die Südmauer zu kippen. Es war aber so hoch aufgehäuft, dass er wochenlang damit beschäftigt war. Sobald die Treppe notdürftig freilag, kamen die Ritter eines Abends, nachdem sie vom Dienst an den Pilgerstraßen zurück waren, legten Fackeln in die Feuerstelle des Hinterhofes, in der ein Pechflämmchen züngelte, und stiegen, als diese zu lohen begannen, die brüchigen Steinstufen nieder in die salomonischen Pferdeställe.

Was sie zu sehen bekamen, verschlug nicht nur ihnen den Atem. Auch Peter hatte noch nie im Leben einen so riesigen Unterbau gesehen. Die Fackeln waren nicht in der Lage, auch nur ein Zehntel dieses Gewölbes auszuleuchten. Säulen gab es da, jede von ihnen konnte kaum von den neun Rittern zusammen umfangen werden; und wenn man den Herrn von Montdidier als Höhenmaß nehmen würde, müsste man ihn fünfmal übereinanderstellen, um die Höhe der Säulenschäfte auszumessen.

Was hatten sie alles zu tragen! Peter dachte an den Felsendom, das Templerhaus, an die Aksa-Moschee, die kleineren Säulengänge, die sich verstreut auf dem Tempelplatz befanden, und an alle Pilger, Händler und Bettler, Pferde, Esel und Karren, welche droben über ihren Köpfen umhergingen.

Drei von den Gewölbebändern waren eingestürzt. «Seht», sagte Peter zum Herrn von Payens, «zum Ausbessern dieser Bögen genügt die Höhe meiner Leiter nicht. Ich muss mir ein Traggerüst zimmern und brauche auch noch Holz für ein Lehrgerüst, dessen Spannweite ich vorher errechnen muss.»

Der Herr von Payens leuchtete voraus Richtung Norden, und die Ritter folgten ihm schweigend. Lag unter ihnen der Schatz, den sie suchten? Zuerst gingen ihre Füße auf behauenem Stein. Nach längerer Zeit wechselten die Fußbodenplatten mit gewachsenem Steinboden ab. Ganz im Norden schien dieser vollständig aus dem Felsen des Berges Moria gebildet zu sein. An den Wänden der Halle waren Eisenringe angebracht, wie man sie hat, um Reittiere anzubinden.

«Fünfzehnhundert Kamele», murmelte der Herr von Aldemar beeindruckt, «fünfzehnhundert, wenn ihr die Stellplätze dazuzählt, die entlang der Balken zwischen die Säulen gespannt sind.»

Die anderen Herren rechneten nach.«Gut und gern», gab der Herr von St.-Amand zu, «fünfzehnhundert Kamele oder zweitausend Pferde könnten hier mühelos untergebracht werden. Es muss einen großen Ausgang aus diesem Stall gegeben haben.»

Peter ging hinter den Herren her. Die Größe dieser Halle war fast nicht zu fassen. Die Gewölbebogen hatten so viele Jahrhunderte überdauert, und nur drei von ihnen waren eingestürzt. Ich werde eine Winde brauchen, sagte er zu sich. Die Steinblöcke, die herausgefallen sind, werde ich nicht alleine hochstemmen können. Ich werde Hilfe brauchen. War dies die Aufgabe, die Peter im Heiligen Land zu erfüllen hatte? Nachdenklich schüttelte er den Kopf. Steinmetze gab es hier gewiss genug, da brauchte man keinen aus dem Abendland. Die Aufgabe musste größer sein. Größer? Sein Herz klopfte laut: größer, das ist schwerer! Zu sich selbst sagte er: «Schwerer, das ist gefahrvoller.» Er fühlte eine unbekannte Bangigkeit.

Die Mönchsritter waren in der Säulenhalle stehen geblieben. Sie sahen einander zweifelnd an. Jeder von ihnen hatte vorhin, als sie die Halle ausgeleuchtet hatten, mit forschenden Blicken Boden und Wände abgetastet. Aber sie hatten Steine gesehen, sonst nichts.

«Nahe beim Heiligtum», begann der Herr von Montdidier ungeduldig. «Ich möchte wissen, wo sich dieses Heiligtum befunden hat! Von dem Tempel, den Salomo gebaut hat, ist droben keine Grundmauer mehr zu sehen!»

«Wenn Ihr jetzt schon vor Ungeduld platzen wollt, Herr Pay, dann werdet Ihr noch viel Kummer leiden müssen», entgegnete der Herr von Payens, «bis Ihr diese Ungeduld bezwungen habt.» – «Eines ist gewiss», schaltete sich der Herr von Montbard ein; «da wir uns jetzt in den Aufbauten befinden, deren Basis der Berg Moria ist, müssen wir auch nahe beim Heiligtum sein. Denn der Tempel, das sagt die Heilige Schrift, hat auf dem Berge Moria gestanden.»

«Ich bin sicher», warf der Herr von Payens nachdenklich ein, «dass wir eines Tages von irgendwoher einen Fingerzeig bekommen werden, wo wir suchen sollen. Es ist an uns, so aufmerksam zu sein, dass wir diesen Fingerzeig nicht übersehen. Dazu gehört Geduld; und zu der wollen wir uns erziehen.»

«Liebwerter Herr Hugo!», entgegnete der Herr von Montdidier, «Ihr habt leicht reden, denn Ihr seid drei Jahre älter als ich und habt genug Zeit gehabt, Geduld zu lernen. Am Ende wird es so sein, dass wir den Berg von außen anbohren müssen.»

Aber der Herr von Payens klopfte ihm nur begütigend auf die Schulter. Dann leuchteten sie noch einmal Schritt für Schritt die riesenhafte Halle aus, wobei der Herr von Aldemar in seinem provenzalischen Dialekt zu bedenken gab, ob es nun nicht an der Zeit sei, den Steinmetz in seine wahre Arbeit einzuweihen. Und während er mit den gespreizten Fingern durch sein rötlichbraunes Kraushaar fuhr, meinte er: «Sofern der Abt ihm nicht alles gesagt hat.»

«Er konnte ihm nicht alles sagen», murmelte der Herr von Payens, «er wusste ja auch nicht genau, was wir da antreffen würden.»

«Man will immer ein Rezept haben», warf der Herr von St.-Omer ein, «das einem vorschreibt, was zu tun ist. Aber hier müssen wir zu eigenen Entschlüssen kommen, fürchte ich.»

«Ihr Herren», sprach nun der Herr von Payens mit fester Stimme, «ich bitte euch: Verbannt den Gedanken an die geheime Aufgabe für die Zeit, die der Steinmetz braucht, um die drei eingestürzten Bogen in Stand zu setzen, aus eurem Denken. Wenn es Gottes Wille ist, dass wir zum Ziel kommen sollen, wird es geschehen. Es ist nicht gut, das Denken in einer einzigen Richtung abzumühen, denn es wird starr davon. Vielmehr wollen wir von jetzt an eine gemeinsame Gebetszeit vor dem Schlafengehen einrichten, in der wir Gottes Hilfe für die bedrohte Natur erbitten. So legen wir alles in seine Hand.»

Gemeinsam stiegen sie die Treppe hinauf in den Hof und stießen die Fackeln ins Wasserbecken, wo sie zischend verlöschten.

Eine seltsame Säule

Peter war nach Hause gegangen und hatte seine Esel geholt. Er hatte sie durchs Damaskustor hinausgeführt. Dann war er nach Osten der Stadtmauer gefolgt, hatte das Herodestor hinter sich gelassen und war am Storchenturm, der den spitzen, nordöstlichen Mauerknick markierte, ins Josaphat-Tal hinuntergetrottet. Dort hatten die Zimmerleute ihre Werkstätten.

Schon waren sie dabei, ihre Werkzeuge zusammenzuräumen, als Peter kam und sie um Holz für sein Gerüst befragte.

«Wozu brauchst du ein Gerüst, Mann? Wir kennen dich nicht als einen Zimmermann oder Baumeister. Sonst kennen wir aber alle in dieser Stadt.»

«Ich bin Steinmetz und komme aus Lyon», erklärte Peter. «Ich arbeite im Templerhaus. Einige Gewölbebogen in den salomonischen Pferdeställen sind eingestürzt. Es ist nicht gerade wie bei einer Ruine, aber ich brauche doch ein Gerüst, an dem ich eine Winde befestigen kann. Es soll also stark sein.»

«Hast du Knechte, die dir dabei helfen?»

«Vorerst nicht. Meine Herren sind arm und sparen den Lohn.»

«Dann kannst du Großvater werden bei dieser Arbeit», meinte der eine und lachte mitleidvoll. «Also Hölzer willst du. Wie hoch sind denn diese Gewölbebogen?»

«Die Säulen, die sie tragen, sind etwa fünf Mann hoch. Sie stehen etwa dreißig Fuß weit auseinander. Jetzt kannst du dir ausrechnen, wie hoch die Bogen sein müssen, wenn du bedenkst, dass sie den ganzen Tempelplatz tragen.»

«Unglaublich!», riefen die Zimmerleute. «Du wirst mehrmals mit deinen Eseln kommen müssen, bis du alles beisammen hast. Gibt es denn Werkzeug im Templerhaus?»

«Ich muss mich mit wenigem behelfen. Aber eine Axt brauch ich nun zuallererst. Und könnt ihr mir eine Säge überlassen?»

«Was zahlen deine armen Herren dafür?», rief der eine. Aber ein anderer verwehrte es ihm: «Halt's Maul, du! Vielleicht bist du um die Templer eines Tages noch froh. Man weiß ja nie, was für Zeiten kommen!»

Als Peter seine Esel mit den Balken beladen hatte, machte er sich gleich auf den Heimweg. Er kam an einem vierschrötigen Kerl vorbei, der am Wegrand hockte. Sobald Peter neben ihm war, erhob er sich maulend und deutete mit missmutigem Gesicht auf die Esel, die mit gleichmütigem Kopfnicken unter ihrer Last einhergingen.

«Es hätte genügt, wenn du einen von ihnen beladen hättest; dann hätte man den zweiten zum Reiten gehabt.»

«Ich gehe lieber», sagte Peter ungerührt.

«Ich frage mich», fuhr der Grobschlächtige fort, «wozu ihr so dicke Stangen braucht.»

«Warum sagst du ‹ihr›, ich bin doch nur einer?»

«Je, nun, das weiß doch ganz Jerusalem, dass du bei den Templern in Arbeit stehst. Was hast du mit den Stangen vor?»

«Ausbesserungsarbeiten», antwortete Peter unwillig. Ganz Jerusalem? dachte er, sonderbar!

«Wenn du mal einen Helfer brauchst, Steinmetz, dann denk an mich.»

«Dass ich Steinmetz bin, weisst du also auch.»

«Aber eines weiß ich nicht: Wozu bringen die Templer einen eigenen Steinmetz mit? Steinmetze gibt es hier doch genug!»

Bei diesen Worten waren sie am Storchenturm angekommen. Peter war zusammengezuckt: Wozu hatte der Abt ihn ins Heilige Land geschickt? Er spürte den lauernden Blick des Grobians. Er hasste ihn dafür, dass er an etwas rührte, was ihm selbst noch verborgen war. Und die unbestimmte Angst, die er nun schon kannte, bedrängte sein Herz.

«Warum antwortest du nicht?»

«Ich bin nicht aufgelegt für eine Unterhaltung», gab Peter unwirsch zurück. «Du könntest meinethalben deiner Wege gehen.»

«Da sieht man deine Undankbarkeit», rief der Grobe aus, «ich biete dir meine Hilfe an, und du bist falsch wie eine Viper!» Er machte kehrt und lief ins Josaphat-Tal zurück, wo die Zimmerleute schon auf dem Heimweg waren.

Peter trieb seine Esel zum Templerhaus. Zornig hieb er mit dem Stecken durch die Luft. Erst als Eustache ihm das große Tor öffnete, wurde er wieder froh. «He!», rief er, «du kannst mir helfen, die Stangen in das unterirdische Gewölbe zu tragen, von dem du noch keine Ahnung hast – vorausgesetzt, dass eine solche Arbeit nicht gegen die Ehre eines Torhüters geht.»

Und als er Eustaches lachende Zustimmung sah, versprach er ihm: «Nachher nehme ich dich mit nach Hause! Du weißt ja noch nicht, wo wir wohnen; und der Kleine läuft jetzt schon gut.»

Peter baute ein Gerüst, das bis in die düstere Höhe des Gewölbes hinaufragen sollte, und der Herr von Payens gab ihm, als er begriffen hatte, welches Ausmaß von Arbeit nötig war, die beiden Jungknappen als Gehilfen bei. Wenn aber besondere Kraft Not tat, kam der Herr von Montdidier in das Gewölbe herab, warf seinen Leibrock ab und packte zu. Ungeduldig trieb er die Jungen an, denn die Arbeiten, meinte er, sollten längst schon fertig sein.

Peter lachte laut. «Eine notwendige Arbeit erkennen, Herr, und sie ausführen, ist zweierlei.»

Wirklich wurde es Winter, bis die Gewölbebogen aussahen, als seien sie niemals eingefallen. Peter nahm eine Fackel aus ihrem eisernen Ring an der Wand, ging mit ihr von Säule zu Säule und prüfte jede von ihnen genau, ob sich kein Schaden an ihr zeige. Dabei fiel ihm die Massigkeit dieser Pfeiler wieder auf, von denen manch einer aus einem einzigen steinernen Riesen gehauen war. Eine Säule, die im Nordosten der Halle stand, schien ihm besonders kolossal. Als er sie aber mit seiner Fackel umging, merkte er, dass sie nur zu zwei Dritteln aus einem Felsbrocken gehauen war. Das letzte Drittel ihrer Dicke war mit dem weißen Jerusalemstein aufgemauert, aus dem die ganze Stadt erbaut war. Wie von selbst gruben Peters Finger etwas Sand aus den Fugen zwischen den Steinen und zerrieben ihn. Dann nahm er sein Messer aus dem Gurt und stocherte. Ein Stein saß locker, das sah er, aber es hatte keine Bedeutung.

Auch wenn das ganze Mauerwerk gefehlt hätte, hätte der Rest der Säule das Gewölbe an dieser Stelle leicht getragen. Er zog den Stein aus dem Verbund.

Wie wunderte er sich aber, dass er seinen Arm bis an die Schulter durch das Loch schieben konnte! Er glaubte es kaum: Die Säule war hohl! Die Neugier des Handwerkers packte ihn. In seiner Familie waren Steinmetze und Baumeister eins. Aber noch von keinem hatte er gehört, dass er die Säulen in einem Gewölbe hohl gemacht hätte. Die Fackel war am Verlöschen, und Peter sah zu, dass er mit ihrem letzten Schein noch den Ausgang erreichte. Ehe ich heimgehe, muss ich es dem Herrn von Payens sagen, dachte er; aber die Ritter hatten sich zu ihrem Stundengebet versammelt. Nur Eustache war in seinem Türmchen. Er öffnete Peter das Tor und schloss es hinter ihm; und Peter fühlte mit einem Mal, wie müde er war.

Die Gassen waren dunkel und leer. In Gedanken versunken ging er vor sich hin. Die Säule war also hohl! Er schüttelte den Kopf. Unbewusst schlenkerte er das Huhn, das der Herr von Payens ihm am Nachmittag geschenkt hatte. «Bring es deiner Frau!», hatte der Herr gesagt. «Ein Mann hat es uns als Almosen gebracht. Ich bin deiner Frau vor ein paar Tagen begegnet und habe gesehen, dass sie schwanger ist. Da braucht sie kräftige Nahrung.»

Das Huhn hatte er zuerst nicht annehmen wollen, denn er wusste, dass die Mönchsritter keine eigenen Einkünfte hatten, und ahnte, dass das Geld, das sie von zu Hause mitgenommen hatten, zur Neige ging.

Susanne schlief mit dem Kleinen im Arm. Leise legte er sich neben sie, fand aber lange keinen Schlaf. Als er dann endlich eingedämmert war, wurde er von wirren Träumen heimgesucht:

Da war der salomonische Pferdestall mit seinen Riesensäulen, die im Fackellicht so unheimliche tiefschwarze Schatten warfen. Der offene Pfeiler gähnte wie ein böses Maul, aus dem ihn ein milchweißes Pferd aus rot glühenden Augen anglotzte. Zwischen den gebleckten Zähnen hielt es einen gefährlich strahlenden Karfunkelstein.

Schweißgebadet wachte Peter auf. Die Hähne krähten; es war Tag. Peter fand den Herrn von Payens im Rittersaal.

«Ich habe eine Nachricht für Euch, Herr», sagte er, und dann berichtete er ihm von der Säule, die hohl war.

Der Herr von Payens hörte aufmerksam zu, ohne den Blick von Peter zu wenden. Als Peter geendet hatte, wies ihn der Herr von Payens zu der Bank, die den Rittersaal an allen Seiten umlief.

«Setze dich», sagte er, «ich möchte mit dir reden.»

Beklommen setzte sich Peter nieder. War nun der Augenblick gekommen, an dem er die große Aufgabe erfahren sollte, deretwegen der Abt ihn ins Heilige Land geschickt hatte? Gespannt sah er auf den stattlichen Mann, der es vorzog stehen zu bleiben.

Und wirklich begann der Herr von Payens so: «Es wird Zeit, Steinmetz, dass du etwas über die Aufgabe erfährst, zu der Abt Bernhard dich hierher gesandt hat. Wir sind ausgezogen, um nach einem kostbaren Wissensschatz zu forschen, der wertvoller ist als alles Gold und alle Edelsteine der Welt. Mag sein, dass wir ihn niemals finden werden. Das aber soll uns nicht abhalten, nach ihm zu suchen. Und dazu brauchen wir deine Hilfe, denn wir werden graben müssen. Wir brauchen einen Mann, dem wir vertrauen können, dass er schweigt. Denn wenn auch wir diesen Schatz zum Wohl der Menschheit bergen wollen, so gibt es doch genügend andere, die ihn aus Machtgelüst oder Gewinnsucht haben wollen und die alles daran setzen würden, ihn zu bekommen, sobald sie etwas von ihm erführen.

Mag sich nun in der Säule befinden, was immer es sei! Dass sie hohl ist, macht, dass ich aufhorche. Die ganzen Monate hindurch, die wir in diesem Lande sind, habe ich auf ein solches Aufhorchen gewartet. Es sollte der Anfang unserer Suche sein. Öffne also diese Säule, Steinmetz, so dass wir sehen, was sie enthält!»

Peter sprang erleichtert auf. Das also war die große Aufgabe, vor der er sich gefürchtet hatte? Sie war wohl nicht schwerer als jede andere! Von dorther drohte ihm gewiss keine Gefahr. Beruhigt nahm er Stemmeisen und Hammer und stieg leise pfeifend die Treppe hinab.

Peter trug vorsichtig einen Stein nach dem anderen von der Säule ab. Dann setzte er sie der Reihe nach auf den Boden, dass er sie später richtig bei der Hand hätte, wenn die Säule wieder geschlossen werden sollte.

Und bald war das Loch so groß, dass ein Mensch hätte hineinsteigen können, wenn er sich auf eine Leiter gestellt hätte.

Da geschah etwas, worüber Peter erschrak:

Beim Heraushauen war das Stück eines Steines abgesplittert und nach innen gefallen. Aber Peter hatte den Aufschlag des Brockens nicht gehört. Hatte er sich verhört? Er nahm ein wenig Schutt und warf ihn in das Loch. Wieder hörte er nichts. Stand in dem Loch vielleicht das boshafte rotäugige Pferd, von dem er in der Nacht geträumt hatte? Zögernd arbeitete er weiter. Er merkte, dass seine Hände ein wenig zitterten.

Gegen Abend war die Öffnung so hoch wie eine Tür. Peter hatte bei der Arbeit vermieden, in die Dunkelheit dieser Höhlung zu schauen, denn irgendetwas war da nicht so, wie ein Steinmetz es erwartete: Wenn man einen Brocken in eine Höhlung warf, musste man seinen Aufschlag hören. Es sei denn – es sei denn, dass dieser Brocken in einer solchen Ferne aufschlug, dass man ihn nicht mehr hören konnte!

Peter ließ den Hammer fallen. Er nahm die Fackel aus dem Ring und stieg hinauf in die Gerätekammer. Dort nahm er ein Seil vom Haken und ging zum Eingang des Rittersaales. Die Mönchsritter beteten ihr Stundengebet.

«Es ist jetzt so weit», sagte Peter in die Stille, die nach dem Ende des Gebetes eingetreten war, «dass die Herren in die Säule steigen können.» Mehr sagte er nicht.

Mit erwartungsvollen Gesichtern folgten ihm die Ritter in den salomonischen Pferdestall. Vor dem Pfeiler reichte Peter dem Herren von Payens die Fackel ohne ein Wort; aber der Herr von Payens hatte Peters bedeutungsvollen Blick gesehen. Er beugte sich weit in die Öffnung hinein und zog nach einer Weile die Fackel wieder zurück, um sie weiterzureichen. Jeder der Herren nahm sie zur Hand, beugte sich hinein und reichte sie dem nächsten. Die Höhlung der Säule setzte sich in die Tiefe fort. Als alle gesehen hatten, was da zu sehen war, sagte der Herr von St.-Omer: «Gib das Seil her.»

Peter schlang das Seil um die Mitte eines Balkens, den er quer vor die Öffnung legte. Das andere Ende des Seiles wand sich der Herr von

St.-Omer um den Rumpf. Langsam ließ er sich, so angebunden, in den dunklen Schlund hinab. Oben warteten die Männer mit angehaltenem Atem. Endlich hörten sie wie von fern seine Stimme: «Werft eine Fackel herab!» Nachdem sie dies getan hatten, hörten sie wieder lange Zeit nichts. Dann rüttelte das Seil, spannte sich, und der Herr von St.-Omer stemmte sich auf den Rand der Öffnung und sprang heraus. Von oben bis unten war er mit grauen Spinnweben bedeckt. Noch ehe er sich aufrichtete, sagte er: «Es ist ein Brunnenschacht, sonst nichts.»

Grenzland im Südosten

Niedergeschlagen gingen sie zurück in den Rittersaal. Was hatten sie denn erwartet?, dachte der Herr von Payens. Keiner von ihnen hatte doch je geglaubt, dass sich die Kostbarkeit, die sie suchten, so mühelos würde finden lassen. Ja, es war ein Brunnenloch, sonst nichts. Doch wenn man es recht bedachte, war es auch ein ungeheurer Fund. Denn wenn es nun auch trocken war, so musste es doch mit irgendeiner Wasserader in Verbindung stehen. Das hieß aber: Wenn diese Ader wieder entdeckt war, hatte das Templerhaus eine eigene Quelle und war unabhängig. Er nahm sich vor, in den nächsten Tagen mit Peter das Gewände des Schachtes zu untersuchen.

Als nun seine Freunde so niedergeschlagen beisammenstanden, richtete sich der Herr von Payens auf und rief: «Liebwerte Herren, was seid ihr so bedrückt? Was wir heute erlebt haben, scheint mir eine große Mahnung zu sein: In uns allen lebt die Gier nach Erfolg. Wir denken an nichts anderes, als ans Ziel zu kommen. Wo bleibt da unsere Demut und Geduld? Der Brunnenschacht ist die Mahnung, dass wir uns an diese Tugenden erinnern!»

Dann fuhr er fort, indem er ihnen den Vorteil eines eigenen Brunnens schilderte, und schloss mit den Worten: «Seid also frohgemut, liebwerte Herren, denn nur mit Zuversicht könnt ihr euren Dienst so gut wie möglich erfüllen. Sobald der Zugang zum Wasser gefunden ist, was als Erstes geschehen soll, wollen wir den Steinmetz bitten, dass er im südlichen Teil der Halle senkrechte Schächte aushebt, so dass wir erfahren, was sich dort unter dem Boden befindet. Seid ihr mit dieser Anordnung zufrieden?»

Murmelnd nickten sie Zustimmung. Nur der Herr von Montdidier hob seufzend die Schultern. Widerwillig gab er zu, dass die Anordnungen des Herrn von Payens – den sie sich als ihren Anführer gewählt hatten, weil er mit seinen vierundzwanzig Jahren der Älteste war – bisher immer die richtigen gewesen waren.

Und doch ging es noch am nächsten Morgen seltsam schweigend zu, als sie sich in der Waffenkammer von ihren Knappen rüsten ließen. Und sogar Eustache bemerkte, dass ihr Losungswort, das sie sprachen, wenn sie durchs Tor davonritten, etwas zerstreut von ihren Lippen kam: «Nichts für uns, Herr, nichts für uns; sondern alles zur Ehre deines Namens!»

Kaum waren sie aber davongezogen, da sprengte der Adjutant des Königs heran. «He, Stummer!», rief er ungeduldig, «mach auf!» Und noch ehe er Eustache die Zügel seines Pferdes zugeworfen hatte, fragte er barsch: «Wo ist der Herr von Payens? Der König erwartet ihn.»

Eustache deutete vage auf das Haus: Irgendwo in diesen vielen Räumen war der Herr wohl zu finden. Dann brachte er das Pferd in den Stall und schüttete ihm vor.

Aber schon kam der Herr von Payens mit dem Adjutanten wieder heraus; und beide riefen nach ihren Pferden. Eustache sattelte den Rappen seines Herrn, so sehr der auch tänzelte. Dann schloss er hinter den Reitern das Tor.

Der König erwartete den Herrn von Payens im kleinen Audienzsaal der Davidsfeste. Er umarmte ihn, konnte aber eine gewisse Eile nicht verbergen.

«Ich habe eine Bitte an Euch, Herr Hugo», begann er sogleich. «Im östlichen Jordanland ist es zu Grenzzwischenfällen gekommen. Ich bin im Begriff, mich dorthin zu begeben. Die Sache ist etwas unklar, es könnte sein, dass der Graf von Moab dem Atabeg von Damaskus Zugeständnisse macht, die mir nicht genehm sind. Ich möchte keine militärische Abteilung mitnehmen, damit mein Erscheinen dort kein kriegerisches Aussehen hat. Ich möchte aber auf keinen Fall ohne gehörige Bedeckung reiten. Wollt Ihr mir den Gefallen tun und diese Bedeckung mit Euren acht Freunden und Euren Knappen bilden? Ich brauche dort Männer, die mir absolut ergeben sind, und auf euch kann ich bauen. Ihr habt mir bis jetzt noch keine Meldung gemacht, dass ihr gefunden hättet, was ihr sucht. Darum denke ich, dass diese Reise euren eigenen Aufgaben nicht allzu sehr schadet. Habe ich Eure Zustimmung?»

Der Herr von Payens erlaubte sich nicht, lange mit der Antwort zu zögern. Viel hatte der König für sie getan! Es war nur recht, dass man auch ihm eine Gefälligkeit erwies.

«Ja leider», begann er, «haben wir bis jetzt noch keine Spur gefunden, wenn wir auch gerade gestern einen Augenblick gehofft haben. Denn denkt Euch nur: Unser Steinmetz fand eine Säule im Gewölbe, die hohl ist. Es sieht so aus, als sei sie über einen geheimen Brunnen gestülpt. Wir wollen diesen Schacht so bald wie möglich untersuchen. Vielleicht ist es möglich, die Wasserader, von der sie einst gespeist worden ist, wieder herbeizulenken. Dann hätte das Templerhaus eine eigene Quelle.

Diese Arbeit stellen wir gerne zurück, wenn wir Euch dienen können. Ich spreche für alle, Sire, wenn ich sage, dass wir uns von Herzen freuen, dass wir Euch auf dieser Reise begleiten dürfen. Wann soll aufgebrochen werden?»

«Sofort», sagte der König und gab sich keine Mühe mehr, seine Eile zu verbergen. «Ich habe Euch vorgegriffen, Herr Hugo», fügte er dann hinzu, «ich habe Boten zu Euren Freunden auf die Pilgerstraßen geschickt, die sie zurückrufen sollen. Ich bitte Euch in aller Form, mir diese Eigenmächtigkeit zu verzeihen. Ich denke, sie werden in zwei Stunden zu Hause sein. Wann können wir dann reiten?»

Der Herr von Payens dachte einen Augenblick nach. «Ich habe heute den Herrn von Aldemar und den Ritter Roland zu Hause, und außer diesen den Steinmetz und den stummen Knappen. Ich denke, wir können in etwa drei Stunden reiten, vorausgesetzt, dass die anderen bis in zwei Stunden hier sein werden. Ihre Pferde müssen noch gefüttert werden.»

«Ich schicke Euch meine Wachen, damit Euer Haus nicht ungeschützt ist, solange wir unterwegs sein werden.»

«Das beruhigt mich, Sire, ich danke Euch sehr.»

«Könntet Ihr Euren Steinmetz meinem Festungsbaumeister für diese Zeit überlassen? Das Jaffator muss ausgebessert werden, und er hat Hilfe nötig.»

Drei Stunden später bahnte ein Herold dem König und seinem Gefolge einen Weg durch die Menge der Pilger und Händler hin zum Stephanstor, das im Nordosten der Stadt gelegen ist. Die Torwächter salutierten, und schon befand man sich auf der Straße, die am Ölberg entlang nach Osten lief. Hie und da schwebte eine Schneeflocke vom grauen Himmel herab und legte sich schmelzend auf den Rücken der Pferde. Die Männer hatten ihre Lederhauben auf den Köpfen; unter den Waffenröcken aber trugen sie mit Eisenringen über und über benähte Hemden. Die Schwerter waren im Gepäck der Lasttiere, aber so handlich versteckt, dass sie mit einem Handgriff gezogen werden konnten. So glich der Reiterzug einem friedlichen Trupp und war es doch nicht ganz.

Das Gebirge, durch das sie nun kamen, war karg. Hie und da sahen sie ein Beduinenzelt aus schwarzem Filz, schwarz verschleierte Männer und Frauen mit lederner Haut, Töchter mit langen schwarzen Zöpfen, die am Wegrand singend ihre Schafe hüteten, kleine Beduinenjungen, die bettelnd die Hände hoben. Die Nachmittagssonne schien schon schwach, als sie den Steilabhang zum Jordantal erreicht hatten. An einem vorspringenden Felsen blieben sie stehen und schauten hinunter in die unheimliche Tiefe dieses Tales, das weit unter dem Meeresspiegel liegt. Rechter Hand sah man einige Höhleneingänge in dem schroff aufragenden Felsengewände. Wachsam spähten die Kundschafter, die der König mitgenommen hatte, dort hinüber, als erwarteten sie von dorther

Gefahr. «Das übelste Räubernest», sagte der König. «In diesem Höhlenlabyrinth sind sie nicht zu fangen. Sie überfallen mit Vorliebe die Pilger, die von Jerusalem zum Jordan ziehen, um sich mit seinem Wasser zu taufen und es in Flaschen mit ins Abendland zu nehmen. Es wäre mir recht, Herr Hugo, wenn Ihr Euch künftig ein wenig mit diesem Raubgesindel befassen würdet.» Zornig lachte er auf.

Sie setzten hinab ins Tal und ließen sich von Männern über den Fluss fahren, die keine einfachen Fährleute waren, sondern Leute des Königs, die diese natürliche Grenze bewachten. Am anderen Ufer kamen ihnen sogleich ein paar Reiter entgegen. Als sie aber das Wappen des Königs erkannten, wichen sie zur Seite und salutierten. Dann schlossen sie sich dem Reiterzug hinten an und begleiteten ihn in eine Herberge, die unweit der Anlegestelle im Jordantal lag.

Auch am folgenden Morgen waren diese Reiter zur Stelle. Sie waren Mannen des Grafen von Moab, dessen Gebiet dem Königreich Jerusalem eingegliedert war. Ihr Herr war es, mit dem der König zu verhandeln hatte, denn dessen Gebiet grenzte mit seiner ganzen Länge an das des Atabeg von Damaskus, und an dieser Grenze des Königreichs ging manches vor, was dem König nicht gefiel.

Die Männer ritten den ganzen Tag. Aber schon vom Mittag an sahen sie eine Festung vor sich, die den Ausläufer der arabischen Wüste krönte. Je näher sie ihr kamen, desto unerreichbarer sah sie aus: Ein Riesenwerk, das sich hoch über dem Tal auftürmte und in der sinkenden Sonne feurig aufglühte: Der Krak von Moab.

Die Pferde waren müde, denn sie hatten einen gewaltigen Höhenunterschied vom Jordan aus zu bewältigen gehabt. Die Männer waren mit Schweiß und Staub bedeckt. Sie waren am Verdursten. So ritten sie den steilen Aufritt zur Burg hinauf.

Das Fallgitter öffnete sich und ließ sie in den Hof. Aus dem Tor des Palais trat dem König der Hausherr entgegen und legte ihm zum Zeichen der Gefolgschaftstreue die Hand an den Steigbügel, während er niederkniete und ihm die Schulter zum Absteigen reichte.

Als der König ihn begrüßt hatte, wies er mit einer Handbewegung auf sein Gefolge: «Wir haben einen neuen Orden in Jerusalem, und diese Männer gehören ihm an. Sie nennen sich ‹Arme Ritter Christi› – das Volk aber nennt sie Templer. Es sind Mönchsritter. Sie bewachen vor allem die Pilgerwege von der Küste herauf.»

Der Herr von Moab schaute einen nach dem anderen abwägend an. In seinen Gesichtszügen wechselten Erstaunen, Respekt und Misstrauen miteinander ab. Denn was er da sah, waren edle prachtvolle junge Männer, und ihre Fäuste hingen keineswegs schlaff an den Armen.

Der König hatte dem Herrn von Moab aufmerksam ins Gesicht gesehen. Jetzt nahm er seinen Arm und sagte: «Lieber Freund, lasst uns nun hineingehen. Wir werden heute abend noch lange mit diesen Templern zusammensitzen, wenn wir über die Dinge sprechen, die uns am Herzen liegen.» Damit hatte der König dem Herrn von Moab zu verstehen gegeben, dass die Templer seine Vertrauten waren und der Hausherr sie als solche zu respektieren habe.

Das aber, was ihm am Herzen lag, war nicht an einem Abend zu entwirren: Es war nötig, dass die Grenze in Augenschein genommen wurde; Gesandte aus Damaskus mussten gehört werden; Boten gingen hin und her. Für die Templer war dieser Aufenthalt auf der Riesenfestung eine Zeit des Lernens, denn auf diese Weise wurden sie in die verzwickten Rechtsverhältnisse eines Königreiches eingeführt, dessen einzelne Teile im hohen Maße selbständig waren und dessen Grenzvögte rasch und eigenverantwortlich zu handeln imstande sein mussten.

Es dauerte dann auch Wochen, ehe sie den Krak von Moab wieder verlassen konnten und nach Westen ritten. Ohne Zwischenfall gelangten sie zum Jordan und ritten ins Gebirge von Judäa hinauf. Sie warfen einen drohenden Blick auf die Felsenhöhlen, in denen die Räuber hausten, und zogen erwartungsvoll der Stadt entgegen. Während sie aber im Krak von Moab gewesen waren, hatte sich der Tag ihrer Ankunft im Orient gejährt.

Vor dem Tempelberg hielt der Herr von Payens sein Pferd an.

«Liebwerte Herren», sagte er und sah jeden Einzelnen von ihnen an, «wenn wir heute zurückkehren, sind wir nicht weiter als vor einem Jahr.

Und ich fürchte, dass uns die Probegrabungen, die der Steinmetz machen soll, nachdem die Wasserader gefunden ist, auch zu nichts führen. Denn glaubt es oder glaubt es nicht: Ich habe das sichere Gefühl, dass nur diejenigen Arbeiten Erfolg haben werden, die der Zufall verursachen wird. Denn im Zufall waltet Gott.»

Ehe die Mönchsritter vor Wochen mit dem König davongeritten waren, hatte der Herr von Payens die eisenbeschlagene Tür des Templerhauses verschlossen und den Schlüssel dem Patriarchen von Jerusalem zur Aufbewahrung gegeben. Er hatte Peter nach Hause geschickt und ihn gebeten, sich dem Festungsbaumeister der Stadt zur Verfügung zu stellen für die Dauer ihrer Abwesenheit. Dann war er zu Eustache in die Wachstube gekommen und hatte ihn angewiesen, seinen Strohsack in die Küche zu schaffen, die einen eigenen Eingang vom Hof aus hatte. Von dort sollte er Hocker in die Turmstube holen, damit die Wachen, die der König schicken würde, eine Bleibe hätten. Er hatte schon veranlasst, dass Eustache seine Essensration mit den Wachen zusammen erhielt.

«Eustache», begann er, «da dein Herr noch mit den anderen Rittern auf dem Weg ist, die Zeit aber drängt, verfahre ich mit dir, als seist du mein Knappe. Ich habe für dein leibliches Wohl gesorgt, damit du in der Zeit, in der wir auf Reisen sein werden, keinen Mangel hast. Nun will ich dir sagen, was du zu tun hast: Ein Teil unserer Pferde bleibt hier. Es wird deine Aufgabe sein, sie zu versorgen und jeden Tag im Hof zu bewegen. Ich möchte nicht, dass du mit einem Pferd den Hof verlässt. Das Lederzeug, die Sättel, die Hauben und Koller bitte ich dich zu wichsen. Vergiss nicht, den Stall öfter zu misten und neu einzustreuen. Es wäre mir recht, wenn du die Zeit fändest, um neue Fackelstiele zu glätten und Fackeln zu wickeln, so dass wir einen rechten Vorrat antreffen, wenn wir zurückkommen. Wenn du Lust hast, kannst du für kurze Zeit in die Stadt gehen oder wo du sonst hingehen willst. Wasser wirst du dir selbst an der Zisterne holen müssen.

Du bist klug genug, Eustache, um zu sehen, wenn etwas aus der Ordnung gerät. Dann wende dich an den Patriarchen. Er ist darauf vorbereitet. Alle anderen ungewöhnlichen Begebenheiten schreibst du auf, so gut es geht. Kannst du schreiben?», fragte er. Und als Eustache ihm andeutete, dass es zur Not gehen würde, gab er ihm eine Wachstafel mit einem Stift.

Zwei Wachposten waren gekommen und hatten Eustaches Torstube eingenommen, als habe sie nur auf diese beiden gewartet. Und kaum waren die Ritter davongezogen, hatten sie Knöchel aus einem ledernen Becher auf den Tisch geschüttet und – ohne sich um Eustache zu kümmern – leidenschaftlich angefangen zu spielen. Nur einen kurzen Blick hatten sie auf ihn geworfen. Als sie merkten, dass er stumm war, vergaßen sie ihn.

Eustache tat seine Arbeit, wie der Herr von Payens sie ihm aufgetragen hatte. Vom Morgen bis zum Abend war er beschäftigt.

Eines Abends kam Peter. «Komm mit!», sagte er, «ich zeige dir was.» Er legte Eustache den Arm um die Schulter, wie er es früher so gern getan hatte. Seine Gesichtszüge waren fröhlich erhellt. Er führte den Freund zu seinem Haus. Ein dickes Bübchen kam ihm jauchzend entgegen. Peter hob es hoch und warf es in die Luft. Ist das Arnold?, fragten Eustaches Augen ungläubig. «Ja, Arnold, den du das Laufen gelehrt hast.»

Sie stiegen die Treppe hinauf zur hölzernen Galerie. Dort schob ihn Peter in eine von den Türen, und Eustache stand in einer kleinen Kammer. Halb aufgerichtet saß Susanne auf einem hohen Lager. Sie hatte etwas sehr Kleines im Arm. Eustache konnte den Blick nicht von dem winzigen Wesen wenden.

«Er soll Philippe heißen», sagte Susanne mit leiser Stimme.

Eustache lächelte zerstreut. Würde auch er eines Tages ein solches Söhnchen haben? Tagelang ging ihm das schöne Bild, das er in dieser Kammer gesehen hatte, nicht mehr aus dem Sinn, und er fühlte sich so verlassen wie noch nie in seinem Leben. Ach, kämen die Ritter doch nur bald zurück! Aber der Tag ihrer Ankunft war noch fern.

Als er dann wirklich herangekommen war, war die Freude groß. Am meisten behagte es Eustache, dass die königlichen Wachen, die er nicht ausstehen konnte, das Turmzimmer, das er als sein Eigentum betrachtete, verlassen mussten.

Am nächsten Tag schon machten sich die Mönchsritter mit ihren Knappen auf, um die Räuber zu bekämpfen, die in den Felsenhöhlen über dem Jordan hausten. Auch die drei, die eigentlich an der Reihe gewesen wären, zu Hause zu bleiben, schlossen sich an. Der König hatte einen Wunsch geäußert, der galt ihnen als Befehl. Aber auf dem Weg zu diesen Felsen gab es keine Deckung durch einen Wald oder durch höhere Hindernisse anderer Art. So kam es, dass der Späher des Raubgesindels die Reiterkavalkade schon von weitem sah. Und als sie so nahe herangekommen waren, dass er die roten Kreuze auf ihren armseligen Waffenröcken unterscheiden konnte, sprengte er den Höhlen entgegen und stieß einen schrillen Warnpfiff aus. Und nirgends ließ sich das Gesindel sehen!

Der Herr von Montdidier verlangte, in die Höhlen nachzustoßen, aber der Herr von Payens rief: «Wollt Ihr, dass wir dort drinnen einzeln abgeschlachtet werden? Die Höhlengänge verzweigen sich, wie der König uns gesagt hat, und manch einer von seinen Kriegern ist auf Nimmerwiedersehen dort innen verschwunden. Ich schlage euch deshalb vor, dass wir ins Tal hinunterreiten. Auch dort gibt es am Berghang Höhlen – ihr habt sie gesehen –, aber sie sind klein und ungefährlich. In einer solchen wollen wir uns still halten. Wir wollen der Räuberbande auflauern, wenn sie ins Tal schwärmt, um die frommen Pilger zu überfallen, die zum Jordan ziehen, um sich zu taufen.»

Mit einem letzten wilden Blick auf die Höhlen gab der Herr von Montdidier schließlich nach und sprengte den anderen voraus ins Tal hinab, um wenigstens dort als Erster eine Höhle zu finden, in der man die Lasttiere mit den Ersatzwaffen unterbringen konnte. Die Räuber aber sollten denken, dass die Mönchsritter zum Toten Meer weitergezogen seien.

Die Templer warteten fast den ganzen Tag. Unruhig scharrten die Pferde mit den Hufen. Größere und kleinere Gruppen von bewaffneten Pilgern kamen singend in der Nähe vorbei. Aber die Räuber hielten sich vorsichtig zurück. Es geschah nichts.

Die Sonne neigte sich schon bedenklich nach Westen, als der Herr von Payens nach einem prüfenden Blick auf den Himmel den Heimweg befahl. Fluchend bestieg der Herr von Montdidier sein Pferd, ohne auf den strafenden Blick des Herrn von Montbard zu achten. Aber auch allen anderen war der Ärger ins Gesicht geschrieben über diesen verlorenen Tag. Sie ritten schweigend bergauf und erreichten die Bergkuppe, als die Sonne weit hinter Jerusalem untertauchte.

In diesem Augenblick schwirrte etwas durch die Luft. Die Pferde bäumten sich auf, und mit hervorquellenden Augen gingen sie durch. Vor ihren Mäulern flatterte Schaum.

Der Herr von St.-Omer war der Erste, der sein Pferd zum Stehen brachte, und nach und nach sammelten sich die versprengten Reiter um ihn. Dem Pferd des Herrn von St.-Amand und dem des Herrn von Aldebar steckten Pfeile in der Kruppe. Es war aber nicht möglich, diese Pfeile zu entfernen, da die Tiere vor Schmerz und Angst ausschlugen, sobald man sie berührte.

Von diesem Tag an machten die Templer täglich Kontrollritte zu den Felsenhöhlen – manchmal von Süden her, dann wieder von Norden. Dazwischen teilten sie sich und kämmten im Tal die Machia durch. Gelegentlich kamen sie mit Räubern in Berührung. Aber es dauerte bis in den Herbst hinein, ehe die Gegend über dem Jordantal von diesen Banden gereinigt war. Nun konnten sie ihre ganze Aufmerksamkeit wieder auf den salomonischen Pferdestall lenken, und die Hoffnung, die sie so lange hatten hintansetzen müssen, ergriff von ihren Herzen erneut Besitz.

Die sonderbare Entdeckung

Die Ritter Roland und Gottfried seilten sich nach dem Herrn von Aldemar in den Höhlenschacht ab. Mit Besen fegten sie das Gewände des Schachtes ab. Das Loch einer Wasserschüttung fanden sie aber nicht. Je weiter sie nach unten kamen, desto enger wurde der Schacht. An der Sohle hatte er einen Durchmesser von etwa zwei Schritt. Der Boden aber war nicht eben, wie man es sonst von Brunnenlöchern kennt; er wurde von einem einzigen kreisrunden Felsbrocken gebildet, der sich in der Mitte zu einem Kegel auftürmte. Die Männer hatten auf diesem Buckel einen schlechten Stand. Bald ergriff der eine und dann der andere das Seil, und sie kletterten wieder hinauf – immer um sich spähend, ob nicht doch ein Schüttungsloch zu finden sei. Aber nirgends konnten sie eine Öffnung entdecken.

«Nichts!», sagten sie verdrossen, als sie am Abend von den anderen Rittern befragt wurden.

«Es ist nicht jedermanns Sache», murmelte der Herr von Aldemar und kämmte sein Haar mit den gespreizten Fingern, «auf einen Fingerzeig Gottes zu warten.»

«Wie?», rief der Herr von Montdidier ungläubig, «ihr habt wirklich kein Schüttungsloch gefunden?»

«Weder ein Schüttungsloch noch Moos oder Schimmel oder sonst einen Beweis dafür, dass es in diesem Schacht jemals Wasser gab.»

«Wir wissen nicht», gab der Herr von St.-Amand zu bedenken, «wie lang dieser Brunnen schon ausgetrocknet ist. Und bei diesem Klima –»

«Ach!», unterbrach ihn der Herr von St.-Omer, aber dann sprach er doch nicht weiter, sondern machte nur eine wegwerfende Bewegung mit der Hand und ging hinaus.

Im Hinterhof entzündete er sich eine Fackel. Dann stieg er allein in die Säulenhalle hinunter und ließ sich am Seil in den Schacht hinab. Er würde das Schüttungsloch schon entdecken, dachte er, denn ein solches musste es geben! Für einen Grundwasserbrunnen lag dieser doch viel zu hoch über der Talsohle. Ein Grundwasserbrunnen war dieser da nicht!

Er fegte noch einmal sorgfältig die Wände ab; aber kein Loch war im Gemäuer zu sehen. Er fegte auch die aufgebuckelte Brunnensohle rein; und dabei fielen ihm zwei Löcher auf, die so rund und tief waren, dass er seine Daumen hineinstecken konnte. Flüchtig verwunderte ihn, dass sie so gleichmäßig waren. Aber dann wurde er von einem viereckigen Feld abgelenkt, in welches fremdartige Zeichen eingemeißelt waren.

«Sonderbar!», sagte er zu sich selbst, «da gibt es auf der Sohle eines Brunnens eine Schrift!»

Als er, immer noch kopfschüttelnd, am Seil hinaufkletterte, um den Brüdern seine Entdeckung mitzuteilen, meinte er, im Orient sei wohl vieles anders als im Abendland.

Am nächsten Morgen stieg er mit dem Herrn von Montbard und dem Ritter Joffroi Bisot in den Brunnenschacht. Sie hatten eine Wachstafel bei sich, und während Joffroi Bisot die Fackel hielt, schrieb der Herr von Montbard die Schriftzeichen ab.

Am Abend zuvor hatte der Herr von Payens gesagt, der einzige Christ in Jerusalem, der sich mit orientalischen Schriftzeichen auskennen könnte, sei wohl der Patriarch.

«Wir wollen ihn aber nicht in diesen Brunnenschacht bitten, denn falls wir überhaupt auf Wasser stoßen, soll unsere Quelle geheim bleiben.»

Als der Herr von Montbard die Wachstafel am Abend den anderen Rittern zeigte, fragte der Herr von Montdidier: «Und was soll nun weiter mit diesem Brunnenloch geschehen, das vielleicht gar keines ist?»

Der Herr von Payens lächelte fein. «Nichts», sagte er, «solange wir die Nachricht nicht kennen, die wir hier gefunden haben. Vielleicht enthält sie eine Warnung, die wir beherzigen sollten, ehe wir etwas Weiteres unternehmen.»

«Was? Nichts?», schrie der Herr von Montdidier aufgebracht. Dann hob er die Schultern und sagte: «Das hätte ich mir ja selber denken können.» Er drehte sich um, ergriff seinen Rock und ließ die anderen stehen.

Die aber betrachteten nachdenklich die Abschrift des Steins. Jeder von ihnen fragte sich insgeheim, ob diese Zeichen nicht doch etwas mit dem kostbaren Schatz, den sie suchten, zu tun hatten.

Der Patriarch von Jerusalem nahm die Tafel gnädig entgegen, nachdem der Herr von Payens zu ihm gesagt hatte: «Auf Eure Weisheit, altehrwürdiger Vater, haben wir gebaut. Darum bitten wir Euch, diese Schrift zu untersuchen, damit wir erfahren, ob sie eine wichtige Nachricht enthält.»

«Nun, nun», sagte er herablassend, «ich will mich bei gegebener Zeit damit befassen – ausnahmsweise. Denn es könnte wohl jeder kommen, der einen Steinbrocken findet, und könnte ihn von mir untersucht haben wollen. Glaubt nur», und er hob den Zeigefinger, «dass es hier Hunderte von beschrifteten Steinen gibt. Die ganze Gegend besteht nur aus Trümmern!»

«Da habt Ihr wohl Recht», gab der Herr von Payens zu, indem er sich rasch erhob, «und ich bitte von vornherein um Verzeihung, altehrwürdiger Vater, wenn ich Euch mit einer Nichtigkeit bemüht haben sollte. Dies wird sich aber erst nach der Entzifferung herausstellen.»

Er küsste dem Patriarchen den Ring an seiner vorgestreckten Hand und wurde entlassen. Wo er diese Schrift gefunden hatte und welch ein Stein es war, der sie trug, hatte er dem Patriarchen nicht gesagt. Auf dem Heimweg war der Herr von Payens versucht, vergnügt vor sich hin zu pfeifen, und fröhlich kehrte er ins Templerhaus zurück. Hätte er aber gewusst, dass der Patriarch die Wachstafel mit den Schriftzeichen sofort vergessen hatte, nachdem er ihn verabschiedet hatte, dann wäre der Herr von Payens nicht so aufgeräumt gewesen.

Noch ehe er das Tor des Templerhauses erreichte, wurde er von einer herrischen jungen Stimme angerufen: «Heda, Herr Hugo! Kennt Ihr mich nicht mehr?»

Der Herr von Payens sah einen Ritter vor sich, der blitzende Augen und ein so dicht gelocktes Haar hatte, dass es aussah wie das Fell eines Schafes. Verdutzt sah er ihn an. «Ist es denn möglich!», rief er ungläubig aus. «Herr Fulco von Anjou! Was tut Ihr denn hier?»

«Das gleiche wie Ihr, lieber Freund. Ich will mich ein wenig dem Königreich nützlich machen.»

«Kommt mit herein, wenn es Euch gefällt. Die anderen werden sich wundern.»

«Das kann ich leider nicht, Herr Hugo, denn der König will mich sogleich sprechen, und morgen soll ich mit auf seine Rundreise.»

«Ich weiß von dieser Reise», sagte der Herr von Payens mit einem kleinen Lächeln, «er nimmt die Kronprinzessin mit.»

Da hatte es der Graf von Anjou sehr eilig, sich zu verabschieden. Der Herr von Payens aber pfiff das Liedchen nun wirklich, das er vorhin gern gepfiffen hätte. Ihm gefiel der Fulko von Anjou, wenn er sich die Sympathie des Königs nicht mit seiner herrischen Art verdarb. Pfeifend traf er im Hof den Herrn von Montdidier an, der mürrisch am Tor der Sattelkammer lehnte.

«Wer hat Euch die Suppe versalzen, Herr Pay?», fragte der Herr von Payens lachend.

«Ihr habt sie mir versalzen, Herr Hugo, Ihr und kein anderer.» Die Augen des Herrn von Montdidier blitzten zornig.

«Ich bin mir keiner Schuld bewusst», sagte der Herr von Payens mit hochgezogenen Augenbrauen.

«Ihr spannt uns unnütz auf die Folter! Könnten wir nicht die Zeit, die der Patriarch zum Entschlüsseln der Schriftzeichen braucht, benützen und wenigstens im südlichen Teil der Säulenhalle eine Probegrabung machen?»

Einen Augenblick lang verfinsterte sich das Gesicht des Herrn von Payens, dann hob er die Schultern und sagte:

«Ihr sollt Euren Willen haben, Herr Pay. Legen wir also drei Schächte an, damit wir sehen, was unter dem Boden der Säulenhalle ist.»

Und als der Herr von Payens sah, wie sich das Gesicht des Herrn von Montdidier aufhellte, lachte auch er wieder und berichtete ihm, dass er draußen den Herrn Fulco von Anjou getroffen habe.

«Aha!», rief der Herr von Montdidier, und dann sagte er gut gelaunt: «Ich hoffe, die Prinzessin kann ihn leiden! Als Thronfolger wäre der Fulco mir schon recht!»

Am nächsten Tag begannen die Templer mit den Probegrabungen im südlichen Teil der Säulenhalle. Sie brachten viele Wochen mit diesen Grabungen zu. Aber was sie fanden, war nichts als Schutt.

Die Zeichen auf dem Stein

Wieder hatte sich der Tag ihrer Ankunft im Orient gejährt, als der Patriarch beim Frühstück auf eine Wachstafel aufmerksam gemacht wurde, die sein Diener in der Holzkammer gefunden hatte. Der Patriarch saß krank auf seinem Bett und hustete. Obzwar es heute seltsam schwül war, hatte er befohlen, ein Feuerbecken an sein Bett zu stellen. Diensteifrig hatte der Diener die Holzkohle aufgeschüttet und dabei die Wachstafel zwischen den Holzstückchen gefunden. Sie war schwarz bestäubt.

«Ich weiß nicht, Heiliger Vater, ob es damit eine Bewandtnis hat, an der Euch gelegen ist.»

Der Patriarch nahm die Tafel zwischen zwei Finger und betrachtete sie überrascht. Ganz deutlich sah er die Zeichen einer Schrift, die er meinte, schon einmal gesehen zu haben. Wann war das nur? Er befahl dem Diener, die Tafel abzuwaschen und den Rabbiner aus dem Judenviertel herauszubitten. Es war noch nicht Mittag, als dieser ehrerbietig grüßend vor dem Patriarchen erschien.

«Salam», begann der Patriarch, ohne ihn mit «Meister» anzusprechen, was ihm zugestanden hätte, «Ihr kennt Euch doch aus mit altem Geschreibe. Seht diese Zeichen – die hat mir – die sind doch – Ach ja, der Templer hat sie mir zum Auslegen gebracht. Was haltet Ihr davon?»

Noch immer höflich gebeugt, kam der Jude näher. Er warf einen kurzen, aber genauen Blick auf die Tafel und sagte: «Es ist idumäisch.»

«Idumäisch? Die Sprache des Königs Herodes?»

«So zeigt sie sich mir.»

«Und was sagt diese idumäische Schrift?»

Der Jude nahm die Tafel in die Hand, beugte sich nahe über sie und kniff die Augen zusammen. Dann las er:

> «Wer Wasser sucht, geht irr.
> Wer mit dem Wasser geht, wird weise.
> So spricht Isa, der Brunnenbauer.»

«Unsinn!», sagte der Patriarch und hielt die blassen Hände übers Feuer. Und dann geriet er in Zorn über jenen anmaßenden Templer, der ihm diesen Unsinn ins Haus getragen hatte. In seiner Wut fing er an, den Rabbi zu duzen.

«Nimm dieses Ding, Salam, und bring es hin, wo es hergekommen ist.»

Der Rabbiner biss sich auf die Lippen. Wortlos verbeugte er sich und ging mit der Tafel hinaus. Aber auf dem Weg zum Templerhaus, der durch die engen belebten Gassen führte, zog er immer wieder das Täfelchen unter dem Kaftan hervor und las, was darauf zu sehen war. «Wer Wasser sucht, geht irr.» Er schüttelte den Kopf: Wasser sucht man in der Wüste vergeblich, wenn der Brunnen versandet ist. «So spricht Isa, der Brunnenbauer.» Wieso baut er einen Brunnen, wenn kein Wasser da ist? Das wäre ein Scheinbrunnen! Von einem solchen habe ich noch nichts gehört. Und doch muss Wasser da sein: «Wer mit dem Wasser geht, wird weise», murmelte er ungläubig. Vielleicht war in diesem Brunnen früher einmal Wasser gewesen, und es wurde später abgelenkt. Vielleicht ist es auch versickert.

Wenn es versickert ist, klärte er weiter, dann sieht man wenigstens noch das Bett, in dem es vorher geflossen ist. Vielleicht ist dieses Bett noch ein wenig feucht? – Auf jeden Fall, dachte er, müsste es vom Brunnenloch abwärts gehen, dem Gefälle nach. «Wird weise – wird weise? Wer mit dem Wasser geht, wird weise!» Wer wird schon unter der Erde mit dem Wasser gehen! Er lachte. Einen Augenblick war er nahe daran, diesen Spruch für Unsinn zu halten, wie der Patriarch es getan hatte. Aber dann dachte er, dass man sehr gut unter der Erde mit dem Wasser gehen konnte, wenn es da einen Höhlengang gab, der dem Gefälle folgte. Aber, dass man dabei weise werden würde, das begriff der Rabbi nicht. Es sei denn – es sei denn, dass es in diesem Höhlengang etwas gab, was den, der mit dem Gefälle ging, zur Weisheit brachte: eine Wissenskostbarkeit! Plötzlich blieb der Meister stehen. Das war ja ungeheuerlich!

Nun kam alles darauf an, wo die Templer diesen Stein gefunden hatten: ob er nur irgendwo herumgelegen hatte, wie so viele; oder ob dieser

Stein einen festen Platz hatte? Dann allerdings wäre sein Wert ganz ungeheuerlich!

Im Templerhaus konnte der Stein aber nicht gefunden worden sein, dachte der Rabbi weiter. Wenn er wirklich auf einem Brunnenloch saß – dann nicht dort! Denn unter dem Templerhaus gab es keinen Brunnen, dort war der große Pferdestall des Salomo.

Nun war Rabbi Salam am nördlichen Ende des Tempelplatzes angekommen. Er trat in das Verkaufsgewölbe eines syrischen Händlers, den er freundschaftlich begrüßte. «Du warst schon lange nicht hier», nörgelte der Händler gutmütig und sah ihn von unten her an. «Ich dachte schon: der große Rabbi hat mich kleinen Muslim vergessen.»

Rabbi Salam klopfte ihm begütigend auf die Schulter. Dann zeigte er ihm die Tafel. «Tu mir den Gefallen, Hassan, und schick dieses Ding hier mit deinem Knecht zu den Templern. Der Patriarch befahl zwar, dass ich es selber tu – aber du weißt ja ...» Während er mit einem Stöckchen die Übersetzung in die Tafel grub, senkten sich seine Mundwinkel bitter.

«Ich würde ihm das nie verzeihen, wenn ich Jude wäre!», rief Hassan zornig aus, denn er wusste wie jedermann, dass kein frommer Jude den Tempelplatz betreten durfte: schließlich könnte er seinen Fuß auf die Stelle setzen, wo einst das Allerheiligste des Tempels gestanden hatte, und dies verbot die Demut. Es waren ja seit seiner Zerstörung schon mehr als tausend Jahre vergangen.

«Der Patriarch ist krank», sagte der Rabbi, «da brauchte er einen, an dem er seine Laune auslassen konnte. Zudem ist es heute eigenartig drückend. Sein Zorn galt aber gar nicht mir, sondern dem Ober-Templer – aber den hatte er nicht bei der Hand.» Er trat auf die Gasse hinaus und wich sofort wieder zurück. Ein plötzlicher Windstoß hatte ihm den aufgewirbelten Staub ins Gesicht geweht.

Mit staubverklebten Gesichtern und aufgesprungenen Lippen kehrten die Mönchsritter von den Pilgerstraßen heim. Müde glitten sie von den Pferden und schüttelten die Beine, die vom Reiten steif geworden waren. Sie hielten wortlos die Köpfe gebeugt, dass man ihnen die Lederhauben abnehme, und ließen sich entwaffnen.

Eustache befreite den Herrn von Montbard vom Koller und bedeutete ihm dann mit hochgehobenem Zeigefinger, dass heute ein besonderer Tag sei. Aber noch ehe der Herr von Montbard hätte nachfragen können, was es denn für ein Tag sei, war der Herr von Montdidier herzugekommen. Er fragte, ungeduldig wie immer: «Es ist wohl nichts Schriftliches abgegeben worden?» Jeder wusste, dass er die Wachstafel meinte.

Eustache sah ihn groß an und nickte: Jetzt war das Schriftliche, das der Herr von Montdidier so dringlich erwartet hatte, da.

Gegen Abend hatte der Syrer den Knecht mit der Tafel geschickt. Eustache hatte sie ihm fast aus der Hand gerissen und hatte die Übersetzung des Juden hastig gelesen. Sein Herz hatte laut zu pochen begonnen, und es hämmerte noch jetzt in schnellen Stößen gegen die Rippen. Jetzt, dachte er, jetzt muss die Suche wirklich beginnen, von der der Abt von Clairvaux gesprochen hat. Denn ganz gewiss hat dieser Text etwas mit dem Geheimnis zu tun!

Die Mönchsritter drängten sich hinter Eustache in der Turmstube, um sofort zu hören, was der Herr von Payens von der Tafel ablas. Der aber überflog nur rasch die Schrift, hob den Kopf und schaute wortlos durch die Schießscharte auf das Staubgewirbel, das dort draußen herrschte. Erst als die Männer hinter ihm begannen, unruhig mit den Füßen zu scharren, wandte er sich um und reichte ihnen die Tafel.

Wer Wasser sucht, geht irr

Peter war von den Arbeiten am Jaffator zurückgekehrt und in die hohle Säule hinabgestiegen, neugierig auf die eingemeißelten Schriftzeichen, von denen ihm die Ritter erzählt hatten. Mit eigenen Augen musste er sie sehen, denn noch nie in seinem Leben hatte er von einem Brunnen gehört, auf dessen Sohle eine Inschrift zu finden gewesen war. Aber im Orient gab es offenbar die seltsamsten Dinge! Er fand die Inschrift auch sofort; aber plötzlich war sie ihm nicht mehr so wichtig, denn sein Blick blieb an den beiden daumentiefen Löchern haften.

«Das gibt es doch nicht!», rief er aus, «das sind doch Zangenlöcher!» Und dann sah er, dass dieser kegelförmige Boden des Schachtes aus einem einzigen rund behauenen Stein geschaffen war, den man da hineingelassen hatte wie einen Pfropfen.

In den kommenden Tagen zimmerte Peter ein Gerüst, an dem er eine Winde festmachte. Er knüpfte eine Scherenzange an ein dickes Tau. Der Herr von St.-Omar, der in den Schacht gestiegen war, legte die Greifer der Zange in die Löcher des Felsenkegels und kletterte wieder nach oben.

Das Tau spannte sich; und dann legte sich der Herr von Montdidier ins Zeug. Seine Muskeln traten heftig hervor. Aber auch die anderen Männer schoben keuchend am Rad, das sich nicht drehen lassen wollte. Plötzlich gab es einen Ruck, und aus der Tiefe war ein rauhes Schürfen zu hören. Langsam, langsam spulte die Winde das Tau. Die Balken ächzten, der Galgen zitterte, als wolle er bersten. Mehrmals musste eine Elle vom Seil nachgelassen werden, und die Männer schauten ängstlich in den Schlund. Endlich erschien der Brocken oben in der Höhlung. Vorsichtig holten ihn die Männer ein.

«Genug für heute!», sagte der Herr von Payens. «Morgen in aller Frühe untersuchen wir dann diesen Schacht.»

Die Ritter beteten lang. Dann aßen sie schweigend ihr Abendmus. Aber wenn auch keiner von ihnen sprach, so dachte doch jeder an das Brunnenloch unter der hohlen Säule, und manch einer seufzte und ließ den Blick ins Weite schweifen. Der Wind hatte Gewitterwolken herangeführt. Hie und da erhellte ein greller Blitz den Raum, der nur mit Spänen beleuchtet war, und alle sahen zu den Fenstern hin. Aber kein Tropfen fiel vom Himmel.

Endlich sprachen sie ihr Dankgebet und befahlen, Fackeln zu bringen. Aber im selben Augenblick ertönte ein Grollen, und eine Riesenfaust schüttelte die Wände. Die Männer wurden zu Boden geschleudert. Das Erdbeben dauerte nicht länger als einen Augenblick. Dann war alles ruhig wie zuvor.

Die Ritter durchsuchten alle Räume des Templerhauses, aber kein Schaden war zu sehen. Sie traten auf den Tempelplatz hinaus, aber auch hier war alles wie zuvor. Nur als sie ins Tal hinabschauten, sahen sie, dass die halbkugeligen Stein- und Lehmkuppeln, die dort unten das Dach der niedrigen Häuser bildeten, an manchen Orten eingefallen waren. Sonst nichts.

Erleichtert kehrten sie ins Haus zurück, wo die Knappen ihnen Fackeln reichten. Umflackert von ihrem Licht stiegen sie im inneren Hof die Steintreppe hinab; und während sie die Säulenhalle durchmaßen, lächelte wohl jeder von ihnen zufrieden beim Anblick dieser Riesenpfeiler, die schon so vielen Erdbeben standgehalten hatten.

Auch die hohle Säule stand fest und stark an ihrem Platz. Als die Männer die Höhlung ausleuchteten, sahen sie aber, dass es den Brunnenschacht nicht mehr gab – nur noch wirr aufgetürmtes Mauerstückwerk und Geröll. Er war beim Erdbeben eingestürzt.

Etwa zur Zeit des Erdbebens hatte Peters Frau ein Mädchen zur Welt gebracht. Peter nannte es nach der Mutter Susanne. In seinem Herzen hieß es aber «kleine orientalische Prinzessin». Es sah aus, wie seine Brüder ausgesehen hatten, und würde bald ebenso rundlich sein, wie Philippe es gerade war, wogegen Arnold bereits begann, sich zu strecken.

Als Peter am nächsten Tag die Geburt seines Töchterchens im Templerhaus meldete, wunderte er sich darüber, wie zerstreut die Herren dieses Ereignis aufnahmen. Galt ihr Interesse nur den männlichen Nachkommen? Nein, das konnte es nicht sein.

«Peter», begann der Herr von Payens seufzend, «der Brunnenschacht, den du gefunden hast, ist beim Erdbeben eingestürzt. Es mag sein, dass dies nicht geschehen wäre, wenn der Stein, den wir gehoben haben, noch im Schacht gesessen hätte.»

«Herr», antwortete Peter gefasst, «was Ihr da von dem Schacht gesagt habt, ist eine schöne Bescherung. Es sieht also aus, als müssten wir einen neuen Brunnen durchs Geröll graben. Dazu brauchen wir vor allem eine

Menge Stangen und Keile zum Abstützen. Eine Winde zum Heben des Schuttes haben wir ja. Aber was die drei Herren betrifft, die mit mir arbeiten sollen, so muss ich sagen, dass sie mit Knie- und Ellenbogenledern versehen werden müssen. Ein Sattler könnte sie uns leicht bis zum nächsten Tag herstellen, die Hauben mit dem Nackenschutz sind ja ohnehin bei den Herren in Gebrauch. Wohin soll man Eurer Meinung nach das Geröll, das wir aus der Tiefe heraufheben müssen, hintun?»

Der Herr von Payens dachte einen Augenblick nach, dann bestimmte er, dass man das ausgehobene Geröll in der riesigen Säulenhalle aufschütte – wenigstens vorläufig. Was später damit zu geschehen habe, könne man immer noch überlegen.

Am nächsten Morgen waren die Herren Montbard, Payens und St.-Omer zur Arbeit bereit. Der Herr von Payens hatte am Abend zuvor eine längere Gebetszeit angesetzt. Nun stand er – wie die anderen – mit nacktem Oberkörper, Lederhaube und Schutzleder an Ellenbogen und Knien vor der Öffnung. Beim Anblick der muskulösen Krieger nickte der Steinmetz zufrieden. Die würden bei der Arbeit nicht so rasch erlahmen.

Sie sprangen in die Öffnung hinein, und da sie mit den Oberkörpern noch herausragten, konnten sie das Geröll ohne Winde zutage bringen. Auch waren noch keine Abstützbalken nötig.

Am Nachmittag aber zog Peter mit seinen Eseln wie einst zu den Zimmerleuten im Josaphattal. Er kannte sie nun schon gut, denn auch in jenen Monaten, als er am Jaffator gearbeitet hatte, hatte er mitunter mit ihnen zu tun gehabt.

«Heho, Peter!», riefen sie ihm freundschaftlich entgegen. Als er nach Stangen gefragt hatte, wollten sie wissen, ob das Erdbeben im Templerhaus viel Schaden angerichtet habe.

«Eine ganze Menge», beteuerte Peter. Als sie aber fragten, was dort zerstört worden sei, wurde er sichtlich verlegen.

«Mauern», sagte er undeutlich, «einfach Mauern.» Dann trieb er seine beladenen Esel zur Stadt zurück.

Der Herr von Payens hätte dem König gern gleich von dem Einsturz des Brunnenschachtes berichtet; aber dieser befand sich damals in Antiochia, das kurz zuvor vom türkischen Herrn von Aleppo und seinen Reitern verwüstet worden war.

Nun war er heimgekehrt und bat die Templer zu einer Unterredung zu sich. Sie kleideten sich, so gut sie es noch mit ihrem Mitgebrachten vermochten. Sie ließen sich von den Knappen die Bärte scheren und salben. Die Köpfe ließen sie sich frisch rasieren.

Der König empfing sie in seinen Privatgemächern wie früher schon. Er begrüßte sie herzlich und ließ ihnen Wein, Pistazien und Avocados vorsetzen.

«Liebwerte Herren», sagte er mit freundlichem Ernst, «ich nehme an, ihr habt mit eurer Suche inzwischen begonnen. Habt ihr aber auch ihr Ende bedacht?» Er machte eine Pause und sah jeden Einzelnen von ihnen an.

«Nehmen wir einmal an, ihr findet das hohe Weisheitsgut, das der Abt von Clairvaux unter den Mauern des Tempelplatzes vermutet – nehmen wir auch an, es gelänge euch, dieses Gut unversehrt übers Meer zu bringen und unerkannt im Sumpf von Vendeuvre zu verstecken, wo seine machtvollen Geheimnisse gehütet und erforscht werden sollen – wie wollt ihr das, was ihr durch die Weisheit des Königs Salomo erkennt, für die Menschheit nutzbar machen?»

Die Männer schauten einander an. Ja, es stimmte fast, was der König gesprochen hatte: Wie konnten zehn Männer oder elf, wenn man den Herrn von Champagne noch mitzählte, in der Welt Großes ausrichten? Aber so würde es nicht bleiben. Jeder von ihnen wusste, mit welchen Gedanken der Abt von Clairvaux schon umgegangen war: Dieser Templerorden musste eines Tages wachsen. Eines Tages, das war, sobald der Weisheitsschatz ins Abendland gerettet worden war. Dann musste es viele Templer geben, damit sein Licht in der Welt verteilt würde.

Der König, der ihre Gedanken erraten hatte, sagte: «Auch im Orient, also im Königreich Jerusalem, wird dann ein Heer von Mönchsrittern sein, die zusammen mit mir diesen heiligen Boden verteidigen. Darum, liebe Freunde», fuhr er fort, «halte ich es für notwendig, dass ihr heute schon das ganze Königreich kennt, besonders aber seine Grenzen. Ich bitte euch darum, dass ihr mich begleitet, wenn ich mich im Oktober aufmache, um die äußeren Grenzen zu kontrollieren. Schon in Antiochia habe ich bedauert, euch nicht bei mir zu haben. Nur so könnt ihr euch ein Bild von der Lage dieses fränkischen Reiches machen. Mit dem kommenden Frühling werden wir wieder hier sein. Dann aber gibt es bestimmt einen unter euch, der mich in allen jenen Dingen beraten kann, die ich mit keinem anderen besprechen will.» Bei diesen Worten sah er den Herrn von Payens auffordernd an.

«Der Abt von Clairvaux», antwortete der Herr von Payens, «hat uns nahe gelegt, die Sache des Königreichs immer als vorrangig anzusehen. Stünde Eure Abreise nahe bevor, Sire, dann würde es uns schwer fallen, mit Euch zu ziehen. Da sie aber noch in der Zukunft liegt, wird uns die dazwischen liegende Zeit wohl den ersehnten Erfolg bringen, so dass wir hinterher frei sein werden. Zunächst muss ich berichten, dass der Brunnenschacht beim Erdbeben eingestürzt ist und erst wieder freigelegt werden muss.»

Der König sah den Herrn von Payens eine Zeit lang schweigend an. Dann sagte er leise: «Ich wünsche fast, dass ihr bis im Oktober noch keinen Erfolg haben werdet, Herr Hugo.»

Die Ritter sahen stirnrunzelnd hoch.

«Seht, meine Lieben», suchte er zu erklären, «sobald ihr diesen ungeheuren Geistesschatz gefunden habt, wird all euer Sinnen und Trachten darauf gerichtet sein, ihn unversehrt ins Abendland zu schaffen. Dann könnt ihr keinen Schritt mehr von seiner Seite tun, ohne ihn zu gefährden. Darum lasst mich wünschen, dass ihr bis Oktober keinen Erfolg haben werdet.»

«Wir verstehen Euch, Sire», sagte der Herr von Montbard im Namen aller. Und als der König dankend genickt hatte, fügte er dazu: «Wir stehen alle in Gottes Hand.»

Mit beklommenem Herzen kehrten sie ins Templerhaus zurück. Der Herr von Aldemar, der Herr von St.-Amand und der Herr von Montdidier wechselten kein Wort, während sie die Kleider ablegten und die Leder über ihre Knie zogen. Und jeder von ihnen starrte einen Augenblick auf den Rand des Schachtes, ehe er hineinstieg und seufzend die Schaufel ergriff. Und so war es von da an fast an jedem Tag.

«Ein halbes Jahr haben wir also Zeit», hatte der Herr von Payens gesagt, als die Mönchsritter vom König nach Hause gegangen waren. Und manch einer von den Herren hatte gedacht, ein halbes Jahr sei eine lange Zeit. Aber je tiefer sie beim Graben in den Brunnenschacht eindrangen, desto langsamer ging die Arbeit voran. Da mussten Stangen gesägt und Keile gehauen werden, denn Peter war sehr darauf bedacht, den freigelegten Schacht so abzustützen, dass niemand durch einen Einsturz zu Schaden kam. Endlich sah das Brunnenloch von oben aus wie ein Quirl.

Das Fördern des Gerölls war sehr erschwert. Auch das Ein- und Aussteigen aus dem Schacht war nicht mehr so einfach wie früher. Alles kostete Zeit. Schon kam die letzte Septemberwoche heran, als die Schaufel des Herrn von St.-Amand auf die Felsensohle des Schachtes stieß. Es gab ein schrilles Geräusch. War das nun das Ende ihrer Arbeit? Ein schwerer Verdacht zeichnete sich auf den erschrockenen Gesichtern der Männer ab: Wenn hier der Brunnen einfach aufhörte, dann gab es keine Hoffnung mehr, denn von keiner Seite hatten sie einen Zufluss oder Abfluss des vermuteten Wassers gesehen. Es war aus. Der Spruch auf dem Stein hatte sie genarrt.

«Ja, ja», bemerkte der Herr von Aldemar mit betonter Langsamkeit, «wer Wasser sucht, geht irr. Wer sagt denn, dass nicht auch derjenige irre geht, der etwas anderes sucht?»

«Ihr Herren», begann Peter und wischte sich den Schweiß von der Stirn, «wenn es euch gefällt, dann lasst uns den letzten Rest von Geröll noch aus dem Schacht hier schaffen.» Er schaufelte unverdrossen weiter. Der Herr von Aldemar hielt die Fackel. Mit einem Mal wurde ihre Flamme flackernd abgelenkt.

Der Herr von Aldemar fand einen Spalt, der von zwei Steinblöcken gebildet wurde, welche nicht genau aneinander gesetzt waren. Hier war deutlich ein Luftzug zu spüren.

«Wirklich Luft!», murmelten die Männer fast gleichzeitig. Sie stießen die beiden Steinblöcke aus dem Verbund und steckten ihre Fackeln durch das Loch. Das Licht erhellte einen niederen Gang, der vom Schacht aus nach Osten ging. Feuchte Kälte wehte sie an. Auch dieser Gang hatte unter dem Erdstoß gelitten, denn in halber Höhe lagen auch hier Steine und Geröll auf dem Boden.

«Das muss alles abgestützt werden», sagte Peter, «ehe man sich da drinnen zu schaffen macht.»

Er brachte in den nächsten Tagen Balken und Keile herbei. Da aber hatten die Ritter schon mit den Vorbereitungen für die Reise begonnen. Und Peter musste wieder bei den Steinmetzen arbeiten, welche die Stadtmauern zu überprüfen hatten. Eustache, der sich vor dem langen Alleinsein gefürchtet hatte, half vergnügt bei den Zurüstungen: Diesmal durfte er mit, denn alle Pferde wurden mit auf die Reise genommen.

Noch eine Enttäuschung

Die Hitze war noch groß, als der Königszug sich in Bewegung setzte. Voraus ritt der Herold in den königlichen Farben, dann folgten zwei junge Ritter aus der Suite. Der König selbst ritt neben seinem Konstabler Eustache Garnier, einem groben, aber rechtschaffen aussehenden Mann. Dann folgten die Templer.

Man nahm den kürzesten Weg nach Norden: die uralte Heerstraße, die oben im Gebirge über Nablus führte. Dort wich sie etwas nach Westen aus und richtete sich wieder nach Norden, um Nazareth zu berühren. Überall waren Schafe, Kamele und Esel zu sehen, die verstreut im dürftigen Hartgras weideten. Die Reiter zogen zum See Genezareth hinab und im Trockental von Hosbami zum Fuß des Libanongebirges hinauf, wo die Grenze der Grafschaft Tripolis von Westen nach Osten verlief. Der Königszug war bis hierhin vier Tage unterwegs gewesen. Am nächsten Tag erreichte er die Hauptstadt Tripolis. Die Stadt lag – umgeben von grünen Orangengärten – am Fuße des Libanon und im Anblick des Meeres. Die Karawanen, die sie auf der Uferstraße überholten, hatten Schwämme, Seidenstoffe, Seife und Tabak geladen. Singend priesen die Händler ihre Waren jedem Vorbeireisenden an.

Der Graf von Tripolis ritt dem König entgegen, denn er war von seinem Kommen benachrichtigt worden. Und herzlich umarmte der König den lebensfrohen Südfranzosen, nachdem dieser ihm die Hand an den Steigbügel gelegt und ihm die Schulter zum Absteigen geboten hatte. Er beherbergte den Königszug so lang, bis die Herren ihre Politik gegenüber Damaskus in Übereinstimmung gebracht hatten. Denn Damaskus grenzte der Länge nach an das ganze Gebiet des Königs von Jerusalem und an das des Grafen von Tripolis. Der Druck von Osten war groß, denn alle Häfen des Mittelmeeres außer Tyrus waren in der Hand der Franken, und wenn Damaskus Waren in Berut verschiffen wollte, musste es hohe Zölle zahlen.

Endlich ging die Reise weiter nach Norden, immer dem Meer entlang, das sich noch hie und da aufbäumte, denn die Herbststürme waren noch nicht vorbei. Der Herr von Tripolis gab seinem König Geleit bis an die nördliche Grenze seiner Grafschaft. Dann ritt der König ins Fürstentum Antiochia ein, dessen Regent er war, seit der Fürst des Landes vom türkischen Herrscher von Aleppo in einer Schlacht getötet worden war.

Auch hier gab es langwierige Besprechungen mit den Vögten, die dem König nun unmittelbar unterstanden. Die Grenze wurde besichtigt, die nur eine kurze Strecke mit der von Damaskus verlief. In ihrer größten Länge war sie die Grenze nach Aleppo, das seinerseits an die christliche Grafschaft Edessa stieß.

Antiochia war eine herrliche Stadt; sie war mit großer Kunst erbaut. Dies war trotz der vielen Zerstörungen, die sie erlitten hatte, noch deutlich zu sehen. Besonders die eiserne Brücke, die über den Orontes gespannt war, erregte die Bewunderung der Templer. Eines Tages würde der König das Fürstentum Antiochia wieder an einen tapferen Krieger aus edlem Geblüt vergeben. Mochte dieser nur auch ein umsichtiger Landesherr sein!

Als sie die Grenze der Grafschaft Edessa überschritten, war es bitterkalter Winter geworden. Dicker Schnee lag auf den Wegen, die diese gebirgige Gegend spärlich durchzogen. Die Grafschaft Edessa war das Sorgenkind des Königs, denn nur im Südwesten – und da nur mit einem Zipfel – war sie mit dem Reich verbunden. Sonst war sie von fremden Völkerschaften umringt, die einen harten Lebenswillen hatten: In Aleppo herrschte der türkische Stamm der Ortokiden, im Osten und im Norden waren andere türkische Stämme zu fürchten und außerdem die rivalisierenden Griechen, die seit alter Zeit ihre Niederlassungen in Kleinasien behaupteten. Im Westen saßen die Armenier.

Hier hielt sich der König am längsten auf. Für den Grafen von Edessa bedeutete die Anwesenheit des Königs eine Stärkung seines Ansehens vor dem Feind, und er hätte sie gerne noch etwas hinausgezogen.

Als aber die Narzissen zu blühen begannen und der Schnee von den Bergesgipfeln schmolz, kam der Tag des Abschieds heran, und der König zog mit besorgtem Gesicht davon. Das Geleit, das der Graf ihm angeboten hatte, schlug er aus, denn es war wichtiger, dass der Graf in Kriegsbereitschaft blieb, und mit dem Frühling war die Zeit des Kriegführens wieder angebrochen.

Unaufhaltsam ritt man nun nach Süden. Weder in Antiochia noch in Tripolis wollte der König ein zweites Mal verweilen. Nun nahm er aber nicht wie auf dem Hinweg die Höhenstraße über Nablus, sondern blieb am Meer, wo die Uferstraße die Hafenstädte Berut, Sidon, Akkon, Atlit und Jaffa verband. Um die Hafenstadt Tyrus machte der Königszug einen Bogen, denn Hafen und Stadt gehörten noch immer dem Sultan von Ägypten. Erst von Jaffa aus zogen sie ins Gebirge hinauf. An einem sonnigen Apriltag sahen sie die Heilige Stadt in der Abendsonne liegen, wie die Templer sie bei ihrer Ankunft im Orient gesehen hatten. Dieses Datum hatte sich indessen zum dritten Mal gejährt.

Schon am nächsten Morgen hielt der Herr von Payens die sechs Ritter, die auf den Pilgerstraßen Dienst machen mussten, im Haus zurück.

«Liebwerte Herren», er sah die Freunde lächelnd an, «ich kann mir nicht denken, dass es euch anders ergangen ist als mir: Ich habe auf der ganzen Reise, auf der wir so viel von der Lage dieses Königreiches erfahren haben, den Höhlengang nicht vergessen. Gleich heute wollen wir darangehen, ihn weiter zu erforschen. Unser Steinmetz wird uns das Notwendige dazu sagen. Ich aber habe eine Bitte an euch.» Er schwieg einen Augenblick. Dann sagte er eindringlich: «Lasst uns alles vergessen, was wir von diesem geheimen Gang erhoffen! Wenn es uns vergönnt ist, ihn freizulegen, dann wollen wir es nicht mit der Gier nach Erfolg tun, sondern als Schulung unserer Demut, unserer Geduld und unserer Durchhaltekraft! Lasst uns in diesem Sinn beginnen.» Dann entließ er diejenigen Mönchsritter, die auf den Pilgerwegen für Schutz und Ordnung zu sorgen hatten, und ging mit dem Herrn von Montbard und dem Herrn von St.-Omer in den Pferdestall des Salomo.

Die Herren entkleideten sich und legten das Lederzeug um. Dann kletterten sie zwischen den Stützen in den Schacht.

Peter, der auf der Sohle des Schachtes stehen blieb, schaufelte Steinbrocken aus dem dahinter liegenden Gang durch das Loch. Der Korb war rasch gefüllt. «Da draußen muss abgestützt werden», sagte er energisch, ohne das «wenn es euch gefällt» dazuzufügen, wie er es sonst tat. Die Männer bildeten im Brunnenschacht eine Stafette: Der Herr von St.-Omer kletterte mit dem vollen Korb bis zur halben Höhe des Schachtes empor und übergab ihn dem Herrn von Payens. Dieser brachte ihn ganz hinauf, und dort nahm der Herr von Montbard ihn entgegen und leerte ihn an der Nordwand der Halle aus. Indessen hatte Peter schon den Nächsten gefüllt.

Etwa nach einer Stunde war Peter mit der Schaufel durch das Geröll des Ganges bis auf den Boden gestoßen, von dem nun eine kleine Fläche zu sehen war. Er war aus senkrecht stehenden gebrannten Flachziegeln gemauert. Der Herr von Payens besah ihn im Licht seiner Fackel genau: War dies das Bett eines fließenden Wassers gewesen? Wenn ja: Aus welcher Richtung war es hergekommen? Er richtete sich auf. Wasser, dachte er, kann nur aus Norden kommen, denn dort steigt das Gelände an. Dieser Gang aber führte vom Schacht aus nach Osten – wenigstens, so weit er vom Fackellicht ausgeleuchtet werden konnte.

Er sagte: «Lasst uns ein weiteres Stück vom Boden freimachen, damit wir sehen, ob er ein Gefälle hat.»Und als sie eine zweite und dritte Stunde gearbeitet hatten, war die geräumte Fläche groß genug, dass sie sehen konnten, wie sie sich nach Osten – wenn auch nur wenig – neigte.

«Wer mit dem Wasser geht», murmelte der Herr von St.-Omer, aber er vollendete den Satz des unbekannten Brunnenbauers nicht, denn beschämt erinnerte er sich an die Bitte, die der Herr von Payens am Morgen ausgesprochen hatte.

Tag für Tag arbeiteten nun drei Templer und Peter in diesem unterirdischen Gang. Sie räumten aus, während Peter Wände und Decke abstützte. Diese Arbeiten waren überaus beschwerlich, denn die Höhlung war so niedrig, dass ein Mann nur gebückt darin stehen konnte.

Schwitzend und keuchend schoben sie sich Zoll um Zoll voran. Die Wochen vergingen, und eines Tages – es war Juni geworden –, waren sie plötzlich am Ende des Ganges angekommen. Er hörte einfach im Erdreich auf. Die Fackel, die bis hierhin immer noch einigermaßen gebrannt hatte, verlosch, als Peter sie ans Ende des Ganges hielt. Stolpernd und tastend kehrten die Männer ans Tageslicht zurück.

Der Herr von Mondidier, der an diesem Tag in dem Höhlengang gearbeitet hatte, sagte: «Wenn der Gang noch ein Stück weit tiefer ins Erdreich gedrungen wäre, dann hätte er gewiss in einem von den mohammedanischen Gräbern geendet, die unterhalb der Ostmauer des Tempelplatzes über dem Josaphattal liegen. Vielleicht ist dieser Kanal, in dem wir nun so lang gesteckt haben, in früherer Zeit ein geheimer Fluchtweg gewesen; und die Worte des Brunnenbauers haben nur den einen Sinn: den Entdecker des Ganges abzulenken.»

Der Herr von Aldemar hob die Schultern. «Eines ist gewiss», meinte er, «mit unserer Suche ist wieder nichts, und der Herr von Payens wird uns eine lange Gebetszeit aufbrummen, bis ein neuer Fingerzeig erscheint.»

Lähmende Verzweiflung

Der Patriarch von Jerusalem plante eine Inspektionsreise. Er hatte vor, alle Städte des Königreiches zu besuchen und überall nach dem Rechten zu sehen. Der römisch-katholische Glaube war ja im Orient in der Minderheit. Da gab es Christen, die sich griechisch-katholisch nannten und solche, die sich als syrisch-katholisch bezeichneten. Außer ihnen lebten viele Muselmänner auf christlichem Gebiet und eine, wenn auch geringe, Anzahl von Juden. Nicht verwunderlich war, dass die einen von den anderen manchen Brauch übernahmen, den der Patriarch in seiner Kirche nicht dulden wollte. Außerdem hatte er vor, auf dieser Reise in Sidon und Berut Männer als Bischöfe einzusetzen, die in Jerusalem zu seinen Freunden zählten. Auch wollte er den Patriarchen von Antiochia wieder sehen und mit ihm die brennendsten Fragen der Kirche im Orient erörtern. Er ließ darum den Herrn von Payens zu sich kommen und sagte:

«Liebwerter Herr, vielleicht ist Euch schon zu Ohren gekommen, dass ich beabsichtige, das Wächteramt, das ich innehabe, auszuüben.

Ich werde das Land durchziehen, loben und schelten, wie es sich schickt, und von meinem Recht Gebrauch machen, Hirten über das Christenvolk einzusetzen. Auf dieser Reise brauche ich eine bewaffnete Bedeckung; und ich habe an meine Mönchsritter gedacht. Denn seht: Ihr seid frei. Wie gefällt Euch der Gedanke, mit mir zu reisen?»

Der Herr von Payens hatte sich auf die Lippen gebissen. Nun aber antwortete er: «Erlaubt, altehrwürdiger Vater, dass ich Eurer Meinung widerspreche, wir seien dem König nicht verpflichtet, sondern nur Euch. Wie Ihr ja wisst, sind wir mit einem doppelten Auftrag versehen: mit dem mönchischen, den wir mit unserem Gelübde besiegelt haben, und mit dem weltlichen, den wir unserem König schulden. Da aber auch Ihr den Schutz des Königreichs genießt, wäre es wohl gerecht, wenn Ihr den König um unsere Beurlaubung bitten würdet. Es könnte ja sein, dass er unsere Schwerthand zu einer politischen Unternehmung in dieser Zeit nötig hat. Hat sich der König entschieden, uns zu beurlauben, dann seid unserer Begleitung gewiss.»

Der Patriarch hob die Brauen. «Sieh da!», rief er, «so hat man es sich ausgedacht! Nun gut! Vergesst aber nicht, dass ich euch hätte einfach befehlen können, denn ihr habt mir in eurem Mönchsgelübde auch Gehorsam versprochen.»

«Ja, altehrwürdiger Vater, den wollen wir auch halten. Erlaubt mir aber, darauf hinzuweisen, dass es sich bei diesem Gelübde um Dinge von kirchlicher Notwendigkeit handelt und um Fragen der mönchischen Zucht.»

«Und», fragte der Patriarch jetzt hoch aufgerichtet, «ist eine Inspektionsreise des Patriarchen etwa keine kirchliche Notwendigkeit?»

«Ich bitte um Entschuldigung», gab der Herr von Payens nach. Dann wurde er unwirsch entlassen.

Der König kam dem Patriarchen entgegen, und so ritten die Templer in den letzten Tagen des August notgedrungen zum Palast des Altehrwürdigen, um ihn und die beiden Bischöfe in ihre Mitte zu nehmen. Voraus zog der Herold mit den Farben des Patriarchen, dann folgte ein einfacher Priester mit einem Tragekreuz. Hinter diesem ritten die Herren, denn der Patriarch hatte darauf verzichtet, in einer Sänfte zu reisen. Zu Pferde sah er prächtig aus. Er war ein großer, noch nicht alter Mann. Seine Haltung war stolz. Der Blick seiner dunklen Augen glühte. Auf seiner Brust funkelte ein wertvolles Kreuz noch heller als der Ring an seiner Hand, und seine Sporen waren aus Gold.

Der Reiterzug verließ die Stadt durch das Damaskustor. Man wollte auf der alten Heerstraße nach Norden reisen. Im Gebirge gab es zwar wenig Wasser, aber in den Nächten nahm die dröhnende Hitze ab, und ein frischer Wind erquickte die Reiter wie die Tiere. Den Templern war die Gegend schon vertraut: Da bog die Heerstraße in Nablus nach Westen aus, bis sie in Samaria wieder nach Norden lief und in die fruchtbare Ebene Jesreel niederstieg, die man überqueren musste, wenn man nach Nazareth hinauf wollte. Diesmal wurde aber auf der Talsohle nach Nordwesten geritten, und so erreichten die Reiter am Abend des zweiten Tages die Hafenstadt Haifa. Die untergehende Sonne rötete die ganze Bucht, so dass die trutzige Feste Akkon an ihrem nördlichen Vorsprung aussah, als stehe sie in Flammen.

Am nächsten Morgen geriet der Reisezug des Patriarchen schon knapp hinter Haifa in ein Gedränge von Kamelkarawanen, das so undurchdringlich war, dass man die Hoffnung auf ein rasches Weiterkommen begraben musste. Tausende von Kamelen strebten dem Umschlageplatz Akkon entgegen: Es war die Zeit des Getreidemarktes der Kauffahrer, deren Schiffe im Hafen schaukelten.

Der Herbergswirt in Haifa hatte am vorhergehenden Abend schon warnend gesagt: «Ihr solltet umkehren, Heiliger Vater, und droben im Gebirge weiterziehen!»

Aber der Patriarch hatte verächtlich mit der Hand abgewunken. Nun gebot er dem Herold, einen Weg zwischen den Kamelen zu bahnen, von denen immer eine ganze Reihe an je einem Strick geführt wurde. Aber das Gebimmel und Geschrei übertönte die Rufe und Hornstöße des Herolds; die Gleichmütigkeit der Kameltreiber ließ sich nicht stören. So gelangte der Reisezug nicht schneller als im Trott der Karawanen in die Stadt.

Noch viel schlimmer aber war es, aus der Stadt wieder hinauszukommen. Als man sich endlich auf der Uferstraße befand, die dem Meer entlang nach Norden führt, war es später Nachmittag geworden. Der Zorn des Herrn von Montdidier über das starrsinnige Gebaren des Patriarchen war auf dem Siedepunkt, als der Herr von Payens nahe neben ihn ritt und sagte: «Lieber Bruder, dies ist eine vorzügliche Gelegenheit, um unsere Demut zu schulen, mit der es keineswegs zum Besten steht. Ich bin gewiss, dass auch Ihr Euch auf diese Mönchstugend besinnen wollt.»

Da seufzte der Herr von Montdidier vielsagend. Wer wusste denn, was auf dieser Reise noch alles geschehen würde, bis man wieder zu Hause sein würde. Und wer wusste denn, wann das wohl war!

Mit diesem Zweifel hatte der Herr von Montdidier wahrlich Recht. Zusammen mit dem Stadtvogt hatten die Reisenden den Doppelhafen der Stadt besichtigt, von dem aus feines Leinen und Glas übers Meer geschickt wurden. Dort gab es auch eine Schule, in der man den Lauf der Sterne und die Nachtschifffahrt erlernen konnte. Von alters her waren die Einwohner von Sidon Seefahrer gewesen; und der Patriarch wollte nicht weiterreisen, ehe er nicht die Felsengräber ihrer seefahrenden Urahnen gesehen hätte. Dort, in den Höhlen, hatte er sich dann erkältet. Am nächsten Morgen fieberte er heftig, die Reise wurde unterbrochen.

Der Winter verging, und als die Templer endlich in ihr Haus in Jerusalem zurückkehren konnten, hatte sich der Tag ihrer Ankunft im Orient zum vierten Mal gejährt. War doch der Patriarch in Sidon von seiner Krankheit zu früh aufgestanden und hatte in Antiochia im Haus des dortigen Patriarchen einen schweren Rückfall erlitten.

Dann kam die Regenzeit, und mit ihr kamen Graupel und Schnee. An eine Weiterreise nach Edessa war unter diesen Umständen nicht zu denken, genauso wenig wie an eine Rückkehr.

Wieder zu Hause, verliefen für die Templer die Tage mit Gebetszeiten und Dienstzeiten wie gewohnt. Aber in der Tiefe unter dem salomonischen Pferdestall geschah etwas anderes: Am Tag nach ihrer Ankunft war Peter allein in den Schacht gestiegen und hatte den Höhlengang Schritt um Schritt ausgeleuchtet. Dass die Fackeln vormals im hintersten Teil verlöscht waren, hatte ihm keine Ruhe gelassen. Immer wieder hatte er in den letzten Monaten darüber nachgedacht: Warum hatten sie im vorderen Bereich ordentlich gebrannt und waren plötzlich ausgegangen, als man sie zum Ende des Stollens getragen hatte?

Jetzt, als er diesen Tunnel noch einmal ausleuchtete, fiel ihm auf, dass die Fackel flackerte und knatterte, wenn er sie etwa fünfzehn Schritte vor dem Ende des Ganges an die rechte Höhlenwand hielt. Hier gab es Zugluft. Misstrauisch untersuchte er die Wand. Sie sah so aus, als sei sie aus gewachsenem Stein. Als er sie aber großflächig mit seiner Fackel absuchte, merkte er, dass das, was er als gewachsene Wand angesehen hatte, eine unregelmäßig geformte Felsplatte war, die sich wie natürlich in die Felsenwand einfügte. Sie schloss mit ihr nicht gleichmäßig ab; und durch diese Fugen zog die Luft. Peter atmete tief. Die Brust wurde ihm eng. Was er da sah, musste ein Durchgang sein. Befand sich dahinter das, was die Templer so dringlich ersehnten? Warum klopfte sein Herz so laut?

Das bin doch nicht ich, der hier etwas sucht, sagte er zu sich und nahm sich zusammen. Aber dann fühlte er zum ersten Mal seit langer Zeit wieder diese sonderbare Bangigkeit, die er immer dann gehabt hatte, wenn von seiner Aufgabe die Rede gewesen war. Dieses Gefühl verließ ihn auch dann nicht, als er durch den Schacht hinaufkletterte und die Templer in den Höhlengang holte, damit sie ihm halfen, die Felsenplatte aus der Wand zu stemmen.

Mit Seilen und Hebeln arbeiteten sie keuchend in dem niedrigen Gang, bis es endlich gelungen war, diese Felsplatte so weit zu bewegen, dass zwischen ihr und der Wand ein mannsbreiter Zwischenraum entstand. Der Herr von St.-Omer drängte sich mit seiner Fackel hindurch und sah sich plötzlich in einem engen Raum stehen, aus dem eine steinerne Treppe nach Westen hochstieg. Sie musste seiner Berechnung nach wieder in die Nähe des Schachtes zurückführen, etwa in die Hälfte seiner Höhe. Und wie der Schacht in seinem unteren Teil vom Erdbeben unberührt geblieben war, so war auch die Treppe in ihrem unteren Teil unversehrt. Weiter oben aber lag Geröll, über das ein schwacher Lichtschimmer fiel. Woher dieser kam, war vorerst nicht zu erklären.

Der Herr von St.-Omer hatte solche in den Stein gehauenen Treppen schon auf manchen Felsenfestungen des Abendlandes gesehen. Meist waren es Fluchtwege innerhalb eines Berges, die weitab von der Burg zutage kamen – vielleicht am Ufer eines Flüsschens. Auch die Herren St.-Amand und Aldemar waren der Meinung, es könne sich bei dieser Treppe um einen solchen Fluchtweg handeln. Oder sagten sie es nur so, um voreinander zu verbergen, dass sie doch auf etwas anderes hofften?

Sie warteten mit weiteren Entscheidungen, bis der Herr von Payens von den Pilgerstraßen zurück war. Als er dann mit Peter am Fuß dieser Felsentreppe stand und vom Steinmetz hören wollte, was man tun musste, um die obere Hälfte der Treppe freizulegen, da wies

Peter mit der Fackel zur Seitenwand hinauf und sagte: «Herr, seht dorthin, wenn es Euch gefällt, und Ihr werdet erkennen, dass nur der untere Teil dieser Treppe aus dem gewachsenen Felsen gehauen ist. Weiter oben waren die Wände wohl gemauert – dort, wo sie jetzt eingefallen sind. Ich vermute, dass das Erdreich, das auf diesem Felsen lastet und auf dem ein Teil der Säulenhalle erbaut ist, nichts anderes als Trümmerschutt von Jahrtausenden ist. Wie ich schon gehört habe, sind die Städte des Heiligen Landes weitestgehend auf dem Schutt früherer Städte erbaut worden. Die Steinmetze von der Stadtmauer haben es mir gesagt. Wenn Ihr nun also fragt, was hier zu geschehen habe, damit wir weiterkommen, so wisst, dass es nichts anderes sein kann als bisher: Es muss abgestützt werden, und der Schutt, der sich auf der oberen Treppe befindet, muss beseitigt werden. Wohin damit, das mögt Ihr selber bestimmen.»

«Es bleibt uns nichts übrig», sagte der Herr von Payens nachdenklich, «als alles, was wir hier abräumen, in die Säulenhalle hinaufzuschaffen. Denn in dem Höhlengang können wir den Schutt nicht brauchen. Er würde uns den Weg versperren, den wir zum Hereinholen der Stangen und Seile benötigen. Machen wir also in der gewohnten Weise weiter.»

In den nächsten Wochen legten die Männer die Treppe frei, indem sie Wände und Decken sorgfältig abstützten. Mit Seilen ließen sie Balken um Balken zwischen dem Quirl des abstützenden Gestänges durch den Schacht hinab und schleiften Stück um Stück durch den niedrigen Gang bis zum Fuß der Treppe. Der Abraum ging den entgegengesetzten Weg: In Körben wurde er durch den Gang geschafft. Dann befestigten sie den Korb an dem Seil, das in den Schacht hinabhing. Während einer von ihnen oben am Rand des Schachtes das Seil über die Winde spulte, musste ein anderer im Gestänge hochklettern und den gefüllten Korb zwischen den Abstützbalken hindurchdirigieren.

Ende Juli hatten sie auf diese Weise die Treppe geräumt und die Wände abgestützt. Am oberen Ende der Treppe war eine Kehre, und ein weiterer etwas höherer Gang führte wieder nach Osten, an dessen Ende durch eine Felsspalte Licht hereinfiel. Der Boden dieses Ganges war hoch mit Schutt angefüllt. Man sah, dass dieser aus der Wölbung gefallen war. Über diesen Schutt stolperte und kroch der Herr von Montdidier eines Tages und spähte durch die Felsspalte hinaus.

«Wir befinden uns unter der Ostmauer des Tempelplatzes!», rief er zu den anderen zurück. «Wenn man diese Riesenbrocken wegräumen würde, hätte man hier einen Ausgang ins Josaphattal!»

«Herr», entgegnete Peter, «kommt, wenn es Euch gefällt, zu uns zurück! Wie leicht könnte die Wand über Euch einfallen dort vorne, da wir sie noch nicht abgestützt haben. Außerdem glaube ich nicht, dass das Felsbrocken sind, die man wegräumen könnte. Sondern es sind Felsen, die unter der Erde mit anderen Felsen zusammengewachsen sind.»

So kehrte der Herr von Montdidier zu ihnen zurück; und sie stützten und schaufelten, füllten die Körbe und schafften sie auf immer beschwerlichere Weise weg. Aber eines Tages blieb der Herr von Montdidier plötzlich vor dem Korb stehen, den er soeben hatte wegschaffen wollen. Eine Weile schwieg er. Dann rief er: «Wofür denn das alles?»

Als die anderen ihn nicht verstanden, sagte er: «Wozu räumen wir diesen Stollen aus? Was haben wir davon, wenn wir mit unserem Räumen dort vorne an dem Felsenfenster angekommen sein werden?»

Die anderen hoben die Schultern. Sie hatten keine Antwort auf diese Frage. Das Stützen und Räumen war ihnen schon so zur Gewohnheit geworden, dass sie nicht mehr darüber nachdachten, wozu es gut sein sollte. Aber der Herr von Montdidier hatte ja Recht: Dort, an dem Felsenfenster, war dieser Gang zu Ende, ob er nun geräumt war oder voll Schutt. Auf einmal kam ihnen dies alles ganz sinnlos vor, denn die Gedanken an den ungeheuerlichen Wissensschatz waren irgendwie verblasst.

Der Herr von Payens, der diesen Augenblick der Erschöpfung hatte kommen sehen, ordnete eine Grabungspause an, und selbst der ungeduldige Herr von Montdidier hatte diesmal nichts dagegen. Alle hatten diese Enttäuschungen satt. Sie fühlten nur noch dies: eine lähmende Verzweiflung.

Das Unglück des Königs

Der Graf von Edessa hatte den König zu sich eingeladen. In den nördlichen Bergen wollte er für ihn eine große Falkenjagd veranstalten; der König war ein leidenschaftlicher Falkenjäger. In der Zeit seiner Abwesenheit sollten die Templer die Grenzen Transjordaniens mit überwachen. Und so ritten sie eines Tages in den Krak von Moab, den sie ja schon kannten. Der Tag ihrer Ankunft im Orient jährte sich zum fünften Mal.

Die Grenze gegen Ägypten hatte während dieser Zeit der Konstabler Eustache Garnier unter Kontrolle, und in Jerusalem regierte der Patriarch.

Als nun die Templer eines Abends auf den Krak von Moab zuritten, hörten sie ein Heulen und Schreien, das sie sich nicht erklären konnten. Voll schlimmer Ahnung spornten sie die Pferde. Im Vorhof trafen sie auf einen Ritter, der sich schreiend die Haare raufte. Fast war es nicht möglich, die Worte zu verstehen, die er ihnen aufschluchzend entgegenrief. Als sie sie aber begriffen hatten, da hätten am liebsten auch sie laut geweint:

«Der König ist beim Jagen von Rittern des türkischen Emirs Balak überfallen und gefangen genommen worden; sein aufsteigender Jagdfalke hat das Jagdrevier verraten!»

Die Templer blieben bei dem Grafen des Krak von Moab, bis bekannt wurde, dass der Konstabler von der ägyptischen Grenze zurückgekehrt war und die Regentschaft in Jerusalem angetreten hatte. Er rief sie in die Stadt zurück. Den Herrn von Payens befreite er vom Dienst auf den Pilgerstraßen und nahm ihn als seinen Berater zu sich. Jetzt brauchte er einen besonnenen und doch harten Mann, denn politische Zugeständnisse an die Türken mussten ausgedacht werden, die dem Königreich nicht allzu sehr schadeten.

Bald begannen auch die Sammlungen von Gold, Geld und Edelsteinen, denn das Lösegeld, das der Emir forderte, war gewaltig. Er hatte ja das Kostbarste, was das Königreich von Jerusalem besaß, den König, als Pfand in seiner Hand.

Die Templer brachen alles edle Gestein aus ihren Schwertgriffen. «Wozu brauchen wir Prunkschwerter, da wir schon lange keine Prunkgewänder mehr haben», sagte der Herr von Montbard. Alle Kostbarkeiten, die sie noch besaßen, legten sie in die Sammelschale.

In dieser königslosen Zeit kam eine geheime Botschaft aus Venedig nach Jerusalem, dass die gesamte Kauffahrerflotte von Venedig aufgebrochen war und übers Meer segelte, um der immer mächtiger werdenden ägyptischen Flotte ein Seegefecht zu liefern.

Sofort sammelte der Konstabler alle Kriegsmänner um sich und zog mit ihnen hinunter in die Ebene. Dort wollte er zur gleichen Zeit die ägyptische Streitkraft auf dem Lande binden.

Die Templer nahm er mit, setzte sie aber nicht im Angriff ein, da er sie nicht in unmittelbare Gefahr bringen durfte. Er wusste, dass sie hier im Land eine geheime Aufgabe hätten, für die der König sie zurückhielt.

«Eines Tages wird dieser Orden vielleicht groß sein», hatte der König bei irgendeiner Gelegenheit zu ihm gesagt. Dann werden wir ihm den Schutz des Königreiches anvertrauen können. So kam es, dass sie nahe bei der Ortschaft Ibelin zum ersten Mal ein Zusammentreffen fränkischer und ägyptischer Truppen sahen, ohne dass sie unmittelbar in die Gefechte einbezogen waren. Vom Meer her tönte lautes Geschrei und Krachen und mischte sich mit dem Schlachtenlärm in der Ebene. Über dem Wasser stiegen schwarze Feuerwolken auf, und in der Ebene blitzten und hämmerten die Schwerter.

Die Templer standen auf einer niedrigen Anhöhe im Rücken der Franken. Wenigstens hatten sie beim Konstabler erreicht, dass sie ihnen Rückendeckung bieten durften. Aber die war nicht nötig, denn bald wichen die Ägypter mehr und mehr zurück, und noch ehe die Sonne die Meereswogen rötete, kehrten die Ägypter sich zur Flucht. Der Sieg gehörte den Christen.

Am kommenden Morgen erfuhren sie, dass die ägyptische Flotte von den venezianischen Kauffahrern vernichtet worden war. Seit zwei Jahren hatten die Ägypter versucht, den Handel zwischen dem Abendland und dem Morgenland an sich zu reißen. Nun war er wieder fest in venezianischer Hand. Würde der König in seinem Kerker von diesen Niederlagen der Feinde erfahren?

Als die Templer diesmal nach Hause zurückkehrten, dachten sie alle an die hohle Säule im salomonischen Pferdestall, und die Lust zu graben hatte sich so erneuert, dass sie es nicht erwarten konnten, bis der Herr von Montbard sie in ihre Dienste einteilte. Ja, nun war Andreas von Montbard an die Stelle des Herrn von Payens getreten, denn dieser war im Templerhaus nur selten zu sehen. Gleich nach dem Morgengebet wartete der Konstabler auf ihn; und erst zum Abendgebet entließ er ihn aus der Davidsfeste.

Der Herr von Montdidier stand mit Peter in jenem Gang, in dem er vor fast einem dreiviertel Jahr die Schaufel weggeworfen hatte, und arbeitete verbissen. Seine ganze Ungeduld war wiedergekehrt. Wann! Wann endlich würden sie auf den gesuchten Schatz treffen? Nur Peters Genauigkeit war es zuzurechnen, dass man diesen Gang nicht einfach liegen ließ, wie der Herr von Montdidier es damals gefordert hatte. Wenn er nun in Gottes Namen ausgeschaufelt werden sollte, dann schnell.

Er hieb mit der Schaufel in den Schutt, und die Schaufel blieb irgendwo hängen. Er zog sie heraus und stieß sie wieder hinein. Wieder blieb die Schaufel an etwas hängen, was im Boden saß. Der Herr von Montdidier wurde neugierig. Gebückt und schwitzend hob er den Schutt von der Bodenstelle ab, wo die Schaufel stecken geblieben war: Die ganze Bodenbreite des Stollens wurde von einer Steinplatte eingenommen, die fast gleichmäßig rund war wie eine Scheibe. Das Erdbeben hatte sie wohl ein wenig gehoben und verrückt, und Peter war mit der Schaufel unter ihren Rand gefahren. Die Platte ließ sich zur Seite schieben. Verblüfft knieten die Männer nieder und besahen, was unter der Platte war. Im Licht der Fackel sahen sie eine flache, steinerne Rinne, die nach Südwesten führte und mit flachen Stufen abfiel. Der Herr von Montdidier schob sich kopfunter in diese Rinne hinein, denn sie war so niedrig, dass er sich nicht in ihr aufrichten konnte. Er kroch mit vorgehaltener Fackel, wie ihm schien, längere Zeit. Er versuchte, sich zu orientieren. Führte diese Rinne in ihrem ganzen Verlauf nach Südwesten? Oder hatte sie eine Biegung nach Westen gemacht, die ihm nicht aufgefallen war? Wie sollte er wieder ans Tageslicht kommen, da er sich hier wohl kaum umdrehen konnte? Und reichte seine Kraft für den Rückweg, den er aufwärts mit den Füßen voran bewältigen musste? Diese Fragen zerrten an seiner Vernunft.

Doch er kroch immer weiter. Er war wie im Rausch. Da gelangte er plötzlich an eine Stelle, an der sich die Rinne verzweigte. Hier kam er zur Besinnung.

Auf der Gabelung der zusammenkommenden Wege war so viel Platz, dass er sich umdrehen konnte. Keuchend kroch er in den oberen Gang zurück, wo Peter ihn mit zornig-besorgtem Gesicht empfing. Er kletterte ans Felsenfenster hinauf, stützte sich mit den Ellenbogen auf den steinernen Vorsprung, der wie ein Fensterbrett war, und atmete tief. Unter ihm in der grellen Sonne lag das Josaphattal.

«Die Rinne verzweigt sich», sagte er. Peter antwortete ihm nicht.

Als der Herr von Payens am Abend aus der Davidsfeste heimgekommen war, wiederholte der Herr von Montdidier, was er entdeckt hatte. «Die Rinne verzweigt sich, und wie es den Anschein hat, führt ihr rechter Arm unter den Tempelplatz, der linke mehr nach Süden. Der Steinmetz weiß nicht, ob er diese Rinne als Wasserrinne ansehen soll, denn sie hat zwar Gefälle und flache Stufen, aber sie beginnt nicht am Brunnenschacht des Brunnenbauers Isa. Sie beginnt an überhaupt keinem Brunnen. Sie beginnt, wo keine Wasserrinne beginnt, es sei denn —»

«Es sei denn? Sprecht weiter, Herr Pay!»

«Es sei denn, sie bekäme von einem Aquädukt ihr Wasser.»

«Ich glaube nicht, dass der Aquädukt jemals irgendwo anders als auf der Westseite des Tempelplatzes geendet hat», sagte der Herr von Aldemar.

«Wir wissen es nicht.»

«Wer nach Wasser sucht, geht irr», murmelte der Herr von St.-Omer. «Wer mit dem Wasser geht, wird weise.»

Der Herr von Payens aber, auf den alle Augen gerichtet waren, fragte den Herrn von Montdidier, ob seine Fackel beim Durchkriechen der engen Rinne ihren Brand nicht vermindert habe. Aber der Herr von Montdidier hatte in seinem Vorwärtsdrängen nicht darauf geachtet.

Noch ein letztes Mal wurde die Suche der Templer nach dem Weisheitsschatz unterbrochen. Der Konstabler bat sie zu sich in die Davidsfeste.

«Ihr edlen Herren und streitbaren Mönche», begann er, nachdem er sie zum Sitzen aufgefordert hatte, «noch immer wird unser König und Herr in seinem türkischen Kerker in Kurdistan gefangen gehalten. Die Sammlung, die wir zu seiner Auslösung veranstaltet haben, hat nicht den sechsten Teil von dem ergeben, was Emir Balak fordert. Ich bin aber nicht in der Lage, die restlichen fünf Sechstel aus der Kasse des Königreiches zu bestreiten. Eine zweite Sammlung ist darum dringlich von Nöten – schon allein, damit die Ehre dieses Königreiches gewahrt bleibt. Diese zweite Sammlung möchte ich in eure Hand legen, denn ihr genießt in den Augen des Volkes Vertrauen. Auf euch vertrauen nicht nur die Pilger und Händler, sondern auch die Bauern und Nomaden, deren Eigentum ihr schon mehrfach vor Räubern geschützt habt. Stimmt nun ab, ob ihr meiner Bitte nachkommen wollt, ich verlasse solange diesen Raum.»

Der Konstabler erhob sich, um hinauszugehen. Aber die Templer hatten sich bereits mit Blicken verständigt. Sie stimmten alle dieser Bitte zu, denn was gab es Wichtigeres für das Königreich Jerusalem, als dass sein König wieder zugegen war! Ein Land ohne König hatte in den Nachbarländern kein Ansehen. Auch das Abendland würde es sich überlegen, ob es ihm Hilfe schicken sollte.

Der Herr von Payens erhob sich darum sofort, als der Konstabler hinausgehen wollte, und sagte: «Bleibt bei uns, Herr, denn wir sind einig darüber, dass wir Eurer Bitte nachkommen, sobald es Euch recht ist. Habt Ihr einen bestimmten Plan?»

«Ich lege die Abwicklung dieser Sammlung in euer Belieben.» Dann bedankte sich der Konstabler bei den Mönchsrittern, und sie gingen.

Die Templer rüsteten sich noch am selben Tag zu dieser Sammelfahrt.

Jeweils zu dreien, so hatte es der Herr von Payens bestimmt, ritten sie am nächsten Morgen in das Gebiet, das ihnen angewiesen worden war. Waffen und Rüstzeug hatten sie bei sich, für den Fall, dass sie den Reichtum, den sie sammeln würden, verteidigen mussten. Die meisten Knappen waren mit auf der Fahrt, denn außer Proviant, Zelt und Rüstzeug waren ledige Pferde mitzuführen, die – wenn alles gut ging – beladen nach Jerusalem zurückkehren würden.

Den Herren von St.-Amand, St.-Omer und Montdidier war der Süden des Königreiches angewiesen worden, der fast nur aus Wüste bestand. Sie ritten ins Jordantal hinab und entlang dem Westufer des Toten Meeres. In der Oase Engedi fassten sie noch einmal Trinkwasser in ihre Schläuche; und als sie Engedi hinter sich hatten, fielen sie in jenen gleichmäßigen Trott, der die Wüstenfahrer kennzeichnet. Ihre Straße war zu einer Art Trampelpfad geworden, der rechts und links von steinigem Gebirge gesäumt wurde. Hie und da begegneten ihnen Reitertrupps des Grafen von Moab, auf dessen Boden sie sich befanden. Von diesen erfragten sie die Weideplätze der Beduinen.

Jetzt, im Hochsommer, war die Reise so beschwerlich, wie sie es nicht geglaubt hätten: Die Sonne stach vom Himmel, die Bremsen waren wie wild und peinigten Menschen und Pferde. Das mitgenommene Wasser war heiß und löschte kaum den Durst. Nachts im Zelt war es nicht besser, denn ein Feuer musste vor dem Eingang unterhalten werden, das Löwen und Schlangen abhielt. So zogen die Templer von Beduinenzelt zu Beduinenzelt, von Oase zu Oase. Manchmal war es nur ein Plätzchen, so groß wie eine Kuhhaut, auf der ein Brunnen stand, an dem sich die Herden trafen. Hier legte ihnen ein Hirte seine Ohrringe in den Korb, dort brachte eine Frau die Silberplättchen, die sie von ihrem Kleid abgetrennt hatte. Wie wunderten sie sich aber, dass sie selbst nach dreitägigem Reiten noch Beduinen trafen, die von ihnen wussten und sie an den roten Stoffkreuzen erkannten, welche sie auf den Kutten hatten. Überall waren sie willkommen. Jeder gab, so viel er konnte, denn der König ward nicht nur von seinen christlichen Untertanen geliebt.

Sie ritten in einem breiten Trockental aus der Jordansenke heraus nach Süden. Rechter Hand wurden sie nun von der ägyptischen Grenze begleitet, die von anderen Reitertrupps des Herrn von Moab überwacht wurde. «Wo wollt ihr hin?», riefen sie ihnen zu. Und als die Templer ihnen ihren Auftrag erklärt hatten, meinten sie: «Da kommt ihr ja auch noch zu uns.» Sie deuteten auf die gewaltigen Festungen, die im Osten auf den Ausläufern der arabischen Wüste saßen wie der Krak von Moab.

«Die dort in der Nähe heisst Krak von Montreal. Aber die weiter im Süden, die man kaum in der Ferne sieht, heisst Mahan. Ihre Grenzwächter bewachen die ägyptische Grenze bis hin zum Roten Meer.» Weil ihre Pferde tänzelten und sich nicht mehr halten ließen, riefen sie: «Also bis auf bald!» und stoben davon. Ihre Schleier wehten hinter ihnen her, ihre weißen Beduinenhemden blähten sich auf.

«Es wäre vernünftig», meinte der Herr von St.-Omer, wenn auch wir in solch einer praktischen Kleidung reiten würden.» Da die anderen zustimmten, kauften sie sich Beduinenhemden und Schleier. Und wenn sie dazu krumme Dolche im Gürtel getragen hätten, dann hätte man sie kaum als Templer erkannt, als sie im Herbst mit ihrer Sammelbeute in Jerusalem einzogen. Ihre Gesichter waren von dem Wüstensommer so gebräunt, dass man sie für Araber hätte halten können. Besonders das schmale Gesicht des Herrn von St.-Omer war mit dem eines Arabers aus edlem Geblüt zu verwechseln.

Die Herren St.-Omer, St.-Amand und Montdidier waren die Ersten, die nach Jerusalem zurückgekehrt waren. Gespannt warteten sie auf die anderen. Als diese aber in Jerusalem eingetroffen waren, und der Schatzmeister in Gegenwart des Herrn von Payens und des Konstablers die Sammelbeute gewogen hatte, stellte sich heraus, dass sie nicht ausreichte, um den König von Jerusalem aus der Haft zu lösen.

Auf Anraten des Herrn von Payens schrieb darum der Konstabler einen Brief an den Papst, er möge den Kirchenfürsten erlauben, dass auch sie von den Kostbarkeiten, die der Kirche gehörten, etwas gaben, um den König zu befreien. Und noch einmal zogen die Templer aus: als nämlich der Herr von Payens den Vorschlag gemacht hatte, auch die Handelskontore der genuesischen und venezianischen Niederlassungen um Spenden zu bitten. So sah man sie im Winter auf der Uferstraße nach Norden reiten und in den Hafenstädten der syrischen Levante für ihren König in den Handelskontoren der Abendländer bitten. Um Tyrus aber machten sie einen großen Bogen.

Gleichzeitig mit ihnen hatten die Johanniter in ihren Herbergen, Karawansereien und Krankenhäusern gesammelt, sei es unter den Kranken und Verwundeten, die sie pflegten; sei es, dass sie ihr Ordensgut, das selbst aus Spenden bestand, angegriffen hatten: Mit reicher Sammelbeute kehrten die Vertreter der beiden Orden gegen das Frühjahr hin nach Jerusalem zurück. Und nun reichte das, was zusammengekommen war, zur Ablösung des Königs hin, sofern man die Steuern dazurechnete, die im kommenden Herbst zu erwarten waren. Aber die Gebietsansprüche, die der Emir gestellt hatte, waren noch nicht ausgehandelt. Erst wenn dies geschehen sei, wäre der König wieder frei, das wusste jeder.

Für die Templer jährte sich der Tag ihrer Ankunft im Heiligen Land zum sechsten Mal.

Es war Sonntag gewesen, als die Templer vom Sammeln nach Jerusalem zurückgekommen waren. Eustache hatte ihre Ankunft nicht bemerkt; er hatte den Nachmittag in Peters Haus verbracht. Arnold war ein flinkes Bürschlein von sieben Jahren geworden, das schon der Obhut seiner Mutter entwischte, so oft es ging. Aber immer noch liebte er es, auf die Knie des stummen Freundes zu steigen und ein Weilchen an seiner Brust zu lehnen. Er erzählte Eustache von seinen Freunden und seinen Streichen, ohne auf eine Antwort zu warten. Nur hie und da sah er fragend zu seinen Augen empor, ob der Große ihn denn auch hörte. Er forschte dann in Eustaches hagerem Gesicht, das in der letzten Zeit etwas so Lauschendes bekommen hatte, als horche er auf ein von fern her kommendes, verborgenes Geschehen.

Am folgenden Tag nahmen die Templer, die keinen Dienst auf den Pilgerstraßen hatten, ihre Suche im salomonischen Pferdestall wieder auf. Sie zwängten sich durch die südliche Wasserrinne – wenn es wirklich eine Wasserrinne war. Diejenige Rinne, die nach Westen lief, hatte nach einer kurzen Strecke einfach aufgehört. Aber die, in der sie sich nun befanden, erweiterte sich plötzlich, wurde höher und dann auch heller und führte wiederum zu einer Felsenspalte, die wie ein Fenster zum Josaphat-Tal war.

An dieser Stelle machte der Gang, der nun Mannshöhe erreicht hatte, eine scharfe Wendung nach Westen. Nach zwanzig Schritten erweiterte er sich aufs Neue. Aber was dort hinten war, konnten sie nicht sehen, denn auch hier hatte das Erdbeben haufenweise Steine und Schutt in den Stollen geworfen. Auch hier musste man schrittweise ausschaufeln und abstützen. Wie aber sollte dieser Abraum durch die enge Rinne hinausgeschafft werden?

«Wir sollten Leder haben», sagte Peter, «denn mit Körben kommen wir da nicht durch!»

Eilig gruben sie sich nun in dem Stollen vor. Nur sonntags ruhte ihre Arbeit, die immer drängender geworden war, je mehr sie sich dem hinteren Ende des Ganges näherten. Denn hier sahen sie im Schein ihrer hoch erhobenen Fackeln etwas, was sie nicht erwartet hatten: Der Stollen erweiterte sich vor der hinteren Wand zu einem halbrunden Raum, der so hoch war, dass man darin stehen konnte. Die hintere Wand aber war aus großen behauenen Quadern gebaut. Der mittlere dieser Riesenquader trug einen tief eingemeißelten Davidstern, der im Flackern des Fackellichtes wie lebendig aussah, wie ein magisches Zeichen, eine Warnung an den, der bis hierher vorgedrungen war.

Standen sie da vor einem heiligen Raum aus altvergangenen Zeiten? Durfte eine Menschenhand an dieses Heiligtum rühren? Verzagt ließen sie ihre Arbeitsgeräte sinken.

Der Herr von Payens ließ eine Woche verstreichen. Dann beschlossen sie, die Mauer aufzubrechen.

Sie senkten einen Baumstumpf durch den Schacht hinab, zogen ihn an einem Seil hinter sich her durch den Gang, hoben ihn die Treppe hinauf und schoben ihn in die Rinne. So schleiften sie ihn bis vor die Mauer unter den Davidstern.

Sie wälzten den Block mit der Längsseite dicht an die Mauer, so dass sie die Brechstangen über ihn würden drücken können, sobald sie deren vorderes Ende unter den Steinriesen getrieben hätten. Dann fuhren sie mit den Stangenenden in die Ritze unter den Quader mit dem Davidstern und trieben diese mit den dicken Holzhämmern, die Peter gemacht hatte, in die Ritze hinein. Keuchend arbeiteten sie, und ihr Keuchen hallte von den Wänden wider.

Dann rief Peter: «Drückt!» und mit aller Kraft drückten sie die Stangen nieder. Das Blut brauste in ihren Ohren; ihre schweißnassen Körper glänzten im rötlichen Schein der Fackeln. Der Stein rührte sich nicht.

«Wir wollen singen!»

Der Herr von St.-Omer stimmte ein Lied an, und in diesem Rhythmus drückten sie die Stangen nieder. Der Block hob sich plötzlich ein wenig; und als er sich wieder gesetzt hatte, saß er nicht mehr auf demselben Fleck.

«Lasst uns eine schiefe Ebene bauen, damit wir ihn abrutschen lassen können, sobald wir ihn aus dem Verbund gelockert haben.»

In mühseliger Arbeit schafften sie Vierkanthölzer, Bretter und Rollen herbei und bauten eine schiefe Ebene bis hinauf zu dem Block. Damit sie sich nicht verschieben konnte, häuften sie an ihrem Fuß Geröll auf, das sie aus der Säulenhalle wieder in Körben durch den Schacht herabließen, dann auf Leder umfüllten und durch die Rinne zogen.

Und wieder setzten sie die Brechstangen an, und der Herr von St.-Omer begann aufs Neue zu singen. Aber bald war ihr Gesang nur noch ein heiseres Stöhnen. Das Eisen brannte in ihren Händen; die Stangen verbogen sich. Zollweise rückte ihnen der Steinriese entgegen.

«Es ist genug für heute», sagte der Herr von Aldemar. Aber der Herr von Montdidier kehrte wortlos um. Seine Ungeduld ließ es nicht zu, dass man einen Stein aus einer Mauer gebrochen hatte und dann nicht durch die Mauer sah. Aber ob er nun gestolpert war oder ob ihn nach der schweren Arbeit ein Schwindel gepackt hatte: Er fiel der Länge nach hin und war nicht mehr in der Lage aufzustehen.

Die anderen schauten schweigend auf ihn hinab; und jeder von ihnen hatte ein eigenartiges Gefühl von Beklommenheit. Es dauerte einen Augenblick, bis sie es abschütteln konnten und ihm beim Aufstehen halfen.

Aber der Herr von Montdidier konnte nicht auf seinen linken Fuß treten. Auf den Knien brachte er den Rückweg bis zum Schacht stöhnend hinter sich. Dort band der Herr von St.-Omer ihn wie einen Bergsteiger ans Seil, und man zog ihn mit der Winde hinauf. Das Bein war oberhalb des Knöchels gebrochen.

Keiner der Männer hatte einen Blick auf die Mauer geworfen, aus der sie den riesigen Block herausgestemmt hatten. Aber jeder von ihnen nahm die eigenartige Bangigkeit mit sich fort.

Peter war auf dem Weg nach Hause. Er freute sich wie jeden Abend auf Susanne und die Kinder. Aber mit einem Mal blieb er stehen. Was war hinter dieser Mauer? Er wollte und musste es wissen. Und war nicht die Neugier eines Steinmetzen etwas anderes als die von Mönchsrittern? Kurz dachte er an das sonderbare Hinfallen des Herrn von Montdidier. Aber energisch wischte er den Gedanken daran weg.

Schon war er umgekehrt und ging zum Templerhaus zurück. Ein Rossknecht öffnete ihm. Wo Eustache war? Peter warf einen suchenden Blick zum Stall hinüber. Aber dann beeilte er sich, ins Haus zu kommen. Er nahm eine Fackel aus dem Ständer, brachte sie zum Brunnen und stieg die Treppe in den salomonischen Pferdestall hinab.

Mit seltsam klopfendem Herzen kletterte er durch den Schacht, bückte sich durch den Gang und sprang die Steintreppe hinauf. Ein Blick durch das Felsenfenster zeigte ihm, dass es draußen dunkelte. Er schob sich hinter der Fackel her durch die Rinne und hastete durch den nach Westen abgeknickten Gang. Dann stand er schwer atmend vor der Mauer.

Am Fuß der schiefen Ebene saß der Davidstein fest im Geröll. Das Loch, das er in der Mauer zurückgelassen hatte, war sehr groß. Peter legte sich bäuchlings über den Rand und hielt die Fackel weit vor sich. Ihr Licht genügte, um eine quadratische Kammer auszuleuchten.

Die Kammer war auf allen vier Seiten ohne Tür. Sie hatte ein Tonnengewölbe; aber auch dieses hatte keinen Einstieg, auch keinen runden Steinkragen, wie man ihn von Kerkern kennt. Auf dem Boden lagen auch keine Gebeine und keine Ketten. Nur Schutt. In seiner ganzen Steinmetzzeit war es Peter noch nicht begegnet, dass sich einer ein Zimmer baute, in das er nicht hineingehen konnte. Aber im Orient – so sagte er zu sich selbst – war eben alles anders, als man dachte.

Er zog die Fackel ein und kroch zurück. Kopfschüttelnd machte er sich auf den Heimweg. Morgen war Samstag, und Susanne würde auf den großen Markt im Christenviertel gehen. Arnold würde ihr vorausstolzieren mit dem Einkaufskorb auf dem Kopf, die beiden Kleinen hatte sie an der Hand. Es war schön, Frau und Kinder zu haben, und Peter lächelte ein wenig, da ihm der Ausspruch des Herrn von Payens wieder einfiel: Hoffentlich bereust du es nie, dass du sie mitgenommen hast. Nein, bis jetzt hatte er es nicht bereut.

Am nächsten Tag traf der Graf von Champagne in Jerusalem ein, der Freund des Abtes von Clairvaux. Arnold saß auf der Schwelle des Hauses und schaute zu den Menschen und Lasttieren hoch, die zum Christenmarkt kamen. Die Mohammedaner von Jerusalem hielten erst am Sonntag großen Markt. Durch das allgemeine Geschrei drang der Ruf eines Herolds: «Nehmt eure Füße zu euch! Frei für den Grafen von Champagne!»

Arnold kümmerte sich wenig darum. Immer wieder kamen ja fremde Ritter ins Heilige Land und boten dem König von Jerusalem ihre Dienste an. Das war nichts Neues. Immer war ja irgendwo an den Grenzen Krieg. Darum rief er auch nur ganz beiläufig ins Haus hinein: «Ein Graf von Champagne ist gekommen», und er wunderte sich, dass der Vater ohne ein Wort auf die Straße lief.

«Der Graf von Champagne», hatte der Herr von Montbard vor einer Woche zu Peter gesagt, «dessen Land größer ist als das des Königs von Franzien, wird bald für immer zu uns kommen. Sein Land hat er einem klugen und tüchtigen Neffen übergeben. Er will die Mönchsgelübde wie wir in die Hand des Patriarchen ablegen und unser Bruder sein.»

Peter lief zum Templerhaus. Da wurde er Zeuge eines herzlichen Empfangs. Der Graf von Champagne umarmte die Templer so freudig, als habe er sie verloren und entgegen aller Erwartung wieder gefunden. Einen nach dem anderen betrachtete er von Kopf bis zum Fuß. Da gab es ein großes Gelächter: Wie sahen die alten Freunde jetzt nur aus! Von ihrer einstigen Eleganz war nichts mehr zu sehen. In geschenkten

Kleidern standen sie da, die nur teilweise von ihren grauen Kutten verdeckt wurden. Die Knappen sahen einander ebenso verwundert an, denn in den vergangenen Jahren waren sie zu Männern herangewachsen. Als sie begriffen hatten, was mit Eustache geschehen war, wurden sie traurig. Denn jeder von ihnen hatte ihn als lustigen Jungen in Erinnerung gehabt.

Peter schlenderte nach Hause zurück. Heute brauchte man ihn gewiss nicht mehr in den unterirdischen Gängen. Er konnte neben Susanne auf den Wochenmarkt gehen und die kleine orientalische Prinzessin, die ein dickes Mädchen geworden war, auf den Schultern reiten lassen.

Arnold saß noch immer vor dem Haus. «Der Graf von Champagne», sagte Peter, indem er sich neben ihn setzte, «ist ein Freund jenes Mönches, der mich von der tödlichen Verwundung geheilt hat. Er mag etwas über fünfzig Jahre alt sein; sein Haar ist grau. Er sieht stattlich aus, so recht, wie man sich einen Ritter denkt. Wenn man ihm aber in die Augen sieht, dann merkt man, dass er nicht nur ein Haudegen ist, denn aus ihnen strahlen Weisheit und Güte. Er hat den Abt von Clairvaux gebeten, wie man hört, er möge nun seinen Neffen und Landeserben an seiner Statt als Freund annehmen. Und als der Abt ihm dies zugesagt hatte, hat er ein Schiff bestiegen und ist hierher gefahren. Jetzt ist er da und will Templer werden. Vielleicht wird er schon morgen sein Gelübde ablegen.»

Während Peter so zu seinem Söhnchen gesprochen hatte, hatten die Templer ihren Freund ins Haus geführt und ihm ein Bad zubereitet. Seine Knappen hatten sich darangemacht, die Tiere zu versorgen und das Gepäck in die Kammern zu bringen.

Als die zehn Herren dann unter sich waren, sprach der Graf von Champagne von dem, was er in den vergangenen sechs Jahren geschaffen hatte. Denn nicht umsonst war er im Abendland zurückgeblieben.

«Liebwerte Herren», begann er, «als wir einander das letzte Mal sahen, war es im Sumpf von Vendeuvre; und ich habe euch meine Vorstellungen mitgeteilt, wie ich die Sumpfinsel verändern wollte, damit sie in der Lage wäre, das große Gut, das wir erwarten, zu bergen und zu verbergen. Gleich nachdem ihr abgereist ward, sind die arabischen Baumeister, die ich aus dem südlichen Teil Spaniens herbestellt hatte, angekommen. Sie haben mir zunächst niedrige Steingebäude auf der Insel errichtet, die von starken Festungsmauern umgeben sind. Innerhalb dieser Mauern gibt es ein geheimes Gewölbe, das durch einen unterirdischen Gang mit dem Haupthaus verbunden ist.

Der Sumpf, der diese Festung und ihren schützenden Baumkranz umschließt, ist anders geworden, als ihr ihn kennt. In ihm habe ich zwei feste Wege anlegen lassen, die auf die beiden Burgtore stoßen. Diese Tore habe ich mit Vorrichtungen versehen lassen, durch die man die Wege überfluten kann, wenn die Gefahr der Entdeckung besteht. Ebenso kann man mit diesen Vorrichtungen die Wege vom überfluteten Wasser wieder befreien. In dem Sumpfwald, der den Rand des Moores bildet, habe ich ein Netz von künstlichen Teichen anlegen lassen, so dass sich nun künstliche und natürliche Wasserlöcher ohne Unterschied aneinanderreihen. Zwischen ihnen gibt es größere Flächen Buchengestrüpp, das so wild und niedrig verwachsen ist, dass man es nicht durchdringen kann. Kein Pferd kann über die schmalen Dämme, die ich von Buschwald zu Buschwald habe ziehen lassen, geführt werden. Wegen ihres besonderen Mechanismus habe ich diese Anlage die ‹Festung der Eisernen Wächter› genannt. Denn sie ist so gut gesichert, dass sie dem Zwecke dienen kann, für den sie erbaut ist.» Der Graf von Champagne sah erwartungsvoll in die Runde.

Eine Weile sprach keiner ein Wort. Dann sagte der Herr von Payens: «Wir haben gestern eine Mauer durchstoßen, die mit einem Davidstern gezeichnet war. Am Montag werden wir sehen, ob hinter ihr ist, was wir suchen.»

Wer mit dem Wasser geht

An diesem Abend lag Peter lange wach und lauschte auf die Atemzüge seiner Lieben. Die Stundenrufe des Nachtwächters klangen durch die helle Frühlingsnacht. Noch dreimal musste er künden, dann würde der Muezzin von der Aksa-Moschee aus die Muselmänner zum Morgengebet rufen: «Allah ist groß!» Gleich danach würden die Glöckchen der christlichen Klöster den Sonntag einläuten, und mit einem Schlag würde Leben und Geschrei die Gassen füllen.

Vorsichtig schob sich Peter von den Lieben weg und tappte zur Tür. Auf Zehenspitzen schlich er die hölzernen Stiegen hinab in den Innenhof. Die Tür, die auf die Straße führte, knarrte laut. Er schloss sie hinter sich zu und steckte den Schlüssel durch ein Loch in der Mauer. Kling! machte es, als er drinnen zu Boden fiel.

Die Nachtluft war rein und kühl wie meistens hier im Gebirge. Ein Hahn krähte in einem Hinterhof. Mondlicht lag auf Türmen und Mauern und auf den halbkugelförmigen Dächern der niedrigen Häuser. Die Stadt hatte etwas Gespenstisches, und Peter fühlte sich in uralte Zeiten zurückversetzt. Wie im Traum sah er den Tempel, den König Salomo für seinen Gott Jahve erbaut hatte. Auf beiden Seiten war er von Kammern umgeben, die in drei Stockwerken übereinander lagen und den Tempelschatz bargen. Zwei eherne Säulen bewachten den Eingang, sie hießen «Kraft» und «Dauer». Und ohne dass Peter sich dessen bewusst gewesen wäre, murmelte er die sonderbaren Worte, welche die Templer gemurmelt hatten, wenn sie darangegangen waren, die Schaufel in den Schutt zu stoßen: «Nahe beim Heiligtum sind zwölf Häuser verborgen …»

Unsinn!, hatte er immer gedacht: Nirgends in der Welt gab es Menschen, die ganze Häuser versteckten! Nirgends!

Plötzlich aber begriff er, was er gesprochen hatte. Es mussten ja keine Häuser in unserem Sinne sein! Er eilte zum Templerhaus und pochte den Takt, den die Vertrauten des Hauses als Erkennungszeichen gebrauchten. Eustache tappte schlaftrunken zum Tor und schob den Riegel zur Seite. Ungeduldig drängte Peter an ihm vorbei. Im hinteren Hof entzündete er sich eine Fackel im Feuerbecken und sprang mit ihr in die Säulenhalle hinab. Und wie am gestrigen Tag kletterte er mit klopfendem Herzen in den Schacht, bückte sich eilends durch den Gang, sprang die Treppe stolpernd hinauf. Der Himmel hinter dem ersten Felsenfenster war grau. Er schob sich keuchend mit der Fackel durch die Rinne, warf durch den zweiten Felsenspalt einen Blick auf den Himmel und hastete durch den nach Westen abgeknickten Gang. Dann stand er schwer atmend wie gestern vor der Mauer, aus der jener Steinriese gebrochen war.

Alles war unverändert: die schiefe Ebene, die Rollen, der Geröll-haufen, in den der Steinriese hineingefahren war. Er lehnte sich auf den Rand des Mauerloches und hielt die Fackel wie gestern in den dahinter liegenden kleinen Raum. Wirklich: es gab da keine Tür! Auf dem Boden lag Schutt, den das Erdbeben wohl aus der Decke gebrochen hatte. Peter leuchtete nach oben. Ja, diese Decke hatte Schäden. Auch hier drinnen würde man also abstützen müssen.

Lange sah er sich sinnend in dieser Kammer um. Nein, keine Tür. Mit einem Mal kam ihm der Gedanke, dieser Raum könnte von unten durch eine Falltür zu begehen gewesen sein.

Er schwang ein Bein durch das Loch, stieg in die Kammer hinein und schob mit hoch gehaltener Fackel den Schutt mit dem Fuß ein wenig zur Seite. Unter dem Geröll fand er feinpolierte Bodenplatten aus schwarz-rotem Stein. Dieser Stein, so dachte Peter, müsse von weit her sein, denn hier im Gebirge gab es nur weißen oder gelblichen Jerusalemstein.

«Hier haben wir es also mit einem kostbaren Bodenbelag zu tun», murmelte er vor sich hin. Dann presste er die Lippen zusammen und dachte: Da gibt es eine Kammer, die keine ist, weil sie keinen Eingang hat, nicht einmal ein Fenster. Und diese Kammer hat einen Fußboden, der so kunstvoll ist, dass er das Herz jedes Steinmetzen höher schlagen lassen würde. Niemand kann auf diesem Fußboden hin- und hergehen, denn niemand kann herein. Wofür also dies alles? Mehr und mehr Schutt schob er mit seinem Fuß zur Seite. Dann packte er mit den

Händen zu und warf den Schutt durchs Loch hinaus in den Gang. Und endlich, schon atemlos vor Spannung, kletterte er noch einmal zurück und holte sich eine Schaufel. Wie besessen schaufelte und kratzte er, bis er den letzten Schutt durchs Loch geworfen hatte.

Vor ihm lag ein Fußboden, wie er noch nie einen gesehen hatte. Aber eine Falltür sah er nicht.

Warum aber waren diese herrlichen Platten nicht von gleicher Größe? Einige waren so lang wie ein Mann und hatten auch Mannesbreite. Er zählte diese großen Platten. Es waren zwölf. In der Mitte des Raumes gab es eine Platte, die war nicht so groß wie die zwölf, aber auch nicht so groß wie die übrigen alle. Sie war nicht größer als eine Hand. An der einen Ecke stand sie ein wenig hoch, das störte ihn. Sie lag wohl nicht eben auf ihrem Untergrund auf.

Indem er sie aufhob, merkte er, dass es keine Platte war, sondern ein kleiner Quader, der sich nur schlecht hochziehen ließ. Als Peter ihn herausgehoben hatte, betrachtete er ihn und sah, dass alle seine Seiten poliert waren. Er schüttelte verständnislos den Kopf.

Der Stein hatte im Boden einen kleinen viereckigen Schacht hinterlassen. Peter tastete ihn mit der Hand aus, während er den Quader mit der anderen niederlegte. Irgendwo musste ein Kiesel stecken, dachte er, der das Ebenliegen des Quaders verhindert hatte – wirklich, da war ja ein kleiner flacher Stein. Peter warf ihn auf die Seite und ergriff den kleinen Quader, um das Loch wieder zu schließen. Da blitzte ihm aus der Tiefe etwas entgegen.

Erschrocken fuhr er zurück. Hatte ihn aus der Erdentiefe ein glühendes Auge angestarrt? Von den Märchenerzählern, die mit den arabischen Handelskarawanen in die Stadt kamen, wusste er, wie gefährlich es sein konnte, wenn einen etwas aus der Tiefe anblitzte. Womöglich war es ein Gnom oder ein Dschinn?

Dann aber ließ ihm die Neugier keine Ruhe. Vorsichtig deckte er die eine Hand über den funkelnden Gegenstand. Sollte etwa dies die Sache sein, welche die Templer so lange gesucht hatten?

Peter atmete eine Weile tief, ohne sich zu rühren. Der Gegenstand, den er mit der Hand umgriff, fühlte sich wie eine Stange an, die oben und unten Verbreiterungen hat. Er schloss die Augen. Weil aber nichts Schlimmes geschah, fasste er energisch zu.

Langsam, langsam zog er ihn hoch. Dann öffnete er die Augen. Was er in der Hand hielt, sah aus wie ein bronzener Schlüssel. Aber der Griff war zu einer flachen dreieckigen Scheibe geformt, die aus Gold war und im Licht der herrlichsten Edelsteine funkelte. In ihrer Mitte war der Name JAHVE eingraviert. Dieses Schriftzeichen erkannte Peter wieder. Er hatte es im jüdischen Bethaus gesehen.

Auf der Rückseite trug das Dreieck sehr viele kleine Schriftzeichen, die Peter noch nie gesehen hatte. Anstelle des Schlüsselbartes war die Stange aber einfach umgebogen und flachgehämmert.

Wozu brauchte man solch einen Haken? Und warum hatte man ihn hier versteckt? So schnell wie möglich wollte Peter ihn den Rittern zeigen!

Schon war er durchs Loch geklettert und durch den Gang geeilt. Durchs Felsenfenster fiel die Morgensonne ein. Da erinnerte er sich an die zwölf mannsgroßen Bodenplatten. Würde er unter ihnen nicht auch etwas Unerwartetes finden? Er nahm eines seiner Schutzleder vom Knie, schob es ins Felsenfenster ins hereinfallende Sonnenlicht und bettete den Haken sorgfältig darauf. Dann hastete er in die Kammer zurück.

Die Fackel brannte noch hell und knackte laut, und manchmal knackte es wie ein Echo in den Rissen des Gewölbes. Peter nahm sein Stemmeisen, stemmte eine der mannsgroßen Platten ein wenig hoch und rückte sie ächzend zur Seite. Was die Platte bedeckt hatte, waren Wackersteine, wie man sie aus Flussbetten kennt. Sie hatten die Größe einer Faust. In diese Wackersteine war ein Quader aus dunkelrotem Sandstein eingebettet, der eine Länge von zwei Ellen hatte. Es war völlig unverständlich, was das bedeuten sollte.

«Im Orient», murmelte Peter, «ist immer alles anders!»

Er warf die Wackersteine nacheinander durchs Loch in den Gang, und der Quader stand frei in der Grube. Als Peter den Quader nun ringsum beleuchtete, entdeckte er einen sehr feinen Schnitt, der etwa vier Fingerbreit unter der oberen Kante alle vier Seiten des Steines umzog. An zwei Stellen war diese Linie von tiefen daumengroßen Löchern unterbrochen.

War dieser Steinquader in Wahrheit eine Kiste? Die Steinmetze, die sie gehauen hatten, hatten den Deckel dem Unterteil so sorgfältig angepasst, dass nur die daumengroßen Löcher verrieten, dass diese Kiste geöffnet werden konnte.

Wie Schuppen fiel es ihm von den Augen: Der Haken! – Mit ihm konnte man durch diese Löcher greifen und innen vielleicht etwas verschieben!

Schon hatte Peter sich durch das Mauerloch gestemmt, um den Haken zurückzuholen. Da kehrte er wieder um: War es ihm denn erlaubt, diese Kiste zu öffnen? Ihr Inhalt musste sehr kostbar sein, sonst hätte man ihn nicht so sicher verwahrt. Denn nun war es Peter klar, dass man die Kiste nicht etwa in diesen Raum getragen und darin vergraben hatte, sondern der Raum war um die Kiste herumgebaut worden. Daran konnte kein Zweifel sein. Und nur dem Herrn von Payens oder dem König von Jerusalem war es erlaubt, sie zu öffnen. Aber gab es denn wirklich nur die eine, wo doch zwölf von den mannsgroßen Bodenplatten vorhanden waren?

Peter nahm die Brechstange wieder zur Hand und stemmte die zweite von den Bodenplatten zur Seite. Ja, auch hier war eine Steinkiste in Wackersteine eingebettet. Mit einem Ruck schob er die Platte wieder zurück auf ihren Platz. Er hatte genug gesehen! Hier lag ein Schatz, daran war nicht zu zweifeln. Ob es der Wissensschatz war, den die Templer suchten und unter dem sich Peter rein gar nichts vorstellen konnte, das wusste er nicht. Aber nun begriff er den Spruch erst ganz, den die Templer vor sich hin murmelten: Nahe beim Heiligtum sind zwölf Häuser verborgen –

Nur dass es Wohnungen des Nichts sein sollten, glaubte er nicht. Schon der Schlüssel war eine solche Kostbarkeit, wie er nie eine in Form eines Schlüssels gesehen hatte. Nicht einmal der Schlüssel vom Rathaus der Stadt Lyon war mit solchen Edelsteinen geziert!

Peter war aufs Höchste erregt. Er warf die Brechstange hin, um rasch den Rittern diese ungeheure Entdeckung zu melden. Da rauschte es plötzlich um ihn herum, es prasselte und donnerte, und ehe Peter begreifen konnte, dass das Gewölbe, das so lange Zeit überdauert hatte, geborsten war, hatten ihn die Steinmassen unter sich begraben.

Der Herr von Champagne leistete beim Gottesdienst an diesem Sonntag die Mönchsgelübde in die Hand des Patriarchen von Jerusalem. Dann warfen ihm die Freunde den grauen Rock über, der auf der Schulter mit dem roten Kreuz gezeichnet war. Nun würde der Graf von Champagne auf den Pilgerstraßen Dienst tun wie seine Brüder. Er wandte sich den Gläubigen zu und sprach langsam und deutlich den Wahlspruch der Templer: «Nichts für uns, Herr, nichts für uns; sondern alles zur Ehre deines Namens!»

Als er, umringt von den Mönchsrittern, aufs Templerhaus zuging, sagte der Herr von Payens zu ihm: «Ich meine, wir sollten Euch nun sofort in die unterirdischen Gänge führen, Herr Hugo», und er lächelte ein wenig, weil der Graf von Champagne denselben Vornamen trug wie er.

So standen sie bald in der riesigen Säulenhalle, von welcher der Graf von Champagne schon lange wusste; denn nicht zum ersten Mal war er im Heiligen Land. Nun aber sah er sie zum ersten Mal mit eigenen Augen und war von ihrer Größe überwältigt.

Die Männer entkleideten sich und banden sich die Schutzleder um Knie und Ellenbogen. Sie setzten die Lederhauben auf. Aber ehe sie sich in den Schacht hinabließen, sagte der Herr von Payens:

«Liebwerter Herr, den Zeitpunkt, an dem wir finden, was wir suchen, bestimmt Gott.» Dann ließ er sich in den Schacht hinab.

Der Graf von Champagne beeilte sich, ihm zwischen dem Gestänge des Brunnenschachtes zu folgen. Mit Mühe kroch er durch die Rinne, nachdem sie den niedrigen Gang passiert hatten und die Treppe hinaufgestiegen waren. Vor dem Einschlupf hatte er einen kurzen Blick durch die Felsenspalte ins Josaphattal geworfen, das in der Sonne glühte. Als sie am zweiten Felsenfenster angekommen waren, schöpfte er in tiefen Zügen Luft. Aber was blitzte denn da?

Tief erschrocken starrte der Herr von Payens auf den funkelnden Gegenstand. «Ein Haken?», murmelte er. Wo kam diese Kostbarkeit her? Wer hatte sie hierher gelegt? Wer hatte sie da auf Peters Knieleder sorglich hingebettet?

Sie betrachteten ihn genau, und der Herr von Payens sagte fast flüsternd: «Mit dem Namen Jahve ist er gezeichnet –», dann eilte er durch den abgewinkelten Gang bis hin zur Mauer, aus der sie gestern den Davidstein gebrochen hatten. Er war im Schutt vergraben. Das Loch, das er gerissen hatte, war mit Geröll verstopft. Langsam begriff der Herr von Payens, dass hier etwas eingestürzt war. Schweigend sahen die Männer einander in die Augen, und nicht nur das Fackellicht machte, dass ihre Blicke flackerten.

«Es scheint», sagte der Herr von Payens nach einer langen Zeit mit erzwungener Ruhe, «es scheint, dass wir noch weitere Jahre unter der Erde verbringen sollen. – Aber wo ist Peter?»

Als Peter weder hier noch zu Hause zu finden war, ahnten die Templer, was geschehen war. Eustache, der den Freund verloren hatte, weinte, wenn er allein in der Wachstube saß, lange um ihn. In der folgenden Zeit bekam sein Gesicht noch mehr diesen lauschenden Ausdruck, als horche er immer mehr auf etwas, was nur ihn anging. Und als er eines Tages wieder so trauerte, hob er plötzlich den Kopf und nickte. Ein Gedanke war ihm gekommen, er wusste nicht woher: Peter, so dachte es in ihm, hat gehen müssen: Er war nur der Platzhalter für den Grafen von Champagne, damit die Zahl der Geheimnisträger im Orient immer dieselbe blieb: Es waren elf, wenn man den König dazuzählte. Der Zwölfte aber war der Abt von Clairvaux, der Peter das Leben gerettet hatte.

Eustache ging zu Susanne und tröstete die Kinder mit seiner stummen Anwesenheit. Mehr konnte er nicht für sie tun.

Vier Jahre mussten vergehen, ehe die Templer die zwölf steinernen Kisten bergen konnten. Viel geschah in dieser Zeit im Königreich Jerusalem: Der Konstabler Eustache Garnier eroberte die Hafenstadt Tyrus noch während der Gefangenschaft des Königs. Im Jahr danach brach der König aus seinem Kerker in Kurdistan aus und wurde von Christen wie von seinen mohammedanischen Untertanen mit überwältigender Freude begrüßt.

Bald darauf schloss er ein Bündnis mit den Beduinen der arabischen Wüste; und seither sah man diese Schleierträger häufig in der Stadt. Mit ihren Dolchen und schlanken, blinkenden Lanzen sahen sie verwegen aus, wenn sie auf ihren Kamelen dahergeritten kamen. Ein Herold sprengte ihnen voran; dieser blies auf einem schrill und unheimlich klingenden Wildziegenhorn – nicht nur auf einem Kuhhorn, wie die abendländischen Herolde es taten.

Das dritte Jahr seit Peters Tod brachte dem König einen Krieg gegen die nördlichen Seldschucken; und im vierten erlangte ein blutiger Türkenfürst in der Nachbarschaft von Edessa den Thron des Atabegs von Mossul. Nun würde der Graf von Edessa gut daran tun, seine östlichen Grenzen zu verstärken!

Dann stießen die Templer auf die abgehobene Bodenplatte und die Steinkiste, die Peter von den Wackersteinen befreit hatte. Sie fanden Peters Gebeine und bestatteten sie. Danach standen sie vor der schwersten Arbeit all der Jahre, die sie schon unter der Erde verbracht hatten: die steinernen Kisten mussten geborgen werden.

Sie alle mussten ja durch die unterirdischen Gänge und durch die Rinne gebracht werden, ehe man sie zwischen dem abstützenden Gestänge durch den Schacht hinaufziehen konnte. Und der Johannistag des Jahres 1127 war längst vorbei, als die Quader endlich im Rittersaal des Templerhauses nebeneinander standen.

«Liebwerte Herren und Brüder!» – der Herr von Payens hielt den kostbaren Haken für alle sichtbar in die Höhe –, «in dem Spruch, den wir vor fast zehn Jahren aus Clairvaux mitgenommen haben, heißt es:

> Ein einziger Schlüssel
> schließt das Geheimnis auf.

Ohne Mühe könnten wir nun also das Geheimnis dieser Quader erfahren. Glaubt ihr aber, dass wir es auch verstehen würden? Es ist kaum anzunehmen, dass es sich mit einem einzigen Satz aussprechen ließe. Es scheint mir eher so, als müssten die Weisesten der Weisen den Inhalt dieser zwölf Quader in jahrelanger Arbeit erforschen. Diese

Weisen gibt es gewiss schon heute. Dafür hat der Abt von Clairvaux gesorgt. Aber immer wieder müssen Weise herangezogen werden, damit diese die ersten in ihrem Forschen ablösen können.

Unsere Aufgabe ist es, diesen ungeheuren Wissensschatz, den wir nun geborgen haben, sicher ins Abendland zu bringen. Denn die Mauern dieses Hauses wären nicht stark genug, ihn zu bewahren. Und das Königreich Jerusalem ist nicht sicher genug dafür, denn an allen Grenzen ist es bedroht.

Lasst uns darum die letzte Probe unsrer Geduld ablegen, indem wir die Steinkisten ungesichtet zur Festung der Eisernen Wächter bringen!

Wollt ihr, dass es so sei?»

«So sei es», murmelten die Ritter beeindruckt; und keiner war unter ihnen, der seine Neugier nicht hätte bezähmen können.

Der
große
Kreuzzug

Karte des Vorderen Orients zur Zeit der Templer

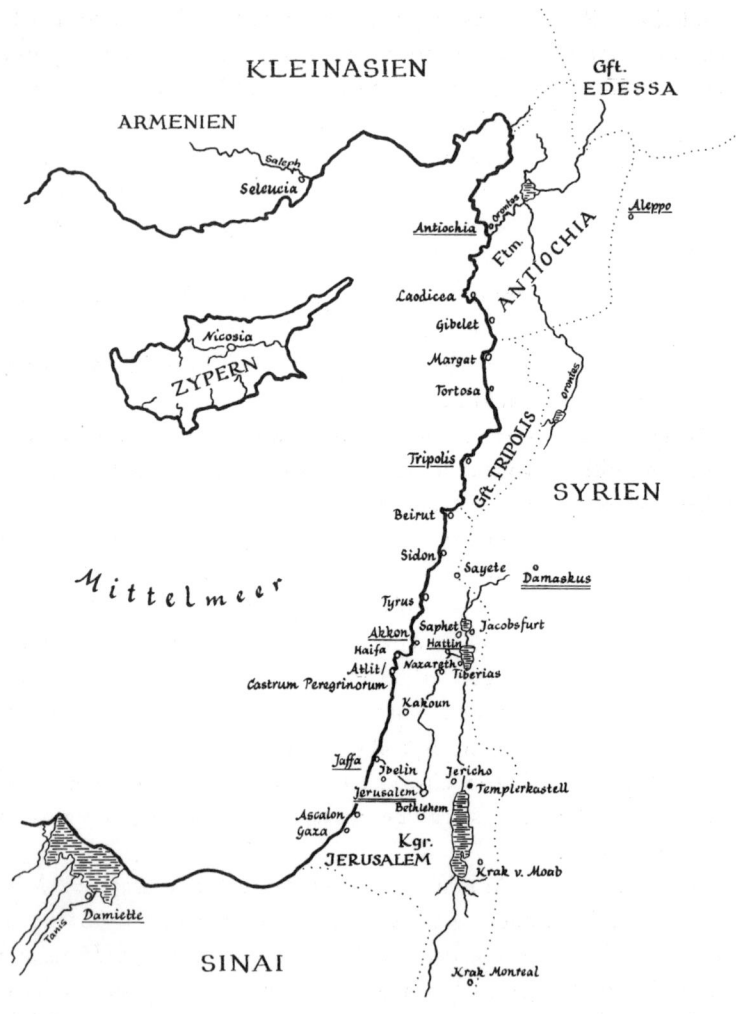

KLEINASIEN

ARMENIEN

Gft. EDESSA

Salerh

Seleucia

Antiochia

Aleppo

Ftm. ANTIOCHIA

Laodicea

Gibelet

Nicosia

Margat

ZYPERN

Tortosa

Tripolis

Gft. TRIPOLIS

SYRIEN

Beirut

Sidon

Mittelmeer

Sayete

Damaskus

Tyrus

Akkon

Saphet

Jacobsfurt

Haifa

Hattin

Atlit/

Nazareth

Tiberias

Castrum Peregrinorum

Kakoun

Jaffa

Ibelin

Jericho

Jerusalem

Templerkastell

Ascalon

Bethlehem

Gaza

Kgr.

JERUSALEM

Krak v. Moab

Damiette

Tanis

SINAI

Krak Montreal

Fremd im Abendland

An einem feuchtkalten Januartag des Jahres 1128 schlängelte sich ein sonderbarer Reisezug das junge Seinetal hinunter. Selten kam es vor, dass Reisende den Weg durch diese entlegene Gegend wählten, und schon gar nicht im Winter. Gut, dass es in dem Jahr keinen Schnee in dieser Gegend gegeben hatte! So dachten die Hirten in den Bergen von Langres, die an der Seine ihre Schafe tränkten. Sie kannten die Schmuggler, die ihre armseligen Waren aus Burgund in die Grafschaft Champagne herüberbrachten. Die aber trugen alles, was sie feilzubieten hatten, in Holzsteigen und Weidenzirnen auf dem Rücken.

Die Hirten kannten auch manche Herren und Ritter, die das Gebirge mit ihrem Gefolge überquerten, wenn sie zum Kriegsdienst zogen. Aber niemals hatten sie Karren mit Reisegut bei sich. Das war immer Sache der Händler oder Gaukler gewesen.

Neugierig zählten sie: Es waren sechs Wagen, und jeder wurde von einem Maultier gezogen, auf dem ein Ritter saß. Auf jedem Karren sahen sie, wenn sie die Hälse reckten, zwei längliche, mit Säcken verhüllte Lasten. Und wenn es nicht zum Lachen wäre, so dachten die Hirten, dann könnte man sie für Quadersteine halten.

Die Ritter hatten Lederhauben und Brustplatten an; das bloße Schwert lag quer vor ihnen auf dem Sattel, wo doch gerade jetzt an der Grenze alles ruhig war. Ein Teil des Trosses zog den sechs Karren wie eine Vorhut voraus. Der andere machte die Nachhut – nein, von einem Reisezug konnte da nicht gesprochen werden!

«He», riefen die Hirten einander zu, deuteten mit dem Finger und stießen leise Pfiffe aus. Sie spähten den Reisenden nach, solange diese zu sehen waren.

In der Nachhut ritt Arnold, Peters Sohn. Verstohlen wischte er sich die Tränen von den Wangen. Er fand dieses Land, in dem er geboren war, so hässlich. Die Bäume schwarz und kahl, das Gras faulig und nass und Nebel, der in die Kleider kroch: jetzt im Januar, wo im Heiligen Land schon manche Bäume blühten und herrlichen Duft verströmten! Bald würden sie goldene Früchte tragen. Dann zogen die großen Karawanen bimmelnd zum Meer hinab, und die Luft roch würzig nach den Kamelen. Hier roch die Luft nur schlecht. Und Turbanträger gab es hier überhaupt keine mehr. Den letzten hatte er in der Hafenstadt Marseille gesehen, wo die königliche Flotte eingelaufen war, mit der die Templer ins Abendland gekommen waren. Die Mutter, ihn selbst, Philippe und Susanne hatten sie mitgenommen. Arnold hatte sich gegrämt, dass die Mutter von dem kleinen Haus mit dem heimeligen Innenhof so leichten Abschied genommen hatte. Hier hatten sie doch mit dem Vater gelebt! Und wieder musste Arnold weinen.

«Weine nicht, Kleiner!», tröstete der dicke Edus, der Arnolds Tränen gesehen hatte. «Du wirst deine Mutter schon wieder sehen.»

Aber Arnold weinte nicht wegen der Mutter. Ach, der Mutter gefiel ja dieses Land! Zum ersten Mal seit dem Tod des Vaters hatte Arnold Freude auf ihrem Gesicht gesehen, als sie in Lyon vor der Steinmetze gestanden waren. Freude mit Tränen war es freilich gewesen. Aber doch Freude. Die war auch dann nicht ganz gewichen, als der finster blickende Oheim sie begrüßt und gefragt hatte: «Wo ist mein Bruder?»

Als er begriffen hatte, dass Peter nicht mehr lebte, sah er die Knaben prüfend an, als wolle er sehen, ob sie eines Tages zu Steinmetzen taugen würden. Er sagte: «Meine Hausfrau ist auch nicht mehr am Leben», drehte sich um und ging ihnen voran ins Haus.

Die Küche war dunkel, aber warm. Die Mutter sagte: «Der Arnold, Schwager, muss morgen früh wieder fort. Die Templer wollen ihn mitnehmen nach Payens. Dort will der Herr ihn wieder sehen. Bei den Templern hat dein Bruder gearbeitet.» Und weil sie spürte, dass er nichts von den Templern wusste, sagte sie: «In Jerusalem.»

Der Schwager nickte. «Den größeren von deinen Söhnen hätte ich brauchen können», sagte er, «der ist stärker als der kleine.»

Philippe begleitete den Bruder am nächsten Morgen bis vors Tor. Schon warteten die Templer auf ihn. Der dicke Edus hielt Arnolds Pferd, und die Brüder reichten einander mit zusammengepressten Lippen die Hand; dann legten sie sie vor die Stirn, wie die Muselmänner es tun, und verbeugten sich ein wenig voreinander.

Als Arnold aber aufgesessen war, zog Philippe etwas aus der Tasche und setzte es an die Lippen. Es war eines der beiden Beduinenhörnchen, die der König Peters Söhnen zum Abschied geschenkt hatte.

«Damit ihr mich und Jerusalem nicht vergesst», hatte er freundlich zu ihnen gesagt.

Philippe blies hinein, und Arnold antwortete. Und ihr Blasen hieß: Niemals werden wir Jerusalem vergessen; und wenn wir erwachsen sind, sehen wir es gemeinsam wieder!

Der Herr von Payens befand sich nicht bei dem Reisezug, der das Gebirge von Langres überquerte. Er war von Marseille aus gleich nach Troyes, der Hauptstadt der Champagne, geritten, wo sich am 13. Januar hohe geistliche und weltliche Würdenträger auf Bitten des Abtes von Clairvaux versammelt hatten. An diesem Tag sollten die Templer eine Ordensregel bekommen und das Recht, Männer nach eigener Wahl in den Orden der Armen Ritter Christi aufnehmen zu dürfen.

Der Herr von Payens sprang vom Pferd und trat in die Kathedrale ein. Viele Kerzen verbreiteten ihren süßlichen Duft und ihr goldenes Licht, das aber nicht ausreichte, den großen Raum bis ins Gewölbe zu erhellen. Ein gedämpftes Stimmengewirr umwogte ihn.

Schon hatte der Schreiber des Protokolls, Jehan Michiel, seine Gänsekiele zugeschnitten und vor sich auf dem Pult aufgereiht. Er schaute ins Chorgestühl und sah in vorderster Reihe den jungen Grafen von Champagne, dem sein Oheim das Land übergeben hatte, den Bischof von Auxerre, den obersten Abt der Zisterzienser und neben diesem den Abt von Clairvaux, der zum Zeichen der Sammlung die Kapuze tief übers Gesicht gezogen hatte. Keiner von den Umsitzenden störte ihn. Als aber vom Hauptportal aus ein Sporenklirren näher kam, zog er die Kapuze zurück und sagte: «Das ist der Herr von Payens.»

Die Anwesenden erhoben sich, ohne ihre Unterhaltung zu unterbrechen, und verbeugten sich grüßend gegen den Ankömmling.

Der Herr von Payens setzte sich, nachdem auch er sich allseitig verbeugt hatte, neben den Abt von Clairvaux. Ein Klingelzeichen gab den Beginn des Konzils von Troyes kund.

Sofort verstummte das Gespräch. Der päpstliche Gesandte erhob sich und mit ihm die Erzbischöfe von Reims und von Sens, die ihn flankierten, als er in der Mitte der Altarstufen die Hand zum Kreuzeszeichen erhob. Dann folgten die Worte, mit denen er das Konzil eröffnete.

Indessen hatte jener sonderbare Reisezug der Templer die Burgbefestigung Châtillon erreicht. Hier wurden sie erwartet. Hier sollten sie bis zum kommenden Morgen bleiben. Es war ausgemacht, dass sie am nächsten Tag ihren Weg über das Kloster Clairvaux nehmen sollten, denn der Burggraf von Châtillon wollte ihnen Nahrungsmittel für das Kloster mitgeben.

Jetzt wies er die Knappen an, die Karren in der Scheune unterzubringen, und lud die Templer zu einem einfachen Essen ein. Seine Befehle klangen kurz und ungeduldig und seine Einladung wie ein Befehl. Auch als er sagte: «Heute Nachmittag geht's auf die Jagd», da war es so gesagt, dass keiner widersprechen konnte.

Drei Templer blieben im Schuppen bei den Quadern. Als die Jagdgesellschaft, lärmend und von bellenden Hunden umtobt, am Abend wieder nach Hause kam, wurden diese drei von den Herren St.-Omer, St.-Amand und Montdidier abgelöst.

Arnold hatte sich am Nachmittag missmutig in den Ställen herumgedrückt. Er hing seinem Heimweh nach: Die Burgen des Orients waren ja ganz anders als diese hier, die aussah wie ein besserer Stall, so eng und schmutzig; und wenn man in die Halle schaute, war nichts als Dunkelheit darin. Nirgends waren Räucherbecken aufgestellt, und die Hühner liefen einem zwischen die Füße. Das Gesinde schrie sich gegenseitig an, als habe es die Herrschaft nicht zu fürchten, und die Kinder des Grafen wälzten sich im Schmutz wie junge Hunde.

Sobald es dunkelte, kroch Arnold zu den Karren in die Scheune. Dort hatte er im Hintergrund einen Stapel Stangen entdeckt. Auf ihnen machte er sich ein Lager zurecht. Er war so traurig, dass er nur noch schlafen wollte. Wenn wenigstens Philippe bei ihm wäre! Er rollte sich zusammen und starrte in die Dunkelheit. Da vernahm er die Stimmen der wachhabenden Ritter, die nahe dem Eingang auf Strohbündeln saßen. Ihr Gemurmel beruhigte ihn. «Wir haben nur noch eine Tagesreise bis zum Sumpf.» Das war die tiefe Stimme des Herrn von St.-Amand. «Hoffentlich kommt nicht noch zum Schluss etwas dazwischen!» Der Herr von Montdidier seufzte.

«Dann hätten wir nicht neun Jahre lang zu wühlen brauchen wie Maulwürfe, und unser lieber Steinmetz wäre noch am Leben!» Das war die Stimme des Herrn von St.-Omer.

Unser lieber Steinmetz? Arnold fuhr hoch und lauschte gespannt.

«So könnt Ihr nicht sprechen», sagte der Herr von St.-Amand. Danach war es eine Zeit lang still.

«Die Quader – », fuhr er endlich fort, «es wäre mir am liebsten, man würde sie gar nicht öffnen.»

«Wie könnt Ihr nur so etwas sagen!», riefen die beiden anderen.

«Sollten in ihnen wirklich die Gesetze zu finden sein, nach denen Gott die Welt erschaffen hat, dann müsst ihr meine Angst doch verstehen!»

«Was fürchtet Ihr?», fragte der Herr von Montdidier. «Nach Maß, Zahl und Gewicht habe ich die Welt erschaffen, spricht Gott. Das heißt aber noch lange nicht, dass man ohne seine Hilfe selbst eine Welt erschaffen könnte, sobald man nur das richtige Maß, die Zahl und das Gewicht erfahren hätte. Ich finde Eure Angst ganz unbegründet. Natürlich hat König Salomo gewusst, warum er sein Wissen versteckt hat.»

Nun war es wieder still, und jeder schien seinen Gedanken nachzuhängen.

«Erschaffen kann man eine Welt nicht ohne Gott, das gebe ich gerne zu», sagte der Herr von St.-Amand nachdenklich, «aber unsere Welt zerstören, das könnte man ohne Gott, und davor fürchte ich mich.»

Der Herr von St.-Omer räusperte sich. «In unserem Orden wird es eine Schule geben», sagte er, «in der die Weisesten von unseren Brüdern in die Naturgesetze eingeweiht werden, die König Salomo erforscht hat. Das werden Männer sein, die zu schweigen verstehen.»

«Mächtiger als die Geheimnisse der Natur ist das der Auferstehung, liebe Freunde, denn die Natur ist sterblich. Hoffen wir also, dass es dem Orden gelingt, die sterbliche Natur mit der Auferstehungskraft unsres Heilandes zu durchdringen.»

«So sei es», antworteten die Freunde ernst.

Als aber Arnold am nächsten Morgen erwachte, kamen ihm die Gespräche der Ritter vor, als habe er sie geträumt.

Eine fahle Sonne hing über den Bäumen im Dunst, als der Reisezug die Burg von Châtillon verließ und den Weg nach Clairvaux einschlug. Bauern kamen ihnen entgegen, die auf den Markt wollten, um Heu und Getreide zu kaufen, denn letztes Jahr war schlechte Ernte gewesen. Ihre Gesichter waren vergrämt. Immer war es dasselbe: Was man sich erarbeitet hatte, reichte nie. Die Frau wurde einem krank, und die Kinder starben, noch ehe sie aus den Windeln waren. Wie gut, wenn man wenigstens in der Nähe eines Klosters lebte, denn dort gab es manchmal gerodetes Land, das man pachten konnte, oder es gab Arbeit, die mit Lebensmitteln bezahlt wurde; oder es gab Almosen.

Am Nachmittag traf der Reisezug im Kloster von Clairvaux ein, und Arnolds Herz zog sich vor Kummer zusammen: Hier war der Vater vom Tod errettet worden. Hier hatte man ihn geheilt, und er hatte gelebt. Aber warum war er jetzt nicht mehr am Leben? Arnold dachte, wenn der Abt in Jerusalem gewesen wäre, dann lebte der Vater noch. Er wollte den Abt nicht sehen, er fürchtete sich vor so viel Wunderkraft.

Die Pferde wurden ihnen abgenommen und zur Tränke geführt; die Knappen übergaben die mitgebrachten Ballen, Körbe und Fässchen des Grafen von Châtillon. Einige Mönche warteten mit langen Stangen weiter drüben an einer Wassermulde, wo das Bächlein, das durchs Kloster floss, gestaut war. Worauf sie warteten, konnte Arnold nicht sehen.

Aus der Ferne tönte das lustige Trillern einer Hirtenflöte. Blöken und Gebell näherten sich, und durchs Tor drängten sich Schafe, Hunde und Hirten. Die Mönche bildeten zwei Reihen bis zur Mulde. Mit ihren Stangen trieben sie die Schafe durch diese Gasse ins Wasser. Die Hunde plantschten, schüttelten sich und spritzten die Umstehenden nass. Zum ersten Mal, seit Arnold Jerusalem verlassen hatte, machte ihm etwas Spaß. Er ließ sich eine Stange geben und tauchte ein Schaf im Wasser unter, wie er es von den Mönchen gesehen hatte. Später sah er beim Scheren zu. Plötzlich schaute er sich um. Wo waren die Karren und

Pferde? Er warf die Stange hin und lief zum Tor. «Da bist du ja!», hörte er die Stimme des Pförtners hinter sich.

«Deine Herren haben dich gesucht. Jetzt sind sie allein weitergeritten. Das braucht dich aber nicht weiter zu grämen», tröstete der Pfortenmönch, «denn, wie sie sagten, kannst du gut reiten und holst sie ein. Dort drüben steht dein Pferd.»

Arnold blieb mit erschrockenen Augen stehen. Er wusste ja nicht, wohin die Templer mit ihren Karren gezogen waren.

Der Pförtner, der Arnolds Gedanken erriet, sagte: «Reit nur einfach durch diesen Wald weiter, dann hast du sie bald eingeholt. Du brauchst keine Angst zu haben. Räuber gibt es hier schon lange keine mehr.»

«Weißt du das genau?», fragte Arnold mit bebenden Lippen. «Ich frage, weil mein Vater in diesem Wald überfallen worden ist.»

«Dein Vater?»

«Peter, der Steinmetz von Lyon.»

Da stutzte der Pfortenmönch und sah Arnold zweifelnd an.

«Das war vor zehn Jahren», sagte Arnold. «Der Abt dieses Klosters hat ihm das Leben gerettet.»

«Was?», rief der Mönch, «du bist Peters Sohn? – Ja, dann verstehe ich, dass der Herr von Payens dich noch bei sich haben will, bis er ins Heilige Land zurückkehren wird.» Mit großen Schritten ging er zu Arnolds Pferd, nahm es am Halfter und brachte es her.

«Steig auf!», sagte er und hob dabei selber den Jungen in den Sattel. «Bis Vendeuvre wirst du sie schon eingeholt haben. Reite mit Gott!» Mit diesen Worten öffnete er ihm das Tor.

Arnold hatte Angst, während er den Wald durchritt. Er sah genauso aus, wie der Vater ihn beschrieben hatte. Aus jedem Busch, so dachte er trotz der Versicherung des Pförtners, spähten böse Augen auf ihn. O, läge der Wald schon hinter ihm! Er schlug das Pferd mit der Gerte. Dann war die Wiese zu sehen, und bald hörte er die Stimmen der Knappen und das Lachen des dicken Edus. Erleichtert atmete er auf. Aber das Zittern in seinen Knien, das dort hinten im Räuberwald begonnen hatte, hörte den Rest des Tages nicht mehr auf; beinahe hätte er sich nicht auf den Beinen halten können, als er am Abend auf dem altbekannten Lagerplatz der Knappen von seinem Reittier rutschte, dem Lagerplatz bei Vendeuvre.

Auch diesmal schlugen die Knappen Feuer und schichteten einen Holzstoß auf die kleine zuckende Flamme. Sie tränkten die Pferde am Rande des Sumpfes. Aber die Ritter ließen die Zugtiere wieder vor die Karren spannen. Sie blieben wie Wächter neben den Karren stehen. Auf irgendetwas schienen sie zu warten.

Von fernher waren Hufschläge zu hören; sie kamen näher, und beim Lagerplatz sprangen zwei Männer von den Pferden. Als sie in den Lichtschein traten, erkannte Arnold den Herrn von Payens. Der andere war ein schmächtiger rothaariger Mönch. Arnold wunderte sich, dass der Herr von Payens einen so unscheinbaren Kuttenmann in seiner Gesellschaft hatte. Die Ritter aber kamen heran und küssten ihm die Hand, eine dünne weiße Hand, mit der er danach die Kapuze etwas nach vorne schob, als sei ihm kalt. Er lächelte, und als er den Kopf hob, sah Arnold in seine Augen und konnte den Blick nicht mehr von ihnen wenden.

«Das ist der Abt von Clairvaux!», raunte Edus an Arnolds Ohr.

Aber kaum hatte Arnold begriffen, was Edus gesagt hatte, da entrang sich seiner Brust ein lauter Schrei, und er brach in heftiges Weinen aus. Wie aus weiter Ferne hörte er die Stimme des Herrn von Payens: «Es ist der Sohn jenes Peter, den Ihr geheilt habt, Abt Bernhard.»

Dann fühlte er die schmale weiße Hand auf dem Haar, und eine unbeschreibliche Süße durchrann ihn.

Lange stand Arnold unbeweglich da, ohne zu hören, was um ihn her vor sich ging. Als er die Augen öffnete und um sich sah, waren die Ritter und Karren verschwunden. Auch der Abt war nicht mehr hier. Das Lagerfeuer brannte knallend, und die Knappen hatten sich niedergesetzt und aßen.

Das Versteck

Die Dunkelheit fiel rasch herein. Kein Stern war am Himmel zu sehen. Die Mönchsritter waren mit den Gespannen nordwärts in die Nacht gezogen. Ihnen voraus ritt der Abt. Der Sumpf schwappte auf ihrer linken Seite. Sie hörten nichts als das Holpern der Karrenräder und das dumpfe Stampfen der Hufe. Manchmal schrie eine Eule.

Eine gute Stunde waren sie wohl so durch die Nacht gefahren, als der Abt sein Pferd anhielt. Feuer wurde geschlagen und eine Fackel entzündet. Sobald sie flammend brannte, hob der Herr von Payens sie hoch über den Kopf und schwenkte sie auf besondere Art. Eine Weile geschah nichts. Plötzlich antwortete aus der Mitte des Sumpfes ein anderes Fackellicht. Keiner von den Männern sprach ein Wort. Der Feldweg, auf dem sie gekommen waren, endete in einem Sumpfteich. Aber während sie auf das Ende des Weges blickten, kam es ihnen vor, als möchte der Wasserspiegel sinken. Dann sahen sie es genau. Zoll um Zoll hob sich ein Weg aus der Lache und ließ seinen schweren Unterbau sehen. Der Herr von Payens zog sein Gespann als erster auf den Damm. Auf beiden Seiten gluckste das brackige Wasser.

Eine Viertelstunde mochten sie so über den Damm gezogen sein, als der Herr von Payens zur Eile mahnte, denn schon stieg das Wasser wieder an. Vor ihnen zeichnete sich in der Dunkelheit nun eine schwarze Waldkuppe ab.

«Die Moorinsel!», murmelte der Herr von St.-Omer.

Auf ihr lag die Burg der Eisernen Wächter. Zehn Jahre hatten sie auf diesen Augenblick gewartet und ihn als das Ziel angesehen. Aber in Wahrheit war dies erst ein Anfang.

Der letzte Karren hatte die Insel noch nicht ganz erreicht, da schwappte das Wasser schon über den Damm. Sie fuhren auf eine Dornenwand zu, hinter der sich das Tor befand. Dann führte sie ein Weg durch einen Kranz von Gestrüpp bis an den Rand eines Grabens.

Jenseits desselben erkannten sie eine mächtige Mauer. Die Ketten der

Zugbrücke rasselten; sie senkte sich auf das diesseitige Ufer des Grabens herab. Während die Ritter den Graben überquerten, hob sich das Fallgitter des Burgtores kreischend hoch. Ratternd rollten die Karren in den leeren Hof, an dessen vier Seiten brennende Fackeln in eisernen Ringen steckten.

Als sie sich in diesem Hof versammelt hatten, sahen sie, dass der Abt von Clairvaux ihnen nicht über den Damm gefolgt war. Sie waren allein.

Das Tor zum Hauptgebäude stand offen, und auch hier brannte eine Fackel. Ihr Licht wies auf eine Treppe, die in einen Keller führte. Dort gab es einen Durchlass zu einem niedrigen Gang. Er war lang und eng, und an seinem Ende sah man ein schwebendes Fallgitter und dahinter einen kleinen Raum.

Der Herr von Payens betrat diesen Raum und fand zwölf hölzerne Böcke in ihm. Er begriff, dass er auf ihnen die steinernen Kisten abstellen sollte. Als er aufblickte, sah er an der Wand eine Schrift in großen Buchstaben:

HEILIG IST UND BLEIBE DIE NATUR!
WER SIE SCHÄNDET SEI VERDAMMT!

Und an der gegenüberliegenden Wand stand:

CHRISTI BLUT VERKLÄRE DIE NATUR!
IN UNS UND AUSSERHALB VON UNS!

Schweigend wurden die Quader in diesen Raum gebracht und auf die Böcke gestellt. Dann hob der Herr von Payens den kostbaren Haken in die Höhe, den Peter vor vier Jahren gefunden hatte, und sprach:

«Liebwerte Herren! Der Augenblick ist da, nach dem wir uns so viele Jahre gesehnt haben.»

Er wiederholte den letzten Teil jenes Spruches, den der Abt von Clairvaux ihnen mit auf die Reise gegeben hatte:

«Ein einziger Schlüssel
schließt ihr Geheimnis auf!»
Er wartete ein wenig, denn seine Stimme wollte ihm versagen. Dann
sprach er weiter:

«Hast du das Nichts entdeckt,
dann trenne die Häuser nie,
denn in einem von ihnen
steckt die Kraft für die anderen elf.»

Die Worte hallten noch nach in diesem unterirdischen Raum, als der
Herr von Payens den ersten Quader mit dem Haken öffnete. Atemlos
sahen die Ritter zu. Mit der Hilfe des Herrn von St.-Amand hob er den
Deckel. Der Quader war leer.

Mit unbewegtem Gesicht winkte er den Herrn von St.-Amand
zum zweiten. Auch der war leer. Als sie den Deckel des dritten
abgehoben hatten, sahen sie: Auch dieser war leer. Und ebenso waren
alle weiteren leer. «Hast du das Nichts entdeckt», murmelte einer der
Ritter unbewusst.

Der zwölfte Quader stand noch ungeöffnet auf seinem Bock. Der
Herr von Payens zögerte: Was würde geschehen, wenn auch dieser
nichts enthielt? Alles, was sie in den vergangenen Jahren getan hatten, war dann vergeblich. Und vergeblich hatten sie zusammen mit
dem Abt von Clairvaux auf die Rettung der Natur gehofft.

Während er nun den Haken in die Öffnung setzte, hob er den
Blick und sah jedem Einzelnen seiner Brüder prüfend in die Augen.
Da erkannte er, dass sie alle zweifelten wie er. Stumm beugte er sich
über die Steinkiste und drückte den Haken ins Riegelloch. Er
stemmte sich gegen den Deckel und rückte ihn einen Spaltbreit zur
Seite. Da strahlte aus der Tiefe des Quaders ein so heller Schein, dass
die Ritter für einen Augenblick ihre Sehkraft verloren.

In allen elf Kisten erstrahlte nun eine Leuchtschrift in unbekannten Buchstaben. Und Bilder leuchteten auf, die ihnen die Zustände
der Welt zeigten, wie sie vor undenklichen Zeiten gewesen war.

Dann verging das Licht, und sie sahen nur noch die Helligkeit der Fackel.

Der Herr von Payens deckte die Kisten mit Hilfe des Herrn von St.-Amand wieder zu.

«Es wird lange dauern, liebwerte Herren und Brüder», sagte er, «bis wir oder die weisesten unserer Brüder, die unserem Orden angehören, begreifen werden, was diese Bilder und Schriftzeichen uns lehren wollen.

Lasst uns nun in den Rittersaal hinaufgehen und dem Herrn danken, dass er unsere Sache bis hierher hat gedeihen lassen!»

Er legte den Haken auf dem zwölften Quader nieder, und sie verließen schweigend den Raum. Als sie die Treppe erreicht hatten, hörten sie hinter sich ein Dröhnen und sahen, dass das Fallgitter vor der verborgenen Kammer niedergefallen war.

Der Rittersaal war von hundert Kerzen erleuchtet. Sie steckten auf einem Radleuchter, der über einem großen kreisrunden Tisch hing.

Um den Tisch herum standen dreizehn hochlehnige Stühle; und jeder von ihnen trug den Namen eines der mit dem Geheimnis verbundenen Männer. Der Herr von Payens bat alle, sich zu setzen. Da blieben vier Stühle frei: der des Königs von Jerusalem, der des Grafen von Champagne, der im Heiligen Land geblieben war, der des Abtes von Clairvaux und einer, dessen Name nicht zu lesen war. Keiner der Ritter wunderte sich über diesen dreizehnten Stuhl, wenngleich doch jeder ihn sah. Auf der runden Tafel aber erschien eine leuchtende Schrift entlang ihrem Rand:

JERUSALEM TRAUERT WER STILLT SEINE TRÄNEN?

Fragend schauten die Männer einander in die Augen. Und plötzlich sagten sie wie aus einem Mund: «Wir! Wir trocknen seine Tränen! Wir, die Armen Ritter Christi.» Da war die Schrift auch schon verschwunden.

Der Herr von Payens ritt noch in derselben Nacht nach Troyes zurück. Zusammen mit den Konzilsvätern kam er vor der Kathedrale an. Mit großen Schritten eilte er in den Dom.

Im Chorgestühl saß klein und schmächtig der Abt von Clairvaux. Auch heute hatte er die Kapuze tief übers Gesicht gezogen. Er zog sie zurück, als er den Schritt des Herrn von Payens vernahm.

Er stand auf und ging ihm zwei Schritte entgegen.

«Jerusalem trauert!», rief er. «Wer stillt seine Tränen?»

«Die Armen Ritter Christi», antwortete der Herr von Payens leise.

Dann setzte er sich neben den Abt, ohne die Zurufe der anderen Herren zu hören. Er dachte darüber nach, wie sonderbar es war, dass der Abt die Lichtworte gesprochen hatte.

Ein stattlicher Heerhaufen sammelte sich unter der Aufsicht der Templer vor den Mauern der Hafenstadt Marseille. Zwei Jahre war es nun her, dass die Flotte des Königs von Jerusalem, mit der die Templer ins Abendland gekommen waren, in Marseille eingelaufen war. Dort hatte sie den Grafen Fulko von Anjou in ihr Hauptschiff aufgenommen, und auf allen Schiffen war ein Jubel ausgebrochen. Bunt bewimpelt war die Flotte dann aufs offene Meer hinausgefahren, und Musikanten hatten ihre schönsten Stücke gespielt. Der Graf von Anjou nämlich hatte sich, indem er den Fuß auf dieses Schiff setzte, symbolisch dem Königreich Jerusalem zu eigen gegeben. Sobald er im Heiligen Land ankommen würde, würde der König ihn mit der Kronprinzessin Melisende verheiraten, und damit wäre der Graf von Anjou der Nachfolger Königs Baldouin II. von Jerusalem.

Zwei Jahre waren seither also vergangen, zwei Jahre, in denen der Herr von Payens England, Schottland und Spanien durchreist hatte, wo er tapfere Männer für seinen Orden warb. Seine Brüder taten dasselbe in Franzien und in Aquitanien. Sie warben für einen Orden, in dem alle Standesunterschiede aufgehoben sein sollten, denn allein der freie Wille war maßgeblich, der aus einem weltlichen Mann einen Ordensmann macht. Und diesen freien Willen hatte jeder, ob Ritter, Graf oder Handwerker. Ja, sogar Mörder und Verbrecher wurden in den Orden aufgenommen. So hatte es der Abt von Clairvaux gewollt. Für alle galt die Regel, die in Troyes entworfen worden war.

Aber auch Weise und Gelehrte baten um Aufnahme in den Orden der

Armen Ritter Christi. Sie alle hatten einen gemeinsamen Wunsch: selbstlos dem Heiligen Land zu dienen. Und ihre Gedanken eilten ihnen voraus nach Jerusalem.

Gutes und Schlechtes geschieht

Der Herr von Payens stand etwas erhöht über der Menge der Krieger. Er dachte an die Kämpfe, die diese Männer im Heiligen Land würden durchstehen müssen. Jerusalem war bedroht.

Dann blickte er in Gedanken noch einmal auf die Jahre seiner Reise durch die Länder des Abendlandes zurück, auf der er Arnold bei sich gehabt hatte. Ein feiner Schmerz meldete sich in seiner Brust, wenn er an den Jungen dachte. Vor ein paar Tagen erst hatte er ihn dem Oheim in Lyon übergeben. Die einzige Liebe, die er ihm zum Abschied tun konnte, war die: Er stellte ihm ein Empfehlungsschreiben aus und siegelte es mit seinem Wappen. Der Schutz des Ordens war Arnold darin verbrieft. Wenn er erwachsen sein würde, mochte es ihm vielleicht in irgendeiner Notlage helfen.

Kurz hatte der Herr von Payens Arnold an die Brust gepresst und war dann zu seinem Pferd hinausgeeilt. Aber Philippe, der den Kummer des Bruders gesehen hatte, holte das Beduinenhörnchen herbei, setzte es an die Lippen und ließ es schrillen. Da wandte sich der Davonreitende noch einmal um und winkte.

Arnold lernte beim Oheim das Steinmetzhandwerk. Er liebte es, in der Werkstatt zu sein, in welcher schon sein Vater erlernt hatte, was ein Steinmetz braucht. Auch wenn der Oheim düster war, so gab er doch Antwort, wenn Arnold bei irgendeiner Arbeit fragte: «Hat mein Vater rasch begriffen, wo man die Säge ansetzen muss, dass der Stein nicht splittert?» Oder: «War mein Vater noch jung, als du ihn zum ersten Mal über Land geschickt hast, dass er dir Steine in den Brüchen auswähle?»

Immer horchten die Brüder auf Nachrichten aus dem Heiligen Land. Der Herr von Champagne, so hörten sie, war in Jerusalem verstorben. Kurz nach ihm starb der gute König Baldouin II. Jetzt war Fulko von Anjou König. Gott mochte ihm beistehen bei seiner schweren Aufgabe!

Als Arnold seinen fünfzehnten Geburtstag feierte, kam die Nachricht aus dem Orient, dass die Königstochter Melisende ihrem Gatten Fulko die Treue gebrochen habe. Als Arnold sechzehn war, wurde der Mann, dem sie ihre Gunst zugewandt hatte, vom Volk ermordet.

Schlimm sah es aus in Jerusalem! Als er zwanzig war und als Geselle auf die Wanderschaft gehen musste, wurde König Fulko vom kriegerischen Atabeg von Mossul belagert. Als Arnold dreiundzwanzig war, hieß es, dass Fulko von Jerusalem den Templern, die nun zu einer disziplinierten Streitmacht herangebildet worden waren, die Feste Saphet und Galiläa anvertraut habe. Denn nur sie hielt er für fähig, diesen Grenzabschnitt des Landes dauerhaft zu sichern.

Als Arnold mit allem Wissen und aller Erfahrung, die er auf seiner Wanderschaft gesammelt hatte, nach Lyon zurückkehrte, zog Philippe auf Wanderschaft aus. Susanne hatte geheiratet. Der Oheim lag krank zu Bett. Als er bald danach starb, war Arnold der einzige Steinmetzmeister in Lyon.

Philippe wanderte mit offenen Augen durch die Welt. Im Abendland hatte sich vieles verändert: Auch hier gab es Templer aus allen Bevölkerungsschichten. Die Reichen brachten ihre Güter ein, die Armen waren froh, dass sie nicht mehr zu betteln brauchten. Der Orden hatte Straßen gebaut, denn Straßen waren die Voraussetzung für den Handel; und der Handel sollte dem Lande den Wohlstand bringen. An den Kreuzungen errichteten die Templer Komtureien, Befehlsstationen für ihre Reitertrupps. Dort konnten Reisende und Kaufleute auch nächtigen, und ihre Pferde wurden versorgt. Templerkohorten kontrollierten die Straßen von Komturei zu Komturei. Sie verjagten die räuberischen Barone, die dort ihr Unwesen getrieben hatten. Jedes Kind kannte die Tempelritter und fühlte sich von ihnen beschützt.

Es waren auch solche Ordenshäuser entstanden, in welchen neue Templer herangezogen wurden. Je nach Veranlagung wurden sie zu Kriegern herangebildet, die für den Orient bestimmt waren; auch solche, die zu den trutzigen Burgen geschickt wurden, welche die Grenze gegen die spanischen Mauren sicherten. Oder sie wurden zu Verwaltern und Rechenmeistern ausgebildet; oder zu Weisen, die das Geheimnis in der Festung der Eisernen Ritter hüten mussten.

Eines Tages kam Philippe eine Templerkavalkade entgegengesprengt. Sie zog eine lange Staubwolke hinter sich her. Flankiert von zwei Herolden trieb der Herr von Montdidier seinen Schimmel an. Der Herr von Payens hatte ihn als Meister über alle Templer in Frankreich gesetzt. Jetzt unterstand ihm der gesamte Orden in diesem Land. Er sah aber so aus, als habe er sich die Ungeduld inzwischen nicht abgewöhnt.

Kurz vor Weihnachten des Jahres 1143 kam Philippe von seiner Wanderschaft nach Hause. Glockengeläut empfing ihn, er hatte es schon von weitem gehört. Warum läutete man außer der Zeit? Das Volk strömte von allen Seiten herbei und drängte sich vor das Templerhaus in Lyon. Dort würde man erfahren, was es Neues gab.

Der Komtur trat vors Tor und hob die Hand, und in der Menge wurde es still.

«König Fulko von Jerusalem ist vom Pferd gestürzt und tot. Gott gebe dem Heiligen Land einen erfahrenen Regenten anstelle des kleinen Königsohnes Baldouin! Kommt mit mir in die Kirche, wir wollen für den Verstorbenen beten und für sein verwaistes Jerusalem!»

«So sei es!», klang es dumpf aus der Menge. Ein langer Zug von Bekümmerten folgte dem Komtur. Auch Philippe war dabei.

Aber schon bald wurde bekannt, dass die syrischen Barone des Königreichs Jerusalem die Königinwitwe Melisende zur Regentin für ihren zwölfjährigen Baldouin gewählt hatten. Wie würde es da weitergehen im Orient? Immer hatten die Könige, Baldouin II. und Fulko, Tempelritter als Berater bei sich gehabt. Würde Melisende auch nur ein einziges Mal auf den Rat eines erfahrenen Templers hören?

Schon im nächsten Jahr riss der Atabeg von Mossul, den man den Blutigen nannte, die Grafschaft Edessa, das Sorgenkind König Baldouin II., in Allahs Namen aus dem Königreich der Christen heraus.

Armes Heiliges Land! Wie gut, dass wenigstens das Bündnis mit Damaskus noch bestand, das König Fulko geschlossen hatte! In allen abendländischen Kirchen wurde zu einem neuen Kreuzzug aufgerufen, mit dem Edessa zurückgewonnen werden sollte.

Ein neuer Kreuzzug

Das Osterfest des Jahres 1146 fiel auf den 31. März, und ganz Frankreich wusste, dass der Abt von Clairvaux an diesem Tag auf dem Hügel von Vezelay zu einem Kreuzzug aufrufen würde, der dem Königreich Jerusalem das Fürstentum Edessa zurückerobern sollte.

Der Abt war noch schmächtiger geworden, und aus der Blässe seines mageren Gesichtes leuchteten die Augen noch mehr als ehedem. Einen ganzen Wald von Lanzen sah er vor sich über die Hänge des Hügels hin. In tausend Farben sprühten die Edelsteine, mit denen Ritter und Damen geschmückt waren. Gold- und Silbergeschmeide glänzten. Da standen Fürsten und Bettler, Alte und Kinder, Männer und Frauen, Mönche und Krieger, und alle wurden von den feurigen Worten des Abtes mitgerissen: «Gott will es!»

Nahe neben Bernhard stand der junge König von Franzien mit der lieblichen Königin Eleonore. Auch er wurde vom Tatendrang erfasst wie alle anderen. «Dieu le veut!», rief er, «Gott will es so!»

Von Vezeley aus kehrten die Begeisterten in ihre Städte und Burgen zurück. «Dieu le veut!», riefen sie in den Gassen ihrer Heimatorte. So hatten vor fünfzig Jahren die ersten Kreuzfahrer gerufen. «Gott will es!»

Auch in Lyon gab es Heimkehrer, die rufend durch die Gassen zogen: «Dieu le veut!» Rufend zogen sie an der Steinmetze vorüber, in der Arnold und Philippe bei der Arbeit waren.

«Kommt ihr mit, wenn ins Heilige Land gefahren wird? Kommt mit! Gott will es.»

Als die beiden Steinmetze nicht sofort antworteten, riefen sie: «Nächstes Frühjahr wird gefahren. Bis zum kommenden Osterfest will der König seinen Kreuzzug vorbereitet haben. Er will am Ostersonntag in der Kirche von St.-Denis bei Paris das Kreuz nehmen. Überlegt es euch!»

Die Brüder antworteten nicht. Schweigend setzten sie ihre Arbeit fort. Beide zog es ja mit allen Fasern ins Heilige Land. Nie hatten sie in diesen vielen Jahren aufgehört, an Jerusalem zu denken. Jetzt aber konnte nur einer von beiden mitfahren. Der andere musste die Werkstatt betreiben und die Mutter versorgen. Wer sollte dieser eine sein?

«Wir wollen losen», sagte Philippe.

«Also losen wir.»

Sie warfen eine Münze; aber noch während sie auf dem Boden tanzte, setzte Philippe den Fuß darauf.

«Bruder», bat er eindringlich, «wir wollen einander versprechen, dass derjenige, der fortzieht, von demjenigen, der zu Hause bleiben muss, nicht beneidet wird. Jeder soll das Los als gerechte Entscheidung annehmen.»

«Das ist auch meine Meinung. Nimm nun den Fuß von der Münze!»

Philippe hob den Fuß. Er prüfte die Münze und ließ den Kopf tief hängen. Dann fühlte er den Arm seines Bruders auf der Schulter, aber er wandte sich ab.

«Es ist besser so, Philippe. Du bist verlobt, und ihr wolltet in diesem Jahr noch heiraten. Ich aber denke an kein Mädchen. Denn unaufhörlich sind meine Gedanken mit dem Tod unseres Vaters beschäftigt. Dunkel ahne ich ein Geheimnis; aber nichts Klärendes steigt in meiner Erinnerung auf. Vielleicht zieht es mich deshalb so sehr nach Jerusalem. Wer weiß, vielleicht erfahre ich dort doch noch, was ich so dringlich erfahren will. Sollte ich am Leben bleiben und gesund zurückkehren, dann magst du ziehen, wenn du dann noch willst. Ich verspreche es dir.»

Aus allen Landesteilen strömten Pilger und Kreuzritter zum kommenden Osterfest in St.-Denis zusammen. Sogar der Papst, der einstige Lieblingsschüler des Abtes von Clairvaux, war herbeigereist, um den Auszug der Kreuzfahrer zu segnen. Unzählige Kerzen erleuchteten das Kircheninnere und verbreiteten ihren Honigduft. Der Abt von St.-Denis, der des Königs Kanzler war, nahm den geweihten Pilgerstab vom Altar und hielt ihn hoch, dass er für alle sichtbar war. Dann übergab er ihn dem König, der ihn stellvertretend für alle Kreuzfahrer entgegennahm. Er reichte ihn der Königin weiter, denn auch sie wollte am Kreuzzug teilnehmen.

Neben der riesigen Osterkerze war die Oriflamme aufgepflanzt, das Banner von St.-Denis. Ihr mit Kupfer und Gold beschlagener Schaft sprühte im Kerzenlicht Feuer, und auch das fünfgezipfelte rotseidene Fahnentuch sah aus wie eine züngelnde Flamme. Die Oriflamme sollte nun die Kreuzfahrer zum Siege führen.

Abt Suger von St.-Denis hob sie aus ihrer Halterung und neigte sie nach vorn. Der König trat nahe zu ihr, beugte das Knie und berührte mit einem Zipfel der Fahne sein Herz und sein Schwert. Dann stellte er sich neben Suger und legte die Hand an den Fahnenschaft. Alle Ritter, die sich in der Kirche befanden, kamen nacheinander zur Fahne, knieten nieder und taten dasselbe. Singend zogen die Mönche ihnen voraus aus der Kirche. In ihrer Mitte ging der Papst.

Dies war der Höhepunkt des Festes für die Menge, die auf dem Platz vor der Kirche wartete, um sich dem Kreuzzug anzuschließen.

«Dieu le veut!», riefen sie wieder und wieder und waren wie von Sinnen. Kinderreiche Familien waren sogar unter ihnen, die wartend neben ihren Bündeln standen. «Auf ins Heilige Land!» Auch Arnold war dabei. Ein Mann an seiner Seite rief: «Sieh dort den Templer, der zwischen den höchsten Würdenträgern geht! Das ist der neue Templermeister von Frankreich. Er heißt Everard des Barres.»

Hundertdreißig bärtige Tempelritter folgten in den weißen Mänteln, die ihnen die Ordensregel bestimmt hatte. Drohend sahen ihre schwarzen Waffen aus.

«Schau nur!», rief der Mann, «sie dürfen keine silber- oder goldverzierten Waffen tragen! Und wenn sie ein kostbares Schwert erbeuten, müssen sie es schwarz überstreichen.»

«Meister Everard hat diese Templer aus den Pyrenäen mitgebracht», sagte ein anderer. Sie haben in Spanien gegen die Muselmänner gekämpft, die man dort Mauren nennt.»

«Denen kann keiner mehr was vormachen», rief einer, «das könnt ihr mir glauben!» Sobald Everard des Barres in der Prozession nahe herangekommen war, beugte Arnold das Knie und hielt ihm das Empfehlungsschreiben des Herrn von Payens entgegen, das Arnold so viele Jahre als seine größte Kostbarkeit gehütet hatte.

Sofort erkannte der Meister das Siegel und hob verwundert die Brauen. Er trat aus der Prozession und fragte Arnold nach seinem Namen.

«Ich bin Arnold, ein Sohn des Steinmetzen Peter von Lyon. Ich bitte Euch, lasst mich an Eurer Seite ins Heilige Land mitziehen. Vielleicht habt Ihr einen Knecht nötig in Eurem Tross.»

«Peters Sohn?», fragte er überrascht. «Der Orden vergisst deinen Vater genauso wenig wie den Herrn von Payens, der ja auch nicht mehr unter den Lebenden ist.»

Und ohne Arnolds trauriges Erschrecken zu beachten, fuhr er fort: «Komm also heute in einer Woche ins Templerhaus von Paris. Dort kannst du dich an meinen Knappen Gregor halten, bis wir ziehen.»

Mit großen Schritten eilte er den anderen nach. Das Volk drängte in die Kirche; es wollte dem Segen des Papstes nahe sein.

Arnold wurde mitgerissen und fand sich in unmittelbarer Nähe der Königin zwischen Bischöfen und Rittern eingeklemmt. Sehr nahe sah er sie vor sich. Sie hatte ein scharlachrotes Seidenkleid an, über das ihre goldenen Haare fielen, die mit einem feinen Schleier bedeckt waren. An ihrem Stirnreif hing ein kirschgroßer Smaragd, der zur Farbe ihrer großen Augen passte. Dunkle Wimpern und fein gezogene Brauen verstärkten das Strahlen ihres Blicks. Ihre Wangen waren so lieblich gerundet und so fein gemalt, dass Arnold meinte, so schöne Wangen habe er noch nie gesehen. Ebenso erging es ihm mit dem Mund. Er konnte keinen Blick von der Königin wenden. Vom Segen des Papstes bemerkte er nicht viel.

Sie wird beim Kreuzzug dabei sein, frohlockte es in ihm.

Die Kirche leerte sich, die Kerzen wurden gelöscht; aber noch immer stand Arnold lächelnd da, wo er die Königin gesehen hatte.

Die Umfassungsmauer des Templerhauses von Paris umgriff Verwaltungsgebäude, Ställe, Scheunen, Werkstätten und Unterkünfte. In der Mitte ragte die massige Ordensburg auf, das eigentliche Templerhaus. Ihre vier Ecken waren mit Rundtürmen verstärkt, wie die Templer es im Orient gesehen hatten. Kein anderer Orden besaß zu jener Zeit ein so mächtiges Haus.

Arnold stand am Tor und schaute in den Hof. Da sah er die Templer wieder, die er an Ostern in St.-Denis gesehen hatte. Sie trugen auch jetzt ihre weißen Mäntel. Nun aber leuchtete auf jedem ein großes blutrotes Kreuz.

«Was gaffst du so?», rief einer von den Torwächtern. «Hat dir noch keiner gesagt, dass der Papst unseren Rittern das rote Posaunenkreuz verliehen hat?»

«Die ersten neun Ritter», sagte Arnold, ohne den Blick von den Mönchen abzuwenden, «hatten ein kleines rotes Stoffkreuz auf der Kutte, aber es sah dünn und bescheiden aus.»

«Und jetzt ist es aus den vier Jerichoposaunen zusammengesetzt. Du wirst ja wohl die Stelle in der Heiligen Schrift kennen, wo die Posaunen mit ihrem Schall die Stadtmauern der Feinde eingeworfen haben!»

«O ja!», sagte Arnold und schaute immer noch auf die vielen Templer im Hof. «Ich sehe nicht nur weiße, sondern auch braune und schwarze Mäntel und Kutten. Aber alle haben das Posaunenkreuz auf der linken Brustseite und hinten auf dem linken Schulterblatt. Sind die Schwarzgekleideten denn ebenfalls Templer? Und dann dieser Braune dort?»

«Alle, die ein Kreuz haben, sind Templer. Die Braunen nennen wir ‹Beigesellte›, da sie sich dem Orden nur für ein Jahr verpflichtet haben. Wir Schwarzen, die wir die notwendigen Arbeiten verrichten, heißen Servienten. Die Weißen allein sind die Ritter. Übrigens haben wir Templer außer dem Posaunenkreuz auch ein eigenes Banner bekommen. Es ist schwarz und weiß.»

«Kennst du die Bedeutung dieser Farben?»

«Weiß bedeutet das Abendland und Schwarz das Morgenland; und die beiden Farben sind so fest miteinander vernäht, wie Morgen- und Abendland durch den Templerorden verbunden sind.»

«Das leuchtet mir ein.»

«Das ist aber nur die einfachste Erklärung. Genauer gesagt bedeutet das Schwarz die Erde, unser Jammertal; und das Weiß bedeutet das Neue Jerusalem. Durch unseren Orden sollen diese beiden miteinander verknüpft werden wie das weiße und das schwarze Fahnentuch.»

«Ich will darüber nachdenken, was damit gemeint ist», sagte Arnold.

«Es gibt noch eine dritte Erklärung», sagte der Torwächter. «Diese beiden Farben bedeuten Krieger und Mönch, denn wir Templer sind beides in einem. Aus diesem Grund siehst du auf dem Siegel unseres Großmeisters auch zwei Reiter auf einem Pferd, falls du jemals ein solches Siegel sehen wirst.»

«Nach allem, was du sagst, finde ich, dass eure Fahne gut gewählt ist. Ich danke dir, dass du mir alles so geduldig erklärt hast und nicht aus der Haut gefahren bist. Ich bin Steinmetz und komme aus Lyon; deshalb kenne ich mich in diesen Dingen nicht so aus wie du. Wenn du mir nun sagen könntest, wo Meister Everards Knappe Gregor zu finden ist, wäre ich froh.»

«Dort läuft er über den Hof! Ich meine den dort, der den Sattel auf der Schulter trägt.» Er deutete auf einen etwa vierzigjährigen, stämmigen Mann mit rotem, struppigem Bart. Sein Schädel war wie bei allen Templern kahl geschoren. Arnold lief auf ihn zu und packte ihn am Ärmel.

«Hoppla!» Gregor musterte Arnold von oben bis unten. «Du bist wohl der Steinmetz aus Lyon, von dem der Meister gesprochen hat? Da!» Und er lud Arnold den Sattel auf, den er bis jetzt getragen hatte. Ohne ein Wort ging er ihm in die Sattelkammer voraus. «Häng ihn auf diesen Nagel!», sagte er ungerührt.

Zwei andere Servienten waren dabei, Ledergurte zu flicken. Sie lachten spottend, als sie Gregors Unverfrorenheit sahen. Da hatte er einen gefunden, mit dem er es machen konnte!

«Ich kann mich nicht weiter um dich kümmern», sagte Gregor mürrisch. «Ich habe meine dreißig Vaterunser noch nicht beisammen. Ich muss beten.»

«Wenn es dir recht ist», entgegnete Arnold, ohne mit der Wimper zu zucken, «dann helfe ich dir beten. Jeder braucht dann nur noch fünfzehn, das sind zusammen auch dreißig.»

Da brachen die Templer in ein schallendes Gelächter aus. «Hört nur!», prustete Gregor, «er will die Hälfte meiner Gebetspflicht auf sich nehmen! Was sagt denn ihr dazu?»

«Wenn das nur ginge!», riefen sie lachend, «so einen können wir brauchen! Wenn das möglich wäre, dann hätte sich wohl schon jeder von uns einen Betknecht gedungen! Hahahaha!»

Gregor schlug Arnold auf die Schulter. «Du bist ein rechter Geselle, Steinmetz, und ich freue mich darauf, mit dir ins Heilige Land zu ziehen, wie Meister Everard gesagt hat.»

«Vorausgesetzt, dass einem Steinmetz die Luft dort bekommt!», rief einer von den anderen lustig.

«Das macht mir keine Sorgen, Leute, ich bin dort nämlich aufgewachsen!», entgegnete Arnold.

Da sahen sie Arnold neugierig an.

Das gewaltige Heer

Der Kreuzzug formierte sich auf einem ebenen Feld vor der Stadt. Voraus zogen die Templer, dann folgten die französischen Barone, und in der Mitte stellten sich der König und die Königin mit ihren Gefolgen auf. Die Nachhut machten Ritter aus Flandern und Britannien. Das Volk von Paris jubelte und winkte, als der Zug sich in Bewegung setzte.

Ein endloser Schweif von Pilgern und auswandernden Familien schloss sich mit Karren und Wägelchen an. «Dieu le veut!» Arnolds Herz zersprang fast vor Freude.

Fast aus jedem Dorf und aus jeder Stadt, an der dieser Zug vorüberkam, gesellten sich weitere Kreuzzügler dazu. Langsam, langsam kroch diese Menschenraupe zuerst nach Metz, dann weiter nach Speyer und Freisingen, bis man, kurz bevor man das Königreich Ungarn betrat, auf die Spuren des deutschen Kreuzzuges traf, der schon früher aus Regensburg aufgebrochen war. Von da an wurde der Hunger groß, denn die vorausziehenden deutschen Kreuzfahrer hatten längs der Heerstraße alles kahl gefressen. Solange es Sommer war, stillte dieser schreckliche Menschenwurm seinen Durst aus Flüssen und Bächen. Sobald aber die herbstlichen Regenfälle eingesetzt hatten, waren alle Gewässer verschmutzt, und schlimme Krankheiten brachen aus. Geschwächt kamen die Kreuzfahrer auf dem Gebiet des byzantinischen Kaisers an. Der hatte dem Papst versprochen, den Kreuzfahrern in Konstantinopel Verpflegung und ein Winterlager auf griechischem Gebiet zu geben, und die Hoffnung auf beides belebte die erschöpften Menschen ein wenig.

«In Konstantinopel», sagte Arnold, während er den Regen von seinem Mantel schüttelte, «werde ich drei Tage lang schlafen.»

Gregor sah ihn düster an. «Vorausgesetzt, dass wir drei Tage lang in Konstantinopel sein werden.»

Aber Kaiser Manuel hatte es sich anders überlegt. Ohne sein Versprechen zu halten, schob er die Kreuzfahrer über die Meerenge ab und prellte sie um die Lebensmittel, die so notwendig für sie gewesen wären.

Gregor ritt nur noch schweigend neben Arnold her. Die Witze, die er am Anfang der Reise gerissen hatte, blieben ihm jetzt in der Kehle stecken.

Eines Abends, als er sich zusammengeduckt mit Arnold unter einer Zeltbahn vor dem Regen schützte, sagte er: «Ich bin gespannt, welchen Weg der König durch Kleinasien nehmen wird.» Da Arnold von keinem dieser Wege je gehört hatte, sagte Gregor: «Es gibt einen westlichen, der geht der Küste entlang. Dann kennt man den östlichen, auf dem der erste Kreuzzug vor fünfzig Jahren durch Kleinasien gezogen ist. Aber es gibt auch noch einen mittleren, der fast genau von Norden nach Süden geht und von den beiden anderen etwa gleich weit entfernt ist.»

Bald erfuhren sie, dass der mittlere Weg eingeschlagen worden war. Das Meer, das rechter Hand immer zu sehen gewesen war, rückte weiter und weiter weg; der Kreuzzug zog ins Gebirge hinauf. Kundschafter kamen am Abend ins Lager zurück und berichteten, dass der vorausziehende deutsche Kreuzzug sich geteilt hatte: König Konrad befand sich mit einem Teil der Deutschen auf dem östlichen Weg; der andere Teil unter der Führung des Bischofs von Freisingen zog die Küstenstraße entlang. Im Süden der kleinasiatischen Halbinsel sollten sich die drei Heerzüge vor der Stadt Satalia treffen.

Arnold war im Templertross und tat die Arbeiten, die zu tun waren, wenn gelagert wurde. Hin und wieder rief Meister Everard ihn mit Gregor zu sich, wenn er ihre Dienste während des Tages brauchte.

Arnold hatte die Königin nie mehr so aus der Nähe gesehen wie damals in der Kirche von St.-Denis. Nur die vielen mit einem verschnörkelten «E» gezeichneten Truhen hatte er im königlichen Tross erkannt. War in einer von ihnen wohl das scharlachrote Seidenkleid? Und der Stirnreif mit dem Smaragden? Ganz gewiss, denn die Königin musste im Orient die Anwesenheit von Franzien repräsentieren.

Eines Abends, als sich die Heerführer im Zelt des Meister Everard treffen wollten, das Arnold und Gregor in aller Eile aufgeschlagen hatten, wollte das Feuer nicht brennen. Die Äste waren regennass; sie zischten und knackten über dem kleinen irrenden Flämmchen. Arnold war soeben dabei, Polster und Felle um das Feuer zu legen, da trat die Königin ins Zelt und setzte sich an die Feuerstelle. Mit einer Handbewegung wehrte sie seinen Kniefall ab. Verlegen stocherte er mit einem Stecken in dem kümmerlichen Brand, rückte die schwelenden Scheite zurecht und blies sie hustend an. Er hätte der Königin gerne ein großes, wärmendes Feuer geschaffen. Aber aus dem qualmenden, dampfenden Holzhaufen wurde nur langsam ein wärmender Mittelpunkt. Verstohlen schaute Arnold sie an.

Die Königin war noch immer so schön wie damals, wenn er sie auch

143

anders in Erinnerung gehabt hatte. Ihre Wangen waren nun abgemagert und blass; aber ihre smaragdenen Augen waren noch viel größer geworden.

«Meine Füße sind kalt!», klagte sie. Fröstelnd zog sie sie aus den Schuhen und hielt sie ans Feuer. Arnold wandte sich ab und nahm ein Schaffell von der Zeltstange. Kniend, mit niedergeschlagenen Augen reichte er es ihr.

König Ludwig trat mit seinem Sekretär ins Zelt. Hinter ihm kam Meister Everard mit dem Templermarschall und einigen Rittern aus dem königlichen Gefolge. Ächzend setzten sich die Männer auf die Polster nieder, nachdem sie sich vor der Königin verbeugt hatten. Ihre Blicke suchten begierig den Kessel mit Würzwein, den Gregor in die Glut gestellt hatte. Es dauerte lang, bis er ihn herausziehen konnte. Dann fuhr ihnen der heiße Würzwein belebend in die Knochen, und langsam begann der König das Gespräch.

«Wir sind auf griechischem Hoheitsgebiet und brauchen heute noch keinen Überfall zu fürchten. Denn so verwegen wird Kaiser Manuel nicht sein, dass er die Türken in sein Land ließe, damit sie uns schaden.»

«Ich finde es trotzdem nicht gut, Sire, dass die deutschen Heere getrennt vorangehen», entgegnete Meister Everard. «Der Weg an der Küste entlang, den der Bischof von Freisingen gewählt hat, wird zudem sehr gefährlich sein. Von den Pyrenäen weiß ich, dass die Gebirgsbäche in dieser Jahreszeit zu reißenden Katarakten werden können. Und die Flüsse, die aus den Bergen Kleinasiens kommen, sind noch gewaltiger und führen eine Menge Schlamm mit sich.»

Während der Meister noch sprach, sah Arnold einen Reiter heransprengen. Vor dem Zelt ließ er sich vom Pferd fallen.

«Wo – ist der König?», rief er um Atem ringend. «Um Gottes willen, Sire!»

Der König war aufgesprungen. Er zog den fremden Reiter ins Zelt und drückte ihn auf ein Sitzpolster nieder. Der Mann war vollständig erschöpft. Verkrustetes Blut klebte an seinem Gesicht und bedeckte seine Rüstung.

«Trinkt, mein Freund», drängte der König und hielt ihm einen Becher vor, «und wenn Ihr getrunken habt, dann sprecht!»

In abgerissenen Sätzen überbrachte der Mann die Botschaft: «Das Heer des deutschen Kaisers – von den griechischen Bergführern in die Irre geführt!» Er stöhnte laut. «Proviant seit Tagen aufgebraucht. Kein Ausweg aus dem felsigen Bergland!

Plötzlich tauchten Sarazenen auf – immer mehr und mehr – unheimlich schnell! Sie fliegen auf ihren kleinen Pferdchen heran, schießen ihre Pfeile ab – und sind weg. Dreißigtausend von den Unsrigen haben auf den Bergen und in den Schluchten den Tod gefunden. Ihre Leichen säumen den Weg. Unter und über ihnen liegen die Kadaver der Pferde.

Sire, in Kaiser Konrads Namen fleh ich Euch an: Zieht mit Eurem Heer zur Burg von Esseron, damit sich die Reste unseres Heeres mit Euch vereinen können!»

Im Morgengrauen wurden die Zelte abgeschlagen und auf die Tragtiere gepackt. Als sei er ein Schweigemarsch, so zog der Kreuzzug nun zwei Tagereisen weit nach Osten, bis er unter der Führung des Boten die Feste Esseron erreichte.

Welch ein trauriges Zusammentreffen gab es da! Als Arnold den deutschen Kaiser zum ersten Mal im Zelt des Herrn Everard sah, dachte er, der Kaiser sei ein sehr alter, kranker Mann. Das kleine Häuflein seiner Ritter, das übrig geblieben war, glich einem Bettlerzug. Der Tross war fast vollständig verloren.

Die Herren setzten sich um ein ebenso erbärmliches Feuer, wie jenes war, zu dem vor Tagen die Königin gekommen war. Als sie sich aufgewärmt hatten, begannen sie mit der Beratung, was weiter zu tun sei. Da vom Heer des Bischofs von Freisingen, der ein Bruder des deutschen Kaisers war, noch keine schlimme Nachricht eingetroffen war, beschlossen die Heerführer gegen Meister Everards Rat, nun doch auch zur Küstenstraße hinabzuziehen.

«Gewiss kennt Ihr die Pyrenäen, lieber Meister», sagte der König mit einem nachsichtigen Lächeln, «aber wer sagt Euch denn, dass es die Flüsse in Kleinasien ebenso machen? Zieht also mit und grollt den anderen Heerführern nicht, weil Ihr von ihnen überstimmt worden seid.»

Also richtete sich am nächsten Morgen die Spitze des Zuges nach Südwesten. Und diese Richtung wurde in den nächsten Tagen beibehalten. Regenfälle und Schneegestöber hatten aber zugenommen; und die Flüsse verursachten genau jene schlammigen Überschwemmungen, die Everard des Barres vorausgesagt hatte. Als man dann auf die Küstenstraße hinabgekommen war, konnte der Kreuzzug kaum mehr vorankommen. Kein Ritter blieb auf seinem Pferd. Viele Reittiere fielen vor Erschöpfung einfach um. Die als Proviant mitgeführte Hammelherde ertrank. Kinder wurden von der Hand ihrer Eltern gerissen und von den Fluten abgetrieben, und viele Ritter wurden so krank, dass sie ihr Schwert nicht mehr halten konnten.

Eines Morgens zog Arnold wieder einmal das ihm anvertraute Packpferd mit letzter Kraft aus einem lehmigen Fluss. Am Ufer fielen beide entkräftet nieder. Als Arnold, so daliegend, auf den Fluss zurückstarrte, sah er einen Trosswagen, der von den gelben Fluten mitgerissen wurde. Der bäumte sich in einem Wasserstrudel auf und warf die Reisetruhen, die er geladen hatte, in den Strom. Nahe am Ufer trieben sie vorbei. Sie tauchten auf und tauchten unter. Und jedes Mal zeigten sie ein großes verschlungenes «E».

Wieder wurde ein nasses Zelt aufgebaut, nasse Felle wurden um ein Holzfeuer gelegt, und Männer in nassen Kleidern kamen, tranken heißen Würzwein, ohne sich dadurch erwärmen zu können, und berieten die Lage. Durch Boten wusste man, dass Kaiser Manuel seine Späher in der Nähe des Kreuzzugs hielt, die ihm über dessen Zustand genau berichteten. Am vorigen Tag hatte man einen solchen gefangen und ausgefragt. Hämisch hatte der Späher gelacht und versichert, dass Kaiser Manuel von dieser halb verhungerten und so sehr zusammengeschmolzenen Streitmacht nichts mehr für seine Besitzungen in Syrien zu fürchten habe. Nun würde er sein Versprechen gefahrlos einlösen und dem Kreuzzug die Stadt Ephesus als Winterlager anweisen. Sogar ein Übriges wollte der griechische Kaiser tun, so sagte der Späher: Er warne die Kreuzfahrer vor einem starken türkischen Heer, das weiter südlich die Uferstraße blockiere. Der kaiserliche Bote sei bereits mit dieser Kunde zu Kaiser Konrad unterwegs.

Kaiser Konrad traute Manuel nicht mehr und kehrte mit dem Rest des deutschen Heeres zum Überwintern nach Konstantinopel zurück. König Ludwig von Franzien aber setzte den Weg in starrem Ehrgeiz fort.

In den nächsten Tagen schneite und regnete es ohne Pause. Während Arnold schon abgestumpft über dem Hals seines abgemagerten Maultieres nickte, glitten Bilder an seiner Seele vorbei, die bunt und schön waren. Da war die heimatliche Küche, und im Herd knackte ein herrlich wärmendes, funkensprühendes Feuer. Die Mutter saß am Tisch und schob Philippe einen knusprigen Fladen zu. Und Philippes junge Frau kochte braunes Mus. Arnold schrak zusammen und erwachte. Er riss die Augen auf und sah um sich. Hier war alles grau: Die Bäume, die Felsen, das Meer, an dem sie entlangritten. Auch die Menschen waren grau, und der Schnee war grau. Die Pferde waren grau von Regen und Lehm, und die Lasten waren grau. Wie gut hatte es Philippe! Wüsste er, wie es hier ist, er würde den Kopf gewiss nicht länger hängen lassen.

Der versäumte Befehl

Vier Tage nach Weihnachten trafen die Kreuzfahrer auf die kläglichen Reste des zweiten deutschen Heeres, das vom Bischof von Freisingen befehligt wurde. Aber wie sahen seine Ritter aus! Verschmutzt, zerlumpt und ohne Pferde. Verwundete kauerten schreiend auf den wenigen Trosswagen, bedrängt von hohläugigen Kindern, deren Platz sie eingenommen hatten.

Sobald der König mit seinem Gefolge nahe genug herangekommen war, rief Otto von Freisingen mit vor Gram entstellter Stimme: «Haltet ein, Sire! Auf der Bergzunge, die Ihr dort vorne überqueren müsst, sitzt ein ganzes türkisches Heer, das bereit ist, Euch zu überfallen, wie es uns überfallen hat. Was von uns übrig ist, könnt Ihr zählen. Die Felsen sind vom Blut meiner Getreuen so gleichmäßig bedeckt, dass es aussieht, als habe ein Maler sie angestrichen.»

Sofort rief der König seinen Botengänger zu sich und sandte ihn zum Befehlshaber der Vorhut, Gottfried von Rançogne, mit folgender Order:

«In keines der Gebirgstäler darf am heutigen Abend eingeritten werden!»

Mit klarer Stimme wiederholte der Botengänger den Befehl: «In keines der Gebirgstäler darf am heutigen Abend eingeritten werden.» Dann nahm er sein Pferd zur Seite und sprengte nach vorn.

Arnold ritt an diesem Tag mit Gregor hinter dem Gefolge des Königs, in dem sich auch Meister Everard befand. Sie hatten den Befehl des Königs verstanden, da der Bote ihn laut genug wiederholt hatte. Deshalb wunderten sie sich, dass nach einer Stunde noch immer nicht zum Halten geblasen wurde. Ohne weiteres Aufheben löste sich Everard des Barres aus der Suite des Königs, winkte Gregor und Arnold, ihm zu folgen, und reihte sich in die Templerkohorte ein. Schweigend wechselte er mit seinem Marschall einen Blick der Verständigung.

Arnold spürte, dass diese beiden Männer sich gegenseitig ihre Gedanken mitteilen konnten, ohne zu sprechen. Die Templer ritten zwar immer schweigend; nun aber war es ein sehr schwer wiegendes Schweigen. Auch Gregor schwieg.

Gegen Abend kam die Meldung zurück, Gottfried von Rançogne habe den Befehl des Königs versäumt. Er reite bereits mit der gesamten Vorhut in einer Gebirgsfalte hoch. Wenn nun der König zurückbliebe, würde er die Vorhut verlieren! Er hatte keine Wahl, er musste ihm nach.

«Nun kannst du mir beten helfen, Kamerad!», sagte Gregor düster, «in Kürze habe ich keine Zeit mehr dazu.»

Der Menschenwurm schlängelte sich in einem Tal hinauf, das immer felsiger, enger und unwegsamer wurde. An Reiten war nicht mehr zu denken. Vorsichtig zogen die Templer ihre Pferde am Halfter hinter sich her. Ihr Gepäck behinderte sie nicht, denn keiner von ihnen hatte mehr als zwei geflochtene Ledersäcke bei sich: in dem einen steckte auf Reisen die schwere Rüstung; im anderen befand sich das Bettzeug, ein Handtuch, das Essgeschirr und eine Garnitur Unterzeug zum Wechseln.

Alle anderen Ritter und Damen und die reicheren der Pilger reisten mit Truhen und Kästen und quälten sich mit ihnen über diesen schrecklichen Weg. Links ragten die steilsten Felswände auf. Rechts klafften die schaurigsten Abgründe. Steinblöcke wurden locker, rollten donnernd in die Schlucht und rissen alles mit, was ihnen im Wege stand: Menschen, Pferde, Karren. Dort, wo sie liegen blieben, versperrten sie den einzigen Weg, so dass man die nachkommenden Pferde und Trosswagen über sie hinwegheben musste.

Von den Höhen aber betrachteten Griechen und Türken in einträchtiger Schadenfreude dieses entsetzliche Schauspiel.

Bald war es dann so weit: Die Schlucht war vollständig versperrt, und es begann zu dämmern. Diesen Augenblick wählten die Sarazenen zum Angriff. Sie wählten ihn gut, denn die Vorhut war schon jenseits des Passes angekommen, und die Nachhut steckte bewegungsunfähig in der Schlucht. Mit ihren weit tragenden Pfeilen schossen die Türken die Kreuzfahrer ab, dass sie in die Abgründe purzelten wie ein Rudel Hasen. Das Geschrei drang bis zum Himmel; aber der Himmel war taub. Die einzige Erlösung, die er brachte, war die Nacht. Zu Tode erschöpft sanken die Männer nieder, wo sie gerade standen, und fielen in Schlaf.

Drei Tage brauchte das Heer – oder was davon übrig blieb – zur Überwindung dieses Passes. Immer wurde es von türkischen Bogenschützen umlauert, die wie Aasgeier ihre sichere Beute umkreisten. Sie sahen den Grad der Erschöpfung von Mensch und Tier und konnten sich leicht ausrechnen, wann dieser Heerhaufen vollständig verloren sein würde.

Endlich erreichten die Kreuzfahrer ein größeres Plateau, auf dem sie sich sammeln konnten. Sie zählten, was von ihnen noch übrig war, und es stellte sich heraus, dass es allein den Templern gelungen war, ihre Männer, Lasten und Pferde zu retten. Sie allein waren berggewohnte Krieger und hatten die nötige Umsicht und Vorsicht, und ihre Disziplin war unerreicht.

Der König, dessen Gesicht ganz eingefallen war, trat vor das Heer, ergriff Meister Everards Hand, und indem er ihn so hielt, wandte er sich an die Ritter:

«Ihr Herren! Fast alles haben wir verloren, was wir mitgeführt haben. Die meisten unserer Ritter sind gefallen. Viele sind schwer verwundet. Die Kadaver unserer Pferde säumen zu Hunderten unseren Schmerzensweg. Viele Kameraden sind aus Angst geflohen.

Auf allen Berggipfeln lauern Griechen und Sarazenen auf unser vollständiges Ende. Dennoch schlägt unser Herz für die Sache des Heiligen Landes, und wir müssen sehen, wie wir unseren Gelübden gerecht werden.

Ich bitte deshalb vor euer aller Angesicht und Ohren den Fähigsten aus unserer Mitte, den Meister des Templerordens, Herrn Everard des Barres, mit eurer Einwilligung die Führung des Heeres in einem Augenblick zu übernehmen, in dem wir eigentlich schon verloren sind.

Wollt ihr, dass es so sei, dann antwortet mir!»

«So sei es!», klang es düster aus der Menge.

«Niemand hat ein Recht», so fuhr der König fort, «einen Templer zu etwas zu zwingen. Darum frage ich Euch, Meister Everard: Wollt ihr diese Aufgabe ohne Zwang und Nötigung auf Euch nehmen? So antwortet mir!»

«Ich will die Aufgabe, die Ihr mir anvertraut, mit der ganzen Kraft meines Herzens, meiner Vernunft und meiner Schwerthand erfüllen, so Gott mir helfe.»

«Lasst uns also geloben, fürderhin brüderlich zusammenzustehen in allen kommenden Gefahren. Lasst uns schwören – gleichgültig, von welchem Stand ein jeder von uns ist –, in keiner Kampfeslage zu fliehen, sondern in allen Dingen den Anweisungen des Herrn Everard zu gehorchen!» Er hob die Schwurhand für alle sichtbar zum Himmel empor.

Da taten die Reichen und die Armen, die Ritter und die Knappen, die Verwundeten und alle Pilger es ihm nach. Sie hoben die Schwurhand und sprachen: «Wir geloben!»

Meister Everard befahl seinem Marschall, den Kreuzzug neu zu ordnen, und jeder fügte sich seinem Befehl. Unnötiges Reisegut wurde zurückgelassen. Die Waffen wurden gleichmäßig verteilt; und in der Heeresordnung der Templer verließ der Zug das Plateau und machte sich an den Abstieg aus dem Gebirge.

Die Templer hatten die Vorhut. Ihren Abschluss bildeten die Knappen mit den Lanzenbündeln und jene mit den Ersatzpferden.

Der Templermarschall zog dem Hauptheer voraus. Hinter ihm folgte der Untermarschall mit dem schwarzweißen Templerbanner, der von zehn Mönchsrittern gedeckt wurde. Weil er mit der linken Hand das Banner halten musste und mit der rechten die Zügel, konnte er sich selbst nicht verteidigen.

Die Gruppe der Fahnenträger wurde vom Komtur beschlossen, der für den Notfall ein zweites Templerbanner um die Lanze gewickelt trug.

Der Bannerträger mit der Oriflamme führte das Hauptheer. In seiner Mitte ritten der König und die Königin mit ihrem Gefolge. Hinter dem Hauptheer kam der traurige Zug der Pilger und Verwundeten, die nur noch auf die Nachhut vertrauen konnten. Aber als sie merkten, dass auch die Nachhut von den Templern gestellt wurde, trösteten sie sich.

Die Türken hatten die Umgruppierung des Kreuzzuges gesehen. Aus Angst vor den Templern wagten sie keinen Überfall mehr. Als die Kreuzfahrer in den kommenden Tagen nur noch wenige türkische und dann nur noch griechische Späher zu sehen bekamen, fassten sie wieder Mut, und sogar Gregors Lust zum Witzereißen kehrte nach und nach zurück.

Hunger

Die Hafenstadt Satalia im Süden der kleinasiatischen Halbinsel hatte – wie jede Stadt im Vorderen Orient – viele Namen in ihrem langen Dasein gehabt. Jeder, der sie besaß, taufte sie um. Jetzt gehörte sie den Griechen.

Der Kreuzzug hatte diese Hafenstadt unter der Führung der Templer ohne weitere Zwischenfälle erreicht.

Vor den Mauern der Stadt lenkte Everard des Barres sein Pferd neben Arnolds Maultier und beugte sich zu Arnold hinüber.

«Steinmetz», sagte er mit gedämpfter Stimme, «ich werde mich in den nächsten Tagen mit dem König und seinem Gefolge nach Antiochia einschiffen, wenngleich die Frühjahrsstürme noch nicht vorüber sind. Die französischen Barone wollen nicht länger auf dem Landwege weiterziehen und drohen dem König mit Meuterei. Darum ist es nötig, dass ich mit meinen Brüdern in seiner Nähe bleibe.

Das heißt aber, dass kein Heeresteil mehr zurückbleibt, der die Pilger schützt. Darum habe ich mein Mitreisen nur unter einer Bedingung zugesagt: dass der König vom Gouverneur dieses Hafens Bewaffnete in Sold nimmt, die unseren Pilgern Schutz bis Antiochia gewähren.

Schließ du dich diesen Pilgern an; und wenn wir uns in Antiochia wieder sehen, dann gibst du mir ein genaues Bild von dem Weg, den ihr genommen habt. Ich möchte auch wissen, ob der griechische Gouverneur türkische Krieger auf seinem Gebiet duldet und ob du unterwegs griechische Reitertruppen siehst, die sich in der Nähe von Antiochia zu schaffen machen. Ich hoffe, dass die Pilger Antiochia gesund und vollzählig erreichen und bitte dafür um den Segen Gottes. – Hast du mich in allem verstanden?»

«Ich habe Euch verstanden, Herr.»

«Die Templer», begann Meister Everard noch einmal zu sprechen, «haben im Orient ein dichtes Netz von Kundschaftern. Aber in dieser Gegend, wo das Hinterland türkisch ist und nur die Hafenstriche griechisch, da haben sie keine.»

Er zog einen Beutel aus dem Sack und reichte ihn Arnold. «Tu dieses Geld niemals in dein Gepäck!», mahnte er. «Es reicht dir für einen Esel und für achtzehn Tage Proviant. Wenn du unterwegs Fleisch zu essen hast, dann sieh zu, dass du immer einen Teil davon zurückbehältst. Kauf nach Möglichkeit Trockenfleisch, aber häng es nicht an den Sattelknopf, sondern wickle es in dein Schaffell. Auch solltest du immer abseits vom Hauptlager nächtigen, wie wir Templer es tun.»

Dann ließ Meister Everard seinen besorgten Blick noch einmal über die Pilger schweifen, die sich vor der Stadtmauer von Satalia gelagert hatten. Er seufzte tief. Endlich riss er sich von diesem Bilde los und sagte zu Arnold: «Hast du ein Kochgeschirr?» Als Arnold es bejahte, sagte er: «Gott befohlen, Steinmetz!» und warf ihm einen Abschied nehmenden Blick zu. Er wandte sein Pferd und reihte sich ins Gefolge des Königs wieder ein.

Schon zogen die ersten Ritter durchs Tor von Satalia in die Hafenstadt. Auch die Königin sah Arnold unter ihnen. Zusammengekauert saß sie auf einem mageren Klepper. Der Mantel, in den sie sich gewickelt hatte, zeigte keine Farbe mehr. Er war von einer dicken Schmutzschicht überkrustet. Ein grobes Kopftuch verbarg ihr Haar. Ihre eingefallenen Wangen wurden von scharfen Furchen durchzogen. Kein Strahlen ging von ihren smaragdenen Augen aus, sondern düster blickten sie auf den König, der in seinem zerlumpten Rock einem verkommenen Hungerpriester glich.

Wo war das Leuchten ihrer Augen geblieben? Wo war ihre Schönheit, die Arnold so durchdrungen hatte? Bei strahlenden Festen war sie im Abendland von den Troubadours mit Liedern und Reimen gepriesen worden. Jetzt konnte er das kaum mehr glauben. Voll Mitleid schaute Arnold ihr nach, bis sie in der Stadt verschwunden war. Dann wandte er sich um, denn Gregor hatte ihn am Ärmel gezogen.

«Steinmetz», sagte der Freund mit belegter Stimme, «es soll mich nicht gereuen, täglich drei Vaterunser für unser Wiedersehen zu beten.»

«Mich auch nicht», antwortete Arnold traurig. Er übergab dem

Knappen des Meister Everard das Maultier, das er von den Templern geliehen bekommen hatte, und Gregor zog mit dem Tross in die Stadt, ohne noch einmal zurückzuschauen.

Nachdem der Zug der Ritter in Satalia eingezogen war, wurden die Stadttore geschlossen, und Arnold, der sich gleich einen Esel kaufen wollte, wurde barsch zurückgewiesen. Pilger, so sagte man ihm, seien in der Stadt nicht erwünscht. Wenn sie etwas zu kaufen gedächten, sollten sie gefälligst warten, bis man ihnen Händler vor die Tore hinausschicken würde.

Bestürzt kehrte Arnold um. Was man ihm am Tor gesagt hatte, gefiel ihm keineswegs. Noch weniger gefiel ihm der Ton, in dem man es gesagt hatte. Er nahm sein Bündel auf den Rücken und wanderte auf dem Weg zurück, den der Kreuzzug gekommen war, denn kurz vor der Stadt hatte Arnold ein Dorf gesehen. Vielleicht verkaufte dort irgendeiner einen Esel, der noch nicht gerade altersschwach war.

Wirklich gelang es ihm, einen brauchbaren Esel zu erstehen. Der Bauer, dem er gehört hatte, tat eine Art von Sattel, den Bauchgurt und auch das Halfter dazu. Ganz unverhofft war ihm dieses gute Geschäft gekommen. Händereibend schaute er dem Davonreitenden nach, der sich eilte, um den Aufbruch des Pilgerzuges nicht zu versäumen.

Aber da wäre keine Eile vonnöten gewesen, denn Woche um Woche warteten die Pilger auf die versprochene Söldnerkohorte, die der König von Franzien bezahlt hatte. Die erste Woche warteten sie voll Ungeduld, später wurden sie gleichgültig. Und nun glaubten sie schon fast nicht mehr daran.

Die Lebensmittel wurden von Tag zu Tag teurer. Man bekam nur das, was die Händler vor die Mauer herausbrachten. Je größer der Hunger wurde, umso größer wurde der Wucher. Wer seinen Zehrpfennig ausgegeben und seine Habe vollends verschachert hatte, der konnte sich nur noch zum Sterben hinlegen, denn das Erbarmen war ausgestorben. Am eigenen Besitz konnte jeder seine Lebensdauer abzählen. Täglich wurden die Toten mehr, und keiner hatte die Kraft, sie zu begraben. Man warf sie einfach ins Meer. Die Kinder waren zum Stehlen abgerichtet worden. Sie bestahlen nicht nur die Pilger, sondern man schickte sie auch zum Stehlen in die Stadt. Oftmals kehrten sie von ihren Raubzügen nicht mehr zurück, weil man sie dort kurzerhand erschlagen hatte.

Im Pilgerlager hatten sich zwei Gruppen gebildet. Die eine wollte nicht mehr weiterziehen. Lieber hier vor den Mauern der Hafenstadt elendiglich zugrunde gehen als neue, vielleicht noch größere Übel auf sich nehmen! Die anderen, die etwas kräftiger waren, wollten, dass der Marsch fortgesetzt würde.

Endlich ritten die angeworbenen Söldner aus dem Tor und stießen laute Kommandorufe aus. Die Pilger formierten sich hastig. Aber wie kläglich war das Häufchen, das sich da ins Glied stellte! Fast alle waren zu Fuß, denn die Pferde waren aufgezehrt, das meiste Reisegut war an die Wucherer verkauft worden. Auch Arnold hatte den Esel kaum mehr halten können, wenngleich er täglich mit ihm in die Aue getrottet war, wo er ihn an einem klaren Wasser hatte saufen lassen. Dabei hatte er selbst einen Baum mit dürren Pflaumen vom Vorjahr entdeckt, den keiner abgeerntet hatte. Denn um Nahrung zu kaufen, hätte der Inhalt seines Beutels nicht mehr gereicht. Er wollte sich ein paar Denare zurückbehalten für noch größere Not. Aber gab es eine Not, die noch größer war als diese?

Ein kräftiger Mann hatte sich neben Arnold eingereiht. Er hatte Mühe, ein mageres Mädchen von etwa acht Jahren von seinem Bein wegzureißen, an dem es sich festgekrallt hatte.

«Willst du wohl loslassen, du Balg!» Hart schlug er auf das Kind ein. «Dem Zwerg da habe ich mal einen Knochen zum Abnagen gegeben», rief er keuchend, «seither werd ich ihn nicht mehr los.» Er packte das Kind und riss es hoch, um es zu Boden zu schmettern, auf dass er endlich Ruhe vor ihm habe.

Da fiel ihm Arnold in die Arme. Ohne darüber nachzudenken, was er tat, packte er das Mädchen an seinen zerlumpten Kleidern und hob es auf den Esel.

«Bist du schon wahnsinnig vor Hunger, Kerl!», schrie der Mann. «Kapierst du nicht, dass du dir da einen Schmarotzer auflädst, der dir das Blut aussaugt! Ihre Eltern waren ebenso. Letzte Woche sind sie verreckt!»

Das Kind hatte sich auf dem Rücken des Esels zusammengeduckt. Seine Finger hatten sich in der Mähne so verkrallt, als wollten sie die Eselshaare nie mehr fahren lassen. Angstvoll schielte es auf die beiden Männer.

Der Zug setzte sich in Bewegung. Der große Mann reihte sich mit seinem Wägelchen ein. Und auch Arnold führte seinen Esel in eine Lücke.

Arnold war über sich selbst verstimmt. Missgelaunt trottete er in dem Menschenzug dahin. Warum hatte er sich dieses Kind aufgeladen? Er besaß ja selbst kaum so viel, wie er zum Überleben brauchte. Er warf einen zornigen Blick auf das Mädchen, das sich auf dem Rücken des Esels nicht rührte. Eher als ein Kind, so sagte er insgeheim zu sich, ist sie wie ein wildes Tier. Und er beschloss, sie so bald wie möglich fortzujagen. Am Abend, als am Meeresufer gelagert wurde, murmelte er: «Jetzt tu ich es!»

Dann aber nahm er den Fleischfetzen aus der hohlen Hand, mit der er ihn vor den Augen des Kindes versteckt hatte, riss einen Brocken ab und warf ihn dem Mädchen zu.

«Da!», sagte er nur. Dann kauten sie schweigend, kauten wieder und kauten noch einmal, damit das Essen länger im Munde blieb.

So ging es Tag für Tag: Schweigend wurde vorangetrottet, abends wurde gelagert; wenn etwas Essbares vorhanden war, wurde gekaut und wieder gekaut. Keinen kümmerte mehr, wie lang man bis Antiochia brauchte. Stumm und gleichgültig setzte jeder den einen Fuß vor den anderen. Wer nicht mehr weiterkam, blieb liegen. Viele starben unterwegs. Keiner drehte sich nach ihnen um. Alles war gleichgültig geworden.

Auch Arnolds Ärger über das Kind, das er sich aufgeladen hatte, hatte sich in Gleichgültigkeit verwandelt. Mit der Zeit kam es ihm auch nicht mehr so tierhaft vor. Wenn gerastet wurde, warf er ihm zu, was er entbehren konnte. Wenn genächtigt wurde, gab er ihm ein Fell. Und es kam ihm gar nicht in den Sinn, dass es ihm den Platz auf dem Esel weggenommen hatte.

Eines Abends – sie wussten nicht mehr, der Wievielte es auf dieser Wanderung war – hatte Arnold einen Schlafplatz wie immer außerhalb des Lagers gefunden. Ein Ufergebüsch zog sich dicht und hoch dahin. Eine Stunde lang hatte er den Esel weiden lassen. Dann hatte er ihn in den Büschen angebunden und ihm, wie jeden Abend, einen Stein in den Schwanz geknotet, damit er mit seinem Gebrüll niemanden stören konnte. Im Lager wurde es still. Nur der Geruch der Feuer hing noch in der Luft. Das Kind war eingeschlafen, und auch Arnold dämmerte langsam hinüber. Er schlief ein.

Wie lang er geschlafen hatte, wusste er nicht, als sich plötzlich etwas über seinen Mund legte. Erschrocken fuhr er hoch. Da kniete das Kind neben ihm und hielt die Hand auf seinen Mund gepresst.

«Pst!», machte es, ehe er seinem Zorn Luft machen konnte. Es deutete auf das Gebüsch. Arnold lauschte in die Dunkelheit. Hinter den Büschen hörte er leises Geklirr und gedämpfte Männerstimmen: Gesprächsfetzen in griechischer Sprache, die Arnold nicht verstand.

Ein wenig später verließen die Männer ihren Beratungsplatz, und die Stille der Nacht kehrte zurück. Arnold sprang auf und reckte sich.

«Du hast geschnarcht», sagte das Mädchen, ehe Arnold sie fragen konnte, was das alles zu bedeuten habe. «Es hätte gefährlich werden können», sagte es. «Es waren die griechischen Söldner.»

«Woher weißt du das?», wollte er wissen.

«Durch die Zweige habe ich ihre Umrisse vor dem Himmel gesehen. Sie haben sonderbare Dinge gesagt.»

«Sie haben griechisch gesprochen», erinnerte Arnold.

«Ich weiß.»

«Heißt das, dass du ihre Sprache verstehst?»

«Ich verstehe nicht alle Worte, aber eine ganze Menge. Meine Mutter war die Tochter eines griechischen Kauffahrers. Und im Hafen von Satalia habe ich mich mit den griechischen Kindern um die Schiffsabfälle gerauft.»

«Was haben sie also gesprochen, die Söldner?»

«Der eine sagte: ‹Es ist so weit›, und die anderen haben gekichert.»

«Das muss nichts mit uns zu tun haben», sagte Arnold unwirsch.

«Dann hat ein anderer gesagt: ‹Es ist ausgemacht, sobald wir in Cilicien sind.›»

«In der Geografie kenne ich mich hier nicht so genau aus», sagte Arnold unsicher.

«Und noch einer hat gesagt», fuhr das Mädchen unbeirrt fort, «‹man darf für die Ratten nicht zu wenig verlangen. Man muss sie nur füttern, dann werden Löwen daraus!› Zum Schluss haben sie abgestimmt.»

«Worüber denn abgestimmt?»

«Über ein Zeichen. Mehr habe ich nicht verstanden.»

«Ich kann mir überhaupt nichts zusammenreimen», sagte Arnold und schüttelte grübelnd den Kopf.

Das große Verbrechen

Am nächsten Morgen ordnete sich Arnold in der Mitte des Pilgerzuges ein. Der Tag verging wie alle Vorigen; nichts Außergewöhnliches geschah. Arnold und das Mädchen sammelten ein wenig Holz, denn an diesem Abend wollten sie das bisschen Fleisch kochen, das sie noch hatten. Die Sonne schien zum ersten Mal länger freundlich vom Himmel und tat den Pilgern so wohl, dass sie ein wenig Hoffnung fassten und ihre Schritte beschleunigten.

An der Mündung eines Gebirgsbaches wurde das Nachtlager gehalten. Ein Stückweit abseits schlug Arnold Feuer und entzündete das mitgebrachte Holz. Das Kind blies in die Flammen, und Arnold setzte den Kochtopf in die Glut. Bald fing der Sud an zu duften. Begehrlich schaute das Mädchen auf den hochsteigenden Dampf. Endlich kauten sie schweigend und andächtig das wenige, das Arnold redlich geteilt hatte.

Danach warf der Steinmetz Sand über die heiße Asche, und sie richteten sich darauf zum Schlafen ein. Die Wärme, die durch den Sand kam, lullte sie ein.

Genauso warm war es in der Küche der Steinmetze in Lyon. Philippe stand am Herd und winkte dem Bruder. Die junge Frau wiegte das Kind. Was für ein Kind? Du kennst es doch, sagte Philippe, es ist mein Söhnchen. Aber wo ist die Mutter?, wollte Arnold fragen. Da wachte er auf. Der Mond schien weiß und warf schwarze Schatten auf den Ufersand. Eine Weile schaute Arnold zum Himmel hoch, an dem die Sternbilder des Vorfrühlings leuchteten. Sie standen anders als in der Heimat. Dann sah er zum Schlafplatz des Kindes hinüber. Er war leer.

Arnold fühlte einen stechenden Schmerz in der Brust. Er wollte nicht glauben, dass das Mädchen zu anderen Leuten gegangen war, die mehr für es zum Essen hatten als er. Und doch glaubte er es. Warum sonst hätte es ihn so heimlich verlassen? Mit Bitterkeit dachte er daran, was er für dieses Kind getan hatte. Ja, so war die Welt. Was hatte er sich denn sonst gedacht? Jeder lief doch demjenigen nach, der ihm Brot zum Essen gab. Während er diesen Gedanken nachhing, raschelte es in seinem Rücken. Eilig zog er den Lederhut in den Nacken und packte die Keule. Dann drehte er sich vorsichtig um.

Durch die Büsche kroch das Kind auf ihn zu. Schweigend legte es einen Gegenstand neben Arnold: die Scheide eines türkischen Dolches!

«Wo hast du das gestohlen?», fragte er böse. Das Kind schaute ihn mit großen Augen verständnislos an.

Beschämt wandte sich Arnold ab. Mit einem Mal merkte er, wie sehr er an diesem Kinde hing. «Es könnte mein eigenes sein», dachte er flüchtig. Er sah das Mädchen an und sagte: «Verzeih, ich wollte dich nicht kränken.»

Das Mädchen nickte langsam, als müsse es erst darüber nachdenken, was er meinte. Dann sagte es: «Türken sind im Lager.»

«Was?», schrie Arnold und sprang auf.

Aber das Kind bedeutete ihm, sich nahe neben es zu setzen. «Sie haben den Söldnern kurze Seile gegeben», flüsterte es. «Sie sagen ‹Rattenschwänze› dazu, und dann lachen sie gemein.»

Arnold verstand das alles nicht. War das Kind nicht mehr bei Sinnen vor Hunger? Aber nein, am Abend hatte es doch gegessen.

«Dann haben die Türken ihnen noch die Hälfte des Geldes gegeben», beteuerte das Kind.

«Welche Hälfte von welchem Geld?», wollte Arnold wissen.

«Die andere Hälfte sollen sie morgen bekommen.»

«Wofür sollen sie das Geld denn bekommen?»

«Für die Ratten», sagte das Kind mit Sicherheit. Dann legte es sich um, rollte sich ins Fell und schlief auf der Stelle ein.

Arnold wiegte die Dolchhülle in der Hand, als könne er aus ihrem Gewicht die Wahrheit über dieses Rätsel erfahren. Schließlich warf er sie unwillig neben sich in den Sand. Wer weiß, dachte er, was dieses Kind sich zusammengereimt hatte! Er schaute mitleidig auf das kleine zusammengerollte Wesen an seiner Seite. Er gestand sich, wie froh er war, dass es hierher zurückgekehrt war. Aber wenngleich er nicht recht glaubte, was das Mädchen gesagt hatte, nahm er sich doch für den nächsten Tag vor, besonders vorsichtig zu sein.

Am folgenden Morgen zog er sehr früh mit seinem Esel durchs Lager. Die Pilger waren noch nicht zum Aufbruch bereit.

«Wo wollt ihr denn schon hin, he, ihr da!», rief einer der Söldner ihnen in einem Tone zu, als hätten sie etwas Unerlaubtes getan.

«Zum Bach!»

Arnold sah, dass kaum einer von den Pilgern am letzten Abend ein Feuer gehabt hatte. Vielleicht waren sie zu erschöpft gewesen, eines zu entzünden. Vielleicht hatten sie nun gar nichts Essbares mehr, das sie hätten in die Glut stellen können.

Am Bach weideten die gesattelten Pferde der Söldner. An ihren Sattelknöpfen hingen zusammengewundene Stricke. In den vergangenen Tagen hatten sie keine Stricke bei sich gehabt. Woher waren diese Stricke also gekommen? Hatte das Kind doch Recht gehabt? Er schaute zu ihm hin, und es nickte. «Die Rattenschwänze!», sagte es.

Während der Esel sich durch die Furt tastete, klammerte es sich wieder an seine Mähne wie damals in Satalia. Der Esel fiel jenseits der Furt sofort in seinen gewohnten Trott. Arnolds Gedanken liefen eigenmächtig, wohin sie wollten. Er war an diesem Morgen so müde, dass er fast im Gehen schlief.

Über dem steilen Berghang, der links der Straße emporragte, kam glänzend die Sonne am Himmel herauf und hatte bald so viel Kraft, dass sie lästig wurde. Das Kind bekam Durst, und sie tranken im Weiterziehen aus der Lederflasche, die sie am Morgen aus dem Bach gefüllt hatten. Vom Pilgerzug hatten sie sich weit entfernt. Es war, als habe dieser Morgen ihnen die Erinnerung an diesen Pilgerzug ausgetilgt. Die Sonne stand schon hoch, als Arnold endlich den Esel anhielt.

Zum ersten Mal schaute er sich um. Eine vorspringende Landzunge verdeckte den Pilgerzug. Aber bald musste seine Spitze die Kehre erreichen.

Tief unter ihnen lag das Meer, denn die Straße hatte sich zur halben Höhe der Hügel emporgewunden. Das Kind zeigte in die Ferne, wo ein Segler auf purpurnem Blau vorüberstrich. Dann schauten sie wieder die Straße zurück, auf der der Pilgerzug nachkommen musste. In weiter Ferne sahen sie nun viele Punkte auf die Uferstraße herunterkommen. Waren es Reiter, die aus einem Seitental herausgekommen waren? Die Uferstraße war an dieser Stelle zwischen der schroffen Landzunge und dem Meer eingeengt wie in einer Zange.

Die Punkte blieben nun auf beiden Seiten der Straße stehen, als warteten sie auf etwas. Arnold schaute gebannt. Auch das Kind rührte sich nicht.

«Die Türken», sagte es tonlos, «siehst du es nicht?»

Zwischen den Türken waren nun viele andere Punkte auf der Straße aufgetaucht: Der Pilgerzug! Arnolds Augen begannen zu brennen. Dort an der Kehre war alles zum Stillstand gekommen. Die einzelnen Punkte waren nicht mehr zu unterscheiden. So blieb es längere Zeit, und die Sonne rückte am Himmel weiter. Der Schatten des Esels lag nun schon ein Stückweit neben ihm auf dem Boden.

Endlich krochen die Punkte wie eine lange Raupe auf der Straße heran, und bald war der Pilgerzug in seinen Einzelheiten zu unterscheiden. Bunt gekleidete Reiter flankierten ihn; das waren aber nicht die Söldner, die der König zum Schutz der Pilger angeworben hatte.

Arnold riss den Esel am Strick; aber gleich hielt er ihn wieder zurück. Fortlaufen konnte er nicht, denn er hatte Meister Everard versprochen, alles zu beobachten, was mit dem Pilgerzug geschah und wo er Türken sehen würde. Er begegnete den Augen des Kindes, die forschend an seinem Gesicht gehangen hatten. Es deutete zum Berghang hinauf, der von der Straße so steil aufstieg. Es hatte seine Gedanken erraten. Arnold nickte.

Da rutschte es vom Esel und fing sofort zu klettern an. Aber niemals kam der Esel dort hinauf! Arnold begriff, dass er ihn aufgeben musste, wenn er sich dort oben in Sicherheit bringen wollte. Mit raschen Griffen schnallte er Felle und Wasserflasche vom Gurt; alles andere ließ er sein.

«In Gottes Namen!», keuchte er und verpasste dem Esel einen solchen Tritt, dass er aufbrüllend davongaloppierte. Dann kletterte auch er den Steilhang hinauf und klemmte sich in halber Höhe über der Straße hinter einen Baum.

Von bewaffneten Türken geführt, kam der Pilgerzug langsam heran. Kein Söldner war mehr zu sehen. Die Pilger hatten nun überhaupt kein Gepäck mehr bei sich: keinen Hund, der ein Wägelchen zog, keinen Esel und keine Rückensteige. Die jeweils äußeren von jeder Reihe waren mit Seilen an ihren Vorder- und Hintermann gekoppelt. Auf diese Weise waren jene, die innen gingen, wie von einem Zaun umzingelt.

Die Türken schrien unverständliche Worte und schlugen mit Peitschen auf die Erbarmungswürdigen ein. Unter die sarazenischen Wörter mischten sie französische Brocken: «Lumpenpack! Hunde! Ratten!»

Ratten? Arnold erschrak. Hatte das Kind nicht von Ratten gesprochen? «Man muss die Ratten nur füttern, dann werden Löwen daraus! Wir brauchen sie deshalb nicht billiger zu verkaufen.» Plötzlich durchschaute er das Verbrechen, das hier geschah: Die griechischen Söldner aus Satalia, die König Ludwig als Schutz der Pilger angeworben hatte, hatten den ganzen Pilgerzug in türkische Sklaverei verkauft. Wie in einer Vision sah Arnold den besorgten Blick des Templermeisters Everard des Barres vor sich, mit dem er das Pilgerheer zum Abschied umfasst hatte.

Die Bewohner von Satalia, die ja selber Christen waren, hatten diese Schurkerei wahrhaftig gut vorbereitet! Wie Blutegel hatten sie die Pilger ausgesaugt, und nun konnten sich diese armen Halbverhungerten, diese gleichgültig und mutlos gewordenen Menschen, nicht mehr wehren. Deshalb also hatte man sie wochenlang an den Mauern zurückgehalten!

Was war nun übrig von den Massen der Kreuzfahrer, die aus Frankreich und den deutschen Landen aufgebrochen waren? Wie Hohn und Spott schien Arnold die Begeisterung, die von den glühenden Worten des Abtes Bernhard ausgegangen war! Dieu le veut! Gott will es! – Wollte Gott es so?

Die Sonne stand schon weit draußen überm Meer, als Arnold wagte, sein Versteck zu verlassen und zur Straße hinabzuklettern. Das Kind folgte ihm ungerufen. Schwerfällig tappte er mit dem Bündel weiter, und das Kind kam hinter ihm her. Er sah sich nicht nach ihm um.

Dort, wo die verkauften Pilger verschwunden waren, machte die Straße eine Biegung nach links und führte entlang eines Gewässers landeinwärts weiter. Das goldene Meer entzog sich dem Blick. Weiter oben, dachte Arnold, würde man es wohl wieder sehen. Vielleicht gab es dort auch eine Brücke über diesen Fluss. Eine Brücke war ihm wie eine Verheißung, er wusste selbst nicht wieso. Er wandte sich zu dem Kind um: Vielleicht würde es sich über eine Brücke ebenso freuen.

Aber das Kind ließ sich zu Boden fallen und stieß einen so erbärmlichen Klagelaut aus, dass Arnold erschrak. Dann sank es auf die Seite, und noch ehe Arnold es erreicht hatte, war es eingeschlafen.

Ja, es schlief. Gott sei Dank schlief es nur; es war weder ohnmächtig noch tot. Arnold fühlte große Dankbarkeit in seinem Herzen. Er trug es unter einen Busch und wickelte es in ein Fell. Dann blieb er neben dem Kind im Schatten sitzen und sah vor sich hin. Er sann über alles nach, was er erlebt hatte, seit er seine Heimatstadt verlassen hatte. Es kam ihm so vor, als sei er seit hundert Jahren unterwegs. Alles Vergangene wurde in seiner Erinnerung klein und schwach: die Entbehrungen, die Lebensgefahr, die Greuel des Krieges. Nur der schleppende Zug der Gefangenen wühlte ihn auf. Aber auch der entfernte sich mit jedem Schritt von ihm in eine gänzlich unbekannte Zukunft. Nicht einmal die Vorstellung, dass er beinahe auch zu den Verkauften gehört hätte, rührte ihn mehr.

Die Sonne war im Meer verschwunden und zog eine dunkle Decke hinter sich am Himmel nach. Arnold hatte Hunger, aber zu essen war nichts da. Seufzend legte er sich hin. Im Einschlafen dachte er daran, wie er als Kind gebetet hatte. Aber was, das wusste er nicht mehr.

Die Nacht wurde sehr kalt. Das Kind wimmerte im Schlaf. Arnold wickelte das Fell fester um die elende kleine Gestalt. Dann wartete er mit offenen Augen den Morgen ab.

Sie blieben liegen, bis die Sonne über den Berg gekommen war. Wozu sollten sie aufstehen? Wenn sie daran dachten, wie klein die Wegstrecke sein würde, die sie an einem Tag würden zurücklegen können, blieben sie lieber liegen. Die Morgensonne wärmte so schön die erstarrten Glieder! Der Gedanke an den nahen Tod beunruhigte sie nicht. Da hörten sie in der Nähe einen Ton, der sie auffahren ließ.

«Der Esel!», rief das Kind und sprang auf die Füße, «hörst du ihn nicht?» Schon lief es den I-A-Rufen entgegen.

Friedlich graste der graue Freund am Ufer. Er sah aus, als habe er seit gestern nichts anderes getan als gefressen. Kleine Polster von glänzendgrünen Blättchen wuchsen so nah am Fluss, dass sie von seinem Wasser bespült wurden. Arnold schob sich auf dem Bauch liegend bis ans Wasser und pflückte sie. Das Kind machte es ihm nach. Sie setzten sich auf einen Stein und aßen die Blätter wie eine Kostbarkeit. Dann fingen sie den Esel ein.

Arnold setzte sich auf den Esel, der nur noch die Wasserflasche, die Felle und den Kochtopf zu tragen hatte, und nahm das Kind vor sich. Geduldig setzte der Esel Huf vor Huf, und das Kind schlief bald in Arnolds Armen ein. Gleichmäßig und sicher trottete das Tier dahin, und dieser immer gleiche Trott leerte die Gedanken des Reiters aus und versetzte ihn in einen Zustand zwischen Wachen und Schlaf.

Am übernächsten Tag kamen sie an einem hölzernen Pfosten vorbei, der nahe neben der Straße eingerammt war. An seinem oberen Ende war ein Templerkreuz eingeschnitten, darunter eine arabische Fünf. Arnold hielt den Esel an. Er weckte das Kind, das die letzten Tage fast nur geschlafen hatte, und sagte: «Sieh diesen Pfosten an! Er ist das schönste Geschenk, das uns der Himmel machen kann.»

Das Kind verstand ihn nicht. Aber Arnold sagte mit bebender Stimme: «Wir haben die christlichen Besitzungen im Orient erreicht.» Und nach einer Weile fügte er dazu: «Noch fünf Tage bis zum Templerhaus von Antiochia. Das sagt uns diese Säule. Die Templer haben im ganzen christlichen Orient solche Wegweiser aufgestellt.»

Das Kind antwortete nicht. Schlaff hing es in seinem Arm. Es hatte keine Kraft mehr, sich zu freuen.

Fränkische Grenzwächter kamen ihnen auf der Straße entgegen.

«Wohin?», riefen sie von weitem. «Der Templermeister von Frankreich erwartet mich in Antiochia», antwortete Arnold, als sie herangekommen waren.

«Dich?» Sie musterten ungläubig das Kind, den Esel und den Mann. «Weißt du etwas von einem Pilgerzug?», wollten sie wissen. «Wir erwarten nämlich einen.»

«Der kommt nicht mehr.» Arnolds Zunge wurde plötzlich trocken.

«Mann!», fuhr der andere den einen an, «siehst du nicht, dass die beiden am Ende sind! Frag sie nicht lange aus, sondern gib ihnen zu trinken!»

Die Grenzwächter ließen sie aus ihren Flaschen trinken und gaben ihnen gedörrte Früchte in die hohle Hand. Stockend berichtete Arnold, was er erlebt hatte. Dann brachten die Berittenen Arnold zu einer alten Frau in einem nahe gelegenen Dorf, deren Sprache er nicht verstand. Sie bedeuteten ihr, dass sie die Reisenden wohl versorgen sollte, und malten an ihren Türbalken ein Templerkreuz. Dazu machten sie mit Daumen und Zeigefinger die Bewegung des Bezahlens.

Die Alte verstand und lachte. Es war ihr recht. Mit sanften, murmelnden Lauten nahm sie das Kind vom Esel, hielt es an die Brust und hüllte es in ihr Schultertuch. Sie trug es in die Hütte und legte es auf ihren

Strohsack. Dann zeigte sie Arnold einen kleinen verfallenen Stall hinterm Haus, in den er den Esel stellen konnte, und wies ihm selbst den Heustock an. Sie kochte einen Wasserbrei, goss ein wenig Milch hinein und schob Arnold den Hafen hin. Das Kind fütterte sie mit einem hölzernen Löffel, und es meinte, sie seien im Himmel.

Die gute Stadt

Sie blieben bei der Alten, bis sie reisefähig waren. Das Kind half, die Ziege zu hüten. Arnold besserte den Stall aus, der am Verfallen war. Beim Abschied gab die Alte ihnen getrocknete Früchte, ein Säckchen Körner und einen gesalzenen Trockenfisch mit.

Vergnügt ritt Arnold davon. Nach einer Weile merkte er aber, dass das Kind still vor sich hin weinte. «Ich hätte dich bei der alten Frau lassen sollen», sagte er ein wenig bitter. Aber das Kind wischte die Tränen ab, setzte sich gerade auf und sagte: «Es geht mir gut bei dir.» Dann sprachen sie nichts mehr miteinander.

Am Nachmittag des fünften Tages kamen sie zu einem Felsenvorsprung, von dem aus sie eine weite Aussicht hatten. Ein üppiges Tal breitete sich zu ihren Füßen, das von einem silberglänzenden Fluss durchzogen wurde. An seinem Ufer lag eine Stadt mit vielen Türmen und starken Befestigungsmauern. Auch die Innenstadt war von Mauern durchzogen.

Arnold schaute und schaute. «Ich bin Steinmetz», sagte er, «darum schaue ich so lang auf diese Stadt. Ich stelle mir vor, wie man diese Türme und Mauern aufgerichtet hat. In unserer Familie sind Steinmetze und Baumeister eins.»

«Wo hast du eine Familie, Steinmetz?»

«In Lyon. – Diese Stadt heißt Antiochia. Sie ist sehr schön.»

«Bist du sicher, dass uns nichts geschieht, wenn wir in diese Stadt hineingehen?»

«Da bin ich sicher, denn seit fünfzig Jahren ist sie fest in der Hand der französischen Kreuzfahrer.»

«Ist es recht, wenn man anderen Besitzern so schöne Städte einfach wegnimmt? Spricht man da nicht von Stehlen? Als wir in Satalia stahlen, hätte man uns erschlagen, wenn man uns erwischt hätte. Und viele von uns Kindern sind wirklich erschlagen worden, das weißt du nur nicht.»

Arnold konnte nicht antworten.

Nach einer Weile sagte das Kind: «Wenn diese Stadt gut zu mir ist, dann will ich in ihr bleiben.»

Schweigend ritten sie über die große Brücke und durch das mächtige Tor. Die Straßen der Stadt waren gepflastert und wurden von schönen Palästen und Häusern gesäumt. Auf einem Platz stand ein hoher Brunnen mit einem über Steinteller fallenden Wasser.

Das Templerhaus, zu dem sie von einem Mann gewiesen wurden, war groß und wehrhaft und hatte einen weiten Hof, der von einem Bogengang umlaufen wurde. In seiner Mitte hing an einem Gestänge ein riesiger Kessel über einem Feuer, von dem ein Duft nach Fleisch und Gemüsen ausging. Bettler saßen an die Säulen der Bogengänge gelehnt.

Das Kind, das Arnold vom Esel gehoben hatte, ging stracks auf einen der Bettler zu und fragte, ob er wohl auf das Essen warte, das in dem Kessel dampfte. Der Bettler sagte: «Bleib da, bis ausgeteilt wird. Die Templer schöpfen dreimal in jeder Woche Essen in unsere Näpfe. So schreibt es ihnen ihre Regel vor.» Dann fragte er noch: «Du hast wohl keinen Napf?»

Das Kind antwortete nicht. Es sah eine Weile zu Boden, dann sagte es mehr zu sich als zu ihm: «Diese Stadt ist gut zu mir.»

Arnold fragte beim Torhüter nach Meister Everard. «Ich bin Arnold, ein Steinmetz aus Lyon. Hast du eine Nachricht für mich?»

Der Torhüter kratzte sich den Schädel: «Eine Nachricht habe ich für dich – das heißt, es sind sogar zwei. Aber der Meister, von dem du sprichst, ist nicht mehr hier. Ich soll dir sagen, dass er dich im Templerhaus von Jerusalem erwartet. Von hier aus ist er gleich zum Kriegsrat der gekrönten Häupter nach Akkon weitergereist. Vorher hat er aber eine Menge Goldstücke in den venezianischen Handelskontors für den König von Franzien zusammengesammelt, weil der ja alles verloren hat. Ein anderer als ein Templermeister hätte die Goldstücke nicht bekommen. Nur die Templer werden von den Kauffahrern als zahlungsfähige Bürgen anerkannt.»

Nach dieser langen Rede kratzte er sich wieder auf dem kahlen Schädel.

«Die zweite Nachricht», fragte Arnold schnell, «du hast von einer zweiten gesprochen, oder nicht?»

«Ja, ja, die zweite: Es grüßt dich einer, der die drei täglichen Vaterunser nicht vergisst. Kannst du damit etwas anfangen?»

«Das kann ich wohl!», rief Arnold. Dann fiel sein Blick auf das Kind, das versuchte, den Kochtopf vom Esel zu lösen. Die Templer hatten angefangen, die Armenspeise auszuteilen.

«Gehört das Kind zu dir?», fragte der Torhüter, der Arnolds Blick gefolgt war. «Es gibt hier das Kloster ‹Zur Heiligen Lanze›, da hat man noch mehr von dieser Sorte. Es wird von Klosterfrauen geführt.» Und als er Arnold aufseufzen sah, sagte er: «Geh jetzt in unser Palais, ich will ein Auge auf das Mädchen haben. Wir haben jeden Tag außer den Bettlern im Hof vier Arme am Tisch, und wenn der Meister dieses Gebietes im Hause weilt, sind es fünf. So will es unsere Regel.»

Arnold ging in den Speisesaal, der bei den Templern Palais hieß. Der Dienst tuende Bruder führte ihn zu einem langen Tisch und forderte ihn auf, sich zu setzen. Die Tafel war schon fast vollständig besetzt. Da gab es dienende Brüder, grobschlächtige Krieger und Männer, denen das Denken, Sorgen und Beten auf der Stirn geschrieben stand. Alle erhoben sich noch einmal und sprachen das Tischgebet. Dann setzten sie sich ohne Rangordnung an die Tische.

Die Speisen wurden in tönernen Schüsseln aufgetragen, von denen je eine zwischen zwei Templer auf den Tisch gestellt wurde. Diejenigen, die eine Schüssel zwischen sich hatten, begannen zu Arnolds größter Verwunderung miteinander daraus zu essen.

Der Arme, der neben Arnold saß und der nun ebenfalls mit ihm den Inhalt einer Schüssel teilte, stieß ihn in die Seite.

«Du isst wohl zum ersten Mal hier bei den Templern, dass du nicht weißt, wie es bei ihnen zugeht», raunte er. «Sieh nur, sie müssen beim Essen so sehr auf sich achten, dass die gleiche Menge, die jeder von ihnen aus der Schüssel nimmt, für einen Dritten übrig bleibt. Der Dritte ist irgendein Armer.»

Da schämte sich Arnold, dass er das Essen so gierig in sich hineingeschlungen hatte und legte den Löffel beiseite, wenngleich der andere ihn daran hindern wollte.

Nach dem Essen nahm er das Kind an der Hand, das fröhlich neben ihm herhüpfte. «Diese Stadt ist eine gute Stadt!», rief es immer wieder. «Nicht eine Stadt wie Satalia, wo man uns erschlagen wollte. Ich habe zweimal Essen in meinen Topf bekommen, Steinmetz: zweimal, ich lüge dich nicht an!» Dann standen sie vor dem Kloster zur «Heiligen Lanze», und Arnold sagte mit belegter Stimme:

«Ich trenne mich schwer von dir, aber es ist besser, du bleibst bei diesen Klosterfrauen, wo die Stadt dir doch so gut gefällt.»

Er zog die Glocke, und dann kam es zu keinem richtigen Abschied mehr, denn die Pförtnerin, die ihnen öffnete, hatte nur einen kurzen Blick auf das Kind geworfen und alles begriffen. Sie nahm es entgegen und schloss das Tor.

Arnold trottete ins Templerhaus zurück, wo er ein Nachtlager bekommen sollte. Er trauerte um das Kind, das ihm lieb geworden war. Als er dann auf dem Strohsack im Schlafsaal der Templer lag und auf das Öllämpchen starrte, das in jedem Templerschlafsaal an der Decke hing und die ganze Nacht brannte, wie die Regel es befahl, da dachte er daran, dass er ja morgen zum Ziel seiner Wünsche aufbrechen würde: nach Jerusalem! Zum ersten Mal auf dieser Reise dachte er an den Vater und an die eigene Kindheit in der Heiligen Stadt. Aber allein würde er auf seinem Esel sitzen, denn das Kind gehörte nun nicht mehr zu ihm.

Der Templer-Komtur von Antiochia hatte Arnold einen Schein ausgestellt, der ihn befugte, in den Templerhäusern der Küste zu übernachten. Er sah in Arnold einen Boten des Meister Everard und hielt sein rasches und sicheres Vorankommen für notwendig.

«Du bist nicht gezwungen», sagte er zu Arnold, «von diesem Schein Gebrauch zu machen. Ich gebe ihn dir nur für den Notfall mit.»

Arnold ritt zum Meer hinab und nahm die Küstenstraße nach Süden. Zwar war diese Strecke weiter, als wenn er über die Ausläufer des Gebirges gezogen wäre, aber dort saßen die wilden Assassinen und ließen dem christlichen Königreich nur einen schmalen Streifen Land entlang dem Meer.

Viele Reisende traf er auf dieser Straße: Krieger, Bauern, Kameltreiber, Hirten, Pilger und Gaukler. Häufig sah er Templerkohorten, die diese Handelsstraße sicherten. Wenn sie auf ihren Pferden vorbeipreschten, wichen die Karawanen zur Seite, blieben stehen, und ihr gleichmäßiges Gebimmel hörte einen Augenblick lang auf.

Meistens nächtigte Arnold im Freien, denn die Frühlingsluft war nun auch in den Nächten mild. Nur in Akkon, das er am siebten Tag nach seiner Abreise aus Antiochia erreichte, quartierte er sich in der trutzigen Templerfeste ein, die außerhalb der Stadt lag und eine eigene Befestigungsmauer hatte.

Am Morgen, als er sich mit den Schlafgenossen draußen am Brunnen wusch, riet ihm ein Templer prustend, in der kommenden Nacht doch im Templercasal von Kakoun zu übernachten.

«Ich weiß nicht, was das ist, ein ‹Casal›», entgegnete Arnold.

«Ein Casal ist ein sehr schwer und fest gebauter Turm, in dem etwa 80 Krieger leben können, wenn es sein muss. Ein Casal hat einen eigenen Brunnen. In Friedenszeiten ist er schwächer belegt, und die Templer, die in einem Casal wohnen, sind dann meistens verpflichtet, die Uferstraße zu bewachen. Sie werden in kürzeren Abständen ausgetauscht.»

Der Tag fing dunstverhangen an. Aber dann stieg die Sonne am Himmel hoch und brannte wie im Hochsommer. Das Fell des Esels tropfte, und seine Haare verklebten bald zu dicken, nassen Zotteln. In den Orten am Meer waren die Brunnen von anderen Durstigen belagert, und das arme Tier schrie misstönig und laut, ehe es die Lefzen in den Wasserkorb hängen konnte.

Am neunten Tag erreichte Arnold Jaffa und ritt in die Hafenstraße ein. Er blieb auf dem Esel sitzen und schaute lang auf den Wald von Masten hin, der im Hafen schaukelte. Nun war er hierher zurückgekommen, von wo aus er das Heilige Land als Junge verlassen hatte. Tränen stiegen in seiner Kehle auf; er musste schlucken. Damals war Philippe ein kleines Bürschlein gewesen, und Susanne hatte aufgeregt an den dünnen, blonden Zopfenden gekaut. Die königliche Flotte hatte draußen auf dem offenen Meer auf die Templer gewartet. Hatten sie nicht irgendwelche Lasten dabei gehabt? Die Kommandorufe des Comite fielen ihm ein und die unzählbaren Ruder, die sich auf den Ruf hin in die Wellen senkten. Die Küste war mehr und mehr im Dunst verschwunden, und er hatte mit Philippe geweint.

Seufzend wandte sich Arnold ab. Er verließ die Stadt, obwohl es schon später Nachmittag war, und suchte sich unweit von der Straße nach Jerusalem einen Unterschlupf in einer verlassenen Hütte. Den Esel ließ er noch eine Weile grasen; irgendwo würde der schon etwas Fressbares finden. Dann band er ihn hinter der Hütte an einer Latte fest.

In der Hütte gab es weder eine Feuerstelle noch sonst etwas. Vielleicht war sie nur ein Unterstand für die Feldarbeiter in der heißesten Zeit. Er legte sich auf den Boden, den Kopf auf das zusammengerollte Schaffell gestützt. Die Helligkeit des klaren Nachthimmels fiel durch die Ritzen im Dach und durch die Spalten an der Tür, die nicht zu schließen war. Arnold sah den Mond, der langsam an der einen Ritze vorüberzog und zur nächsten kam.

Mit einem Mal fühlte er sich in die Scheune von Châtillon zurückversetzt, wo er sich auf einem Stapel von Stangen ein Lager zurechtgemacht hatte. Warum aber, so dachte er jetzt, warum hatten in dieser Nacht Ritter in der Scheune geschlafen? – Jetzt fielen ihm wieder die Lasten ein, die in Jaffa auf die königlichen Schiffe verladen worden waren. Sie hatten ausgesehen wie Quader.

Der Mond war nun durch keine von den Ritzen mehr zu sehen, und der Raum füllte sich langsam mit Dunkelheit. So dunkel war es auch in

Châtillon gewesen. Es war Arnold fast, als würde er das Gemurmel der Ritter hören: «Die Quader!»

Arnold fuhr hoch. Was waren das für Quader? Ritter von hoher Geburt hatten damals diese Quader bewacht. So wertvoll waren sie also! Arnold strengte sein Gedächtnis an: Ganz genau wollte er das Aussehen der Quader vor sein inneres Auge heraufbeschwören. Er dachte daran, wie sie in Marseille aus dem Schiff geladen worden waren. Später hatte man sie mit Säcken bedeckt. Und dann war man mit ihnen über das Gebirge gezogen, und die Hirten hatten sich hinter dem Rücken der Templer Zeichen gemacht. Alles war sonderbar. Aber je mehr Arnold grübelte, desto weniger kam dabei heraus; und endlich übermannte ihn der Schlaf.

Am Ziel?

Bei Tagesanbruch stand Arnold auf und ließ den Esel wieder grasen. Er selber aß, was er noch in der Tasche hatte; dann schnallte er die Felle am Sattelgurt fest. Ein Blick zum Himmel zeigte ihm gleichmäßige Bläue, und sein Herz begann zu jubeln, als er daran dachte, dass er heute noch – heute noch! – in Jerusalem sein würde.

Die Straße war voller Pilger und Händler, die genauso frohen Herzens in dem Taleinschnitt nach Osten zogen. Die Pilger waren ja endlich nahe an ihrem Ziel: Sie alle hatten sich nach dem Grabe Christi gesehnt, aus dem er auferstanden war. Inbrünstig glaubten sie, dass, so wie er, einst alle Menschen auferstehen würden – und nicht nur die Menschen, sondern die Erde selbst. Mit ihm zusammen würden sie in einer besseren Welt und als bessere Menschen ewig leben. Diese bessere Welt mit ihren besseren Menschen nannten sie das «Neue Jerusalem». Dieses Heilige

Land hier, von dem aus Christus in den Himmel aufgefahren war, würde als Erstes ins Neue Jerusalem aufgenommen werden.

Auch die Händler waren froh, denn sie sahen gute Geschäfte voraus. In den Hafenstädten hatten sie Waren gekauft; im Gebirge von Jerusalem würden sie sie gewinnbringend verkaufen. Jeder rief dem anderen einen freundlichen Gruß zu; kaum einer dachte wohl daran, wie gefährlich diese Straße gewesen war, ehe die ersten Templer ihre Sicherung übernommen hatten.

Der Esel stieg zügig den Berg hinan, als winke auch ihm ein erstrebenswertes Ziel. Abseits der Straße gab es sogar einen Brunnen, und ein Händler sagte, während er sein Pferd saufen ließ, dass er früher nie ohne zwei Wassersäcke ins Gebirge gezogen sei.

Die Sonne eilte rasch dem Westen zu. Arnold sog ihr Licht, das die niedrigen Bäume, die weißlichen Steine, die grauen Gräser vergoldete, mit weit geöffneten Augen ein. Es war so schön, wie es in seiner Erinnerung immer gewesen war. Nichts hatte sich geändert. Ja, jetzt war er zurückgekehrt. Ganz blass zeigten sich die Schreckensbilder des Kreuzzuges in seiner Seele. Er beachtete sie nicht. Denn nun sah er die Stadt vor sich, die in der Abendsonne glühte.

Dann aber, als er den Esel zum Stehen gebracht hatte, hörte er eine feine Kinderstimme in sich: «Ist es recht, wenn man anderen Besitzern so schöne Städte einfach wegnimmt?» Nachdenklich ritt er aufs Damaskustor zu.

Den Weg zum Templerhaus wusste Arnold noch gut: Da war die Hauptstraße, die voll von Karren, Reitern und Lastenträgern war. Nach einer Weile konnte man sie nach links verlassen und kam in eine enge Gasse, die nach der Überquerung einer anderen breiter wurde. In dieser breiten Gasse war der Gewürzladen eines Syrers, an den er sich noch erinnerte, und dann bog Arnold nach rechts ab und kam von Norden her auf den Tempelplatz. Alles war wie einst: die prächtige Omar-Moschee, die von den Christen Felsendom genannt wurde, schimmerte blau, und ihre goldene Kuppel glühte rot. Von der Aksa-Moschee im Süden des Tempelplatzes wurde das mohammedanische Abendgebet ausgerufen; und dann sah Arnold die Mauer, die den Hof des Templerhauses abschloss und an deren rechtem Ende das Türmchen mit den Schießscharten war. Er hob den Klöppel am Tor und zögerte einen Augenblick, ehe er ihn fallen ließ. Ja, so hatte es getönt, wenn der Vater hier geklopft hatte. Dann hatte er Arnold nach Hause zurückgeschickt, und war alleine eingetreten.

Das Tor wurde geöffnet. Arnold wurde von einem freudigen Schrecken erfasst: Vor ihm stand Eustache, der stumme Freund, von dem er vor zwanzig Jahren so tränenreichen Abschied genommen hatte.

«Eustache! Kennst du mich noch?» Die Freunde lagen einander in den Armen. Jetzt war Arnold sicher, dass er heimgekommen war. Sie betrachteten einander von oben bis unten. Eustache war ein mehr als vierzigjähriger Mann, dem man ansah, dass er im Leben keine Arbeit gescheut hatte. Nur seine Augen hatten noch jenen versonnenen Blick, und jenes Lauschen war in seinem Gesicht, das vor zwanzig Jahren schon begonnen hatte.

«Ich muss zu Meister Everard des Barres.»

Eustache schüttelte den Kopf und deutete mit einem weiten Bogen seiner Hand nach Nordosten. Dann nahm er Arnold den Esel ab und brachte ihn in den Stall. Geschäftig band er ihn an und winkte den Freund zur großen eisenbeschlagenen Tür des Templerhauses.

Sie traten an den Gerätekammern vorbei in den hinteren Hof, und Eustache führte Arnold vorbei an dem Feuerbecken und dem Wassertrog in den Rittersaal der jetzt das Palais der Templer war.

Am Eingang hielt er Arnold fest, als suche er jemanden. Dann erhellte sich sein Gesicht, und er schob ihn zwischen den vielen Tempelherren durch, die im Palais versammelt waren, bis vor einen älteren Mann. Arnold erkannte in ihm den Herrn von Montbard, dessen Knappe Eustache gewesen war.

«Wen bringst du mir da?», fragte der Herr von Montbard und wandte sich an Arnold, um von ihm die Antwort zu hören.

«Ich bin Arnold, der Sohn von Peter, dem Steinmetz von Lyon.»

Erwartungsvoll hatte Eustache dem Herrn von Montbard ins Gesicht gesehen, und befriedigt nickte er, als der Herr zu Arnold sagte:

«Ich grüße deinen Vater in dir. Sein Andenken wird im Orden niemals untergehen. Gibt es einen besonderen Grund, aus dem du mich aufsuchst?»

«Der Meister Everard des Barres erwartet mich hier. Ich habe in seinem Tross den Kreuzzug mitgemacht und sollte ihm gewisse Dinge melden, die ich unterwegs erfahren habe.»

«Meister Everard ist nicht in Jerusalem», sagte der Herr von Montbard, und sein Gesicht bekam einen bitteren Zug. «Er ist mit dem Kreuzzugsheer des deutschen und des französischen Königs zur Belagerung von Damaskus ausgezogen. Auch unser König hat sich angeschlossen. Meister Everard führt unser Ordenskontingent an.» Er machte eine Pause, in der sein Blick in die Weite schweifte, und sagte dann: «Von dieser Belagerung halten wir nicht viel; aber die abendländischen Heerführer haben uns überstimmt.

Meistens kommt von den abendländischen Kreuzfahrern nichts Gutes. Sie kommen in unser Land und wollen nichts anderes, als den Ungläubigen aufs Haupt schlagen und Beute machen. Alle Friedensbemühungen, die wir Templer auf diplomatischem Wege anstreben, machen sie zunichte. Nach der Meinung der abendländischen Christen ist es nämlich verdächtig, mit Ungläubigen Verträge abzuschließen. Die Könige von Jerusalem müssen sich nach dieser Meinung leider richten, sonst erhalten sie keine Hilfe mehr aus dem Abendland. Es ist ihnen darum gerade recht, dass wir Templer es auf unsere Kappe nehmen und unsrerseits Friedensverträge mit den Muselmännern abschließen. Nur wir allein haben ja auch die militärische Macht, mit der wir die Einhaltung dieser Verträge durchsetzen können.

Siehst du: Einen solchen Friedensvertrag haben wir mit dem Atabeg von Damaskus, seit die Königin Melisende mit Damaskus gebrochen hat.» Als Arnold zu verstehen gegeben hatte, dass er die Worte des Herrn von Montbard begriffen habe, setzte dieser hinzu: «Leider haben sie den Segen des Patriarchen.»

Am Abend setzte sich Arnold zu Eustache in die Wachstube und erzählte ihm, was er erlebt hatte, seit er Jerusalem verlassen hatte. Er erzählte von seiner und Philippes Wanderschaft, von Susannes Heirat, von dem

Losen mit der Münze, und dass Philippe den Kopf so tief hatte hängen lassen. Er berichtete von der prunkvollen Feier in St.-Denis, von dem jubelnden Aufbruch des Kreuzzuges und seiner entsetzlichen Vernichtung. Auch von dem Pilgerzug sprach er, der von den falschen Griechen in die Sklaverei verkauft worden war. Er sprach auch davon, dass er dies alles dem Meister Everard hätte mitteilen sollen, der jetzt schon ganz andere Sorgen hatte.

Eustache hörte ihm mit ernsten Augen zu. Als Arnold auch von Gregor und seinen lustigen Witzen erzählte, lächelte er ein wenig. Dann gingen sie beide in die abendliche Stadt, denn Arnold hatte Eustache gebeten, mitzugehen zu jenem Haus, in dem er mit dem Vater und den anderen gewohnt hatte.

Sie fanden es auch, aber zu klopfen wagten sie nicht, weil sie nicht wussten, ob es nicht ein Muselmann von den Templern gemietet hatte. Aber einen Augenblick setzte sich Arnold auf die Schwelle, wie er es als Junge so gern getan hatte.

Als er dann wieder aufstand und sie im Dunkeln weitergehen wollten, hielt Eustache ihn am Ärmel fest.

Aus einem Torbogen hörten sie zwei Stimmen:

«Die Templer sollen die Kreuzfahrer vor Damaskus – », dann wurde die Stimme leiser, «vor Damaskus verraten haben! Wie dünkt Euch das, lieber Bruder im Herrn? Glaubt Ihr vielleicht, sie seien keine Verräter?»

«Selbstredend sind sie Verräter! Erinnert Ihr Euch nicht mehr an den Besuch des türkischen Gesandten Ousama Ibn Mounkidh de Schaizar? Er hat bei den Templern gewohnt, weil sie seine Freunde sind. Das hat mir schon damals zu denken gegeben.»

«In geheimer Mission ist er zu ihnen gekommen, was glaubt Ihr denn sonst?»

«Wisst Ihr noch, was damals in der Aksa-Moschee geschah? – Nein? – Dann will ich es Euch ins Gedächtnis zurückrufen. Ich brauche meine Stimme dabei nicht zu senken, denn was ich sage, ist wahr: Ousama ist ein frommer Muselmann, wie Ihr wisst – Gott errette ihn aus diesem Irrtum! Er verrichtete sein Gebet in der Aksa-

Moschee, die ja zum Templerhaus gehört. Zur gleichen Zeit betete dort ein Pilger, der meine Hochachtung besitzt.

Die Templer hatten ja gleich bestimmt, dass diese Moschee ein Gotteshaus für beide Religionen sei, was mir widerlich ist. Leider haben wir Priester aber keine Macht, ihnen diesen verwerflichen Missbrauch auszutreiben.

Mein Pilger ärgerte sich, dass Ousama sich beim Beten mit dem Gesicht nach Süden wandte, wo er die heilige Stadt Mekka wusste. Er packte ihn bei den Schultern, und indem er ihn nach Osten umwandte, rief er sehr richtig: ‹So wird gebetet!› Denn da Christen in dieser Moschee ihre Gottesdienste abhalten, muss sie als christliche Kirche angesehen werden. Und noch nie ist in einer christlichen Kirche anders als nach Osten gebetet worden!

Diesen Vorfall hatte einer von den Templern mit angesehen. Er warf meinen Pilger aus dem Gotteshaus. So geschah es zweimal! Denn sobald der Templer sich seinen eigenen Gebeten zugewandt hatte, war mein Pilger in seinem heiligen Eifer in die Kirche zurückgeschlüpft und hatte zu Gottes Ehre dasselbe getan.»

«Ja, das war ungeheuerlich!»

«Ich wollte Euch damit nur zeigen, dass die Templer zugunsten ihrer mohammedanischen Freunde die Christen verraten. – Übrigens heißt es, sie haben von den Damaszenern drei Fässer voll Gold für diesen Verrat verlangt. Als sie die Fässer dann erhielten, sei nur Kupfer darin gewesen.»

«Das würde mich freuen!», rief der andere aus. «Wenngleich ich mir nicht denken kann, dass sich einer von ihnen übers Ohr hauen lässt. Dafür sind diese – », und er suchte nach einem Wort, «diese Teufel viel zu gerissen. Überhaupt wäre es mir eine Freude, wenn ihr Reichtum etwas geschmälert würde! Jeder König schenkt ihnen Land; und durch die unverständliche Güte des Papstes sind sie obendrein von allen Kirchensteuern befreit!»

Dann entfernten sich die Stimmen. Die Freunde blieben noch einen Augenblick im Dunkeln stehen. Dann bat Arnold: «Lass uns heimgehen, Eustache. Ich habe keine Lust mehr, durch Jerusalem zu spazieren.»

Als sie über den Tempelplatz gingen, sagte er mit gedämpfter Stimme: «Ich wollte, Gregor wäre von Damaskus zurück. Er würde mir sagen, ob die Templer Verräter sind oder nicht.»

Die Erinnerung kommt zurück

In den nächsten Tagen half Arnold in der Schmiede mit, die sich im Hof an der äußeren Mauer befand und deren beißender Geruch bei Südwind über den ganzen Tempelplatz hinzog. Der Schmied war ein schwerfälliger Servient, der seine schwarze Templerkutte über einem Gürtel hochgezogen trug, so dass seine stämmigen Beine zu sehen waren.

Drüben im Stall standen drei Pferde, die beschlagen werden sollten, und Arnold führte sie nacheinander herbei und hielt sie fest, wenn das glühende Eisen im Wasserbecken zischte und wenn es auf die Hufe genagelt wurde.

«Jetzt bring sie weg!», befahl der Schmied und deutete mit dem Hammer zum Tor. Und als er merkte, dass Arnold ihn nicht verstand, sagte er: «Du kennst wohl unseren großen Pferdestall nicht?»

Arnold schüttelte den Kopf.

Der Schmied deutete nun mit dem Hammer zum Boden. «Die Pferdeställe da drunten, die kennst du nicht?» Als Arnold wieder verneint hatte, sagte er: «Du gehst jetzt ins Käsmachertal: Von dort aus gibt es einen großen Eingang in den unterirdischen Pferdestall. Von diesem Eingang hat lange Zeit keiner mehr etwas gewusst; aber seit vielen Jahren schon ist er freigelegt. Du kannst ihn nicht verfehlen.»

Arnold brachte die Pferde ins Käsmachertal. An dem Sockel, auf dem sich die rechteckige Fläche des Tempelplatzes befand, sah er ein hohes breites Tor, durch das Pferde hinein- und herausgeführt wurden: Schlachtrösser, Reisepferde und Packpferde. Servienten, deren Kutten genauso geschürzt waren wie die des Schmiedes, tummelten weiter unten im Käsmachertal und auf den anschließenden Hügeln die Pferde, die an diesem Tag nicht benötigt wurden. Arnold erinnerte sich genau, dass es früher in Jerusalem nicht so viele Pferde gegeben hatte. Auch das Tor war zu seiner Zeit wohl noch nicht da gewesen.

Er musste sich ausweisen, als er mit den Pferden herangekommen war.

«Ich bin Arnold, ein Steinmetz aus Lyon, und arbeite droben beim Schmied.» Dann ließ man ihn ein. Ein Servient nahm ihm die Leinen aus der Hand und murmelte die Zahlen, die ins Halfter jedes Tieres eingeprägt waren, vor sich hin.

Arnold trat in den Raum, der mit vielen Fackeln erhellt war. An jeder von den Riesenpfeilern waren mehrere von ihnen in Eisenringe gesteckt. Ein warmer Dunst schlug ihm entgegen, ein Schnauben und Kettengerassel. Servienten liefen hin und her, trugen Sättel und Lederzeug, Striegel und Wassereimer. Einige von ihnen kamen ihm bekannt vor. Vielleicht schliefen sie in dem Schlafraum, in den man auch ihn eingewiesen hatte. Es war der Schlafraum im Gefolgschaftsgebäude, das sich der Länge nach an die Aksa-Moschee anlehnte.

Zögernd ging Arnold durch diesen überwältigenden Raum; und bei jedem Schritt sah er etwas Neues: Da gab es arabische Zahlen an den Querstangen, die von Säule zu Säule liefen und in gewissen Abständen mit Eisenringen bestückt waren. Jetzt begriff Arnold, warum der Servient, der ihm die Pferde abgenommen hatte, die eingeprägten Nummern gemurmelt hatte: Jedes Pferd hatte in diesem Riesenstall seinen eignen Platz und konnte, wenn es gebraucht wurde, sofort gefunden werden. Auch an den schmalen Außenwänden waren Eisenringe in die Mauer eingelassen. Hier lagen Kamele mit untergeschlagenen Vorderbeinen und käuten wieder. In den Ecken des Gewölbes waren große Haufen von Heu und Hafer aufgeschüttet, und an den Wänden der Längsseiten zogen sich lange Reihen von Sattelzeug hin. Alles befand sich in peinlichster Ordnung. Im

Mittelgang, den man freigelassen hatte, standen Schubkarren für den Mist bereit; in jedem lag eine dreizinkige Gabel.

Arnold lehnte sich an eine Säule und sah auf dieses Treiben von Menschen und Tieren. Während seine Augen noch an dem Geschauten hingen, dachte er in seinem Herzen: Wie hatte der Vater diesen Raum gesehen? War das die unterirdische Halle aus dem Märchen, das er ihnen erzählt hatte? Er hatte von steinernen Riesen gesprochen, die ein gewaltiges Gewölbe trugen und brüllen konnten, dass es lang von den Wänden widerhallte. Und waren die Fackeln vielleicht die zischenden Feuergeister, die jeden Eintretenden verzauberten? Hatte er hier die milchweißen Geisterpferde gesehen, die sich nur von toten Rittern reiten ließen? Arnold rieb sich die Augen. Dann fand er die Treppe, die in den Hof des Templerhauses hinaufführte. Ein eisernes Fallgitter war vor ihr angebracht; seine Ketten liefen über dicke Rollen; man konnte den Stall also vom Templerhaus trennen, wenn man das wollte.

Das Bild dieser Riesenhalle mit ihren Pfeilern, Stangen, Pferden und Männern verfolgte ihn am Abend bis in den Schlaf.

Mitten in der Nacht wachte er auf. Draußen wechselten die Wachen, dann wurde es wieder still. Mit weit geöffneten Augen starrte Arnold zur Decke hinauf. Er dachte an den Vater, dessen Gebeine erst nach vier Jahren hatten bestattet werden können. Wo in diesem Haus war er verschüttet worden? War es überhaupt in diesem Haus geschehen? In der Riesenhalle gewiss nicht; ihre steinernen Riesen würden noch weitere Jahrtausende überleben!

Die Augen brannten ihm, er musste sie schließen. Er hörte die schlafenden Templer atmen. Dann war es wieder wie in Châtillon, als liege er auf dem Stangenstapel, und er hörte die leise Stimme der drei Ritter – welche waren es denn nur gewesen? Er dachte nach. Es waren die Herren St.-Omer, St.-Amand und Montdidier gewesen. Arnold horchte tief in seinem Schädel auf die Worte seiner Erinnerung:

«Morgen liefern wir die Quader im Sumpf ab. Hoffentlich kommt nicht noch zum Schluss etwas dazwischen!»

«Dann hätten wir nicht neun Jahre lang zu wühlen gebraucht wie Maulwürfe, und unser lieber Steinmetz wäre noch am Leben.»

Unser lieber Steinmetz! Arnold fuhr hoch. Das Blut dröhnte ihm in den Ohren. Also hatte der Vater etwas mit diesen Quadern zu tun gehabt! War auch er wie ein Maulwurf durch die Erde gekrochen? Durch welche Erde? Immer unfasslicher kam es ihm vor, dass man nach Quadern gegraben haben sollte. Das reimte sich ja alles nicht zusammen!

Draußen wurde ein Horn geblasen, und die Templer sprangen von ihren Nachtlagern hoch. Der Tag begann. Arnold stand auf.

Als er Eustache sah, sagte er: «Ich habe kaum geschlafen, weil ich immer an meinen Vater denken musste. Du hast ihn ins Kloster Clairvaux gebracht, als er fast gestorben wäre. Du hast ihn hier gekannt und ihn jeden Tag gesehen, wenn er zur Arbeit kam. Er hat dich immer seinen Freund genannt. Nun sag mir ehrlich, Eustache, auch wenn du es nicht mit dem Mund tun kannst: War es hier im Haus, wo er verschüttet wurde?» Forschend schaute er Eustache in die Augen.

Eustache wiegte zuerst nachdenklich den Kopf hin und her. Dann nickte er bestimmt.

«War es im salomonischen Pferdestall?»

Wieder wiegte Eustache den Kopf hin und her, ehe er nickte. In seinen Augen begann eine Unruhe, die Arnold noch nie an ihnen gesehen hatte.

«Ist dort gegraben worden?», bohrte Arnold weiter.

Eustache sah sich um und hob die Schultern.

«Eustache!», sagte Arnold eindringlich, «was weißt du von den Quadern, nach denen mein Vater mit den Rittern gegraben hat?»

Eustache war bei diesen Worten zurückgewichen und hatte Arnold voll Entsetzen angeblickt. Nein, nein! Abwehrend hob er die Hand.

«Ich weiß», sagte jetzt Arnold leise, aber sicher, «es handelt sich um ein Geheimnis.» Eustache nickte.

«Weißt du dieses Geheimnis von meinem Vater, Eustache?»

Der Stumme schüttelte den Kopf.

«Weißt du es von dem Mann, der meinen Vater geheilt hat?»

Mit großen Augen sah Eustache den Frager an. Wie kam er darauf? Langsam nickte er. Ja, von dem Mann, der deinen Vater geheilt hat.

«Ich habe es mir gedacht», sagte Arnold und seufzte tief.

«Auch ich weiß einen Teil dieses Geheimnisses, und ich kenne den Ort, wo ich den anderen Teil von ihm erfahren kann: er ist in Clairvaux oder nahe bei Clairvaux. Endlich ist die Erinnerung wieder vollständig in mir, die mich so beunruhigt hat, als sie nur bruchstückhaft war!» Bekümmert sah Eustache ihm nach, als er zur Schmiede hinüberging. Dieses Geheimnis, das wusste er, würde kein Uneingeweihter vollständig erfahren. Dazu müsste er ein Templer sein; und wenn er ein Templer wäre, dann müsste er einer von den weisesten sein.

Meister Everard und seine Ritter kehrten als Vorhut des vereinten Heeres der drei Könige von der Belagerung der Stadt Damaskus nach Jerusalem zurück. Arnold sah ihnen von der Stadtmauer aus gespannt entgegen. Mit herb geschlossenem Mund prüfte er einen Trosswagen nach dem anderen. Endlich lächelte er erleichtert: Nirgends hatte er die drei Fässer gesehen, von denen die Priester an jenem Abend gesprochen hatten.

Es dauerte noch einige Tage, bis der Meister Zeit fand, Arnold bei sich zu empfangen. Dann ließ er sich über alles genau berichten, was Arnold erlebt und gesehen hatte, und er unterbrach ihn nicht, bis er zu Ende gesprochen hatte.

«Alles, was du mir berichtet hast, Steinmetz», sagte er schließlich, «wird von den Templern im Orient und im Abendland bedacht werden müssen! Ich danke dir für diesen Bescheid.»

Da fragte Arnold den Meister nach Gregor, den er unter den zurückkommenden Templern nicht gefunden hatte. Aber Gregor hatte sein Leben vor Damaskus gelassen. Die drei Vaterunser, die er für ein gesundes Wiedersehen hatte beten wollen, hatte er vielleicht vergessen.

Der Templermeister wies Arnold seinem Marschall zu, der sich mit seiner spanischen Truppe in den nächsten Tagen ins Abendland einschiffte. Er selbst blieb im Orient zurück, denn die Wahl eines neuen Großmeisters stand bevor. Noch ehe die spanischen Templer in ihre Heimat zurückkamen, erfuhren sie, dass Everard des Barres zum neuen

Großmeister gewählt worden war. Nun unterstand ihm der gesamte Orden im Abendland wie im Morgenland; und die Templer allerorten waren froh, denn seine Fähigkeiten waren ihnen bekannt.

Arnolds Entschluss

In Marseille ging Arnold an Land und wanderte sofort durch die Stadt hindurch. Vor dem Tor schnitt er sich einen Stecken zurecht und machte sich auf den Weg nach Norden. Er konnte sicher sein, dass sich immer wieder eine Gelegenheit zum Mitfahren bieten würde. So war es auch. Am übernächsten Abend kam er in Lyon an; ein Lastkahn, der leer rhôneaufwärts getreidelt worden war, hatte ihn mitgenommen.

Als er nun vom Kai aus hinaufsah in die Stadt, in der er geboren war, klopfte ihm das Herz: Dort war der Giebel des Steinmetzhauses! Dort musste seine Werkstatt sein! Dort war Philippe, der die Werkstatt betrieb. Dort war die Mutter, die weißhaarig und kopfnickend neben dem Herd saß und auf ihn wartete.

Als er aber in die Küche trat, sah er, dass der Stuhl der Mutter leer war.

Philippes junge Frau begrüßte ihn wie einen Fremden.

«Der Steinmetz wird gleich da sein.» Sie hatte Arnold nicht erkannt. Arnold setzte sich auf die Bank, die abseits von der Feuerstelle an der Wand stand, und sah einem kleinen Jungen zu, der sich auf dem Boden mit einer Katze balgte.

«Es ist Roland, unser Sohn», sagte die Frau schüchtern. Dann fragte sie, ob sie dem Fremden etwas zu essen anbieten dürfe. Dabei sah sie ihn zum ersten Mal richtig an und merkte, dass es Arnold war.

«Mein Gott, Schwager!», rief sie aus, «wie hast du dich verändert!» Sie lief zur Tür und über den Hof und immer «Philippe» rufend bis auf die Straße.

Das Bübchen hatte zu weinen begonnen, als die Mutter die Küche so plötzlich verlassen hatte. Nur schwer ließ es sich von Arnold trösten. Endlich saß es beruhigt auf seinem Knie und rüttelte an dem Wanderstecken, den Arnold ihm hingehalten hatte.

Wie schön, dachte er, ist es, ein Kind auf den Knien zu haben. Er betrachtete den Jungen genau. In seinem braunen Haar war eine helle Strähne. Er glich wohl mehr seiner Mutter als den Steinmetzen von Lyon. Als er aber zu lachen anfing, da erinnerte er Arnold an die eigene Schwester, an die «kleine orientalische Prinzessin», die längst schon einen solchen Jungen hatte. Hieß der nicht Jan?

Die Tür flog auf. Die Brüder umarmten einander herzlich, und immer wieder klopfte der eine dem anderen glücklich auf den Rücken. Das war ein schönes Wiedersehen! Philippe sagte: «Wenn ich geahnt hätte, wie es dir auf dieser Kreuzfahrt ergehen würde, hätte ich den Kopf nicht so tief hängen lassen, weil ich zu Hause bleiben musste!»

Abends, als Mutter und Kind schon schlafen gegangen waren, saßen die Brüder an dem großen eichenen Tisch beisammen und erzählten einander, was inzwischen geschehen war. Hier und da schob Philippe ein Scheit ins Herdfeuer und goss heißen Wein in die Becher.

«Bist du dem Geheimnis auf die Spur gekommen, das du ergründen wolltest, Bruder?», fragte er, während er ihm von der Seite einen Blick zuwarf.

«Ich bin ihm auf der Spur», sagte Arnold zögernd. «Aber das Geheimnis vom Tod unseres Vaters ist so eng mit dem Geheimnis des Templerordens verknüpft, welches ich noch nicht kenne, dass ich dir nur so viel sagen kann: Er wurde verschüttet, als er nach diesem Geheimnis grub.»

Arnold schwieg. Aber in seiner Erinnerung sah er die Quader, die von den Rittern in einer dunklen Nacht in den Sumpf gebracht worden waren. Als er Philippes forschenden Blick auf sich fühlte, sagte er: «Ich möchte Templer werden.» Dann sprachen die Brüder lange Zeit nichts.

«Es war zwischen uns ausgemacht», fuhr Arnold endlich fort, dass ich dich nach meiner Rückkunft aus dem Orient ebenfalls ins Heilige Land fahren lasse. Möchtest du, dass diese Abmachung eingehalten wird?» Während er gesprochen hatte, hatte er seinen Blick in den Becher gesenkt.

Philippe seufzte tief, und Arnold wartete, ohne sich zu bewegen.

«Ich», begann der Jüngere mit belegter Stimme, dann schwieg er aber wieder. Endlich raffte er sich auf und sagte: «Ich bleibe hier.»

Schon am nächsten Morgen meldete sich Arnold im Templerhaus von Lyon. Er reichte dem Komtur den bräunlichen Rest eines Papieres, auf dem fast nichts mehr zu erkennen war. Es war der Brief, den der Herr von Payens ihm vor zweiundzwanzig Jahren gegeben hatte. Arnold hatte ihn in allen Gefahren des Kreuzzuges auf seiner Brust getragen. Kaum war das Siegel noch zu entziffern. Aber als der Komtur es mit Arnolds Hilfe erkannt hatte, da hieß er den Steinmetz im Orden willkommen und schickte ihn gleich zusammen mit anderen jungen Männern hinauf ins Gebirge, wo die Templer ein Haus in der Einsamkeit hatten. Hier wurden die Ordenszöglinge in der eisernen Disziplin geschult, auf der alle Erfolge des Ordens beruhten.

In dieser Zeit des Lernens traten die Gedanken an das Geheimnis der Quader in Arnolds Seele zurück. Er ahnte mehr und mehr, dass er erst reif werden müsse, damit er es begreifen konnte. Je höher ein Geheimnis war, umso höher musste der Grad dieser Reife sein.

Die Mönche von Clairvaux trugen die neueste Kunde aus dem Orient in ihr Kalendarium ein:

ENDE DER REGENTSCHAFT DER KÖNIGSMUTTER MELISENDE IN JERUSALEM.
HERRSCHAFT BALDOUIN III.
KRIEG ZWISCHEN BALDOUIN III. UND SEINER MUTTER. IM JAHR DES HERRN 1152.

Ein Bote aus dem Orient hatte diese Nachricht dem Großmeister Everard des Barres überbracht, der sein Amt vor zwei Jahren niedergelegt hatte, um sein Leben in Clairvaux zu beenden. Solange sein vom Kriegshandwerk geschundener Leib noch leben würde, wollte er in der Nähe des Abtes von Clairvaux sein und in seiner Liebe sterben. So geschah es dann auch. Aber auch der Abt war dem Tode nahe. Er konnte sein Lager nicht mehr aus eigener Kraft verlassen; die Mönche mussten ihn zu den Stundengebeten tragen. Nachts lag er fast immer wach und wälzte sich stöhnend auf dem Stroh. Gedanken und Erinnerungen, die vom Tageslicht verscheucht wurden, quälten ihn in der Dunkelheit, und die Bilder des verlorenen Kreuzzuges erschreckten ihn. Wie viel heldenmütiger Einsatz war geleistet worden, um den Boden des Heiligen Landes zu sichern, damit auf ihm einst das Neue Jerusalem, die Verklärung der irdischen Natur geschehen konnte! Voll Bitterkeit fragte er sich, ob das heutige Jerusalem eines Tages wirklich der Mittelpunkt einer besseren Welt sein würde?

Dieses Jerusalem war schwach; seine Herren waren zerstritten. Bernhard kehrte sein Gesicht dem Fensterchen zu, wo der Morgen dämmerte. Der Kranke fühlte sich sehr verlassen. Er sehnte den Herrn von Montbard herbei, seinen Mutterbruder. Sobald es hell war, ließ er den Schreiber zu sich rufen. Er diktierte ihm: «An den Herrn Andreas von Montbard, den Seneschall des Templerordens von Jerusalem!

Die Briefe, die Ihr mir geschrieben habt, haben mich im Bett liegend angetroffen. Ich habe sie mit sehnsüchtigen Händen entgegengenommen. Ich habe sie gelesen und begierig wieder gelesen. Noch viel glühender wünsche ich mir aber, Euch selbst zu sehen!

Auch Ihr wollt mich sehen und wartet nur darauf, dass ich bestimme, wann Ihr es tun sollt. – Nun, ich schwanke, weil ich weiß, wie nötig das Heilige Land Euch braucht. Daran wage ich Euch zu erinnern, so sehr ich Euch vor meinem Tod noch zu sehen begehre. Dies wenige kann ich Euch aber sagen: Falls Ihr kommen wollt, so zögert nicht, sonst werdet Ihr mich nicht mehr auf dieser Erde antreffen. Ich bin krank.

Wird mir der göttliche Wille Euren Anblick noch einmal gewähren? Ich komme mehr und mehr von Kräften und muss die Welt vielleicht verlassen, ehe ich Euch wieder gesehen habe.»

Der Brief an den Herrn von Montbard war noch nicht abgeschickt, als ein Templerbote aus dem Orient kam; aber die Mönche von Clairvaux ließen ihn nicht zu Abt Bernhard vor.

«Das christliche Heer», so berichtete er, «hat einen Sturm auf Askalon unternommen. Der Sturm ist missglückt. Unsere Brüder hatten die Vorhut. Sie stürmten die Stadt so begeistert, dass ihnen der Hauptteil des Heeres nicht folgen konnte. So wurden sie abgeschnitten und überwältigt.

Zur Warnung für die christlichen Angreifer haben die Ägypter von Askalon vierzig Templer außen an den Zinnen aufgehängt. Unter ihnen auch den Nachfolger von Everard des Barres, den Großmeister Bernard de Temelay.»

Die Mönche weinten. Weinend händigten sie dem Boten den Brief des Abtes an den Herrn von Montbard aus, an den Templerseneschall von Jerusalem.

Am 20. August 1153 starb Abt Bernhard von Clairvaux, ohne seinen Onkel noch einmal wieder gesehen zu haben. Andreas von Montbard war der neue Großmeister geworden. Das Heilige Land hatte ihn nicht freigegeben.

Einen Tag vor dem Ableben des Abtes war die ägyptische Hafenfeste Askalon endlich in die Hand der Christen gefallen. Der junge König hatte sie erobert. Nun besaß Ägypten kein vorgeschobenes Bollwerk mehr in Syrien, denn die Burg Gaza war schon vor mehr als einem Jahr in die Hände der Templer übergegangen.

*Jerusalem
ist
verloren!*

Nahe beim Templerschatz

Die Burg der Eisernen Wächter lag wohlverborgen in ihrem Baumversteck, wo der Graf von Champagne sie vor mehr als fünfzig Jahren hatte errichten lassen. Mit großer Umsicht hatte dieser Graf den Ort ausgesucht, an dem seither der geheime Templerschatz gehütet wurde: Der Sumpf mit seinen natürlichen und künstlichen Wasserlöchern schützte die Burg ebenso wie das undurchdringliche Buchengestrüpp, das ein Eindringen zwischen den Tümpeln verwehrte. Kein Unerwünschter konnte auf der einzigen Zufahrt die Insel erreichen: Der Mechanismus zum Überfluten hätte Mann und Ross in das glucksende, schäumende Moorwasser versenkt.

Die Zugbrücke senkte sich knarrend, und ein Trupp von Reitern verließ die Burg. Rasch erreichten die Männer den Rand der Insel und sprengten auf den Damm, von dem das Wasser soeben gewichen war. Ihre Mäntel flatterten und blähten sich im eisigen Morgenwind. Noch ehe der Letzte den Sprung aufs Trockene gemacht hatte, stieg das Wasser wieder an, und der Weg versank unter seinem brackigen Spiegel.

Es waren Templer, und Arnold, der Sohn von Peter, dem Steinmetz aus Lyon, führte sie an. Vor fünfundzwanzig Jahren war er in den Ritterorden eingetreten und hatte bald den Rang eines Prudhomme erreicht, eines fachkundigen Verantwortungsträgers für den Festungsbau. Sein Urteil war im Orden gefragt.

Die Männer sprachen im Weiterreiten nicht miteinander. Aber jeder sah sich noch ein- oder zweimal um. Dann ließen sie das Sumpfgebiet endgültig hinter sich.

Als Arnold aus dem Orient zurückgekommen war, hatte er nichts anderes heißer gewünscht, als das Templergeheimnis zu ergründen, mit dem das Schicksal seines Vaters so eng verbunden war. Weil er geahnt hatte, dass man es nur würde erfassen können, wenn man dazu reif war, hatte er versucht, seiner immer würdiger zu werden.

Aber je verständiger Arnold geworden war, um so mehr verschwand der Wunsch, dieses Geheimnis zu erfahren. Endlich hatte er aber begriffen, dass er niemals einer jener Weisen werden konnte, die das Geheimnis des Ordens entschlüsselten. Seine Fähigkeiten lagen ausschließlich auf dem Gebiet der Steinmetzkunst und der Kunst der Baumeister, wie es bei allen seinen Vorfahren gewesen war.

Aber gerade da schickte der Templermeister von Lyon ihn in die Burg der Eisernen Wächter, als habe er nur auf diesen Augenblick der Selbsterkenntnis gewartet.

Arnold hatte seither mit seinem Arbeitstrupp die Umfassungsmauern der versteckten Burg verstärkt und den Unterbau jenes Dammes gegen das eindringende Moorwasser gesichert, von dem dieser stellenweise unterspült worden war. Noch näher hätte er dem Templerschatz nirgends mehr sein können! Aber sein Herz war ruhig und wunschlos geblieben, und er hatte ohne Bitterkeit auf die Weisen geschaut, die auserwählt waren, mit dem großen Geheimnis umzugehen zum Heil der Welt.

Hie und da ritt einer von ihnen fort, blieb einige Nächte aus und kehrte unvermutet wieder zurück. Auch Arnold war eines Tages so weggeritten und so wie sie zur Burg zurückgekehrt. Zuvor aber hatten ihn diese Weisen zu sich in den Großen Saal gerufen, in dem es den gewaltigen runden Tisch gab, der selten enthüllt wurde.

«Prudhomme», hatten sie begonnen, «Ihr wisst, dass es unser Anliegen ist, die Welt so zu läutern, dass Christus sie am Tag seiner Wiederkunft ins Neue Jerusalem aufnehmen kann. Zur Welt gehört die Natur, die um uns ist. Zu ihr gehört unser Herz und auch das Denken, das in uns ist, und eines hängt vom anderen ab.

Bis jetzt habt ihr Bauleute Kirchen gebaut, die aussahen wie Gräber, so dunkel und schwer. Ebenso dunkel und schwer waren aber die Gedanken der Menschen. Nun wollen wir die Schwere des Steines aufheben; ihr sollt die Kirchen hoch und leuchtend machen, damit auch die Gedanken der Menschen hoch und leuchtend werden: Auferstehungsgedanken!

Darum wollen wir, dass Ihr eine Bauschule gründet, in der die neue Art zu bauen gelehrt werden soll. Ihr sollt den Baumeistern den Sinn und das Ziel des hohen Baues erklären und sie in dieser Arbeit unterrichten.»

«Man wird die Außenwände stützen müssen, dass sie von einem so hohen Gewölbe nicht auseinandergedrückt werden. Die Gewölbefelder wird man mit kreuzweise laufenden Bändern versteifen müssen», sagte Arnold.

«Das Geheimnis der hohen Gewölbe, Prudhomme, ist der Gipfelstein. Ihr könnt ihn auch Schlussstein nennen, weil er den Scheitel des Gewölbes abschließt. Er hält das Bauwerk von oben zusammen, wie Gott die Welt zusammenhält.»

Arnold hatte daraufhin die Bauleute unterwiesen; und sie hatten ihn verstanden. Als er nun mit seinen Servienten nach Süden ritt, fragte er sich, ob er nicht damals einen Teil jenes großen Geheimnisses, auf das er einst so begierig gewesen war, zu den Bauleuten getragen hatte. Gewiss hatten es die Weisen, die von der Burg der eisernen Ritter ausgegangen waren, auf anderen Lebensgebieten ebenso gemacht. Ein Hochgefühl durchströmte ihn, als ihm klar wurde, dass er in der Reihe derer stand, die von der Sumpfinsel aus der Menschheit und der Erde dienten.

Diese Gedanken beschäftigten ihn auf dem ganzen Weg nach Süden, bis er merkte, dass er mit seinem Trupp in jenen Wald eingeritten war, in dem der Vater einst von den Räubern überfallen worden war. Ein elfjähriger Junge war Arnold gewesen, als er zum ersten Mal den Abt gesehen hatte, den Wundertäter, der den Vater vom Tod errettet hatte. Aber da war der Vater schon nicht mehr am Leben gewesen; seine Gebeine hatte man im Orient bestattet.

Dann verblassten die Gedanken an die Vergangenheit allmählich; und je länger sie ritten und je näher Arnold seiner Heimatstadt Lyon kam, in der er nicht nur geboren, sondern auch Templer geworden war, fragte er sich, wie seine Zukunft wohl aussehen mochte: Was hatte der Orden als Nächstes mit ihm vor?

Roland mit dem braunen Mantel

Als sie von Chalons aus auf einem Flussschiff die Saône hinabglitten, sann er vor sich hin: Würde der Orden ihn im Abendland verwenden oder in den Orient schicken? Er spürte, wie sein Herz bei dem Gedanken an den Orient ein wenig schneller schlug. Wie würde es im Orient aussehen nach fünfundzwanzig Jahren? Abwägend stand er an den Masten gelehnt.

Damals, als er mit den Templern des Meister Everard den Orient verlassen hatte, hatte der junge Baldouin III. noch unter der Regentschaft seiner Mutter gestanden. Ja, lang war das her! Arnold fuhr sich unwillkürlich durch sein graues Haar. Zwei Königstode hatte das fränkische Königreich Jerusalem seither erlebt: Baldouin III. war mit dreiunddreißig Jahren gestorben; und im vergangenen Juli war sein Nachfolger, Amalrich I., einer Krankheit erlegen. Unter seiner Herrschaft hatte sich die politische Lage des Königreichs auf unvorhergesehene Weise verschlechtert, denn es war den Griechen gelungen, die Macht in Kleinasien an sich zu reißen, und das fränkische Syrien musste ihnen huldigen. Nein, es wäre wohl ein anderes Jerusalem, das Arnold zu sehen bekäme, wenn ihn der Orden jetzt übers Meer schicken würde!

Allerdings, so grübelte er weiter, hatte König Amalrich I. Ägypten zu einem fränkischen Protektorat gemacht; aber Kairo hatte seinem Zugriff widerstanden.

Saôneabwärts war nun in der Ferne die Stadt zu sehen, und Arnold löste sich vom Mast. Der Mann am Ruderkasten deutete nach Osten, wo man an den Bergeinschnitten das Herankommen der Rhône erkennen konnte.

«Dort drüben», sagte er zu Arnold gewandt, «wo die Rhône ihr Knie macht, gibt es den Schwanensee, Meister – Ihr erinnert Euch doch an ihn?» Als Arnold genickt hatte, sagte er: «Dort bauen die Templer auf der Insel eine feste Burg, weil ihnen das Stadthaus in Lyon zu klein geworden ist.»

Jetzt war die Stadt schon nah und faltete sich vor den Blicken der Reisenden auf. Arnolds Augen suchten den Giebel des Steinmetzhauses, wie es auch Peter einst getan hatte. Aber jetzt bewegte sich hinter dem kleinen Fenster keine winkende Hand. Niemand erwartete ihn. Philippe war vor Jahren kurz nach seiner Frau gestorben; und der kleine Roland, den Arnold immer noch so sah, wie er damals gewesen war, als er an seinem Wanderstecken gerüttelt hatte, hatte mit zweiundzwanzig Jahren die Werkstatt mit seinem Vetter Jan zusammen übernommen. Jans Frau versorgte den Haushalt seither. Arnold hatte es von jenen Bauleuten erfahren, die er von der Burg der Eisernen Wächter aus beraten hatte. Noch einmal sah er zu dem vertrauten Giebel hoch und sagte bei sich: Morgen, sobald ich freikommen kann, werde ich sie besuchen. Er band sein Pferd vom Balken; der Kahn legte an, und die Reisenden gingen an Land. Arnold führte die Männer zum Stadthaus der Templer hinauf.

Aber erst zwei Wochen später war es ihm möglich, die Steinmetze von Lyon aufzusuchen. Nach Feierabend trat er in die Küche. Zwei Männer waren eben dabei, dem großen eichenen Tisch ein neues Untergestell anzufügen, wobei sie von drei kleinen Buben neugierig beobachtet wurden. Der größte von ihnen konnte nicht älter als acht Jahre sein. Am Herd hantierte eine junge Frau, die sich aber nicht nach ihm umwandte. Keiner von ihnen hatte Arnolds Eintreten bemerkt.

Arnold sah seine Neffen neugierig an. Das war Jan der ältere: Glich er ein wenig der «orientalischen Prinzessin»? Kaum. Er war ein breiter blonder Mann mit einer etwas zu langen hängenden Nase. Arnold errechnete, dass Jan nun dreiunddreißig Jahre alt war. Der andere war Roland, der Sohn von Philippe. Er war es also, den Arnold sich immer noch als das kleine Bürschlein vorgestellt hatte, das an seinem Stecken riss! Wie schnell war die Zeit vergangen! Jetzt war Roland ein großer ruhiger Mann von achtundzwanzig Jahren; seine Bewegungen waren sicher. Aber immer noch hatte er in seinem dichten braunen Haar eine helle, fast weiße Strähne. Arnold erinnerte sich auch an sie.

Die Kinder bemerkten Arnold und deuteten schüchtern auf ihn. Dann war es Roland, der den Onkel erkannte und ihn freudig beim Namen rief.

An diesen Abend in der warmen Küche des Steinmetzhauses dachte Arnold, als er nun im kalten Frühlingswind des Jahres 1175 an der Reling eines Templerschiffes stand, das Kurs auf Jaffa nahm. Sorgenvoll prüfend sah er Roland, seinen Neffen an, der im braunen Mantel der Verbrüderten neben ihm war und den Anblick der syrischen Küste kaum erwarten konnte.

Ja, Roland hatte sich in Lyon dem Orden für ein Jahr zur Verfügung gestellt und trug seither den Templermantel in Braun. Welche Gefahren warteten auf ihn? Würde er heil und gesund nach diesem einen Jahr ins Abendland zurückgelangen? Arnold hatte für sich selbst keine Angst. Was lag denn an ihm? Jetzt war er 58 Jahre alt, ein Alter, das die Templer des Orients niemals erreichten. Viel früher tränkten sie meistens den Boden des Heiligen Landes mit ihrem christlichen Blut und bereiteten ihn damit zur Auferstehung vor.

Elf Tage dauerte die Meerfahrt nur noch, denn da die Templer den Piraten das Handwerk gelegt hatten, brauchten die Schiffe nicht mehr in der Sicherheit der Küsten in den Orient zu fahren. Sie nahmen den geraden und kürzesten Weg übers Wasser. Als der elfte Tag sich neigte, rief Roland laut: «Jetzt! Jetzt sehe ich sie!» Und er meinte die Küste des Heiligen Landes, die sich mehr und mehr aus dem Dunst emporhob.

Arnolds Herz wurde weit. Er hatte nicht gedacht, dass ihn der Anblick des Heiligen Landes aufs Neue so tief berühren würde. Ja, hier anzukommen, war ein übergroßes Glück! Wenn Philippe es nur ein einziges Mal erlebt hätte! Arnold fand hier alles schön: Die von der Abendsonne beschienene Hafenmauer, die vielen Turbanträger, die Kamele mit ihrem Gebimmel, das Gewimmel auf der Hafenstraße, die orientalischen Gerüche, die Frauen mit den Flachkörben auf dem Kopf, sogar den Staub fand er schön und die gelblichen Steinbrocken, die den Boden bedeckten.

Als sie dann aus der Stadt hinausritten und die Gärten durchquerten, überwogte sie der Duft von Blüten und reifenden Früchten, und Arnold sagte glücklich: «Das ist der Orient!» Am nächsten Morgen schon zogen sie durchs Damaskustor in die Stadt, denn nun konnte man getrost auch in der Nacht die Pilgerstraße heraufreiten, sie war von allem Raubgesindel befreit.

Eine heftig erregte Volksmenge füllte die engen Straßen von Jerusalem, und Roland, der zum ersten Mal in ein solches orientalisches Getriebe geraten war, warf seinem Onkel einen fragenden Blick zu.

«Was ist los?», schrie Arnold vom Pferd aus in die Menge, «was hat euch so aufgebracht?»

Ein Alter blieb neben ihm, hielt das Halfter von Arnolds Maultier fest und rief: «Kommt herüber in die Toreinfahrt. Da kläre ich euch auf.» Die Reiter saßen ab und folgten dem Mann. Roland verstand seine Sprache schlecht, als er zu berichten begann. Aber Arnold hatte sich rasch wieder in sie eingehört.

«Unser König Baldouin der Vierte ist ja vor anderthalb Jahren mit noch nicht dreizehn auf den Thron gelangt. Die Barone des Landes haben ihm den Grafen von Tripolis zum Vormund gewählt, bis er selbst regieren kann. Vielleicht wird das aber niemals möglich sein.»

Arnold kannte sich in der Geschichte des Königreichs Jerusalem aus. Denn wenn er auch lange im Abendland gewesen war, so hatte er doch immer ein Ohr bei den Nachrichten aus dem Orient gehabt. Er wusste, dass der junge König krank war.

«Damals», fuhr der Alte fort, «war ein flandrischer Ritter im Orient erschienen, der sich Gerard de Ridefort nennt. Der Ruhm großer Heldentaten ging ihm voraus. Darum berief der Graf von Tripolis ihn an den Hof und machte ihn zum Marschall von Jerusalem. Er versprach ihm die Erbin eines Adelssitzes zur Frau. Es ist nämlich bei uns nicht anders als im Abendland: Ein Herrscher hat die Pflicht, seine Vasallen so ehrenvoll wie möglich zu verheiraten.

Als dann ein reicher Graf starb und die Grafschaft an seine Tochter fiel, gab der Vormund des jungen Königs sie aber nicht dem Marschall zur Frau, sondern einem reichen Ritter aus Pisa, der ihm das Gewicht des Fräuleins mit Gold aufwog.»

«Das ist doch nicht möglich!», rief Roland aus.

«Der Marschall Gerard de Ridefort fühlte sich dadurch in seiner Ehre so tief verletzt», fuhr der Alte fort, ohne auf Rolands Einwurf zu achten, «dass er an einem schweren Nervenfieber erkrankte. Die Templer haben ihn gesund gepflegt. – Du bist ja auch einer, wie ich sehe. Heute ist nun der Marschall in Euren Orden eingetreten und hat die drei Mönchsgelübde abgelegt.»

«Und das ist der Grund», fragte Arnold ungläubig, «dass ihr so aufgeregt seid?»

Der Alte schüttelte den Kopf. Man sah es ihm an, wie diebisch er sich freute, dass er die Hauptsache noch im Hinterhalt hatte:

«Der Marschall hat nicht nur drei Gelübde abgelegt», sagte er schließlich und rieb sich die Hände, «sondern ein viertes dazu: Er hat dem Grafen von Tripolis Rache geschworen bis ans Ende seines Lebens.»

Arnold sah den Mann so finster an, dass Roland fürchtete, er würde ihn schlagen. Aber der Onkel befahl dem Neffen nur mit weißen Lippen, diesem Schwätzer einen Kupferpfennig in die Krallen zu werfen. Dann bahnten sie sich mit ihren Pferden den Weg zum Templerhaus.

Arnold hob den Klöppel und ließ ihn zögernd fallen. Klang es noch so, wie es in der Kindheit geklungen hatte? Mit schief gelegtem Kopf horchte er dem Klopfen nach. Das kleine Tor wurde geöffnet, und er traute seinen Augen nicht: Eustache stand vor ihm, ein hagerer siebzigjähriger Mann mit lauschendem Gesicht. Und, ohne dass einer von ihnen gesprochen hätte, lagen die beiden grauhaarigen Männer einander in den Armen. Sie besahen sich gegenseitig, lachten ein wenig verlegen und nickten bejahend zu dem, was jeder vom anderen dachte. Es war eine herzliche Unterhaltung ohne Worte; und Roland stand staunend dabei. Endlich zog Arnold den Neffen am Ärmel heran und sagte: «Er ist Philippes Sohn und heisst Roland.»

Eustache berührte Rolands braunen Mantel und nickte. Dann verglich er die Gesichter der Verwandten und zog unschlüssig die Schultern hoch, um anzudeuten, dass sie nicht allzu viel Ähnlichkeit miteinander hatten. Abschließend nickte er anerkennend mit dem Kopf, während er mit den Händen Rolands Gestalt umriss. Dann lachten alle drei, und Eustache ließ sich die Reittiere geben. Er allein wollte sie in den hölzernen Stall bringen, der sich noch immer am Ostende des vorderen Hofes befand. Die Steinmetze betraten indessen das Templerhaus und wurden zum Komtur geführt.

Der Komtur war im Saal mit drei anderen Rittern in ein Gespräch verwickelt und ließ sich auch nicht stören, als die beiden Steinmetze von der Ordonanz hereingebracht wurden. Er winkte ihnen, sich auf eine der Bänke zu setzen, die an den Wänden des Raumes entlangliefen, und fuhr in seiner Rede fort:

«Wenn man den Namen Sultan Saladin hört, ihr Herren, dann weiß man doch, dass man es mit einem Manne zu tun hat, der einen kometenhaften Aufstieg hinter sich hat. Aber keiner will sich daran erinnern, dass er auf einer kleinen Gebirgsburg in Kurdistan geboren wurde, die ganz nahe jener Burg liegt, auf der unser König Baldouin der Zweite vor so vielen Jahren gefangen war. Wer denkt denn heute noch daran, dass sein Vater nichts anderes war als der Komtur dieser kurdischen Burg? Und er selber? Hat er sich früher jemals mit Strategie befasst?» Auffordernd sah er die drei Herren an, bis einer von ihnen zustimmte und sagte: «Ihr habt Recht. Er befasste sich nur mit den Wissenschaften und dem Leben im Genuss. Erst als er mit seinem Onkel Ägypten unterwarf, haben sich seine militärischen Fähigkeiten gezeigt.»

«Und jetzt ist er der Herr von Ägypten; und Syrien – soweit es nicht christlich ist – hat er geerbt.»

«Ich wundere mich nicht», gab der Dritte zu, «dass er sich den Titel eines Sultans zugelegt hat.»

«Er hatte das Recht dazu», sagte der Komtur, «denn er ist nicht nur die Spitze des Staates, sondern auch seiner Religion.»

«Wir sind von seinen großen Reichen so umschlossen wie die Perle von der Muschel, wobei ich mich fragen muss, ob wir die Bezeichnung ‹Perle› überhaupt verdienen. Glaubt Ihr, dass uns das Bündnis mit dem Herrn von Aleppo gegen Saladin nützen wird?»

«Ich misstraue allen Bündnissen zwischen Christen und Nichtchristen.»

Nach einer Weile des Schweigens fügte er leise hinzu: «Aber nicht wegen der Nichtchristen, sondern wegen der Christen. Sie glauben nämlich, sie seien an ein Bündnis mit einem ungläubigen Partner nicht gebunden, weil man mit Muselmännern nicht auf die Bibel schwören kann.» Dann wandte sich der Komtur den Steinmetzen zu. Als er gehört hatte, dass sie aus Lyon gekommen waren, fragte er sie, ob es dort noch Nachkommen von Peter gebe.

«Die gibt es wohl!», rief Arnold und lachte, «es gibt sie hier wie dort.» Da verstand der Komtur die Anspielung und lachte mit. Dann wurde er wieder ernst und sagte zu Arnold gewandt:

«Für Euch, Prudhomme, wird es in der allernächsten Zeit eine besonders verantwortungsvolle Arbeit geben: Wir planen eine Festung an der Jakobsfurt. Darüber muss aber in der Versammlung erst beraten werden. Dort wird Euer Urteil vonnöten sein.»

Dann wandte er sich an Roland, und indem er ihn am Ärmel fasste, sagte er: «Und du, junger Mann, kommst mir wie gerufen! Es gibt bei uns im Orient – wie dein Onkel sehr gut wissen wird – übers ganze christliche Land hin hölzerne Meilenpfosten. Die müssen dringlich durch steinerne ersetzt werden. Es wird also deine Aufgabe sein, mit einem Arbeitszug von Pfosten zu Pfosten zu ziehen und in den nächstgelegenen Steinbrüchen Stelen zu hauen, auf welchen dasselbe zu lesen sein muss wie auf den hölzernen. Diese Stelen müssen so lang sein, dass sie wenigstens eine Elle tief in die Erde getrieben werden können und dennoch etwa eine Mannsgröße weit aus dem Boden hervorragen. Traust du dir diese Arbeit zu?»

Aber noch ehe Roland etwas dazu hätte sagen können, rief der Komtur: «Ach, wir haben dich ja nur für ein Jahr! Das wird für diese Arbeiten aber nicht reichen!» Zu diesem Schluss war Roland bei sich bereits auch schon gekommen und hatte sich überlegt, dass zu Hause ja keiner auf ihn wartete. Und hier im Orient – das hatte er schon an dem einzigen Tag gemerkt, seit er ihn betreten hatte – war alles viel interessanter. Darum sagte er zum Komtur: «Herr, ich bin frei. Verfügt also über meine Zeit, wie es Euch gefällt.»

Am nächsten Tag schon wurde für Roland eine Arbeitskarawane

ausgerüstet mit Werkzeugen für ihn und die Arbeiter, die mit ihm ziehen sollten: mit Zelten und Kochgeschirr, mit Lebensmitteln für den Weg bis zum nächsten Templerhaus und mit sonstigem Bedarf. Der Abschied von Arnold war kurz, denn Roland dachte bereits an das, was ihm bevorstand; und er glaubte, dass er allem gewachsen sei. Arnold aber sah ihm sorgenvoll nach. Er, der Ältere und Erfahrenere, dachte daran, wie viel geschehen konnte, so dass er Roland vielleicht nie mehr wieder sehen würde.

Die Wegweiser

Roland zog mit seinen Leuten von Ort zu Ort und nahm die hölzernen Meilensteine in Augenschein, die er durch Steinstelen ersetzen musste. Er schlug, wie die Arbeiter es taten, sein Zelt in den Steinbrüchen auf; denn erst, wenn die Stelen gebrochen und gemetzt waren, wurden sie an den Ort transportiert, an dem sie gesetzt werden sollten. Wie ihre hölzernen Vorgänger hatten sie im oberen Teil das eingemeißelte Templerkreuz und im unteren die arabische Zahl mit dem Richtungspfeil, mit dem die Entfernung und die Lage des nächsten Templerhauses angezeigt wurden.

Manchmal übernachtete die Kolonne innerhalb der Mauern eines Templerhauses. Aber auch hier schlug man die Zelte auf, denn die Arbeiter hatten ihre Familien dabei. An diesen Abenden erfuhren sie die Neuigkeiten, die sich zugetragen hatten, während sie im Steinbruch von allem Geschehen abgeschieden waren:

Der junge König Baldouin IV., der ein tapferer und todesmutiger Krieger war, hatte in einer Schlacht bei Askalon das Heer des großen Sultan Saladin besiegt; schon hörte man munkeln, dass die Schreiber des

Sultans den hohen Mut des jungen christlichen Königs in ihren Chroniken erwähnen wollten. Denn trotz seiner schlimmen Krankheit war er dem Sultan ein ebenbürtiger Gegner gewesen.

Sie hörten auch, dass ein flandrischer Kreuzzug unverrichteter Dinge ins Abendland zurückgekehrt war. Die Kreuzfahrer hatten sich den Orient ganz anders vorgestellt, als er es war.

An einem anderen Abend erfuhren sie, dass König Baldouin die griechische Vorherrschaft in Syrien in einer Schlacht im Norden des Königreiches gebrochen hatte, und die Augen aller Christen im Morgen- und Abendland ruhten hoffnungsvoll auf diesem Jüngling, in dem sie den Retter des Heiligen Landes sahen.

Eines Abends zog Roland mit seiner Kolonne auf Antiochia zu. Sie alle waren müde, durstig und verdreckt. In der Umgebung von Antiochia würden sie längere Zeit beschäftigt sein; denn diese Stadt war ein Handelsknotenpunkt, zu dem viele Straßen führten, die von Wegweisern gesäumt waren.

Von der Höhe aus fiel ihr Blick auf den Fluss, der in der Abendsonne wie ein Feuerbrand glänzte. Viele weiße Flecke waren entlang seinem Ufer in der Nähe der Stadtmauer zu sehen. Die Frauen der Arbeiter erkannten bald, dass es Tücher waren, die man zum Bleichen ausgelegt hatte. Dann sah man auch die Frauen, die in der Nähe der Tücher im Fluss standen und wuschen. Doch bald würde der Hornruf des Torhüters erschallen, und sie würden zusammenpacken müssen, ihre Esel beladen oder den Waschkorb auf den Kopf heben.

Roland trieb zur Eile an. Er hatte keine Lust, das Torgeld für eine ganze Kolonne zu entrichten, das jeder zahlen musste, der nach dem Schließen kam.

Von allen Seiten strömten Menschen mit und ohne Tiere herbei, so dass es vor dem Tor ein Drängen, Stoßen und Fluchen gab. Pferde stiegen hoch, Esel bockten, Kamele gurgelten und Hunde jaulten auf, wenn sie getreten wurden.

Rolands Maultier scheute, und als es ausschlug, traf es den Esel einer Wäscherin. Nach allen Seiten flog die Wäsche, die sie ihm aufgeladen hatte, zu Boden und wurde in den Kot getrampelt. Keiner nahm

Rücksicht. Jeder drängte nur zum Tor. Die Frau wurde hin- und hergestoßen, aber sie zeterte nicht. Sie hielt krampfhaft das Seil mit den Händen fest, an dem der Esel angebunden war, bis der Platz vor dem Tor sich lichtete. Dann beruhigte sie das Tier und ging daran, die verdorbenen Wäschestücke aufzulesen. Kurz nur hatte sie aufgeschaut, und Roland hatte ihre großen dunklen Augen gesehen.

Die Arbeitskolonne war längst in der Stadt, als Roland noch draußen war, um der Frau zu helfen. Sie sprach nicht mit ihm, aber sie ließ sich seine Hilfe gefallen. Sie beluden den Esel, der auf der Suche nach einem Gräschen friedlich am Boden schnupperte, und führten ihn durchs Tor.

Sobald sie in der Stadt waren, hielt Roland der Frau ein Silberstück auf der offenen Hand entgegen und sagte mit belegter Stimme: «Für den Schaden.»

Sie nahm das Geld, dankte aber nicht. Auch sah sie Roland nicht mehr an. Sie ruckte ein wenig am Seil und ging mit ruhigen Schritten davon. Der Zipfel ihres weißen Kopftuches flatterte ein wenig.

Welche Farbe wohl ihr Haar haben mochte, dachte Roland, als er ihr von weitem folgte. Wie waren ihre Augen gewesen? Er wusste nur noch: sehr groß. Vielleicht waren sie grau. Er sah, dass sie schmal war, und die Hand, die den Esel hielt, war dünn und braun. Roland schätzte sie um einige Jahre älter ein als sich. Als er sie ans Tor eines länglichen Gebäudes pochen sah, blieb er stehen. Man öffnete und ließ sie mitsamt dem Esel ein.

Sofort hob drinnen ein Gezeter an: «Die schöne Wäsche! Die gute Wäsche!» Aber die Stimme der Frau klang nicht zu Roland heraus, so sehr er sich wünschte, sie zu hören. Sein Blick glitt an der fensterlosen Front des Hauses entlang; da sah er eine Lanze und eine Schrift, die man kunstlos auf diese Mauer gemalt hatte. Da er sie nicht lesen konnte und ein vorbeigehender Mann es bemerkt hatte, sagte dieser: «Das ist das Kloster zur Heiligen Lanze, Mann, vor dem du stehst. Man hat hier während des zweiten Kreuzzuges viele Findelkinder aufgenommen.» Damit ging er vorbei.

Obgleich es erst März war, wurde der nächste Tag sehr heiß. Die Frauen und Kinder blieben in den Zelten nahe dem Templerhaus zurück, wo die Kolonne genächtigt hatte. Die Steinhauer zogen ihre Kopftücher wie Dächer übers Gesicht, während sie die Steine brachen, die sie später behauen mussten. Der Staub belegte ihre Atemwege und verklebte ihre Augen. Je höher die Sonne stieg, um so öfter griff jeder zum Wasserschlauch, um so heißer war aber das Wasser, das bald den Durst nicht mehr zu löschen vermochte. Immer wieder schweifte der Blick der Männer zum Himmel: Wollte diese furchtbare Sonne heute denn überhaupt nicht mehr sinken!

Todmüde zogen sie am Abend in die Stadt zurück. Sobald aber die weißen Tupfen am Ufer des Flusses zu sehen waren, begann Rolands Herz zu hämmern. Er spornte sein Reittier an und merkte nicht, dass er seiner dahintrottenden Arbeitskolonne davonritt.

Die Frau war am Ufer; den Esel hatte sie bereits beladen. Roland ritt nah zu ihr hin. Ruhig sah sie ihm entgegen; dann senkte sie den Blick.

Roland saß nicht ab. Er sagte leise: «Ich habe gehofft, dich wieder zu sehen.» Sie nickte, ohne aufzuschauen.

«In drei Tagen ist Feiertag», sagte er, «dann werde ich mit meinen Männern nicht in den Steinbruch reiten. Wenn es dir recht ist, werde ich dich nach der Messe in der Kirche sehen.»

Als sie nichts dazu sagte, fragte er: «Willst du es so?»

Sie hob den Blick und sah ihn lange forschend an. Dann sagte sie: «Ich will.»

Am nächsten und übernächsten Abend schaute Roland nicht zum Ufer hin. Auch sie, das wusste er, würde nicht nach ihm Ausschau halten. Sie hatten beide die Gewissheit, dass sie einander sehen würden. Wunderbar war diese Gewissheit. Man musste sie nicht mit Blicken der Übereinkunft verwässern.

Am 18. März wurde im Orient der Heilige Nikolaus gefeiert, der Schutzpatron der Seefahrer. Alle Glocken von Antiochia läuteten die Gläubigen zusammen. Die Messe wurde vom Patriarchen gehalten, der eine Litanei für den kranken König anfügte: «Herr, unser Gott:

erhalte unser Land! Herr, unser Gott: schütze unseren kranken König!»

«Heiliger Nikolaus, bitte für unseren kranken König!»

Die Kerzen wurden gelöscht; die Kirche leerte sich. Roland hatte die Frau während der Messe nicht gesehen. Jetzt bemerkte er sie hinter einem Pfeiler. Sie stand vom Boden auf, wo sie wie alle anderen Frauen gekniet hatte. Roland sah, dass sie sehr blass war.

Er trat auf sie zu und sagte: «Ich danke dir, dass du auf mich gewartet hast.»

«Es war so ausgemacht.»

«Du hast also keinen Mann und niemanden, dem du versprochen bist, sonst wärst du nicht gekommen?»

«Ich habe keinen Mann und bin niemandem versprochen.»

«Du lebst im Kloster zur Heiligen Lanze?»

«Ich wohne dort seit langer Zeit.»

«Bist du durch ein Gelübde gebunden?»

«Ich bin durch kein Gelübde gebunden. Ich lebe in diesem Kloster, da es mir die Sicherheit bietet, die ich vorher habe vermissen müssen.»

«Dann bist du eine Waise?»

«Meine Eltern sind auf dem zweiten Kreuzzug gestorben. Ein Mann aus dem Templertross brachte mich hierher; und die Barmherzigen Frauen behielten mich. Er war Steinmetz.»

«Das ist sonderbar: auch ich bin Steinmetz. Weißt du noch mehr von diesem Mann?»

«Seine Heimat war Lyon. Mehr weiß ich nicht von ihm. Er hat mit mir geteilt. Er war gut.»

Da hatte Roland begriffen, dass es Arnold gewesen war, der das Kind in dieses Kloster gebracht hatte.

«Willst du mir deinen Namen sagen?», fragte er froh gestimmt.

«Ich heiße Anna. Meine Eltern waren Kaufleute und stammten von Kauffahrern ab.»

Eine Weile standen sie dann schweigend voreinander. Endlich sagte Roland: «Ich möchte mit dir teilen wie dieser Steinmetz, von dem du gesagt hast, er war gut.»

Anna hob die Augen. Lange sah sie ihn an, dann sagte sie: «Ich weiß.»

«Ich besitze eine Schafherde, die nahe bei Lyon hinter der Kapelle der Heiligen Magdalena geweidet wird. Bis ich nach Hause komme, wird sie groß geworden sein. Mein Vetter Jan wird dafür sorgen. Er hat an meiner Werkstatt teil. Außerdem stehen mein Haus und meine Herde unter dem Schutz der Templer, denn ich habe mich ihnen verbrüdert, was du an meinem braunen Mantel sehen kannst. Ich arbeite für die Templer von Jerusalem.»

Nach dieser Darlegung sah er ihr fragend ins Gesicht. Er wartete lang. So standen sie da: Er spähend vorgebeugt, sie tief in sich hineinhorchend. Endlich lockerte er sich und bat:

«Sprich jetzt zu mir, Anna!»

«Ich will, was du willst», sagte sie einfach, «denn es ist recht so.»

Roland presste die Luft tief in die Lungen. Dann zog er Anna an sich und küsste sie auf den Mund. An seiner Hand verließ sie die Kirche.

Sultan Saladin verrechnet sich

Während Roland die ersten Stelen gemetzt hatte, hatte der Templergroßmeister Odo von St.-Amand in Jerusalem eine Versammlung der führenden Templer des christlichen Königreiches einberufen und Arnold dazubefohlen, denn über den Bau einer starken Festung an der Jakobsfurt sollte abgestimmt werden; und Arnolds fachliches Urteil war dazu nötig. Er hatte die alte Burg besichtigt und die Pläne für eine neue ausgeführt.

Odo von St.-Amand war ein hoch gewachsener, energischer Mann mit einem scharf geschnittenen, klugen Gesicht, das von Güte überstrahlt war. Nachdem er die Herren begrüßt hatte, begann er:

«Jährlich fallen die Sarazenen, wie ihr zu eurem Leidwesen ja oft genug habt erfahren müssen, vom östlichen Ufer des Jordans aus in die christlichen Länder ein. Ich halte es deshalb für überlegenswert, ob wir die kleine Festung an der Jakobsfurt nicht großzügig erweitern und zu einem Bollwerk ausbauen sollen. Diese Festung ist aber nicht als eine reine Ordensfeste gedacht; sondern der König will sie gemeinsam mit uns errichten und auch bemannen. Ihr wisst alle, dass ich dem jungen König freundschaftlich verbunden bin und dass er meinen Rat schätzt. Ein vom Templerorden und Königreich gemeinsam errichtetes Bollwerk ist ein Symbol der Treue, die König und Orden einander entgegenbringen. Es ist ja heute wie in den Tagen der ersten neun Templer: Der König ist unser Vertrauter.»

Dann entfaltete der Großmeister die Pläne, und Arnold führte die Herren in die strategischen Möglichkeiten dieser gedachten Festung ein. Hier und dort änderte er etwas auf den Rat der erfahrenen Männer hin, so dass zum Schluss alle mit dem Plan zufrieden waren und ihre Zustimmung zu diesem Unternehmen gaben.

Der Großmeister hob die Versammlung auf. «Liebwerte Herren», sagte er, «morgen werdet ihr dabei sein, wenn wir – der König und ich – den Vertrag unterzeichnen, der uns beiden so große Freude macht.» Dann wählte er noch zehn Templer aus, die als Zeugen des Vertrages mit ihrem Namen unterschreiben sollten.

Am kommenden Morgen kam der König mit dem Konstabler und einigen Rittern seiner Suite ins Templerhaus, und in einem feierlichen Akt wurde der Vertrag unterschrieben. Traurig schaute der junge König dem Großmeister in die Augen, als er ihm zur Bekräftigung des Vertrages die Hand reichte. Er wandte sich ein wenig von den anderen weg und sagte seufzend zu Odo von St.-Amand: «Wie oft werden wir beide zum Wohl dieses Landes noch etwas Gemeinsames unternehmen können?»

Unwillkürlich warf der Großmeister einen Blick auf die Hand, die er in der seinen hielt. Sie war mit Binden umwickelt und seltsam kurz: Der junge König hatte die tückischste aller Krankheiten: den Aussatz.

Arnold übernahm die Aufsicht über den Bau der Feste an der Jakobsfurt. Er hatte ein Heer von Handwerkern und Handlangern unter sich. Beim Herannahen des Frühjahrs, wenn die Zeit des Kriegführens wiederkehren würde, musste die Festung fertig sein; die Arbeit drängte.

Eines Tages humpelte ihm ein Bettler nach. Arnold warf ihm ein Kupferstück zu. Aber der Bettler ließ es neben sich in den Staub fallen. Kopfschüttelnd ging Arnold weiter. Seine Gedanken waren bei der Arbeit. Bald würde die Feste fertig sein! Dann würde es ein Fest der Übernahme durch die königliche und templerische Besatzung geben. Aber vorher musste erst –

Der Bettler erschien schon wieder vor seinen Augen. Was wollte er denn noch? Hatte er nicht ein Kupferstück bekommen? Arnold warf ihm ein zweites zu, um ihn endlich loszuwerden. Aber auch das zweite fing der Bettler nicht auf. Dort zwischen den Steinen rollte es im Sand.

«Was willst du?», rief Arnold ungehalten, «sind dir unsere Kupferstücke nicht gut genug?»

«Ich will mit Euch reden», raunte der Bettler, «wenn Ihr allein seid.» Wortlos zog er einen Brief ein klein wenig aus dem Ausschnitt seines Hemdes.

Arnold maß den Mann von oben bis unten mit seinem forschenden Blick.

«Komm dort hinüber», befahl er ihm, denn der Mann sah bei genauerem Zusehen keinem Bettler gleich. Sollte ich mich vorsehen?, fragte Arnold sich flüchtig.

Aber schon waren sie in der Mauerecke allein. «Jetzt sprich!», befahl er ihm.

Der Bettler zog den Brief aus dem Hemd und reichte ihn Arnold hin, indem er ihn scharf beobachtete: Das Siegel war das Siegel des Sultans Saladin. Er sah an Arnolds Zusammenzucken, dass er es erkannt hatte. Zögernd öffnete der Steinmetz den Brief.

«An den Baumeister des Templerordens zu Jerusalem», begann das Schreiben, «an den viel gerühmten Festungsbauer Arnold von Lyon! Wir wissen deine Fähigkeiten bezüglich des Festungsbaues zu schätzen; und unsere Späher haben sie uns bestätigt, indem sie uns über den Umfang und die Güte der von dir entworfenen und unternommenen

Festungsarbeiten an der Burg über der Jordansfurt ins Bild gesetzt haben. Diese Festung aber könnte nun so, wie du sie erbaut hast, für unsere Interessen schädlich sein. Wir bieten dir darum die Summe von 100 000 Gold-Sarazenati an, für den Fall, dass du diese Feste selber wieder schleifen lässt. Unser Bote ist beauftragt, deine Antwort zu uns zurückzubringen.

Saladin, Sultan von Syrien und Ägypten.»

Arnold sah vom Schreiben des Sultans auf. Die Augen des Boten waren fordernd auf ihn gerichtet. Da zerknüllte er das Schreiben und warf es dem falschen Bettler ins Gesicht.

Sultan Saladin

In der nächsten Woche kam ein feierlicher Reiterzug zur Jakobsfurt, denn die neue Feste sollte ihre christliche Besatzung aufnehmen. Voraus ritten der König mit seinem Gefolge. Der Großmeister Odo von St.-Amand führte sechzig Tempelritter an, die von Servienten und Knappen gefolgt wurden. An der Spitze von fünfzehnhundert Söldnern sah man den königlichen Feldherrn reiten. Wie ein Schwarm Bienen ihren Korb, so füllten die Krieger die neue Garnison. Jede Einzelheit des Baues begutachteten sie und waren stolz darauf, dass sie in einer Festung dienen durften, für die der Sultan ein Vermögen gegeben hätte. Manch einer von ihnen sah Arnold den Steinmetz aber neidisch an, weil der die Stärke gehabt hatte, dieser Versuchung zu widerstehen.

Das Fest wurde fröhlich und schön, denn auch der König und der Großmeister nahmen an den Spielen teil. Voll Befriedigung sah Arnold, dass ihnen diese Festung gefiel. Am nächsten Morgen brach der Großmeister mit dem König wieder auf, um sich auf den Heimweg zu machen. Das Gefolge war nun klein, denn alle Templer und die anderen Krieger waren in der Feste zurückgeblieben.

Aber noch ehe sie ins Gebirge hinaufreiten konnten, wurden sie von einem Heer von Sarazenen überfallen. Als König und Großmeister die Überzahl der Feinde sahen, wussten sie, dass der Kampf entschieden war, ehe er begonnen hatte. Odo von St.-Amand deckte den König mit seinem Leib und Schwert. Wie vom Teufel besessen, hieb er um sich. Was war denn das Leben eines Templers, wenn es um das Leben des königlichen Freundes ging, um die Führung des christlichen Königreichs! Erst als er den König in einiger Sicherheit wusste, erlahmte der heldenhafte Mönchsritter und wurde gefangen.

Zum ersten Mal hatte nun der Sultan einen Templergroßmeister in seiner Gewalt. Welch kostbare Beute! Für einen Templergroßmeister konnte er gut und gern eine stolz bewehrte Stadt eintauschen! Viel mehr als nur an eine Feste wie die Jakobsfurt dachte Saladin an Askalon!

Allein und ohne Zeugen stieg der Sultan in den Kerker seiner Burg hinab, in dem er den Großmeister gefangen hielt. Schweigend wartete er, bis der Kerkermeister hinter ihm die Tür geschlossen hatte. Dann begann er:

«Herr Odo, Eurer Klugheit kann es nicht verborgen geblieben sein, dass wir in Euch ein Unterpfand besitzen, das unsrer Politik nützen kann. Wir genehmigen Euch darum einen Schreiber in Eurer Haft, der einen Brief an Euren König schreiben wird, in dem Ihr ihn bittet, Euch auszulösen. Den Wortlaut formuliert Ihr selbst. Ich schätze Eure kriegerischen Fähigkeiten so hoch, dass ich Euch Gelegenheit geben will, sie weiterhin gegen uns anzuwenden. Lasst Euch also auslösen, damit Ihr am Leben bleibt.»

Der Großmeister Odo von St.-Amand stand mitsamt seinen Ketten auf und richtete sich vor dem Sultan zu seiner ganzen Größe hoch.

«Wisst Ihr nicht, Herr Sultan», sagte er mit schneidender Stimme, «dass dies gegen unsre Ordensregel ist? Ein Templer hat nur seinen Gürtel und sein Waffenhemd als Lösegeld. Mehr steht auch mir nicht zu.» Und er lehnte Saladins Angebot ab.

Der Sultan hob die Schultern. «Wie Ihr wollt, Herr Odo. Aber glaubt nicht, dass ich nicht bekomme, was ich will! Zunächst habe ich es auf die Feste an der Jakobsfurt abgesehen, und morgen schon will ich mich zu ihrer Belagerung rüsten.»

Roland war noch immer in Antiochia und hatte in dessen Umgebung zu tun, als er durch einen Templer die Gefangennahme des Großmeisters und die Belagerung der Jakobsfeste erfuhr. Er wusste, dass sein Onkel diese Festung geplant und erbaut hatte, und bangte nun um sein Leben, denn dass Arnold unter den Eingeschlossenen war, hatte man Roland berichtet. Dann nahm die Arbeit seine trüben Gedanken wieder weg, und andere Meldungen kamen, von denen die Menschen nicht wussten, was von ihnen zu halten war: Gerard de Ridefort, so hieß es, der dem Grafen von Tripolis Rache geschworen hatte bis ans Ende seines Lebens, war zum Seneschall des Templerordens gewählt worden. Nun war er der zweithöchste Templer des gesamten Ordens.

Roland schloss die Arbeiten in der Umgebung von Antiochia ab und zog mit Anna, die seine Frau geworden war, und seinen Gehilfen heimwärts. Aber noch ehe die Arbeitskolonne das Templerhaus in Antiochia verlassen hatte – es war ein Tag, an dem die Bettler im Hof gespeist wurden –, kam die schreckliche Kunde, dass Saladin die Burg an der Jakobsfurt erobert hatte, wenngleich die Besatzung todesmutig gekämpft hatte. Den Templern, die nach dem Kampf noch übrig waren, hatte der Sultan den Kopf abschlagen lassen, denn er hielt den Templerorden zu Recht für die gefährlichste Militärmacht im Orient. Er wollte ihn schwächen, wo immer er es konnte.

Wer soll Jerusalem regieren?

Roland erhielt das kleine Haus, das einst König Baldouin II. den Templern geschenkt hatte, als Peter mit seiner Familie in den Orient gekommen war. Kurz nachdem er sich dort eingerichtet hatte, gebar Anna in derselben Kammer eine Tochter, wo Susanne einst den kleinen Philippe geboren hatte. Sie nannte das Kind Maria.

Roland hatte sich in den Trupp der königlichen Bauleute einordnen lassen. Zuvor hatte er den braunen Mantel der Ordensverbrüderten dem neuen Großmeister Arnold de Turre zurückgegeben. Er war nun ein Handwerker wie jeder andere. Er arbeitete an der Mauer, wurde mit seinen Leuten in die Burgen geschickt, die Jerusalem umlagerten, und bald war er so bekannt wegen seines Fachwissens, dass er selbständige Arbeiten annehmen konnte.

In dieser Zeit erreichte der kranke König einen Waffenstillstand mit Sultan Saladin, und das christliche Syrien atmete auf. Mit einem Schlag wurde das Leben anders: Die Männer verloren den wachsam lauernden Blick und waren bei ihrer Arbeit nicht mehr mit einem Ohr bei den Türmern der Tore. Die Mädchen weideten ihre Schafe wieder von der Stadtmauer entfernt, und die Frauen hatten es nicht mehr so eilig, mit ihren Wasserbütten die Zisternen zu verlassen. Sogar die Wachen auf den Mauern waren verringert worden. Ja, das Leben wurde wieder schön. Unbehindert kamen die Kamelkarawanen aus der arabischen Wüste und bimmelten sorglos über das Gebirge dahin.

In dieser schönen Zeit gebar Anna ein zweites Mädchen, und sie nannte es Lena. Roland und Anna waren glücklich in dem kleinen Haus, und so achteten sie nicht darauf, wie das eine Jahr dem anderen folgte, bis eines Tages der Friede zerstört wurde.

Der Graf vom Krak von Moab, der sein Gebiet bis ans Rote Meer und tief in die arabische Wüste hinein erweitert hatte, hatte eine Handelskarawane überfallen, die der Herrschaft des Sultans unterstand. Sofort hatte Saladin eine Belagerung der Feste Moab in Angriff genommen.

Denn diese Übertretung des Waffenstillstandes, die ihn empörte, kam ihm andererseits gerade recht: Diesen Krak Moab, der so stolz auf dem Ausläufer der Wüste thronte und das Tote Meer mit seiner Uferstraße beherrschte, dieses nach Osten vorgeschobene Bollwerk der Christen hätte er schon längst gerne besessen. Das Recht war auf seiner Seite. Würde er den Krak von Moab gewinnen, dann hätte er dem Königreich Jerusalem den Schild geraubt, und die Wunde würde unheilbar sein.

Sofort rüstete sich der kranke König, um die Feste zu entsetzen. Der Großmeister Arnold de Turre zog mit einem Templerkontingent an der Seite der königlichen Sänfte mit. Ja, Baldouin IV. ließ sich in einer Sänfte in diesen Krieg tragen, weil er sich auf einem Pferd nicht mehr hätte halten können. Die Krankheit schritt nun eilig voran. Als die beiden mächtigsten Männer des Königreichs seufzend miteinander sprachen, ließen sie der Sorge um das Heilige Land freien Lauf.

«Wenn wir nur noch fünf Jahre Frieden gehabt hätten, Sire», sagte der Großmeister, «dann wären uns und den Johannitern neue Krieger nachgewachsen. Wir sind ausgeblutet, Sire!»

Und der König klagte über die eigensüchtige Politik der christlichen Barone, die noch immer nicht gelernt hatten, ihre privaten Wünsche denen des gesamten Königreiches zu unterstellen.

«Lieber Freund», sagte er, indem er sich dem Großmeister entgegenbeugte, «wie soll das alles werden, wenn mein kleiner Schwestersohn die Krone dieses Landes nach mir erben wird? Ich sehe die größten inneren Konflikte voraus, denn der Knabe wird noch nicht annähernd erwachsen sein, wenn ich sterbe.»

Der Großmeister hob hilflos die Schultern. Er machte dem König keine Hoffnung in Bezug auf die Krankheit. Es wäre dieser beiden Männer nicht würdig gewesen, wenn sie sich aus Höflichkeit belogen hätten.

«Seht», fing der König wieder an, «wenn ich von diesem Krieg lebend nach Hause komme, dann werden meine Kräfte so sehr aufgezehrt sein, dass ich die Regierungsgeschäfte nicht mehr bewältigen kann. Ich werde wieder einen Regenten brauchen wie in der Zeit meiner Unmündigkeit. Dieser Regent wird kein anderer sein als der Graf von Tripolis, dem euer

Seneschall Rache geschworen hat bis ans Ende seines Lebens. Ich kann ihn nicht übergehen, denn die Barone meines Landes haben ihn damals gewählt. Überlegt nun, was die Folge sein wird!»

Der König versuchte, sich noch weiter aus der Sänfte zu beugen. Raunend befahl er den Großmeister noch näher zu sich her.

«Ich bitte und verpflichte Euch darum, lieber Freund, dass Ihr – sobald Ihr seht, dass es mit mir zu Ende geht – zum Papst nach Rom reist, und mit ihm allein über einen Nachfolger auf dem Thron von Jerusalem beratet. Es gibt im Abendland große Familien, mit denen wir Könige von Jerusalem verwandt sind. Unter ihnen wird sich gewiss ein Mann finden, der kraftvoll genug ist, dieses Land zu regieren und innere Konflikte zu vermeiden. Sobald er die Empfehlung des Papstes hat, wird sich hier keiner widersetzen.

Ich sage das, lieber Freund, nicht um die Rechte meines kleinen Neffen zu beschneiden, den ich sehr liebe. Sondern ich sage es aus Liebe zu diesem Land und weil ich sehe, dass dieses Kind ein sehr schwächliches Kind ist, das von der Last dieses Reiches erdrückt würde.»

Erschöpft lehnte sich der König nach diesen Worten in der Sänfte zurück. Dann hielt er dem Großmeister fragend die behandschuhte Rechte entgegen, und Arnold de Turre, der die Frage des Königs verstand, küsste sie ihm zur Versicherung, dass er alles so tun wolle, wie der König es befohlen hatte. Und so, in schweigendem Einvernehmen, zogen sie nebeneinander den Belagerern der Feste Moab entgegen.

Es gelang den Christen unter der kriegsgewohnten Führung des kranken Königs, den Krak von Moab zu entsetzen. Als die Sieger aber nach Jerusalem zurückkamen, waren die Kräfte des Königs – wie er es vorausgesehen hatte – erschöpft, und der Graf von Tripolis trat seine zweite Regentschaft im fränkischen Königreich an.

Mehr und mehr siechte der junge König dahin, bis er im Frühling des Jahres 1185 mit vierundzwanzig Jahren starb. Sofort begab sich der Großmeister auf die Reise nach Rom.

Wie es der König vorausgesehen hatte, teilten sich die syrischen Barone unmittelbar nach seinem Tod in zwei Lager. Die einen wollten den Grafen von Tripolis als Regenten behalten, die anderen setzten sich für Guido von Lusignan, den Stiefvater des sechsjährigen Baldouin, ein. Der Großmeister Arnold de Turre aber, der mit dem Papst die Wahl eines würdigen Königs für den christlichen Orient hätte besprechen sollen, starb auf der Reise nach Rom. Kaum hätte der Zustand des Königreichs verworrener sein können. Zu alledem handelte der Graf von Tripolis einen Separatfrieden mit Sultan Saladin aus – aber der galt nur für seine Grafschaft Tripolis. Wenn nun also Krieger aus Jerusalem nach Antiochia ritten, konnte es ihnen passieren, dass sie den Kriegern des Sultans begegneten, denen es gerade einfiel, dass sie die Grafschaft Tripolis durchqueren und zum Meer hinabziehen wollten.

Roland arbeitete in dieser Zeit am Jaffator. Eines Tages sah er einen Zug abendländischer Tempelherren auf die Stadt zureiten. An der Größe ihres Gefolges erkannte er, dass es sich um hohe Ordenswürdenträger handeln musste.

Ja, es waren alle Meister aus dem Abendland. Von seinem Onkel Arnold wusste er, dass sie sich zur Wahl eines jeden Großmeisters im Haupthaus von Jerusalem versammeln mussten. Die Regel schrieb es ihnen so vor. Er hörte noch in sich die Worte, die Arnold ihm mitgegeben hatte: Nur der Weiseste der Weisen sollte von den Brüdern gewählt werden.

Der Weiseste? Roland meinte, der Orient habe viel mehr einen tüchtigen Heerführer nötig. Auch der Papst, so hatte man vernommen, wollte an der Spitze des Ordens einen Mann sehen, der mit seiner Kühnheit die Feinde erschreckte.

Die heranreitenden Tempelherren hatten ernste, fast abweisende Gesichter. Wie Standbilder saßen sie auf ihren Pferden.

Am nächsten Tag schlossen sie sich in der Aksa-Moschee ein, um unter strengster Geheimhaltung den neuen Großmeister zu wählen. Das Volk von Jerusalem ging wie auf Zehenspitzen. Voll Spannung warteten die Templer von Jerusalem im Palais, ihrem Rittersaal. Endlich traten die Meister herein, und sofort breitete sich ein tiefes Schweigen aus.

«Liebwerte Herren», begann der Meister der orientalischen Gebiete,

«Lob und Dank sei Gott, denn wir haben mit seiner Hilfe und durch die Wahl der Befugten einen neuen Großmeister für unseren Orden. Es ist –», hier machte er eine kleine Pause, in der keine Bewegung die gespannte Stille störte, obwohl mehr als hundert Tempelritter im Raum beisammen waren, «es ist Gerard de Ridefort, und wir bitten diesen neuen Großmeister, unseren Gehorsam entgegenzunehmen!»

Der Großmeister trat vor. Er war ein mittelgroßer stämmiger Mann mit lebhaften Gesichtszügen. Seine Augen sprühten. Der Mund, den man gern gesehen hätte, war im Bart verborgen wie bei allen Templern.

«Liebwerte Herren und Brüder!» Seine Stimme klang kräftig und tief. «Ich danke für diese Wahl! Die große Verantwortung, die ein Großmeister für seinen Orden hat, ist mir bewusst. Gott möge mir beistehen, dass ich sie würdig trage. Denn nichts für uns, Herr, nichts für uns; sondern alles zur Ehre deines Namens!»

Nachdem er die Templerlosung gesprochen hatte, schritt er an der Spitze der Meister hinaus vor die wartende Menge auf dem Tempelplatz; und das Volk von Jerusalem erkannte, dass die Templer von nun an auf der Seite des Herrn von Lusignan stehen würden, denn dem Grafen von Tripolis hatte Gerard de Ridefort Rache geschworen bis an das Ende seines Lebens.

«Man kann nur hoffen», sagte Rolands Nachbar, während sie miteinander nach Hause gingen, dass der Herr von Lusignan immer das tut, was die Templer ihm raten. Dann kann wenigstens nichts schief gehen. Denn dass der Lusignan ein miserabler Feldherr ist, hat schon unser verstorbener König gewusst.» Ein Muselmann, der in derselben Gasse wie Roland wohnte, nickte zu diesen Worten bedeutungsvoll.

Aber weder Gerard de Ridefort noch die weisen Meister, die ihn gewählt hatten, noch irgendein anderer Mensch ahnte, dass er der letzte Großmeister sein sollte, der im Haupthaus des Ordens gewählt worden war.

Bereits im nächsten Jahr starb der kindliche König Baldouin V., der Neffe des aussätzigen Königs, der Erbe des Königreichs Jerusalem. Die Stadt und das Land trauerten um diesen kleinen, liebenswerten Jungen und um die Hoffnung, die er für viele verkörpert hatte. Mit großer Feierlichkeit wurde sein Begräbnis begangen. Durch viele Straßen drängte sich der Leichenzug, wälzte sich durchs Damaskustor hinaus und zum Goldenen Tor wieder herein. Man konnte fast meinen, alle diese prächtig gekleideten Ritter, Damen, Kanoniker und Ordensritter wollten ihrem toten Königskind ein letztes Mal sein Land und seine Stadt vor Augen führen, ehe es in die andere Welt einging.

Auch Roland war mit seinem Nachbarn auf der Straße. Die feingliedrige dunkle Maria hielt er an der Hand; die blauäugige stämmige Lena trug er auf dem Arm.

«Der Graf von Tripolis», sagte der Nachbar unvermittelt, «ist nicht beim Trauerzug.»

«Der ist krank», behauptete ein anderer, «man weiß es schon seit einer Woche. Geht ihr mit bis zur Grabeskirche?»

«Es wird ein fürchterliches Gedränge geben.» Roland ging mit den Kindern lieber heim. Im Innenhof spielte er mit ihnen das arabische Kugelspiel, das sie so liebten. Aber er war zerstreut.

«Was ist?», fragte Anna und legte ihm die Hand auf den Arm.

«Ich denke an zu Hause.»

«An Lyon?»

Er nickte. «Die Kinder sollten lieber dort aufwachsen.»

«Wir wollen sparen, wenn du es so willst, damit wir die Reise bezahlen können.»

«In Lyon gibt es keine solchen Innenhöfe», und sein Blick schweifte über das Sonnensegel und die hölzerne Galerie, «aber die äußere Sicherheit ist in der freien deutschen Reichsstadt größer.»

Am Abend erzählte ihm der Nachbar von dem peinlichen Streit, durch den die Totenmesse des kleinen Baldouin entweiht worden war:

«Die Mutter des kleinen toten Königs und der Herr von Lusignan haben sich vom Patriarchen zu rechtmäßigen Königen von Jerusalem krönen lassen.»

«Ohne Beisein des Grafen von Tripolis?»

Der Nachbar nickte bedeutungsvoll. «Zur Krönung», fuhr er fort, «sind doch die Reichsinsignien nötig: das Szepter, die Krone und der

Reichsapfel. Die werden in einer Truhe aufbewahrt, an der drei Schlösser sind. Den einen Schlüssel hat der Patriarch, den anderen haben die Johanniter, den dritten die Templer.

Die Templer haben den Schlüssel endlich herausgerückt. Sie halten die Krönung des Herrn von Lusignan ohnehin für nebensächlich, da sie ja immer noch auf den Thronanwärter hoffen, den der Papst ihnen auswählen wird.

Aber der Johannitergroßmeister wehrte sich und wollte die Herausgabe des Schlüssels verweigern. Die Johanniter sind nämlich Anhänger des Grafen von Tripolis. Da drohte der Patriarch ihm mit einem Volksaufstand. Also ließ der Johanniter den Schlüssel kommen und warf ihn zornig in die Mitte des Altarraumes.»

«Demnach haben wir jetzt einen König», sagte Roland dumpf, «aber um die Wahl hat man die Befugten geprellt. Was sagte der Adelsvorstand dazu?»

«Der Graf von Ibelin? Der war glücklicherweise zur Zeit mit seiner Familie hier in seinem Stadthaus. Er hat sich vorgenommen, den König mit dem Grafen von Tripolis zu versöhnen, damit ihre Rivalität ein Ende hat.»

«Der Graf von Ibelin», sagte Roland, «ist ein ruhiger Mann mit einem guten politischen Verstand. Ich soll durch seine Vermittlung den Bau einer Burgkapelle bei Nazareth übernehmen. Aber es wird noch einige Zeit dauern, bis ich die Arbeiten hier am Jaffator abschließen kann.»

Dann erfuhr Roland, dass der Graf von Ibelin die Zustimmung der beiden Rivalen zu einem Versöhnungstreffen erreicht hatte. Es sollte in Tiberias stattfinden, am See Genezareth. Jubelnd versammelte sich das Volk vor dem Stadthaus des Adelsvorstandes.

«Heil dem Grafen Ibelin! Er weiß, was das Königreich braucht!»

Ein Prunkheer wurde aufgestellt, das auch Kontingente von Templern und Johannitern umfasste; es sollte Zeuge der Versöhnung sein. Die prächtigsten Rüstungen wurden angelegt; die Pferde wurden aufs Kostbarste geschmückt. Die Versöhnung des Grafen von Tripolis mit dem Großmeister Gerard de Ridefort sollte in Tripolis stattfinden. Hatte der Patriarch den Großmeister von seinem verderblichen vierten

Eid entbunden? Im Hinblick auf die so notwendige Einheit des Königreiches wird es ihm ein Leichtes gewesen sein.

Roland konnte sich dem Prunkheer anschließen, mit dem er bis zur
Burg des Grafen Ibelin reisen wollte.

«Mach dir keine Sorgen», hatte er zu Anna gesagt, «es ist kein
Kriegsheer, mit dem ich reise. Endlich soll der Friede gesichert werden,
nach dem wir uns schon so lange sehnen.»

Liebevoll drückte er die Familie ans Herz: «Auf bald!» Dann schloss
er sich dem Prunkheer an und verschwand vor Annas Augen im
Gewühl.

Ordensritter aus vielen Häusern und Casals stießen unterwegs noch
zum Heer, das in seiner Gesamtheit von Gerard de Ridefort und seinen
Templern angeführt wurde. Am Abend schlugen sie ihre Zelte nahe bei
einer Gebirgsburg auf. Aber noch ehe sie sich um die knatternden
Lagerfeuer gesetzt hatten, schickte der Burgvogt einen Boten, der sich
zum Großmeister führen ließ.

«Wisset, Herr», meldete er, «dass morgen eine türkische Vorhut in der
Nähe diese Gegend durchstreifen wird, denn der Graf von Tripolis, der
einen Separatfrieden mit dem Sultan hat, ist verpflichtet, die Türken
diesen Zipfel seines Landes überqueren zu lassen.»

Da wählte der Großmeister einen von seinen Templern aus und
schickte ihn zum nahe gelegenen Casal Kakoun. «Sagt dort», befahl er
ihm, «alle neunzig Ritter sollen noch in dieser Nacht wohlgerüstet hier
eintreffen!»

Gegen Mitternacht erwachte Roland an einer plötzlichen Unruhe im
Lager. Die Templer aus Kakoun schlugen ihre Zelte auf.

Früh am Morgen formierte sich das Prunkheer, das nun sehr stattlich
war. Ohne Zwischenfälle gelangte es nach Nazareth, wo sich noch
vierzig weltliche Ritter dazugesellten. Alle hatten ihre kostbarsten
Rüstungen an.

Das große Entsetzen

Es war der erste Mai, der Tag des Heiligen Jakobus, des Schutzherrn der Pilger. Die Sonne brannte auf das ausgetrocknete Gebirge wie im Juli. Bald litten Menschen und Tiere großen Durst. Mit trockener Zunge tröstete Roland einen Trossbuben, der zum ersten Mal mit ausgezogen war. «In einer Stunde», sagte er, «bekommst du so viel zu trinken, wie du willst. Dann sind wir nämlich an der Kressonquelle, und die trocknet auch im Sommer nicht aus.»

Als der Junge sich nicht trösten lassen wollte, beteuerte Roland: «Du kannst mir glauben, was ich sage: Ich kenne diese Gegend. Ich sage es dir nicht nur zum Trost! Weißt du, alle diese Stelen, die du am Weg gesehen hast, habe ich gesetzt. Darum kenne ich das ganze christliche Syrien. Wenn der Großmeister nicht diesen Templer nach Kakoun geschickt hätte, dann hätte er mich schicken können, denn auch dort in der Nähe habe ich einen Meilenstein gesetzt.»

Als sie dann aber auf die Kressonquelle hinunterschauten, sahen sie siebentausend mameluckische Reiter ihre Pferde tränken. Das war die Vorhut des Sultans, von der der Bote berichtet hatte.

Gerard de Ridefort wollte den Kampf. Er glaubte fest, dass er mit einem Überraschungsangriff diese Übermacht würde bezwingen können. Mochte der Graf von Tripolis sehen, wo er mit seinem Separatfrieden blieb! Aber die anderen Heerführer bestanden darauf, dass vorher über die Abwicklung eines vielleicht notwendigen Rückzuges beraten würde. Dann wurde die schwarzweiße Templerfahne entrollt, und hinter ihr her stürmte das Prunkheer ins Tal. Es waren 140 Ritter.

Roland war beim Tross geblieben, wo er helfen musste, die Pferde zusammenzuhalten. Von weitem hörte er den Kriegslärm. Dann kam das Getöse näher und näher. Hastig trieb er die Pferde an, um sie vor den Kämpfenden in Sicherheit zu bringen.

Da preschten mameluckische Reiter mit erhobenen Bogen heran. Sie schossen im Vorbeirasen ihre Pfeile auf die Kruppen der Pferde ab, dass sie scheuten und fliehend alles mit sich rissen.

Roland wurde zu Boden geworfen. Pferde rasten über ihn hinweg. Er sah noch, wie der kleine Trossjunge von einem Huf zur Seite geschleudert wurde und wie der Großmeister Gerard de Ridefort mit schleifendem Zügel Richtung Nazareth floh. Dann wurde es dunkel um ihn.

Die Mamelucken sammelten sich auf dem Schlachtfeld und zogen zur Quelle hinab. An ihren Sattelknöpfen hingen die kahlen Köpfe der gefallenen Templer. Vom gesamten Ordenskontingent waren nur zwei Ritter und der Großmeister übrig geblieben. Alle anderen hatten – getreu ihrer Regel – gegen eine große Übermacht gekämpft bis zum Tod.

Roland lag zwischen den Gefallenen; er wusste es nicht. Er merkte nicht, wie die Leichenfledderer ihn seiner Kleider beraubten. Er sah nicht, wie sie die verwundeten Pferde schlachteten. In einer Art von geteiltem Bewusstsein glaubte er sich im Innenhof seines Hauses in Jerusalem und sah doch die Geier über sich in der glühenden Sonne kreisen. Sein Körper tat, was sein Verstand nicht denken konnte: Er kroch an eine schattige Stelle und blieb in der Kühle liegen. Er dachte nicht daran, dass er sterben könnte. Auch fühlte er weder Hunger noch Durst, ja nicht einmal Schmerz. Sein Leib war wie abgetrennt von ihm. So merkte er auch nicht, dass er hochgehoben wurde.

Als er zu sich kam, war eine für ihn unbestimmbare Zeit verstrichen. Ein Mann beugte sich über ihn und fragte ihn, wie er heiße. Er wusste es nicht mehr. Aber die Höhle, die er um sich sah, ließ ihn vage begreifen, dass er bei einem Eremiten war. Seine Wunden wurden von diesem gepflegt, Suppe wurde ihm eingeflößt. Tage reihten sich an Tage, wo nichts anderes geschah. Er dämmerte vor sich hin; sein Leib hatte keine Bedürfnisse.

Eines Tages richtete der Eremit Roland auf seinem Lager auf, und seine Stimme klang wie aus weiter Ferne zu dem Kranken: «Stell dich auf deine Füße!»

Gehorsam stellte er sich auf, wankte aber und fiel aufs Lager zurück. Am nächsten Tag blieb er einen Augenblick länger stehen. Am übernächsten stand er eine ganze Weile und wankte nicht.

«Du wirst jetzt gesund», hörte er den Eremiten sagen; und Roland, der in all der Zeit, in der der Eremit ihn gepflegt hatte, nicht gesprochen hatte, sagte: «Ja.»

Der Eremit sah ihn prüfend an. Als er sicher war, dass Roland ihm bewusst geantwortet hatte, beschloss er, ihm von nun an kleine Arbeiten zu geben. So wurde der Kranke nach und nach gesund.

Eines Tages saß er vor der Feuerstelle und blies in die Glut, wie er es schon mehrfach getan hatte. An diesem Tag aber wusste er es: «Ich sitze hier und blase in die Glut», sagte er, ohne sich zum Einsiedler umzuwenden.

«Wer ist dieser ‹Ich›?», fragte der Einsiedler hinter Rolands Rücken.

Roland suchte in seinem Gedächtnis. «Ich – ich – ?» Hilflos sah er sich nach dem Einsiedler um.

«Es hat eine Schlacht mit siebentausend Mamelucken gegeben», erinnerte der Alte vorsichtig.

«Schlacht?» Was war das nur?

Wochen später kam ein Mann in die Höhle, der bedeutend aussah. Aber er war staubig, schlecht gekleidet und erschöpft. Seine Füße waren geschwollen. Schuhe hatte er nicht an. Schweigend blieb er vor dem Alten stehen. Der Einsiedler betrachtete ihn lange wortlos. Dann packte er ihn plötzlich mit beiden Händen an den Schultern und spähte ihm aus der Nähe ins Gesicht.

«Alles ist verloren», sagte der Fremde dumpf.

Der Alte führte ihn zu einer Bank und gab ihm Wasser zu trinken. Er badete ihm die Füße und gab ihm zu essen. Roland beobachtete alles genau.

«Jetzt sprecht, wenn es Euch gefällt», bat der Alte leise.

Roland hörte zu, verstand aber den Sinn der Worte nicht, als der Fremde nun begann: «Alle christlichen Heere hatten sich zu einem Kriegsrat an der Sephoriaquelle getroffen. Zum ersten Mal in der Geschichte unseres Königreiches waren die Barone untereinander einig.» Der Fremde seufzte und machte eine Pause, ehe er weitersprach:

«Als dem Sultan zu Ohren kam, dass ein Heer aufgebrochen war, wie der christliche Orient noch keines gesehen hatte, zog er sofort vor Tiberias, welches der Gemahlin des Grafen von Tripolis gehört, wie Ihr wisst. So wollte er den Grafen dafür strafen, dass er mit seiner gesamten Hausmacht beim Kriegsrat an der Sephoriaquelle teilgenommen hatte. Denn wenn er auch seinem König verpflichtet war, so stand er doch unter dem Friedensvertrag, den er allein für Tripolis mit dem Sultan abgeschlossen hatte.»

Wieder fuhr der Fremde erst nach langem Zögern fort: «Der Patriarch von Jerusalem lag krank im Bett. Er konnte den Auszug des vereinten Heeres nicht mit seinem Segen begleiten. Darum hat er den Kriegern jenes allerheiligste Kreuz mitgegeben, an dem unser Erlöser gestorben ist.»

Der Fremde verstummte und bedeckte die Augen mit der Hand. Zu Roland aber war das Wort «Jerusalem» gedrungen, und es kam ihm sonderbar vertraut vor. Was war das nur: Jerusalem?

«Die Gemahlin des Grafen von Tripolis war allein auf ihrem Lehenssitz Tiberias, als die Stadt vom Sultan Saladin belagert wurde. Darum befahl der König, die Stadt als Erstes zu entsetzen.»

«Aber!», rief der Eremit an dieser Stelle aus, «auf dem Weg nach Tiberias gibt es doch über weite Strecken kein Wasser im Gebirge!» Als habe der Fremde diesen Einwand nicht gehört, fuhr er wie im Traume fort:

«Eine unbarmherzige Sonne stand am Himmel, und die glühend gewordenen Kettenschabracken brannten Löcher in die Rücken der Pferde. Die Sarazenen peinigten unser Heer mit ihren überraschenden Kurzattacken. Viele Männer und Pferde sind unterwegs am Hitzschlag gestorben. Als sie das Horn von Hattin erreichten, waren die Krieger zu Tode erschöpft. Ihre einzige Hoffnung setzten sie auf die Kühle der Nacht.

Aber die Sarazenen zündeten riesige Reisigfeuer an und umzingelten mit ihnen das Christenheer so lückenlos, dass keine Katze hätte entkommen können. Die bedauernswerten Eingeschlossenen wären beinahe erstickt.»

Dem Fremden versagte die Stimme. Er neigte den Kopf tief über den Tisch. «In dieser Nacht», stieß er aufschluchzend hervor, «vergruben die Templer das Kreuz, das der Patriarch ihnen mitgegeben hatte. So konnte es den Ungläubigen nicht in die Hände fallen.»

«Sie hatten keine Hoffnung mehr», murmelte der Eremit.

«Am Morgen waren alle elender als am Abend zuvor. Dem Grafen von Tripolis wurde die Vorhut übertragen, denn man befand sich auf seinem Boden. So gut er es vermochte, stürmte er mit seinen Rittern den Feinden entgegen. Die Sarazenen öffneten ihre Reihen, wie es ihrer Taktik entspricht. Aber der Graf wich mit seiner Hausmacht zur Seite. Alle anderen gerieten in die Umklammerung und damit in Sultan Saladins Hand.»

«Wird man je von diesen Tapferen noch etwas hören?»

«Der Sultan soll die christlichen Barone mit ausgesuchter Höflichkeit behandelt haben. Dem Grafen des Krak von Moab aber hat er eigenhändig den Kopf abgeschlagen, da dieser während seines Waffenstillstandes mit Saladin die ägyptischen Handelskarawanen geplündert hatte.»

«Wie verhielt sich der Sultan zu den Templern?», fragte der Einsiedler mit zitternder Stimme.

«Er hat sie seinen Derwischen zur Folterung übergeben. An Pfähle gebunden, wurden sie von diesen geschunden. Kurz vor ihrem Tod bot Saladin ihnen das Leben an, sofern sie Christus verleugnen würden.»

Nun hatte auch der Alte den Kopf tief geneigt, und Roland sah Tropfen aus seinen Augen niederfallen.

«Der Herr vergebe allen, die ihn in dieser großen Not verleugnet haben, wie er seinem Jünger Petrus vergeben hat!»

«Es waren zweihundert», sagte der Fremde stockend, «und keiner von ihnen hat Christus verleugnet. Sie alle sind als Märtyrer gestorben.» Nach diesen Worten schwiegen die Männer lang.

«Was geschah dem Großmeister Gerard de Ridefort? Ist auch er gefangen?»

«Auch er. Und auch der König. Diese beiden Herren spart sich Saladin für besondere Zwecke auf. – Jetzt steht der Sultan vor den Mauern von Jerusalem.»

«Das Land ist ohne Krone», sagte der Alte fast unhörbar, «und Jerusalem», rief er plötzlich schmerzbewegt, «Jerusalem ist ohne Männer, die es verteidigen könnten!»

Roland schrie laut auf und stürzte zu Boden. Bei dem Wort Jerusalem war seine Erinnerung wiedergekehrt, und er war ohnmächtig geworden.

«Nun wird er gesund werden», sagte der Alte bekümmert. «Wie gut hat es aber einer, der von allem Schrecklichen, das geschieht, nichts begreift!»

Jerusalem weint

Anna hatte sehr bald von der Niederlage des Prunkheeres erfahren. Tag für Tag hatte sie auf Roland gewartet, denn eine innere Stimme hatte ihr gesagt, dass er nicht tot war. Sie hatte sich gegen die düsteren Voraussagen der Nachbarinnen so lange gewehrt, bis sie keine Kraft mehr zum Wehren hatte. Dann war sie in ihrem Glauben schwankend geworden: Nein, Roland würde nicht mehr zurückkommen, wenn er bis jetzt nicht gekommen war. Denn wenn er auch jetzt, wo ihr Leben durch die Belagerung so bedroht war, nicht kam, dann war er tot, und nie mehr würden sie einander wieder sehen.

Sie zog den Kindern weiße Trauerkleider an und verschleierte sich wie eine Türkin, denn es gab keine Hoffnung mehr – weder für sie noch für die Kinder: Über kurz oder lang würde die Stadt erobert sein, denn auf den Zinnen standen nur noch ausgemergelte Greise und Knaben. Die Verzweiflung unter den Frauen von Jerusalem war groß. Wenn sie sich beim Wasserholen an der Zisterne trafen, weinten sie. Es war abgemacht, dass man den Namen des Sultans nicht nannte.

Eines Morgens kam eine Nachbarin gestikulierend zur Zisterne gelaufen. «Der Graf von Ibelin», rief sie aufgeregt, «der Graf von Ibelin ist in der Stadt! Er hat vom Sultan einen Passierschein bekommen, um seine Familie herauszuholen!» Als die Frauen sich nicht weiter darum kümmerten, rief sie: «Begreift ihr denn nicht, was das für uns bedeuten könnte?»

«Wir hören, was du sagst», antwortete Anna bitter und wandte sich ab.

«Glaubst du, er wird uns mitnehmen?», fragte eine andere Frau höhnisch. «Verhungern können wir, während unsere Knaben und ehrwürdigen Väter von den Zinnen fallen – was kümmert es ihn?»

«Er ist der Einzige, der uns helfen kann!», beharrte die andere eigensinnig. «Auf ihn setze ich! Er kann mit dem Sultan verhandeln, dass er unsere Stadt nicht stürmen oder plündern lässt. Er allein kann verhindern, dass unsere Kinder verschleppt oder abgeschlachtet werden! Er muss den Sultan bewegen, dass kein Blutbad in unseren Mauern geschieht! Auf! Lasst uns vor sein Haus ziehen! Wir wollen ihn bitten, dass er uns hilft. Nehmt eure Kinder mit; das wird ihn rühren!»

Mehr und mehr Frauen liefen zusammen. Sie brachten ihre Säuglinge und Kleinkinder mit. Greisinnen ließen sich von ihren Töchtern auf den Rücken nehmen. So zog die Menge vor das Stadthaus des Grafen Ibelin.

«Bleibt bei uns! Helft uns!», riefen die Verzweifelten, «sonst sind wir alle verloren! Wendet den Sinn des Sultans, auf dass er uns nicht ins Verderben stürze!»

Der Graf trat vors Haus, und mit einer Handbewegung beruhigte er die aufgeregten Menschen. «Ihr Frauen!», rief er freundlich, «geht nur nach Hause; ich will versuchen, das größte Unheil von euch abzuwenden!»

Die Mütter zerstreuten sich. Sie weinten laut. Es war ihnen, als habe sich ein furchtbarer Krampf in ihrem Innern gelöst. Auch Anna ging mit den Töchtern heim. Sie setzte sich zu ihnen in den Innenhof, was sie schon lange nicht mehr getan hatte, und gab einer jeden einen getrockneten Apfelschnitz aus dem Vorrat.

Die harte Belagerung begann am 20. September 1189, und viele Greise und Knaben verloren ihr Leben. Aber schon am 2. Oktober war der Übergabevertrag fertig gestellt, den der Graf von Ibelin, der zu dieser Zeit als Adelsvorstand der Bevollmächtigte aller christlichen Barone war, mit dem Sultan ausgehandelt hatte. Seinem politischen Geschick war es zu verdanken, dass die Stadt weder gestürmt noch geplündert wurde. Wer sich freikaufen wollte, konnte mit seiner Habe von dannen ziehen. Der Sultan bestimmte ein Lösegeld von zehn Goldstücken für einen Mann. Für eine Frau forderte er fünf und zwei für ein Kind.

Templer und Johanniter gaben an die Armen, was sie noch hatten. Der Sultan wie sein Bruder Malek verzichteten zu Gunsten der Armen auf dreitausend weitere Goldstücke.

Anna hatte sich und ihre Kinder mit der Hilfe der Templer ausgelöst. Nun zogen sie mit ihrer geringen Habe vors Tor, wo die Ausgelösten aufeinander warteten. Endlich wurden sie von den Soldaten des Sultans in drei große Flüchtlingszüge eingeteilt. Den einen unterstellte Saladin den Johannitern, die alt und gebrechlich in Jerusalem zurückgeblieben waren, als die gesunden zur Sephoriaquelle aufgebrochen waren. Den zweiten Zug führten die verwundeten Templer an, die ebenfalls im Haupthaus von Jerusalem geblieben waren. Der dritte Zug wurde vom Grafen von Ibelin geführt.

Der Sultan befahl alle Flüchtlinge nach Tripolis und gab jedem einzelnen Zug fünfzig ägyptische Reiter mit, um sie vor Räubern zu schützen.

Noch während sie sich vor dem Tor gesammelt hatten, waren die christlichen Torhüter durch sarazenische ersetzt worden. Wer nun noch in der Stadt war, gehörte dem Sultan. Die Falle war zugeschnappt, und schreiend durchrasten die Gefangenen die Straßen in der Hoffnung, irgendeinen unbewachten Ausschlupf zu finden. Es nützte ihnen nichts. Sie wurden alle zur Zwangsarbeit nach Ägypten verschleppt. Und als man ihre Zahl erfasst hatte, da waren es elftausend.

Als Roland aus seiner Ohnmacht aufgewacht war, sah der Eremit, dass er gesund war. Mit der Vorsicht eines Arztes brachte er ihm zum

Bewusstsein, was inzwischen geschehen war. Roland begriff. So wunderte es den Alten nicht, dass er am selben Tag noch die Höhle verließ, in der er die Zeit seiner Bewusstlosigkeit verbracht hatte. Er dachte nur noch an Jerusalem, wo Anna mit den Kindern war. Roland lief Tag und Nacht, als könne er als Einzelner seinen Lieben irgendetwas helfen. Als er Tage später zum Jaffator kam, trieben die Soldaten soeben die Gefangenen ins Käsmachertal. Mit brennenden Augen spähte Roland jedem Vorbeiziehenden ins Gesicht. War Anna dabei? Die Kinder?

Ein berittener Sarazene schlug ihn mit der Peitsche. «Los, du Christenhund! Wir haben noch einen weiten Weg miteinander!» Da war Roland einer von denen, die zur Zwangsarbeit an die Wälle der reichen Stadt Damiette getrieben wurden, der Schlüsselfestung von ganz Ägyptenland. In tiefster Verzweiflung ließ er sich von der Menschenmasse mitziehen.

Schweigend zogen die Gefangenen dahin. Ihr Kummer wandelte sich nach und nach in grenzenlose Müdigkeit. Nur manchmal, wenn die Reiter den Zug mit Peitschenhieben antrieben, weil es ihnen zu langweilig geworden war, murmelte Roland das Wort «Rattenschwänze» vor sich hin, dessen Bedeutung ihm Arnold vor so vielen Jahren genannt hatte.

Der traurige Zug wurde an der Festung Gaza vorbeigeführt, die nun wieder ägyptisch war. Teilnahmslos hörten sie, dass Sultan Saladin den Großmeister Gerard de Ridefort gegen dieses Bollwerk ausgetauscht hatte. Zum ersten Mal hatte ein Templergroßmeister sich auslösen lassen!

Auch in den ägyptischen Orten, durch die sie geführt wurden, gaben die Einwohner ihnen aus Bosheit Neuigkeiten mit auf den Weg, die sie in ihrer Müdigkeit aber nur halb begriffen:

«Ganz Palästina habt ihr Christen verloren!» Und sie zählten ihnen an den Fingern vor, was die Christen im Orient noch besaßen:

«Nichts weiter besitzt ihr noch als das Fürstentum Antiochia, die Grafschaft Tripolis, die Templerstadt Tortosa mit achtunddreißig Templerdörfern und die Johanniterfeste Margat, denn Akkon und Jaffa hat der Sultan eingenommen.» Ein Rudel Gassenjungen kam und spuckte sie an.

«Euer König hat sich aus der Hand des Sultans freigekauft!», schrien sie. «Er und der Obertempler mussten dem Sultan versprechen, dass sie nie mehr gegen ihn kämpfen. Aber ihr Christenhunde haltet ja niemals Wort!» Und sie spuckten ihnen wieder ins Gesicht.

«Verräter seid ihr! Denn euer König und der Obertempler haben Krieger gesammelt und hinter dem Rücken des Sultans den Templerturm von Akkon zurückerobert! Nun belagern sie von ihm aus die Stadt. Allah möge sie verderben! Es ist nur gerecht, dass man euch zur Fronarbeit schickt!»

Der Weg bis Damiette war noch weit, und viele der Gefangenen starben unterwegs an der Hitze.

Nach Hause?

Der Graf von Tripolis hatte beim Herannahen der drei Flüchtlingszüge die Tore schließen lassen. Diese Flüchtlinge waren ja viel zahlreicher als die Bewohner seiner Stadt. Leicht könnten sie sich der Einwohner und der Lebensmittel bemächtigen! Wollte der Sultan die Stadt Tripolis absichtlich mittels dieser Leute gefährden?

Draußen vor der Mauer im Lager der Massen rief man aber den Zorn Gottes auf das Haupt des Grafen von Tripolis herab, dessen Hartherzigkeit keiner verstand.

Einige Tage später kam von Akkon die Templerflotte in den Hafen von Tripolis, ehe sie ins Abendland fuhr; die Flüchtlinge wurden aufgerufen, dass sie sich zur Überfahrt meldeten. Aber was sollten sie in einem Land, das sie nur aus Erzählungen kannten? Sie glaubten nicht, dass es dort ein besseres Leben gab.

Unter den wenigen, die sich zur Überfahrt bereit fanden, war Anna mit ihren Kindern. Der Abschied von dem Land, in welchem sie mit Roland gelebt hatte, fiel ihr schwer. Immer wieder gemahnte sie sich deshalb selbst an die Worte, die Roland am Tag der Königskrönung zu ihr im kleinen Innenhof gesagt hatte: Die Kinder sollten in Lyon aufwachsen. Die äußere Sicherheit ist in der freien deutschen Reichsstadt größer.

Mit tränenvollen Blicken sah sie auf das schwindende Land zurück, das im Osten wie ein bräunliches Band über dem blauen Wasser verblasste. Weinend ließ sie sich zwischen den anderen Flüchtlingen nieder und zog ihre Bündel nahe zu sich. Sie alle litten ja auch noch unter der Erschöpfung des Fußmarsches nach Tripolis.

Aber Tag für Tag erholten sich die Elenden mehr, ihre Trauer nahm ab, und manchen glückte bald ein hoffnungsfrohes Lächeln.

Einige braun gekleidete Templer waren auf dem Schiff, die sich dem Orden für ein Jahr verpflichtet hatten, wie Roland es vor vielen Jahren getan hatte.

Einer der Verbrüderten war ein Herr von Provins. Sein Knappe hütete eine mit einem schwarzen Tuch bedeckte Kiste. Ab und zu kam er mit einer Wasserkanne, hob das Tuch und goss ein wenig in den Kasten.

«Vielleicht ist in diesem Kasten ein besonderes Tier, Mutter?», rätselten Annas Kinder, «eines, das nur von Wasser lebt?»

«Meinst du, Maria, es tut mir etwas, wenn ich hinkrieche und den Zipfel des Tuches hebe?», fragte Lena verschmitzt.

«Ich will nicht, dass du hinkriechst», entgegnete die Schwester bestimmt. «Ich werde den Knappen fragen.» Sie nahm die Schwester bei der Hand und stellte sich mit ihr vor den bärbeißigen alten Knappen des Herrn von Provins hin.

«Wenn es dir recht ist», begann sie, «will ich dich jetzt etwas fragen.»

Der Knappe konnte ein Schmunzeln nicht verbergen. «Ich werde dir antworten», sagte er ebenso wichtig, «falls ich es kann.»

«Was ist in dieser Kiste, in die du immer Wasser gießt?»

«Hast du es noch nicht erraten?»

«Wir haben lang hin und her gedacht. Ist es ein besonderes Tier? – Etwas anderes fällt uns nämlich nicht ein. Ist es also ein Tier?»

Aber sicher ist es ein Tier, wollte der Knappe schon sagen, da hörten die Mädchen eine tiefe Stimme über sich: «Nein, es ist kein Tier; es ist eine Rose.» Der Herr von Provins kauerte sich neben der Kiste nieder.

«Es war einmal ein weiser König, der hieß Salomo. Sein Palast stand in Jerusalem. Dort ließ er zur Ehre Gottes einen so herrlichen Tempel bauen, dass sich alle Welt darüber wunderte. Salomo hatte die Gnade eines langen Lebens, so dass er die Vollendung dieses Tempels noch feiern konnte. Er sang bei diesem Fest aus Dankbarkeit ein Freudenlied. Alle Welt sprach die Worte dieses Liedes nach und nannte es das Hohe Lied des Salomo. In diesem Lied nennt er die Liebe seines Herzens eine Rose.

Und seht, deshalb suchte ich im Heiligen Land nach dieser Blume. Die will ich in meine Stadt Provins bringen, und jedem, der mich besucht, will ich sie zeigen; denn im Abendland kennt man die Salomonsblume nicht. Damit sie bis dorthin aber nicht abstirbt, muss mein Knappe sie täglich gießen und mit dem Tuch vor der Sonne schützen. – Wollt ihr sie nun sehen?»

Der Herr von Provins hob das schwarze Tuch, und die Mädchen hielten ihre Köpfe über die Kiste. Sie sahen einen Strauch mit herrlichen rubinroten Blüten und wunderten sich nicht, dass ein König diese Blume geliebt hatte.

Der Herr von Provins nahm Anna mit den Mädchen bis vor die Tore von Lyon in seinem Gefolge mit. Dort verabschiedete er sich von ihnen, denn er wollte zu jener Templerburg, die nördlich der Stadt im Rhôneknie in einem See erbaut worden war.

«Dort habe ich den braunen Mantel entgegengenommen», sagte er, «dorthin bringe ich ihn wieder zurück.»

Anna nahm ihr Bündel entgegen und ging mit den Kindern durchs Tor. Maria und Lena warfen noch einen letzten Blick auf das Packpferd, an dem die Kiste mit der Rose befestigt war. Zu ihrer Freude hatte die kostbare Salomonsblume die Reise übers Meer überstanden. Eine Frau wies ihnen den Weg zum Steinmetzhaus, dabei schaute sie die Ankömmlinge neugierig an.

«Nehmt es mir nicht übel», sagte sie, «aber es wundert mich doch, was ihr dort wollt. Unsereiner geht nicht so gern in dies Haus.»

Anna sagte: «Wir sind mit dem Steinmetz verwandt.»

«Dann will ich weiter nichts sagen», murmelte sie und machte sich davon.

Die Kinder, die die Andeutungen der Frau nicht verstanden hatten, lächelten erwartungsvoll, als Anna mit dem Klöppel an die Tür klopfte. Die Haustür wurde geöffnet und wortlos wieder zugeworfen, und das Lächeln verschwand aus den Gesichtern der Kinder.

Noch einmal klopfte Anna an, aber im Haus rührte sich nichts. Die Kinder weinten verängstigt. Da schlurfte ein Mann von der Werkstatt herüber.

«Was wollt ihr?», fragte er mit müder Stimme.

«Ich suche den Vetter meines Mannes, den Steinmetz Jan.»

«Wie? Wen suchst du hier, und wie soll der heißen?»

«Jan, den Steinmetz von Lyon.»

«Der bin ich, aber dich kenne ich nicht, Frau.»

«Ich bin die Frau deines Vetters Roland; und das sind seine Kinder.»

«Kannst du mir ein Zeichen geben, an dem ich sehe, dass deine Worte wahr sind?»

«Dein Vetter», sagte Anna, «hatte von Kindheit an eine weiße Strähne im Haar. Er besitzt Schafe, die hinter der Kapelle der Heiligen Magdalena geweidet werden. Er sagte zu mir: Jan wird Sorge tragen, dass sich die Herde bis zu meiner Heimkehr vergrößert.»

«Das habe ich bei Gott getan!», rief der Steinmetz aus, und es war, als falle die Müdigkeit von ihm ab. «Aber sag mir doch, wo mein Vetter ist! Und warum steht er jetzt nicht hier bei uns?»

Ehe Anna aber antworten konnte, wurde die Tür aufs Neue aufgerissen, und das Weib streckte den Kopf heraus.

«Schert euch endlich fort, ihr!», schrie es. «Wird's bald, Alter, komm herein! Ich dulde kein Gesindel in meinem Hof!»

«Weib», beredete sie der Mann, während sein fahles Gesicht sich rötete, «dies ist kein Gesindel. Die Frau da ist meine Vettersfrau mit ihren Kindern. Sie haben an diesem Haus und an dieser Werkstatt teil, wie Roland es bei den Templern hat niederschreiben lassen. Die Frau hat mir ein Zeichen gegeben, auf das hin ich ihr glaube. Lass sie also hinein!»

Widerwillig gab die Steinmetzin den Eingang frei. Dabei murmelte sie verächtlich: «Das soll kein Gesindel sein? Da lache ich nur!»

Jan brachte die Verwandten in die Küche und forderte Anna zum Sitzen auf. Ihre Bündel könne sie in die Ecke legen. Zu seiner Frau aber sagte er: «Richt ihnen die Giebelkammer; unser Sohn kommt so bald nicht zurück.»

«Hast du Gesichte, dass du Dinge weißt, die in der Zukunft liegen», keifte sie hämisch, während sie den Besen aus dem Schrank riss. Dann deutete sie mit ihrem knochigen Finger auf Maria: «Komm schon mit, Junge; es wird dir nichts schaden, wenn du mir hilfst.» Sie drückte ihr den Putzeimer, den sie hatte voll laufen lassen, in die Hand. Verschüchtert folgte Maria ihr über die Treppe hinauf.

Jan seufzte. «Es ist ein Kreuz», sagte er und schaute nickend auf den Boden.

«Damit du weißt, Frau, wie deine Sache steht», fuhr er endlich fort, «heute Nacht schlaft ihr bei uns – in der Kammer, die der Vetter bewohnt hatte, ehe er mit dem Onkel in den Orient gepilgert ist. Aber morgen will ich mit dir zum Amtmann gehen und will dein Zeichen bezeugen. Zuvor bringe ich dich in die Martinskirche, wo du mir vor Gott einen Eid schwören sollst, dass du meinem Vetter nach kirchlichem Gesetz angetraut bist; und dass die beiden Kinder seines Blutes sind und die heilige Taufe empfangen haben. Sobald das geschehen ist, habe ich nichts mehr dagegen, dass du in die Rechte meines Vetters eintrittst.

Damit du aber weißt, wie es sich hier im Haus verhält, so sage ich dir, dass die Hausfrau nach wie vor mein Eheweib bleibt. Die

Steinmetzwerkstatt wird von meinen beiden Söhnen betrieben, auch wenn deine Mädchen eines Tages fremde Steinmetze heiraten sollten. Anteil hast du an diesem Haus und an dem Gebäude der Werkstatt, an unseren Gärten und Feldern und am Vieh. Die liegenden Steine, seien sie behauen oder nicht, gehören als Arbeitsgut allein meinen Söhnen. Der älteste ist René, der jüngste ist André. Der mittlere, der Philippe, ist weggelaufen. Ich sage es dir, wie es ist: Er ist ein Muttersöhnchen. Er will Schreiber werden. Seit der Vetter weg ist, hat er die Giebelkammer bewohnt, welche die Frau jetzt für euch zurechtmacht. Gewiss kommt er erst dann wieder zurück, wenn er das Geld verjubelt hat, das seine Mutter ihm zugesteckt hat.»

«Das Schreiberhandwerk», sagte Anna dem Vetter zum Trost, «ist keineswegs schlecht, Vetter Jan, denn mehr und mehr werden Schreiber gebraucht. Im Orient haben die christlichen Kauffahrer nie genug von ihnen in ihren Kontoren. Freut euch doch, wenn euer Sohn das Schreiben lernt!»

«Wir Steinmetze schreiben ja auch», sagte Jan. «Wir meißeln Zeichen in unsere Steine und ritzen solche in Wachstafeln. Aber das ist eine andere Art von Schreiben. Sie dient zur Verständigung unter den Steinmetzen oder ist ein Hinweis für die Auftraggeber. Es sind meistens ganz einfach Merkzeichen für das, was wir gearbeitet haben; sie erleichtern uns das Abrechnen.»

Während er noch gesprochen hatte, hatten die Kirchenglocken angefangen, den Feierabend einzuläuten, und die Söhne kamen mit den Gesellen und Lehrbuben von der Werkstatt herüber.

Jan deutete auf einen kräftigen jungen Mann mit verschlossenem, aber nicht unfreundlichem Gesicht: «Das ist René. Und der dort ist André. Dem musst du manches nachsehen, Frau, der ist ein Spaßvogel.»

Er erklärte den Söhnen, dass Anna die Frau des Vetters Roland sei. «Morgen», sagte er, «werde ich mit ihr zum Amtmann gehen.» Als die Handwerker noch immer dastanden und Anna ansahen, setzte er dazu: «Sie kommt aus dem Heiligen Land.»

«Hat sie ein Zeichen?», fragte André wissbegierig, aber ohne Misstrauen. «Wie ist es im Orient? Stimmt es, dass dort die Sache der Christen verloren ist? Hast du die heiligen Stätten gesehen, Frau? Warum haben die Templer Jerusalem nicht verteidigt? Dazu sind sie doch da!» So sprudelte er seine Fragen hervor.

Da Anna nicht alle auf einmal beantworten konnte, entgegnete sie auf die letzte:

«Vettersohn», sagte sie traurig, «es gab ja keine Templer mehr in Jerusalem. Niemals mehr wird die Heilige Stadt zu verteidigen sein, denn Sultan Saladin hat alle Mauern schleifen lassen. Ich sage dir das, weil deine Vorfahren Peter, Arnold und Roland an diesen Mauern gearbeitet haben.»

«Ist der Oheim Roland tot?»

«Wir wissen es nicht.»

Da wandte sich René, der bis dahin noch nichts gesprochen hatte, zu Anna um. «Glaubst du», fragte er ruhig, «dass dein Mann tot ist, oder hoffst du, er sei noch am Leben?» Aufmerksam sah er ihr ins Gesicht.

Anna neigte den Kopf, so dass ihre Augen unter dem Kopftuch nicht mehr zu sehen waren. «Meine Vernunft sagt, dass er tot ist. Aber mein Herz sagt, dass er noch lebt.»

«Gott sei ihm gnädig – hier oder dort!», antwortete René ernst. Dann setzten sich die Männer um den Tisch.

Anna, Bürgerin von Lyon

Spät am Abend lagen sie auf dem Stroh in der Dachkammer, das die Vettersfrau ihnen hergerichtet hatte. Keine von ihnen schlief; jede sah nur still durch das kleine Fenster, hinter dem ein Stück des sternenbesäten Himmels zu sehen war.

War das nun ein Nachhausekommen? Anna biss die Zähne aufeinander, dass ihr nur ja kein Seufzer entwische. Tränen liefen aus ihren Augen und rannen ins Haar. «Mutter», raunte Maria, «die Oheimin hat mich gefragt, wie unser Vater ausgesehen hat. Von der weißen Strähne in seinem Haar hat sie nichts wissen wollen. Sie wollte mir einen Honigfladen schenken, wenn ich zu den Leuten auf der Straße sage, unser Vater sei ein Knecht gewesen.»

Zornig fuhr Anna hoch. «Euer Vater ist Roland, der Steinmetz von Lyon. Er ist Meister und nicht Knecht, und er hat eine weiße Strähne im Haar.

Aber es kann sein – wenn Gott ihm das Leben gelassen hat –, dass er heute ein Knecht ist und alle seine Haare weiß sind. Denn er hat um uns genauso große Sorgen wie wir um ihn. Sein Wille ist es gewesen, dass ihr in seiner Heimat aufwachst; und deshalb sind wir hier.»

«Ich bin unruhig, Mutter! Hier gefällt es mir nicht», sagte Maria. Lena weinte. Da glitt Maria von der Mutter weg und huschte durch die Kammer.

«Was hast du, Kind, wo willst du hin? Der Span ist aus, und wir können ihn nicht anzünden!» Aber Maria war zur Tür hinausgeglitten. In Annas Erinnerung tauchte jene Nacht des zweiten Kreuzzuges auf, in der auch sie vom Lager weggeschlichen war; und sie rief Maria nicht zurück. Lauschend lag sie neben Lena auf dem Stroh.

Keine Stufe der steilen Stiege knarrte. Nur das Schnarchen der Lehrbuben war vom hinteren Dachboden her zu hören. Maria hatte die unterste Stufe erreicht. Ein paar Schritte nach links, und sie stand vor der Tür, hinter der am Abend der Oheim mit seiner Frau verschwunden war. Sie drückte das Ohr an das glatte, kühle Holz. Aus dem Zimmer drang die gedämpfte Stimme des Oheims: «Ich will das alles nicht gehört haben, Weib! Du versündigst dich!»

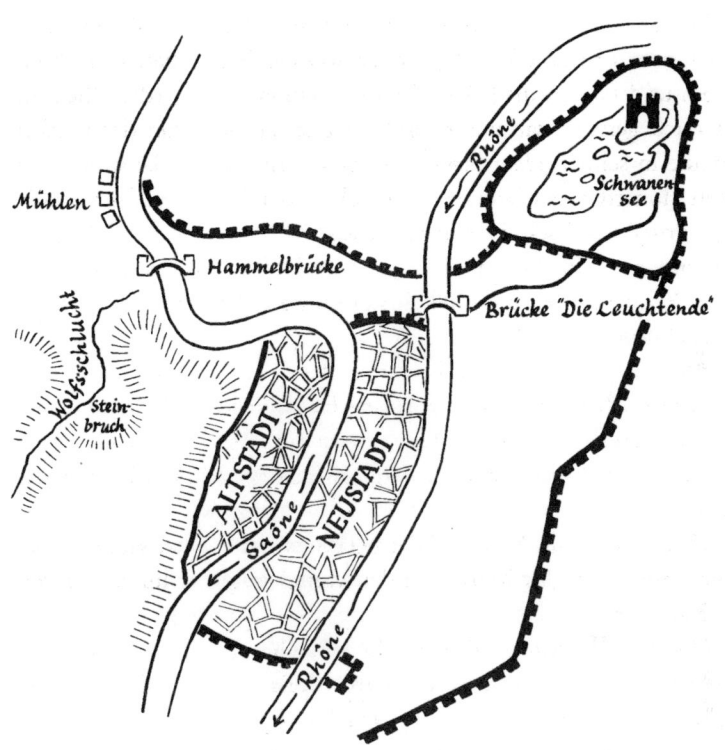

«Es hat sich schon mancher versündigt, und seinen Kindern ist es zugute gekommen. Darum sage ich dir noch einmal: Es muss einen Weg geben, dass wir den Besitzanteil, der deinem Vetter gehört, auf unsern Namen überschrieben bekommen! Vor allem aber darf sie nicht erfahren, was ihr gehört!»

Und als er nicht antwortete, fuhr sie ihn an: «Du bist zu nichts zu gebrauchen. Denk doch, wie günstig es ist, dass sie keine Söhne hat! Der Amtmann wird dir die Vormundschaft über die Mädchen morgen sicher zusprechen. Ich gebe dir einen Klumpen Butter für ihn mit.»

«Bei alledem denkst du ja doch nur an deinen Philippe, ich kenne dich.»

«Lass sie nur hier wohnen, dann bekomme ich sie schon klein!»

Maria erschrak. Nahe neben ihr hatte eine Diele geknackt. Sie fühlte: Da stand noch jemand in der Dunkelheit! Reglos wartete sie. Wer konnte das sein? Nun knackte eine Diele in größerer Entfernung. Stufen knarrten auf der Treppe, die nach unten führte; und dann klappte eine Tür ganz vorsichtig hinten im Flur.

Maria presste die Hand auf ihr klopfendes Herz. Freund oder Feind? Freund oder Feind?, hämmerte es. Morgen wollte sie herausfinden, wem die Kammer dort unten gehörte. Zitternd schlich sie in die Bodenkammer zurück.

Nach dem Morgenessen, an dem die Oheimin eine Spur freundlicher gewesen war als am Tag zuvor, ging Anna mit den Mädchen hinter Jan her zur Martinskirche. Beim Anblick des Butterklumpens begann Marias Herz wieder zu hämmern wie am vergangenen Abend. Aber als Anna sie fragte: «Was hast du denn?», da sagte sie es genauso wenig wie in der Nacht, als sie gefragt hatte, warum Maria denn so zittre.

Die Kirche war dunkel; als sich ihre Augen daran gewöhnt hatten, sahen sie vorn am Altar einen Mann, der das Tafeltuch wechselte. Diesen Mann bat Jan, Zeuge bei Annas Schwur zu sein.

Sie hob die Hand und sprach ruhig nach, was Jan ihr zu sprechen befahl: «Ich beteure vor Gott, dass ich im Angesicht aller Heiligen mit Roland, dem Steinmetz von Lyon, zur Ehe verbunden bin. Meine Kinder haben die christliche Taufe empfangen. Sie sind aus seinem Blut.»

«Er ist unser lieber Vater!», rief die kleine Lena laut. «Er hat eine weiße Strähne im Haar und ist ein Meister und nicht nur ein Knecht!»

Einen Augenblick sah der Kirchenmann die Kleine verwundert an. Dann sagte er lächelnd zu Jan: «Kindermund gibt Wahrheit kund!» und ging zurück in die Sakristei.

Wieder ging Anna mit den Mädchen hinter Jan her, der sie zum Amtmann führte, einem mageren, scharfnasigen Mann, der sie nur kurz ansah, ehe er fragte: «Du bürgst also für diese Frau, Steinmetz, dass sie der Gemeinde nicht zur Last fallen wird mit ihren Mädchen?»

«Ich bürge.»

«Reichen die Zeichen aus, die dir beweisen, dass sie deine Vetterfrau ist?»

«Sie reichen aus.»

«Hast du einen Vormund für die Mädchen, Frau?», fragte er Anna.

«Ich wusste nicht, dass ich einen brauchen würde», antwortete sie. Jan hob den Butterklumpen ein wenig vor dem Amtmann hoch.

«Wenn es dir recht ist, Frau», sagte der Amtmann und tat so, als habe er den Butterklumpen nicht gesehen, «wenn es dir recht ist, dann schreiben wir den Steinmetz Jan als den Vormund der Kinder ein. Einen anderen Verwandten habt ihr hier wohl nicht.»

«Es ist mir recht», sagte Anna, obwohl Maria heftig an ihrer Schürze zerrte. «Was ist denn, Kind?», fragte sie hinterher leise. Aber da war Jan bereits der Vormund der Kinder.

Der Amtmann rief einen Gehilfen herein, der Anna und Jan noch einmal fragte, ob alles so sei, wie behauptet. Dann unterschrieben beide Amtspersonen die Eintragung, und der Amtmann, der den Butterklumpen vor dem Gehilfen zwischen den Knien verborgen gehalten hatte, sagte:

«Damit ist alles klar, Frau, und du bist Bürgerin der Stadt Lyon.»

«Ich danke dem Amtmann auch im Namen meiner Kinder», sagte Anna und wandte sich zum Gehen.

«Also gehen wir heim. Meine Hausfrau wartet schon, dass ihr zum Helfen kommt. Sie hat gesagt, es sei heute vieles zu tun.»

«Vetter», sagte Anna, «ich hatte nicht vorgehabt, mich hier auf die faule Haut zu legen; denn das habe ich auch früher nie getan.»

«Dann nichts für ungut, Frau», sagte Jan kleinlaut und trat auf die Straße hinaus.

Vor dem Amtshaus wartete René. Betreten blieb Jan vor ihm stehen. «Was willst du hier?», fragte er ihn lahm, «solltest du heute nicht die Blöcke ausmessen, die auf der Landzunge zwischen den Flüssen liegen?»

«Das kann warten bis zum Nachmittag, Vater.» Dann wandte er sich an Anna und sagte: «Oheimin, mein Vater ist nicht so gut zu Fuß wie ich. Darum möchte ich euch ins Templerhaus auf der Schwaneninsel begleiten, wohin du unbedingt gehen musst; denn bei den Templern hat mein Oheim Roland seine Besitzverhältnisse geordnet niedergelegt. Von diesen musst du Kenntnis erhalten, damit du weißt, was dir gehört.»

Bei diesen Worten seines Sohnes hatte sich Jans graue Haut gerötet. Ängstlich schaute er hinter sich, als fürchte er eine Gefahr im Rücken. Dann sagte er stotternd: «Aber die Mutter hat ausdrücklich gesagt, dass ich sie gleich nach Hause bringen soll!»

Als René seinen Vater aber nur stumm und düster ansah, ging er mit hängenden Schultern wortlos davon.

«Vettersohn», sagte Anna, «führ mich zu Rolands Herde, die dein Vater vermehrt hat. Ich will ihm zum Dank für seine Fürsorge fünf Lämmer geben, die du zeichnen sollst.»

So gingen sie mit René zur Kapelle der Heiligen Magdalena, und Anna ließ sich die fünf schönsten Lämmer vorführen und von René mit dem Zeichen von Jans Herde versehen.

Die Mädchen sahen dem Vetter bei seinen Handhabungen zu, und es war ihnen zum ersten Mal wohl, seit sie die Stadt Lyon betreten hatten.

Als René die Lämmer gezeichnet hatte, sagte er: «Oheimin, du würdest gut daran tun, dich mit den Templern hier zu verschwistern. Deine Herde ist so groß, dass du ihnen gut dieses Mutterschaf dort geben könntest. Dann bist du in ihrer Hut. Und dieser Vertrag wird niedergeschrieben. Ich bitte dich: tue es!» Er sah Anna zwingend an.

Sie überquerten die Saône, wanderten durch die Straßen der Neustadt und ließen sich über die Rhône setzen. Dort gingen sie eine Stunde lang nach Norden. Die Kinder, die sich anfangs ein wenig ängstlich hinter René gehalten hatten, wurden immer zutraulicher, denn er sagte: «Seht ihr die Enten im Fluss? Und dort, dort fliegt ein Reiher! Sein Kropf ist ganz dick; da hat er die Fische drin, die er aus den Flüssen geholt hat.» Als er sagte: «Der Reiher ist ein Räuber», da lachte er sogar ein wenig.

Maria aber betrachtete ihn zwischen all dem Lachen und Reden für Augenblicke aufmerksam von der Seite und dachte an die knarrende Diele.

Als sie eine gute Strecke so gewandert waren und das Schaf, das immer wieder bockte, endlich in einen gleichmäßigen Trott gebracht hatten, gelangten sie zu einem Wäldchen, das von einer weitläufigen Mauer umfasst wurde.

«Hinter diesem Wäldchen», erklärte René, «kommt die Rhône von Osten und umfließt es und biegt nach Süden ab. Was innerhalb dieser weiten Mauer ist, das ist alles Templergebiet.»

Die Mauer war mit einem schweren Tor versehen, in dessen einem Flügel ein kleines eingelassen war. Dieses kleine stand offen, und man konnte drinnen den Torwächter mit einem anderen Templer sprechen sehen. Als er die Ankömmlinge mit einem Blick umfasst hatte und sah, dass sie ein Schaf bei sich hatten, deutete er nach rechts, ohne sein Gespräch mit dem anderen Templer zu unterbrechen.

Sie gingen auf einem schmalen Waldweg fort und gelangten bald zu einem weiten Schafstalle, der nicht offen war wie im Orient, sondern Seitenwände hatte und ein verschließbares Tor. Das Schaf wurde von zwei Servienten entgegengenommen, die ihre schwarzen Kutten über dem Gürtel hochgezogen hatten. Der eine von ihnen gab René ein Hölzchen dafür, in welches ein einzelnes Zeichen eingekerbt war. Dann bedeutete er ihm, dass der Rechenmeister in der Wasserburg sei und sie am besten täten, wenn sie auf diesem Waldweg weitergehen würden.

Wenig später standen sie an einem See, in dem es einige Inseln gab. Ein alter Templer fütterte die Schwäne, die ruhevoll auf ihn zugeschwommen kamen.

«Dieses Wasser, Oheimin, musst du dir als Altarm der Rhône vorstellen. So war es früher. Jetzt ist es durch Erdanhäufungen vom Fluss abgetrennt.»

Auf der größten Insel ragte die Templerburg auf. Ihre Mauern waren fest und hoch. Die Zugbrücke war herabgelassen.

«Diese Burg ist nicht nur für die Templer ein sicheres Haus, Oheimin, sondern in ihr wird die in einen goldenen Kopf gefasste Reliquie der Heiligen Magdalena verehrt. Du wirst dich deshalb nicht wundern, dass wir Leute von Lyon diese Templerburg die Burg zum Goldenen Kopf nennen.»

Anna nahm die Mädchen bei der Hand und ging mit ihnen auf die Zugbrücke zu.

Im Schwanensee

«Zum Rechenmeister?», fragte René den Wachtposten, der im Tor hinter der Zugbrücke postiert war.

«Da habt ihr Glück!», sagte er, indem er einen Servienten herbeiwinkte. «Der Rechenmeister ist heute zufällig hier. Sonst ist er in unserem Stadthaus an der Saône.» Und zu dem Servienten sagte er: «Zum Rechenmeister, wenn du im Garten gerade nicht gebraucht wirst.»

Der Servient hatte eine Schürze umgebunden und wischte seine lehmigen Hände an ihr ab, als er neben René über den Burghof voranging. Er führte sie in ein Treppenhaus hinein, neben dessen Vorplatz die Schreibstube lag.

«Hier!», deutete er, indem er seine immer noch lehmigen Finger aus der Schürze zog.

Der Rechenmeister saß an einem gewaltigen Tisch, der fast die ganze Breite des Raumes einnahm. Als sie eintraten, schaute er aus einem großen Buch auf, in dem Schriftzeichen und Zahlenreihen zu sehen waren.

«Setzt euch auf die Bank!» Er rieb die Augen mit beiden Handballen, während er sie anredete:

«Sagt mir nur rasch, was ihr wollt; ich bin sehr beschäftigt.»

«Diese Frau will sich mit Eurem Orden verschwistern. Sie ist gestern aus dem Orient gekommen und hat bezeugt, dass sie meine Oheimin ist. Sie ist die Frau von Roland, dem Steinmetz von Lyon, und heißt Anna. Diese beiden Mädchen sind die wahren Kinder. Sie haben die Taufe empfangen.»

«Bist du nicht René, der Steinmetz?»

«Der bin ich.»

«Ich erinnere mich noch an dich. Du hast uns beim Bau dieser Anlage manchmal geholfen.»

Der Rechenmeister winkte seinem Schreiber. Und als René gesagt hatte, dass Roland vor fünfzehn Jahren in den Orient gezogen war, rief er: «Bring das Buch von elfhundertfünfundsiebzig!»

Ein dicker Stapel von ungleichen Blättern war zwischen zwei Deckel gepresst. Der Schreiber hatte dieses Buch mit einem Griff gefunden. Blatt um Blatt wendete der Rechenmeister um, bis er «Hier!» sagte und mit dem Zeigefinger die Schriftreihen entlangfuhr.

«Roland, Steinmetz von Lyon, bietet seinen Acker jenseits der Rhône dem Orden für zehn Jahre zur Nutzung an. Dafür erhält er das Geld für die Überfahrt ins Heilige Land. Der Acker bleibt das Eigentum des besagten Steinmetzen. Der Orden verpflichtet sich aber, über alle Habe des Steinmetzen Roland zu wachen, damit sie nicht verschleudert werde. Er sagt dem Steinmetzen eine jährliche Kontrolle derselben zu.

Sollte der Acker länger als zehn Jahre in der Hand des Ordens verbleiben, gehört der vierte Teil jedes Jahresertrages dem Steinmetzen. Dieser Anteil soll in der Ordenskasse festgelegt werden, bis fünf weitere Jahre verstrichen sind. Er soll sich jährlich um ein Zehntel seiner Summe vermehren.

Sollte der Steinmetz Roland sein Eigentum binnen fünfzehn Jahren nicht abgerufen haben, sollen es die nächsten Verwandten erben. Für den Fall, dass keine Verwandten mehr leben, fällt das Eigentum des Steinmetzen Roland dem Orden zu.»

«Liebe Frau», der Rechenmeister wandte sich zu Anna, ohne den Finger vom Blatt zu nehmen, «in diesem Jahr sind die fünfzehn Jahre um, und die nächsten Verwandten des Steinmetzen sind deine Kinder und du.

Wollt ihr den Acker nun selbst bewirtschaften, oder willst du, dass wir das weiterhin tun und dir von seinem Ertrag den vierten Teil auszahlen?»

«Ich möchte, dass Ihr den Acker nutzt, wie es bisher geschehen ist.»

«Es steht dir auch das Viertel der fünf letzten Jahreserträge zu und die

Zehntel Mehrung, die sie jährlich genommen haben. Wenn du willst, kannst du das ganze Geld entgegennehmen, das sich angesammelt hat. Du kannst aber auch die Zehntel Mehrung allein bekommen, und das übrige Geld im Orden lassen, damit es sich weiter mehrt.»

«Ich will nur die Zehntel, um mir und meinen Kindern das Nötigste zu kaufen. Alles Weitere wollen wir uns erarbeiten.» Dann reichte sie dem Rechenmeister das Kerbholz. «Ich habe ein trächtiges Schaf in Euren Stall gebracht.»

«Schreib auf!», befahl er dem Schreiber, und zu Anna sagte er: «Wir nehmen dich und deine Töchter in unseren Schutz. Wenn du Sorgen hast, mit denen du alleine nicht zurechtkommst, dann sollst du es sagen. Komm dann aber nicht hierher, sondern frag in unserem Stadthaus nach mir. Hier bin ich immer sehr beschäftigt.»

«Hast du alles richtig geschrieben?», fragte er den Schreiber. «Dann lies es uns vor!»

«Anna, Frau des Roland, Steinmetz allhier, brachte am heutigen Tag dem Orden ein trächtiges Schaf. Sie steht mit ihren Töchtern und ihrer Habe unter unserm Schutz.»

Der Rechenmeister nickte Anna schon abschließend zu, als René sich vorbeugte und ihm dringlich ins Gesicht sah. «Erlaubt noch eine Frage, Herr», bat er mit rauher Stimme, «gibt es unter den Besitzungen des Ordens nicht dies oder jenes kleine Haus, das meine Oheimin mieten könnte? Oder willst du lieber bei uns bleiben?»

«Nein!», rief Maria anstelle ihrer Mutter. Dann senkte sie erschrocken den Kopf. Als sie wieder aufsah, begegnete ihr Blick den spöttisch lächelnden Augen des Vetters. Nun wussten sie also voneinander, dass sie es gewesen waren, die gemeinsam an der Tür der Steinmetzin gelauscht hatten.

«Mein Vettersohn hat Recht», sagte Anna langsam. «Es darf nur die Miete meine Möglichkeiten nicht überschreiten.»

Der Rechenmeister sagte, dass der Orden an der Stadtmauer ein kleines Haus besitze, das ihm vor kurzem von einer alten Frau vererbt worden war. «Wir könnten dir das Häuschen für einen geringen Mietzins überlassen – falls es dir gefällt.»

Dieu le veut?

Das Häuschen war sehr klein; aber sein Strohdach war sorgfältig geflickt. Unten gab es eine Küche und eine Kammer, und beide waren mit Brettern gedeckt. In der Küche hingen einige Pfannen und ein Holzkübelchen an der Wand. Zwei Bänke standen hüben und drüben an einem länglichen schmalen Tisch. Hinter dem Haus war ein winziger Garten, der von der Stadtmauer begrenzt wurde. Ein wackliger Holzverschlag lehnte an der Hauswand, in den man eine Ziege stellen konnte. Auf einer Bank stand die Wasserbütte, die auf dem Rücken zu tragen war. Aber der Brunnen war weit.

Als Anna mit den Töchtern in dieses kleine Haus eingezogen war, zimmerten sich die Mädchen zwei Bänke und trugen sie auf den Dachboden. Die eine stellten sie unter die vordere Dachluke, von der aus man die Straße überblicken konnte. Die andere brachten sie zur hinteren Luke, von der aus man über die beiden Flüsse hinwegschauen konnte, denn sie lag höher, als es die Stadtmauer war. Auf diesen Bänken waren sie in der ersten Zeit häufig zu finden, denn in dieser abendländischen Stadt geschah manches, was sie vom Orient nicht gewohnt waren. Ohne dass sie selbst gesehen wurden, sahen sie, was vor sich ging.

Die Häuser in der Gasse hatten alle Fenster, in die man von außen schauen konnte; das war sonderbar, denn man konnte das Familienleben, das sich dort innen abspielte, beobachten. Auch im eigenen Häuschen gab es ein solches Fenster. Jedes Mal, wenn die Kinder innen daran vorbeigingen, sahen sie ängstlich hinaus. Auch warfen die Frauen ihre Abfälle durch diese Fenster auf die Straße und schüttelten dort ihre Lappen aus. Kinder saßen manchmal auf den Fensterbänken und rauften um den besten Platz.

Als sie eines Tages von ihrem hinteren Ausguck aus über die Flüsse schauten, näherten sich zwei Reiterzüge von Norden her der Stadt.

Bunt hoben sich ihre Trachten von den weißen Schneefeldern ab, welche die Frühlingssonne noch nicht weggeschmolzen hatte. Die Reiter trugen zwar keine entrollten Banner mit; aber der Tross verriet, dass es sich um Kriegszüge handelte. Denn jeder Knappe hielt in seiner Hand die Leinen von drei Pferden, von denen eines ein Schlachtross war. Als sie ihre Zelte vor den Toren aufschlugen, ging es von Mund zu Mund: «Ein neuer Kreuzzug sammelt sich vor den Toren von Lyon!» Zwei Könige führten diesen Kreuzzug an: der französische König Philippe-August und der englische König Richard, den man wegen seiner Tapferkeit Löwenherz nannte.

Der dritte König war der deutsche Kaiser Barbarossa, der schon Wochen vor den beiden anderen Kreuzfahrern aufgebrochen war und auf dem Landweg in den Orient zog. Das alles erfuhr Anna von den Frauen, die sie am Brunnen traf, wenn sie Wasser holte.

«Gottes Segen mit den Kreuzfahrern!», sagte ein Mann zu Anna, «aber dumm ist, wer mitgeht! Oder meinst du nicht auch, Frau?»

«Ich weiß es nicht», sagte Anna leise. Sinnend ging sie weiter.

Am nächsten Tag waren die Könige mit ihren Rittern in der Stadt zu sehen, und viel Volk war auf der Straße und bestaunte die herrlichen Waffenröcke und die wertvollen Gehänge der Pferde. Jeder drängte sich danach, die Mäntel der Könige zu berühren, denn davon versprach man sich Glück.

Als die Bewohner der Stadt am Abend dann in ihren Häusern beisammen saßen, wurde von nichts anderem gesprochen. Hie und da wunderte man sich darüber, dass vielleicht der eine oder andere Sohn noch nicht heimgekommen war, aber man machte sich weiter nichts daraus. Wollte doch die Jugend den Anblick der Helden so lange wie möglich genießen.

Erst am nächsten Tag, als die Söhne noch immer nicht nach Hause gekommen waren, wurden die Eltern unruhig und fingen an, sie zu suchen. Da aber war der Kreuzzug bereits aufgebrochen. In vielen Kähnen fuhren die Ritter dem Mittelmeer entgegen, und die vermissten Söhne fand man nicht mehr. In jugendlicher Begeisterung hatten sie sich den Kreuzfahrern angeschlossen. Väter brachen in Schmähungen aus, und Mütter rauften sich das Haar. Sehr langsam kehrte die gewohnte Ruhe in die Stadt zurück. Da kam die Kunde, dass der Kaiser Barbarossa in einem Flüsschen von Kleinasien ertrunken war. Nur wenige Ritter seines Kreuzzuges waren bis nach Tripolis gelangt.

Annas Herz klopfte bei diesen Nachrichten laut. Sie, die im zweiten Kreuzzug mit dabei gewesen war, konnte sich ein Bild davon machen, was in diesem dritten geschehen war.

Das kleine Haus

Als Anna zum ersten Mal den Jahreszins für ihr Häuschen bei den Templern im Stadthaus bezahlte, hatte die Kunde von der glücklichen Landung des französischen und des englischen Teils der Kreuzfahrer im Orient Lyon erreicht. Nun sollte die Belagerung von Akkon beginnen. Täglich läuteten die Kirchenglocken von Lyon, um die Gläubigen an das Bittgebet für das Heilige Land zu gemahnen. Im Hochsommer 1191 hörten diese Glocken nicht mehr auf zu läuten: Richard Löwenherz und Philippe August war es mit der Hilfe der Templer geglückt, von der Templerburg Akkon aus die Stadt Akkon mit ihrem Seehafen zu erobern. Die englische Flotte hatte von See aus angegriffen. Ihr Admiral war ein Templer. Er hieß Robert de Sablé und hatte dem Orient englische Ordensritter mitgebracht. Im Templerturm von Akkon wurde er zum Großmeister des Ordens gewählt. Akkon war wieder in christlicher Hand.

Als Anna ihren Mietzins zum zweiten Mal bezahlte, hatten die Kreuzfahrer zusammen mit den Templern und Johannitern unter der Führung des Richard Löwenherz die gesamte syrische Küste zurückerobert.

Anna sah den Rechenmeister verwundert an. «Warum», fragte sie, «warum seht Ihr nach diesem Sieg nicht ein wenig froher aus, Herr?»

«Frau», antwortete er, «was nützt es, die herrlichen Befestigungen entlang der syrischen Küste zu erobern, wenn es nicht mehr genug Männer gibt, die sie verteidigen können! Der Orden ist ausgeblutet und bräuchte Zeit, bis die neue Generation nachgewachsen ist. Jetzt geben uns die Adelshäuser ihre zweiten Söhne schon im Alter von zehn Jahren zur militärischen Erziehung in die Hand. Aber wir können ja nicht mit Kindern Krieg führen!»

Dann drang die Nachricht von einem Friedensvertrag nach Lyon, den Richard Löwenherz mit Sultan Saladin ausgehandelt hatte. Es war ein Vertrag auf drei Jahre, drei Monate und drei Tage. Saladin blieb im Besitz von Jerusalem, und er garantierte den Christen die Küste zwischen Tyrus und Jaffa und dazu die Hälfte des Gebietes von Ramla und Lidda.

Als Anna aber am Osterfest 1193 zum dritten Mal ihren Mietzins zahlte, sagte ihr der Rechenmeister, dass Sultan Saladin gestorben sei. Nun würde es im Orient bei den Ungläubigen Machtkämpfe geben, denn nicht nur seine Söhne, sondern auch sein Bruder strebten nach der Macht. Diese Machtkämpfe sollten die Christen für sich ausnützen, meinte der Rechenmeister müde. Aber ob sie dazu noch in der Lage seien? Er hob die Schultern.

Auf dem Heimweg dachte Anna an Roland, wie so oft. In diesem ewigen und fast undurchschaubaren Hin und Her von Kämpfen und Machtverhältnissen im Orient konnte ein Mann leicht verloren gehen. So war es damals, und so war es heute. Es wäre ein seltenes Glück, wenn er noch am Leben wäre. Und doch –

Maria und Lena waren statt der Mutter zum Brunnen gegangen.

«Nehmt die Bütte halb voll», hatte Anna befohlen, «sie wird euch sonst zu schwer.»

Als die Mädchen dabei waren, ihre Bütte aus der Schwenkrinne zu füllen, kam René vorbei, den sie nun drei Jahre nicht mehr gesehen hatten. Er stutzte und erkannte sie. Sein Blick blieb an Marias schwarzen Zöpfen hängen, und er nahm einen von ihnen in die Hand. «Grüßt eure Mutter», sagte er zerstreut, «ich habe sie schon lange nicht mehr gesehen.» Dann ging er weiter.

Die Mädchen, die ihm wortlos nachschauten, hatten beide das Gefühl, als habe er etwas ganz anderes gesagt, als er hatte sagen wollen.

«Es wäre schön gewesen, wenn er ein wenig länger mit uns gesprochen hätte», meinte Maria versonnen. Dann legte sie sich die Gurte der Bütte über die Schultern.

In großen und ungleichmäßigen Abständen trafen sie Leute aus der Steinmetze. Man sah sich nur durch Zufall. Einem solchen Zufall war es zu verdanken, dass sie mit André zusammenstießen. Sofort gab es ein großes Hallo, und die Mädchen wurden im Kreis herumgewirbelt. Jedes von ihnen musste ihn auf eine Wange küssen, denn er behauptete, er brauche einen Abschiedskuss, da er Lyon verlassen würde.

«Wo gehst du denn hin?», wollten sie wissen.

«In den Hafen der Ehe! Ihr könnt es eurer Mutter erzählen.» Mit diesen Worten ließ er sie stehen.

Auch René trafen sie wieder. Er sagte etwas darüber, wie groß sie beide geworden seien, und nahm wieder Marias Zopf in die Hand. Gleich aber ließ er ihn wieder sinken und ging davon. Die Mädchen wussten nicht, was sie davon halten sollten. Sie erinnerten einander daran, wie gesprächig er gewesen war, als er sie ins Haus des Goldenen Kopfes gebracht hatte.

Als Maria achtzehn war und ihre Zöpfe hochgesteckt hatte, erkannte er sie nicht, als er an ihr vorüberging.

«René», rief sie, «kennst du mich denn nicht mehr?» Da blieb er stehen und schaute sie benommen an. Dann sagte er sehr ernst: «Du bist schön geworden, Maria», drehte sich um und ging davon.

Als der neunte Mietzins zu zahlen war, schickte Anna Maria ins Stadthaus der Templer zu Lyon. Unterwegs hatte Maria den Streit von zwei Jungen mit angehört, bei dem jeder den anderen beschuldigte, er wisse die neuesten Nachrichten nicht recht.

«Jawohl», rief der eine immer wieder, «der König von England heisst Johann Ohneland, nicht Richard Löwenherz, wie du es sagst!» Als sie dann dem Rechenmeister gegenüberstand, fragte sie ihn, welcher von den Jungen denn Recht habe.

«Richard Löwenherz, liebes Kind, der Lieblingssohn der Königin Eleonore, die den zweiten Kreuzzug mitgemacht hat, ist an den

Folgen einer Wunde gestorben, die er in einem Zweikampf erhalten hat. Sein Bruder Johann Ohneland ist nun König von England.»

An diesem Abend kam die Oheimin nach neun Jahren zum ersten Mal zu ihnen. Schon unter der Tür rief sie mit ihrer schrillen Stimme: «Ihr spart wohl das Öl für die Lampe, was? Da sitzt ihr im rußigen Flackerlicht dieses Spanes!»

«Wir flechten abends Stroh oder pellen Bohnenkerne aus. Dazu braucht man nicht besonders viel Licht», sagte Maria.

«Nein, nein! So ärmlich soll es bei meinen Verwandten nicht zugehen! Ich will sofort nach Hause laufen und meinen Philippe mit einem Fässchen Öl zu euch schicken! – Was bist du groß geworden, Mädchen! Hast wohl schon einen Schatz, he?»

«Es ist freundlich von dir, Vettersfrau, dass du uns besuchst», lenkte Anna ab, «aber Öl brauchst du uns wahrhaftig keines zu schenken. Wir haben keinen Mangel und sind es so gewöhnt.» Aber ehe Anna die Oheimin zurückhalten konnte, war sie zur Tür hinausgeeilt.

«Ihren Philippe will sie uns schicken? Ist denn der wieder daheim?»

«Er wird kein Geld mehr haben», bemerkte Maria böse.

Die Mädchen kletterten auf den Dachboden und spähten durch die Luke. Nach einiger Zeit sahen sie einen Mann aufs Haus zukommen; er hatte hängende Schultern und einen sonderbar schleppenden Gang. Unterm Arm trug er ein Fässchen. Sein Gesicht konnten sie in der Dunkelheit der Gasse nicht sehen. Ein wenig flüsterten sie noch miteinander; dann gingen sie in die Küche hinunter.

«Du hast das Schreiberhandwerk gelernt?», fragte die Mutter gerade. Philippe war nicht hässlich. Aber seine Gesichtszüge befanden sich nie in Ruhe. Und immerzu fingerten seine Hände aneinander herum.

«Das Schreiberhandwerk?», wiederholte er Annas Frage, nachdem er zu den Mädchen hinübergeschaut hatte. «Das Schreiberhandwerk?»

Sein Blick hatte sich an Maria festgesaugt. Was hatte dieses Mädchen für ein eigenartig schönes Gesicht! Die schmale Nase, die fein geschwungenen Brauen, der schöne Mund und dieser schlanke Hals! Abwägend lief sein Blick über ihre ganze Gestalt. Er leckte sich die Lippen; und sein Gesicht nahm plötzlich einen verschlagenen Ausdruck an.

«Das Schreiberhandwerk?», fragte er und verzog verächtlich den Mund. «Bin ich denn ein Stubenhocker, der mit seinen Fäusten nichts anderes vermag, als einen Gänsekiel zu halten?» Er streckte Maria die Hände entgegen und schloss sie so krampfhaft zu Fäusten, dass seine Knöchel weiß hervortraten.

«Da ist Kraft drin!», prahlte er. «Ihr glaubt es vielleicht nicht!»

«Du bringst uns das Öl», sagte Anna, um ihn auf etwas anderes zu bringen, «und wir danken deiner Mutter sehr.» Damit stand sie auf und holte etwas aus der Kammer.

«Nimm dieses Rauchfleisch dafür zu deinen Eltern mit, Vettersohn, damit sie durch das Hergeben des Öles nicht geschmälert werden.»

Aber Philippe wehrte sich, indem er seine gespreizten Hände weit von sich streckte.

«Ich nehme es nicht!» Und noch einmal: «Das Fleisch da nehme ich nicht, Oheimin! Wenn ich ein andermal aber etwas brauche, dann lasse ich es dich wissen.» Er sah mit starrem Blick auf Maria, die langsam tief errötete.

Anna stand auf. «Vettersohn», sagte sie mit blutleeren Lippen, «grüß deine Eltern von uns. Ich werde mich bei deiner Mutter selber bedanken.» Mit festen Schritten ging sie zur Tür, stieß sie heftig auf und blieb neben ihr stehen, bis Philippe das Haus verlassen hatte.

Es dauerte lang, bis die drei Frauen aus ihrer Erstarrung herausfanden. Sie nahmen schweigend den Span aus dem Halter und gingen mit ihm in die Kammer. Auch als sie auf ihrem Lager nebeneinander lagen und in die Dunkelheit sahen, gelang es ihnen nicht, ihre Gedanken so zu ordnen, dass sie sie zu Worten hätten umbilden können.

Einige Tage nach Philippes Besuch brach in Lyon ein Brand aus, der das ganze Viertel an der Stadtmauer verwüstete. Auch Annas Häuschen war nicht zu retten. Die Mädchen standen vor den glimmenden Balken und schauten weinend auf den Ort, an dem sie Ruhe und Frieden gehabt hatten. René, der beim Löschen geholfen hatte, nahm die Obdachlosen mit nach Hause.

Sie zogen in die Giebelkammer ein wie beim ersten Mal; und sie kamen wie beim ersten Mal ohne Habe. Doch alles war anders:

Jan saß nur noch sabbernd neben dem Herd und verstand nicht mehr, was man zu ihm sagte. Den Platz des Hausherrn nahm nun René ein, der noch verschlossener geworden war. Nur manchmal sah er Maria traurig an.

Neben René saß der widerliche Philippe an der Längsseite des Tisches. Die Oheimin aber behauptete das untere Ende des Tisches wie ein Raubvogel sein Nest. Der fröhliche André hatte in Chartres eine Steinmetztochter geheiratet. Nur der runzlige Altknecht war noch genauso freundlich wie früher. Bei Tisch saß Maria Philippe schräg gegenüber.

Notwehr

Unter den Gesellen war ein tüchtiger Mann. Sein Gesicht war von einem struppigen roten Bart umstanden und mit Sommersprossen übersät. Trotzdem sah man es gerne an, weil so viel Ehrlichkeit und Offenheit darin stand. Wo er konnte, machte er sich in Lenas Nähe zu schaffen. Bahnte sich da eine Liebe an? Maria wünschte es sehr. Denn auch Lena würde auf die Dauer vor Philippes Nachstellungen nicht sicher sein.

«Mutter», sagte sie deshalb eines Abends, «wenn ein Freier für Lena kommt und er ein rechter Mann ist, dann gib sie ihm, auch wenn er noch nicht Meister ist.»

«Ich weiß, wen du meinst, Maria. Auch ich glaube, dass uns in unserer Lage nichts Besseres geschehen könnte.»

Einige Tage später freite Francis, der rothaarige Geselle, um Lena. Maria hatte den Abendsterz gekocht und setzte die Pfanne in die Mitte des Tisches, als Francis ohne Scheu Anna in die Augen sah und begann:

«Frau, bevor ich einen Löffel von diesem Sterz esse, will ich dir kundtun, dass ich deine Lena zum Weib haben will. Überleg dir, ob ich dir als Schwiegersohn gefalle oder nicht, und lass es mich so bald wie möglich wissen, wenn es dir recht ist.»

Lena hielt den Kopf tief über den Tisch. Ihre Ohren waren sehr rot.

«Ich will es dir morgen sagen, Francis», versprach Anna ernst.

Aber die Oheimin schrie: «Was? Willst du als Geselle freien? Du brauchst wohl eine, die dir die Sommersprossen zählt?»

«Und wenn man hier schon am Heiraten ist», schrie Philippe ebenfalls, «dann hör, Oheimin, dass ich deine andere Tochter zur Frau begehre! Und du musst mir *vor* dem Gesellen Antwort geben, denn sie ist die Ältere; man verheiratet die Jüngere niemals zuerst!»

Anna und ihre Töchter waren bei diesen Worten blass geworden. Auch René hatte die Lippen aufeinandergepresst. Aufmerksam beobachtete er, was nun geschehen würde.

Maria fühlte einen heftigen Krampf in der Brust. Einen Augenblick lang fürchtete sie zu ersticken. Dann war es ihr, als sitze eine Fremde an diesem Tisch, die wohl so aussah wie sie, aber nicht das Geringste mit ihr zu tun hatte. Ihre Lippen waren kalt und starr. Auch der Speichel war kalt im Mund, und die Zunge war so schwer, dass man gewiss nie mehr mit ihr würde sprechen können.

René hatte ihre Veränderung gesehen. Als Maria ihm ihre Augen zuwandte, waren sie ganz blicklos und leer. Aber während sie auf Renés Gesicht gerichtet blieben, füllten sie sich mit Tränen. Sehr langsam nickte sie René zu.

Die Alte humpelte zum Herd, fachte die Glut an und legte Reisig auf. Keiner achtete mehr auf Anna, die Philippe ihre Antwort für den nächsten Morgen versprach.

«Ich koche Honigbier!», rief die Alte in übertriebener Freude, «Honigbier für die Brautleute!»

Maria stand auf. Sie wollte hinaus an die Luft, denn es war ihr übel. Im Garten atmete sie tief. «O Gott!», stieß sie wieder und wieder aus, «o Gott!» Wenn Philippe ein Nein von ihr bekam, dann konnte Francis die Schwester nicht heiraten. Die Stimmung im Haus würde noch unerträglicher werden!

Hinter sich hörte sie einen Schritt und fuhr herum.

Es war René. Dunkel und breit stand seine Gestalt vor der mondbeschienenen Mauer.

«René!»

Sanft berührte er ihre Wange und ließ die Hand wieder sinken. Sie lehnte ihren Kopf an seine Schulter und weinte. Tröstend strich er über ihr Haar.

«Und wenn *ich* an die Stelle meines Bruders träte?», fragte er leise.

«Ich würde nicht zögern, René!»

«Trotz meiner Mutter?»

«An deiner Seite fürchte ich nichts.»

«Ich liebe dich sehr, Maria!» Da zischte eine gehässige Stimme: «Sieh da, mein Bräutchen setzt mir Hörner auf, noch ehe ich es im Ehebett hatte!» Er riss Maria von der Seite seines Bruders los und schleuderte sie an die Wand. Aber noch ehe sie sich dort aufgerafft hatte, hatte sie schon das Keuchen der kämpfenden Männer gehört, die übereinander hergefallen waren. Hasserfüllt wälzten sie sich auf dem Boden. «Tu das Messer weg!», keuchte René. «Oder willst du zum Mörder werden?» Dann noch einmal mit schwächerer Stimme: «Tu das Messer weg!»

René lag unter seinem Bruder. Philippes Hand mit dem Messer hielt er krampfhaft von sich weg. Aber immer näher und näher kam sie ihm. Plötzlich tat René einen Ruck, und kurz darauf gab Philippe nach und rollte auf die Seite.

René sprang auf und beugte sich über ihn. Tonlos sagte er: «Ich habe ihn mit seinem eigenen Messer umgebracht. Ich bin der Mörder!» Entsetzt schauten sie einander an. Dann flüsterte Maria: «Zu den Templern! O René! Rasch zu den Templern!»

Schluchzend legte er die Stirn an ihr Haar. Dann riss er sich los und sprang über die Mauer.

Maria schleifte den Ermordeten unter die Büsche und ging mit stockendem Atem in die Küche zurück.

Noch in dieser Nacht, so dachte es in ihr, muss auch ich in den Schutz der Templer fliehen!

Der Heimkehrer

Ein halbes Jahr später schritt ein Wanderer auf die Stadt zu. Es war Herbst, kriechende Nebel füllten das Tal der beiden Flüsse. Ein Bündel hing lose von seiner Schulter herab; sein Wanderstab war nicht gekerbt. Er trug auch keine Muschel am Hut oder auf der Tasche, wie es die Santiago-Pilger taten. Doch sah man ihm an, dass er von weit her kam.

Hinter der Kapelle der Heiligen Magdalena schaute ihm der Junghirt entgegen, der dabei war, den Schafstall auszubessern. Lustig pfiff er vor sich hin.

«Wem gehört diese Herde, und für wen hütest du sie?», fragte der Fremde, als er nahe herangekommen war.

«Ich gebe dir ein Rätsel auf», rief der Schäfer fröhlich. «Ich hüte sie für einen anderen als den, dem sie gehört.»

«Du hütest sie für die Templer von Lyon.»

«Das war nicht schwer zu erraten, Alter. Du hast das rote Kreuz am Stall gesehen. Aber wem gehört diese Herde?»

«Dem Steinmetz von Lyon», antwortete der Alte ruhig.

«Halb und halb», gab der Schäfer verwundert zu. «Es gibt nämlich keine Steinmetzen von Lyon mehr: Der alte Jan ist verblödet, und seine Frau, die böse Hexe, ist am Kummer gestorben. Der älteste Sohn ist nämlich geflohen, weil er den mittleren umgebracht hat. Und der jüngste hat in eine Werkstatt eingeheiratet – ich glaube, in Chartres. Der weiß wohl noch gar nichts von dieser Geschichte.»

«Erzähl sie mir genau!», bat der Wanderer.

«Nur wenn du mir auch die deine erzählst, denn ich glaube, du bist weit herumgekommen.»

«Gut, gut!» Ungeduldig stieß der Fremde seinen Stecken auf die Erde.

«Da ist eine Frau in der Steinmetze. Man sagt, es sei die Vetterfrau des alten Jan. Die hat zwei Töchter – gar nicht übel, sag ich dir! Aber beide Steinmetzsöhne wollten die Ältere haben. Da haben sie scheint's Streit miteinander bekommen; und plötzlich soll der Philippe blass geworden sein und hat kein Wort mehr gesagt. Der Herr verzeih mir, aber es ist nicht schade um ihn. Die Maria hat ihn unter den Büschen versteckt, damit der Mörder Zeit genug hatte, zu den Templern zu fliehen.»

Auf dem Gesicht des Wanderers hatten Röte und Blässe rasch abgewechselt. Nun sah er dem Schäfer scharf ins Gesicht.

«Maria, sagst du, heiße die eine? – Und die andere, wie heisst denn die?»

«Das ist die Lena. Sie ist einem rechten Steinmetzgesellen versprochen.»

«Ich danke dir!», sagte der Fremde mit zitternder Stimme. «Ich will dir meine Lebensgeschichte ein andermal erzählen. Als Ersatz dafür schenke ich dir ein Lamm aus dieser Herde, denn sie ist mein Eigentum, und ich kann über sie verfügen. Ich bin Roland, der Steinmetz von Lyon. Ich komme aus Ägypten, wo ich an den Wällen der Stadtfeste Damiette im Nildelta Zwangsarbeit geleistet habe.

Nun sag mir um Christi willen, ob du wahr berichtet hast, dass mein Weib noch lebt!»

«Sie lebt und versorgt den alten Jan. Sie versorgt auch die Gesellen und Lehrlinge, damit die Werkstatt nicht verödet. Die Leute erzählen sich, sie warte noch immer auf ihren Mann. – Und nun», fuhr er fort, während er Roland respektvoll ansah, «nun kommt der Meister!»

Viele Neugierige liefen in der Küche des Steinmetzhauses zusammen, als bekannt geworden war, dass Roland nach Hause zurückgekommen war. Sie wollten seine Berichte aus dem Orient hören. Manch einer war unter ihnen, der selbst schon im Orient gewesen war. Keiner von diesen hatte aber das Land Ägypten gesehen, das seit neuem nur noch «Hure

Babylon» genannt wurde, wo es doch mit dem alten Babylon nicht zu verwechseln war. Aber wie die alten Babylonier einen Turm bis in den Himmel hatten bauen wollen, so strebten die Ägypter eine Vergrößerung ihres Reiches bis ins Unerreichbare an.

Die Männer setzten sich zu Roland an den Tisch; die Frauen mit den Spinnrocken auf die Bank, wo sie Platz genug hatten, die Kunkel vor sich auf dem Boden tanzen zu lassen. Einige wiegten ihre schlafenden Kinder im Schoß.

Die größeren Kinder kauerten mucksmäuschenstill unter den Bänken; die ganz großen standen mit offenen Augen und Ohren so nah wie möglich um den Tisch. Nur hie und da sahen sie sich nach ihren Müttern um, als wollten sie sich bei diesen befremdlichen und grausamen Berichten ihrer Rückendeckung versichern. Und doch saugten sie die Berichte gierig ein und brachten Wahres und Unwirkliches in ihrem jungen Verstand durcheinander.

Roland berichtete von der mörderischen Fron an den Wällen der Stadt Damiette, von ihren festen Türmen, von welchen zwei den Hafen bewachten. Vom einen zum anderen war eine schwere Eisenkette durch den Fluss Tanis gezogen, der ein Teil des Nils im Delta ist. Nur wenn einheimische Schiffe in den Hafen wollten oder Kauffahrerschiffe, die ihre friedliche Absicht dem Lotsen bewiesen hatten, wurde die Kette auf den Grund des Flusses gesenkt.

«Von dieser ägyptischen Schlüsselfestung aus», sagte Roland, schon heiser vom ungewohnten Sprechen, «soll alles, was im Orient noch christlich ist, eines Tages erobert werden. Damiette ist wie ein Skorpion: Es schützt die Hauptstadt von Ägypten und richtet den Stachel gegen die christlichen Länder im Orient.»

«Wir brauchen diesen Skorpion nicht zu fürchten», sagte der Schuster, «denn die Templer werden uns vor ihm schützen.» Er meinte damit nicht sich, sondern die Christen des Heiligen Landes. «Sie allein haben Geld genug, um ein großes Heer aufzustellen. – Oder wisst ihr vielleicht nicht, dass sie Gold machen können?»

«Was redest du da!», wies ihn Roland zurecht. «Schwatz doch nicht jedes Ammenmärlein nach!»

«Ammenmärlein?», der Schuster fuhr auf. «Weißt du nicht, dass sie in ihren Häusern einen goldenen Kopf haben, der ihnen Gold speit, so viel sie wollen? Du bist lang weg gewesen, darum weisst du nicht, dass sie die Templerburg im Schwanensee selber Goldkopfhaus genannt haben. Was glaubst denn du, woher sie sonst ihren Reichtum haben?»

«Es kommt mir so vor», sagte der Müller, ohne auf Anna zu achten, die Einspruch erheben wollte, «als habest du Recht. Denn wenn man zusammenzählen wollte, wie viele Almosen die Templer geben und was der Orient sie kostet, dann muss man sich wundern, dass sie nicht alle schon im Schuldturm sitzen. Trotzdem will ich mir den Kopf nicht darüber zerbrechen. Mein früherer Herr hat den Templern die Mühle geschenkt und mit der Mühle mich. Wer den Templern aber geschenkt worden ist, der ist frei, und seine Kinder sind es auch. Was kümmert mich also ein goldener Kopf, der mir weder nützt noch schadet!»

«Ihr seid alle auf dem Holzweg!», rief der Zimmermann. «Ich will euch sagen, wie es wirklich ist: In La Rochelle steht die große Templerflotte –»

«Das wissen wir ja!», murmelten einige.

«Mit der fahren die Templer nach Westen übers Meer bis dorthin, wo die Himmelsglocke auf dem Wasser steht. Dort haben sie ein Land entdeckt, das ganz aus Silber ist. Aber niemandem verraten sie, wo es wirklich ist. Es ist ihr großes Geheimnis.»

Die Männer hoben die Schultern. Keiner entgegnete etwas; aber alle waren erregt.

Es war spät geworden. Bei den Worten des Zimmermanns hatten die Kinder noch einmal ihre schlaftrunkenen Augen aufgerissen. Nur die Säuglinge schlummerten im Schoß der Mütter. Sie wachten auch dann nicht auf, als sich die Mütter erhoben, um nach Hause zu gehen.

«Ehe wir heimgehen», sagte der Leinenweber, der bis jetzt geschwiegen hatte, «wollen wir Gott für deine Errettung danken und einen Augenblick an deine Maria und den jungen Steinmetz denken. Wer weiß, wie es ihnen geht!»

Das Urteil

Als René und Maria in jener Nacht zu den Templern im Schwanensee geflohen waren, hatte ein Templerpriester ihnen sofort die Beichte abgenommen. Er hatte ihnen ein dreitägiges Fasten auferlegt, wobei sie nur Wasser, aber nichts Festes gereicht bekamen. Angstvoll hatten sie in diesen drei Tagen auf die eigentliche Sühne gewartet, über die im Orden erst noch beraten werden sollte. Maria war mit sich selbst übereingekommen, dass sie jede Art von Strafe auf sich nehmen wollte, wenn man sie nur nicht von René trennte.

So war es auch mit René. Er flehte Gott an, er möge ihm alles Übel schicken – nur eines nicht: die Trennung von Maria.

Endlich wurden sie in einen Raum geführt, in dem sich nicht nur der Priester befand, sondern auch der Meister von Lyon. Bebenden Herzens erwarteten sie den Spruch von diesen Männern, denen sie sich hoffend ausgeliefert hatten.

Da trat der Priester vor und befahl, sie sollten ihre Hände in die seinen legen. Als sie es getan hatten, sprach er über ihre verschlungenen Hände einen Segen. Dann legte auch der Meister seine Rechte über ihre Hände, und noch einmal wurde der vorige Segensspruch wiederholt. Dann schlug der Priester ein Kreuz und sprach: «Der Segen des Herrn ruhe fortan über euren Händen und auf allem, was ihr mit ihnen tut!»

«Ehe euch der Sühnespruch verkündet wird», sagte der Meister, «fragen wir euch, ob ihr willens seid, in den Stand der Ehe zu treten.»

Da brachen beide in Freudentränen aus und konnten fast nicht antworten. Aber nachdem der Priester die Trauung vollzogen hatte, nahm die Angst in ihnen wieder überhand: Würden die Templer sie, kaum dass sie verbunden waren, zur Buße wieder trennen?

«Zur Sühne für die Schuld», begann der Templerpriester nun, «die wenigstens du, Steinmetz, in der öffentlichen Gerichtsbarkeit mit dem Tod hättest bezahlen müssen, erlegen wir euch ein absolutes Schweigen auf, bis euch ein Kind geboren sein wird. Du hast eine Seele gewaltsam von ihrem Leibe getrennt: So möge Christus einer anderen Seele Lebensatem geben.» Er schwieg, und der Meister fuhr fort:

«In Chartres wird in einem Höhlengang die schwarze Madonna verehrt. Über diesem Höhlengang soll eine Kathedrale zur Ehre unserer Lieben Frau erbaut werden. Dir, Steinmetz, sei es auferlegt, deine ganze Kraft und dein ganzes Können, das du in der Baubrüderschaft erlernt hast, in den Dienst der Kathedrale zu stellen.»

«Du darfst», nahm der Priester nun wieder das Wort, «keinen Lohn für diese Arbeit annehmen und darfst in eurer Schweigezeit kein Almosen fordern, sondern du sollst mit deinem Weib von Gaben *freiwilliger* Nächstenliebe leben.»

«Gott sende dir freudige Geber!», sagte der Meister ernst.

Ein Templer führte sie durch einen unterirdischen Gang aus der Stadt hinaus und zum Ufer der Saône. Ein Kahn lag in einem Weidengebüsch. Der Templer setzte mit ihnen über und legte bei einer von den Templermühlen an. Ein Knecht stand mit zwei Maultieren am Weg. In einem Säckchen bot er ihnen Fladen und eine Gürtelflasche mit Wein.

Der Templer nahm dem Knecht die Leinen aus der Hand und reichte sie René und Maria. «Reitet nun in die Wolfsschlucht hinauf; sie mündet in einen Steinbruch. Dort warten englische Ordensritter auf euch, die aus dem Orient gekommen sind und über Chartres in die Normandie reisen wollen. Ihnen schließt ihr euch an.» Maria und René setzten sich auf die Maultiere. Der Templer hob die Hand und sagte: «Gott befohlen!» Dann wandte er sich um und ging zu seinem Kahn zurück.

Im Steinbruch warteten die englischen Ordensritter mit ihren Knappen. Als sie René und Maria herankommen sahen, saßen sie auf und ritten so langsam aus dem Steinbruch hinaus, dass die Ankömmlinge ihnen mühelos folgen konnten. Die Knappen versuchten, sie in ein Gespräch zu verwickeln, ließen es aber schnell wieder sein, als sie keine Antwort auf ihre Fragen bekamen.

Maria deutete schweigend auf einen der Ritter, die vor ihnen die Schlucht hinaufzogen. Sein rechtes Bein ragte steif seitab, so dass er sich nur schlecht auf dem Pferd zu halten vermochte. Einem anderen fehlte die Schwerthand, und einem weiteren, der die Kapuze abgestreift hatte, fehlte die Nase und das linke Auge.

Ja, rot waren die Kreuze auf ihren weißen Mänteln zu Recht! Unendlich viel Blut hatten sie auf dem Boden des Heiligen Landes vergossen! Maria setzte zum Sprechen an, verstummte aber beschämt unter Renés schmerzlich mahnendem Blick.

Dann hatten sie die Höhe gewonnen und schauten ein letztes Mal über das Doppeltal von Saône und Rhône. Dort drunten waren die Mutter und Lena. Vielleicht würde Maria sie nie mehr wieder sehen. Lange weinte sie stumm vor sich hin.

Am zweiten Tag ihrer Reise tauchte ein Städtchen vor ihnen auf. Als sie näher herangekommen waren, hörten sie das Wächterhorn. Verwundert sahen sie einander an: Jetzt gegen Mittag das Wächterhorn?

Eine große Volksmenge strömte gleich darauf aus dem Tor und lief jubelnd den Templern entgegen. Die erregten Menschen stritten sich darum, wer die Pferde der Templer am Halfter führen durfte. Sie küssten den Rittern die Hand und den Saum ihrer Mäntel.

«Ihr Herren», riefen sie durcheinander, «ihr kommt, um uns zu retten! Der Bischof hat unsern Grafen mit dem Kirchenbann belegt. Und weil wir seine Untertanen sind, trifft der Fluch auch uns; die Sakramente werden auch uns verweigert! Rettet uns, wenn das Templerrecht noch gilt!»

«Seid ruhig, Leute! Auch heute gilt das Recht, das Papst Innocenz uns zugestanden hat: Einmal im Jahr dürfen wir Menschen, die im Kirchenbann leben, die heiligen Tröstungen bringen.»

Alles Volk strömte in die Kirche. Stehend, mit erhobenen Stirnen, bekannten diese nach Trost lechzenden Menschen ihre Sünden. Dann knieten sie nieder und erlebten in großer Andacht die Segnung von Brot und Wein. Viele Paare wurden getraut. Kinder wurden getauft. Kranken und Sterbenden wurden die christlichen Tröstungen gespendet.

René und Maria waren unter den Gläubigen. Fest hielten sie einander an der Hand. Mit diesen Menschen fühlten sie sich verbunden.

Nach dem Gottesdienst wurden Fackeln entzündet, und man zog zum Friedhof hinaus, um die ungeweihten Gräber zu segnen.

Viele Männer und Frauen begleiteten am nächsten Morgen die Templer zum Tor hinaus, und viele brachten etwas zur Wegzehrung mit: Ein gebratenes Huhn, ein gekochtes Ei, ein Stück Speck, eine Schweinsblase voll Wein. Lang noch hörten die Davonreitenden die Gesänge der Glücklichen. Wann würden wieder einmal Templer vorüberkommen, in deren Macht es stand, den Kirchenbann – wenn auch nur für kurze Zeit – zu brechen?

Sühne für den Mord

Die englischen Ritter hatten ihren Weg übers Gebirge nach Moulins genommen, das im Tal des Allier liegt. An seinem Ufer waren sie nach Norden geritten, bis dort, wo der Allier in die Loire mündet. Dann hatten sie sich von einem Kahn aufnehmen lassen und waren bis Orleans geschifft. Von hier aus war es nur noch ein Tagesritt bis Chartres gewesen. In allen Städten, die sie auf ihrer Reise berührt hatten, waren sie Wanderpredigern begegnet, die zu einem neuen Kreuzzug aufriefen.

«Die Heilige Stadt Jerusalem muss wiedererobert werden!», predigten sie, aber die Zuhörer senkten nur scheu ihren Blick. Und Maria dachte an alles, was die Eltern im Heiligen Land erlitten hatten.

Die Sonne stand schon tief im Westen, als sie das Ziel ihrer Reise vor sich liegen sahen. Am Lauf eines kleinen Flüsschens dehnte sich die Stadt. Vom Abhang der Hügelkette aus, über die sie gekommen waren, sahen sie den flachen Buckel in der Mitte der Stadt genau, unter dem der Höhlengang der schwarzen Madonna war.

Die ganze Erhebung war noch schwarz von dem Brand, der die

frühere Kathedrale in Asche gelegt hatte; nur zwei massige Türme waren stehen geblieben. Erwartungsvoll ritten die zum Schweigen Verurteilten in die Stadt ein, in der sie ein unbekanntes Schicksal erwartete. Zwar wussten sie, dass hier André verheiratet war, aber sie durften nichts von sich aus zu ihrer Errettung tun.

Ganz Chartres lebte für den Bau der Kathedrale und leistete freiwillige Dienste. Pilger und Bettler gingen den Einwohnern an die Hand. Sie schafften Sand herbei, schälten Stangen, sägten oder hämmerten und verrichteten allerlei andere Handreichungen. Wasserfässer wurden herbeigefahren, und Kessel wurden über offenen Feuern aufgehängt. Die Templer waren vom Tor aus zu dem rußgeschwärzten Hügel gezogen, auf dessen östlichem Ende das Templerhaus stand. Das Feuer, dem die nahe Kathedrale zum Opfer gefallen war, hatte ihm nur wenig getan. René und Maria wurden aufgefordert, in einer Kammer dieses Hauses die erste Nacht zu verbringen. Von morgen an würden sie der unberechenbaren Barmherzigkeit fremder Menschen ausgesetzt sein.

Hand in Hand traten sie am nächsten Morgen aus dem Haus. Vor ihnen lag die Fläche des Hügels, auf der die Kathedrale erbaut werden sollte. Zwischen dem Templerhaus und den Türmen der früheren Kathedrale waren sonderbare Rinnen in die Erde gegraben, und Maria sah René fragend an. Er machte einige ungewisse Handbewegungen und ließ es dann traurig wieder sein. Wie gerne hätte er ihr erklärt, dass diese in die Erde gegrabenen Rinnen der Plan waren, nach dem die neue Kathedrale entstehen sollte.

René trat zu einer etwa mannshohen Säule, die nahe beim Templerhaus zwischen die Rinnen gestellt war. Über diese Richtsäule hinweg visierte er den Plan der Kathedrale an. Er erkannte, dass ihr ein Siebenstern zugrunde lag.

In diesem Augenblick kam der Baumeister über den Platz heran. René nickte ihm respektvoll zu und zeigte ihm sieben Finger. Er fand auch einen Kreis, ein Quadrat und ein Rechteck in diesem Plan und deutete es dem Baumeister an.

Der Mann nickte anerkennend; er hatte in René den Kundigen erkannt. Dieser Fremde, dachte er, hat die Symbolbilder dieses Planes durchschaut. Er muss ein Meister sein, der in einer Schule der Baubrüderschaft gelernt hat. Ich will ihn bei mir behalten. Und er fragte René, ob er bei ihm arbeiten wolle.

René deutete auf seinen und auf Marias Mund.

«Ich verstehe», sagte der Baumeister, «aber ich beschäftige hier noch andere, die ein Schweigegelübde abgelegt haben. Es macht mir nichts aus.»

René schüttelte den Kopf, und Maria senkte errötend den Kopf. Sie waren ja zum Schweigen verurteilt worden und hatten kein freiwilliges Gelübde abgelegt.

«Ich verstehe», sagte der Baumeister aber auch jetzt und schaute die beiden mitleidvoll an. «Warte hier auf mich», sagte er zu René, «ich will die Frau zu den anderen Weibern bringen, die das Essen für die Pilger und Bettler kochen. Dort kann man Hilfe brauchen.»

Er führte Maria über den Rand des Bauplatzes hinab. Da waren lange Tische neben den Kesseln aufgebaut. Rüben und Kohl häuften sich und warteten darauf, dass sie zugerichtet würden. Die Frauen, die sich hier zum Kochen versammelt hatten, plauderten vergnügt. Als der Baumeister auf Maria deutete und sagte: «Sie ist stumm!», riefen sie durcheinander: «Das ist uns egal! Wir können auch Stumme gebrauchen. Besser, sie arbeitet mit den Händen als mit dem Mund!» Sie gaben Maria ein Messer in die Hand und wiesen ihr Arbeit zu. Beim Zwölfuhrläuten, als sie den Pilgern und Bettlern aus den Kesseln das Essen zuteilten, da bekamen auch René und sie.

Nach Feierabend sammelten sich alle, die für die Kathedrale gearbeitet hatten, vor dem Eingang der Höhle zur schwarzen Madonna. Einige hatten Wassersäcke dabei. Fackeln wurden angezündet, und singend zogen die Pilger, Bettler und Arbeiter in den Höhlengang ein.

Tief im Hügel weitete sich der Gang um ein Brunnenloch. Wer einen Wassersack bei sich hatte, tauchte ihn unter und ließ ihn voll laufen. Andere benetzten nur ihre Finger und bestrichen damit die Augen oder andere kranke Stellen ihres Leibes. René tauchte die Hand ein und legte sie sich selbst und Maria auf den Mund. Hoch über dem Wasserloch in einer Mauernische stand das Bildnis der schwarzen Madonna, die schon in vorchristlicher Zeit an diesem Ort verehrt worden war. Es war das Bildnis einer Frau, die gebären wollte.

Zusammen mit den Bettlern und Pilgern blieben René und Maria die Nacht über im Höhlengang. Sie wickelten sich in ihre Mäntel ein und schliefen trotz ihrer Müdigkeit kaum. Denn in dieser Nacht begriffen sie erst richtig, dass sie Bettler waren wie die anderen. Aber betteln durften sie nicht.

Trotzdem verhungerten sie nicht, denn die gemeinsame Arbeit an dem großen Werk hatte alle Herzen empfindsam gemacht für die Nöte des anderen. Die Tage füllten sich immer in gleicher Weise, und auch die Nächte in der Höhle glichen einander. So verloren sie nach und nach den Sinn für die Zeit und hätten nicht sagen können, wie lang es her war, seit sie mit den englischen Templern nach Chartres gekommen waren.

Eines Tages kam ein Baumeister mit seinen Gesellen auf den Platz, den René noch nie hier gesehen hatte, ein bärtiger, breitschultriger Mann. Fröhlich wurde er vom Baumeister der Kathedrale empfangen.

«Zurück aus Paris?», rief er ihm entgegen. «Wir dachten schon, du seiest in die Seine gefallen, und dein Weib hat gemeint, du hättest dir eine andere gesucht!» Sie klopften einander auf die Schulter und lachten.

René, der etwas abseits gestanden hatte, hatte ihnen eine Zeit lang zugehört. Dann hatte er sich in einem plötzlichen Erschrecken abgewandt: Der Mann war André! Wusste er schon, dass es Philippe nicht mehr gab, und wer an seinem Tod schuld hatte? René war wie gelähmt. Wie aus weiter Ferne hörte er die Stimme des Baumeisters:

«Ich habe einen ausgezeichneten Helfer in dem Mann da drüben. Er ist stumm, weil es ihm auferlegt ist. Komm, sieh ihn dir an!»

René wich alles Blut aus dem Gesicht. Er fürchtete, ohnmächtig zu werden, als er hinter sich Andrés Schritte hörte. Dann standen die Männer vor ihm. Einen langen Augenblick sagte André nichts. Dann schluchzte er auf und presste den Bruder an die Brust.

Als er ihn seinem Weibe zuführte, da zeigte es sich, dass sie eine von den Frauen war, die seit Wochen mit Maria an den Kochkesseln gewirtschaftet hatte. Sie nahmen die beiden Büßenden mit in ihr Haus. Dort gebar Maria nach anderthalbjährigem Schweigen einen Sohn. Als René das Kind auf die Arme nahm, sprach er das erste Wort nach so langer Zeit. Es war der Name des kleinen Sohnes: «Deodat».

Das Glück, wieder sprechen zu dürfen, war für René und Maria so ungeheuer, dass sie Angst hatten, die kostbaren Worte unnütz zu vergeuden. Sie sprachen nur, wenn das, was sie mitzuteilen hatten, von großer Wichtigkeit war. Auf diese Weise gewann jedes ihrer Worte eine Aussagekraft, welche die Reden anderer Leute nicht hatten. René wurde ein angesehener Meister in Chartres. Er hörte nicht auf, seine ganze Kraft für den Bau der Kathedrale zu verwenden. Jeder Stein, der wohlbehauen und mit seinem Zeichen versehen aus seiner Hand hervorging, war wie eine Last, die von seinem schuldbeladenen Herzen fiel. Er fühlte sich mit der Kathedrale, die da entstand, ganz eins, und es beglückte ihn zu sehen, wie sie Jahr um Jahr ihrer Vollendung entgegenwuchs.

Handwerker aller Art hatten sich zu Brüderschaften zusammengeschlossen – nicht nur die Steinmetze. Jede von ihnen hatte von den Templern einen Teil jener Weisheit erhalten, die in der Burg der Eisernen Wächter gewonnen wurde. Und jede hielt dieses Wissen geheim und nannte es ihr «Gesetz».

Die fahrenden Sänger zum Beispiel, die man Troubadoure nannte, erkannten einander an dem Gesetz, nach dem sie reimten. Die Glasbläser hüteten ihr geheimes Gesetz, nach dem sie Gold- und Rubinglas herstellten; und die Maler gewannen durch ihr geheimes Gesetz plötzlich die leuchtendsten Farben. Die Bauleute aber überwanden mit ihrem Gesetz die Schwere des Steins und waren in der Lage, hoch aufstrebende Spitzbogen zu bauen.

In jedem dieser Gesetze steckte eine weltverändernde Kraft:

Die Reime der Troubadoure waren nicht nur gut und schön; sondern ihr Zauber verwandelte die Menschen, dass sie zartfühlend und gesittet wurden. Die bunten Glasfenster in den Kathedralen leuchteten nicht nur wie Edelsteine; sondern die Menschen erfuhren durch sie, dass die niedere Natur zum Erstrahlen gebracht werden konnte, und sie fühlten sich in diese Veredelung mit einbezogen.

Die Gewölbe der gotischen Kathedralen wuchsen nicht nur in vorher ungeahnte Höhen hinauf; sie zogen auch den Blick der Gläubigen, der vorher in tiefer Zerknirschung gesenkt gewesen war, zu diesen Höhen empor. Die Menschen erlangten ein neues Selbstgefühl. Nur freie und selbstbewusste Menschen, sagten die Templer, könnten die Welt verbessern.

Regelmäßig ging René zur Richtsäule, die jetzt da stand, wo einst der Altar stehen würde. Immer wieder hatte er den Lauf des Mondes und der Sterne über ihre Spitze angepeilt. Aus den Erkenntnissen, die er auf diese Weise gewonnen hatte, hatten die kundigen Baumeister, die an der Kathedrale arbeiteten, die Elle von Chartres errechnet, die allen Maßen des Baues zugrunde lag. Das ganze Firmament wurde so in diese Kathedrale hineingearbeitet, damit die Sternenwelt in sie einströmen konnte. Bis tief in den Hügel hinein sollte sie strömen, in dem die schwarze Madonna den Erlöser gebären wollte. So gingen die Templer mit dem Wissen, das sie aus jenen Steinkisten schöpften, gemäß ihrer Losung um: Nichts für uns, Herr, nichts für uns; sondern alles zur Ehre deines Namens.

Die unreinen Vettern

Deodat und der knapp drei Jahre ältere Erneste, der einzige Sohn von André, wuchsen wie Brüder auf. Draußen vor den Mauern von Chartres trieben sie mit anderen Jungen zusammen ihre Ritterspiele; denn die Erinnerung an den vierten Kreuzzug, der 1204 den Sieg über die Griechen gebracht hatte, war noch in den Kindern lebendig, und jeder von ihnen glaubte, wenn er nur tüchtig genug wäre, dann würde auch er einst Kaiser vom griechischen Byzanz werden, wie Baldouin von Flandern es geworden war. Wenn dies auch nicht glücken sollte, so würden sie doch die tüchtigsten Ritter werden, die in den Pyrenäen gegen die falschen Christen kämpfen könnten. Ja, nun gab es wirklich Kreuzzüge nicht nur gegen die Ungläubigen, sondern auch gegen wahrhafte Christen, die etwas anderes glaubten, als die Kirche vorschrieb. Wenn sich die Kinder aber gegen diese Albigenser in ihrem kindischen Treiben stark machten, durften sie nicht von René und André dabei erwischt werden. Die Väter duldeten es nicht. Zornig scheuchten sie sie auseinander.

In einem Wäldchen nahe am Bach hatten sie ein Versteck in einem verlassenen Schuppen. Dort kamen sie zusammen und berieten, ob sie für einen Kreuzzug stark genug wären oder was ihnen dazu noch fehlte. Gegen Christen, das bekannten sie einander scheu, gegen Christen wollten sie aber keinesfalls ins Feld ziehen. Nein, sie wollten lieber die größten Strapazen auf sich nehmen und in den Orient wandern, den sie aus den Erzählungen der Erwachsenen ohnehin schon kannten. Dort gab es die Heiden, die sollten von ihnen tüchtig, tüchtig aufs Haupt geschlagen werden!

So plapperten sie Tag für Tag, bis einer eines Tages kam und ein langes Messer mitbrachte. Er wickelte es in einen Lumpen und hängte es sich an die Seite, dass es aussah wie ein Schwert.

Am nächsten Tag hatten mehrere Kinder ein Messer dabei. Andere brachten Felle und Lederzeug, das sie zu Hause gestohlen hatten. Die Mädchen schleppten Kochtöpfe herbei; ein Junge trug ein Säckchen voll Getreide auf dem Rücken. Zu Gottes Ehre wollten sie kämpfen! Er würde ihnen die nötige Kraft geben gegen seine Feinde; und Jerusalem, die Heilige Stadt, würde von ihnen erobert werden.

Sie wählten einen großen Jungen zum Priester, denn ein Kreuzzug ohne Priester würde gewiss nicht gottgefällig sein. Sie bekleideten ihn mit einem weißen Hemd, das sie im Namen Gottes zu Hause entwendet hatten. Gedämpft sangen sie die Lieder und murmelten die Litaneien, die er ihnen befahl; und ein verzücktes Leuchten vergrößerte ihre Kinderaugen. Zuletzt wurde ein Rat abgehalten, bei dem alles Unreine aus dem Kreuzzug ausgesondert wurde; denn nur eine Genossenschaft von Reinen wäre der Liebe Gottes gewiss.

Eines Abends war es dann so weit: Leise wie Mäuschen verließen die Kinder ihr Versteck, formierten sich zu einem Zug, wie sie es geübt hatten, und zogen den Hügel hinauf.

Mit tränenden Augen sahen Deodat und Erneste ihnen nach. Sie waren ausgeschieden worden, da ja Deodats Vater ein Mörder war. Als der Kinderzug in der Dunkelheit die Höhe erreicht hatte, fielen die Scheidenden aufs Knie und sangen alle Lieder, die ihr kleiner Priester sie gelehrt hatte. Ihre Stimmen drangen zu den Zurückgebliebenen herab wie der Gesang von Engeln.

Von diesem Tag an stand für Deodat und Erneste fest, dass sie in den Orient ziehen würden, sobald sie fertige Steinmetze wären.

Castrum Peregrinorum

Erneste war nach seiner Gesellenprüfung auf die Walz gegangen und auch nach Lyon gekommen, wo Francis die Werkstatt der Steinmetze von Lyon betrieb. Anna und Roland waren nicht mehr am Leben, aber die freundliche Lena nahm den Sohn ihrer Schwester liebevoll auf. Sie und Francis hatten zwei Söhne; Gottfried war so alt wie Deodat, also sechzehn, und der kleine Gerec mochte ungefähr vier Jahre zählen. Er war nicht zum Reden zu bewegen.

Schon am nächsten Tag nach seiner Ankunft in Lyon wanderte Erneste entlang der Rhône nach Norden, um in der Burg im Schwanensee in den Orden einzutreten.

Er wurde zum Templer-Meister von Lyon geführt und erklärte ihm sofort seinen Entschluss. Nach einer Probezeit von einem Jahre wurde er mit einigen anderen jungen Männern in den Orden aufgenommen.

Die Kapelle im Templerhaus von Lyon war hell, denn sie war mit großen Fenstern ausgestattet. An den kahlen Wänden gab es keine Bilder, sondern sie hingen voll mit Rüstungen und Waffen, die von den Templern im Orient erbeutet worden waren. Der Altar war ein einfacher steinerner Tisch, auf dem keine Heiligenfiguren zu sehen waren. Auch das Reliquiar, von dem Erneste schon gehört hatte, der goldene Kopf, befand sich nicht hier.

Ein Templerpriester trat herein und brachte ein Holzkreuz mit, auf dem der Leib des gekreuzigten Christus zu sehen war. Er legte es den Novizen in die Hand.

«Sagt nun, was ihr in euren Händen haltet!», befahl er den Neueintretenden.

«Den gekreuzigten Christus!», riefen sie.

Der Priester entgegnete: «Eure Augen sind blind! Ihr lasst euch von ihnen überlisten! Das darf einem Templer niemals geschehen! Was ihr in Händen haltet, ist keineswegs der Christus, der für uns am Kreuz gestorben ist, sondern ein Stück Holz mit einer Figur!» Und er befahl ihnen zum Zeichen, dass sie ihren Irrtum erkannt hatten, auf das Kreuz zu spucken.

«Wenn ihr den Christus sucht», begann er aufs Neue, «dann sucht ihn in jedem Armen, Kranken und Verwaisten. Sucht ihn in eurem Herzen und im Reich des Geistes.

Damit wir dabei aber die Erde nicht hochmütig verachten, die einst ins Neue Jerusalem aufgenommen werden soll, wollen wir uns demütig niederbeugen zu dem Weg, den die Erdengaben in uns nehmen; denn durch die Speise wird unsere Seele mit dieser Erde verbunden.» Er verbeugte sich vor jedem und küsste ihn auf den Mund und auf den Bauch.

Dann wurde ihnen der Templermantel über die Schulter gelegt, der in der Höhe des Herzens mit dem Trompetenkreuz gezeichnet war.

«So wie dieser Mantel euch umhüllt», sprach der Meister von Lyon, «so werdet ihr von unserem Orden umhüllt.»

Er breitete die Arme aus und sprach: «Seid nun aufgenommen in alles Gute, was der Orden von seinem Anbeginn an geschaffen hat und was er schaffen wird, bis zu seinem Ende! Eure Eltern und alle, die ihr lieb habt, sollen an diesen Wohltaten teilhaben.»

Gleich nachdem Erneste in den Orden aufgenommen war, wurde er mit der Templerflotte in den Orient geschickt, denn die Türken hatten den Taborberg gewaltig befestigt und bedrohten von ihm aus die Ebene und die Küstenstraße vor Akkon, die sie mit ihren schnellen Pferden in einer Stunde erreichen konnten.

Die Templer hatten sich darum entschlossen, mit der Hilfe der Pilger eine Feste zu erbauen, die dem Küstenland Schutz bieten konnte.

Erneste erfuhr von diesem Unternehmen, als er sich noch auf der Überfahrt befand. Ein anderer Steinmetz, der wie er in den Orden eingetreten war, kannte die christliche Küste im Orient.

«Sie ist reich an Buchten», sagte er, «und man könnte sie alle mit geringem Aufwand in wehrhafte Häfen verwandeln. Die größte von ihnen ist die Bucht von Haifa und Akkon. Aber ich sage dir die Wahrheit: Die wichtigste wird bald die Bucht von Atlit sein! Du kannst dir nicht vorstellen, welch einen gewaltigen Plan der Großmeister Wilhelm von Chartres dort verwirklichen will! Wir kommen gerade recht, ihm dabei zu helfen.»

Als die Templer in Akkon an Land gegangen waren und ihre Pferde bewegt hatten, schlugen sie auch gleich den Weg nach Süden ein. Sie berührten die Stadt Haifa, ohne ihr einen Besuch abzustatten, und gelangten am selben Tag noch nach Atlit. Von weitem schon sahen sie eine Stadt von Zelten, die sich an den Fuß eines Karmel-Ausläufers schmiegten. Als sie näher gekommen waren, bemerkten sie ein Heer von Pilgern und Templern, die dabei waren, eine ins Meer hinausragende Landzunge mit einer dicken Mauer vom Festland abzutrennen.

Die Ankommenden schlugen ihre Zelte bei den anderen auf, und als das Horn zum Feierabend geblasen wurde, waren sie schon so weit eingerichtet, dass sie den anderen Glut für ihre Lagerfeuer geben konnten. Der Großmeister kam von Akkon herüber und sah sich die

Arbeiten an, die an diesem Tag geleistet worden waren. Er war einer von jenen Männern, denen Tatkraft und Weisheit gemeinsam ins Gesicht geschrieben waren. Er begrüßte die neu angekommenen Templer und zeigte ihnen das Landhorn hinter der halb fertigen Mauer.

«Diese Mauer», begann er und beschrieb einen weiten Bogen mit seiner Hand, «wird aus dem Meer aufsteigen, die Landzunge überqueren und auf der anderen Seite im Meer verschwinden. Innerhalb dieser Mauer seht ihr dort vorne einen Brunnen. Es ist ein Süßwasserbrunnen und damit eine Kostbarkeit.»

Dann führte er sie über das ganze Horn, das hier ins Meer hineinragte, und indem er deutete, zeigte er ihnen den zukünftigen Hafen, die Fischerei, eine Saline, für die schon Erdquadrate ausgestochen worden waren. Auch ein Stückchen Wald gab es auf dem Boden innerhalb der Mauer, einige Äcker und Wiesen, einige Weinberge und Obstbäume jeder Art.

Die Burg stand schon in ihrem Untergeschoss da. Sie sollte runde und eckige Türme bekommen und eine unüberwindliche Mauer.

«Sie soll Pilgerburg heißen», sagte der Großmeister, «Castrum Peregrinorum. Denn ohne die Hilfe der Pilger könnten wir sie nicht fertig stellen.»

«Woher habt Ihr diese Riesenquader, Herr?», fragte Erneste und zeigte auf den Unterbau der Burg.

«Es muss vor undenkbaren Zeiten an dieser Stelle schon einmal eine Festung gestanden haben. Als wir hier das Land aushoben, sind wir auf die Reste gestoßen und haben sie wieder verwendet. Um aber einen einzigen vom Fleck zu rücken, hat man vier Ochsen gebraucht.»

Erneste war bald ins Heer der Arbeiter eingereiht und half mit, die größte Festung an der syrischen Küste zu bauen. Noch ehe der letzte Stein gesetzt war, landeten in dem neuen Hafen der König von Ungarn mit seinem bunten Gefolge, der Großherzog von Österreich und Kaiser Friedrich, der Hohenstaufe. Auch Amalrich von Lusignan, der König, der die Kronen von Zypern und Jerusalem auf seinem Haupt vereinigte, war von seiner Insel herübergekommen. Vom Land her kamen die syrischen Barone und die Großmeister der Ritterorden.

Im weitläufigen Palais der neu erbauten Burg berieten sie über einen Kreuzzug nach Ägyptenland, an dem alle gegenwärtig Versammelten sich beteiligen sollten. Hochgestimmt zogen die gekrönten Häupter in ihre Heimatländer zurück. Die Türken aber schleiften aus Angst vor dem beherrschenden Castrum Peregrinorum ihre eigene Festung, die sie so drohend auf dem Taborberg erbaut hatten.

Wohin?

Die Pilger hatten ihre Arbeit getan: Sie hatten ihr Gelübde eingelöst und der Erhaltung des Christentums im Heiligen Land ihre Arbeitskraft zur Ehre Gottes geschenkt. Stolz trugen sie die Kunde vom Castrum Peregrinorum zurück ins Abendland. Mit dem Namen dieser Burg wurde ja ihr eigener Einsatz geehrt. Nie mehr würde die Geschichte, die so schnell alles vergaß, das Werk der Pilger vergessen.

Schon im selben Winter rüsteten sich neue Kreuzfahrer, um ja gleich zur Stelle zu sein, wenn sich die Frühlingsstürme gelegt hätten; sie machten sich auf zur Fahrt übers Meer. Getreu der Abmachung kamen der König von Ungarn und der Großherzog von Österreich mit ihren starken Kontingenten ins Castrum Peregrinorum. Kaiser Friedrich, der Hohenstaufe, aber zögerte noch und hielt sich im Abendland zurück. Wie es bei allen vorhergehenden Kreuzzügen gewesen war, so war es auch jetzt: Wallfahrer sammelten sich im Schutz der Kreuzritter, um in ihrer Bedeckung ins Heilige Land zu ziehen.

Auch in Chartres war eine kleine Gruppe von Kreuzzüglern zusammengekommen, zu denen sich Deodat mit seinem spaßigen Freund Anton gesellt hatte. Einen Steinmetz, so dachte er, würde man wohl immer brauchen können. Außerdem dachte er an seinen

Vetter Erneste, den er im Castrum Peregrinorum antreffen würde. Ein heimkehrender Pilger hatte Deodat kürzlich von Erneste Grüße gebracht.

«Lasst mich ziehen!», bat er seine Eltern. Als die Mutter nur schweigend den Kopf senkte, wandte er sich an den Vater: «Wenn du durch deine Sühne nicht an die Kathedrale von Chartres gebunden wärst, Vater, hättest du dich doch gewiss schon längst ins Heilige Land aufgemacht!»

René seufzte tief. «Ich wäre gezogen, Sohn», bekannte der Vater. Da gestand auch Maria, dass sie gerne in den Orient zurückgekehrt wäre. «Aber jetzt», setzte sie schnell dazu, «jetzt, wo dort alles so anders ist, jetzt ist es mir recht, dass wir hier sind.» René legte ihr dankbar den Arm um die Schulter. Und so sah Deodat seine Eltern am nächsten Morgen stehen und ihm nachschauen: René, der den Arm um Maria gelegt hatte. Er freute sich am Bild seiner stattlichen Eltern und winkte fröhlich zurück.

Da gingen sie davon: Deodat, der einzige Sohn, neben seinem schlacksigen Anton, und beide wirbelten die Wanderstecken.

Das Abschiedslächeln auf den Gesichtern der Eltern schwand. Sie dachten an das, was früher geschehen war, als es Deodat noch nicht gegeben hatte; dass sein Name das erste Wort gewesen war, das sie nach so langer Zeit gesprochen hatten. Fragend sah Maria ihrem Mann ins Gesicht: War Deodats fröhliches Davongehen womöglich erst die wahre Sühne für das alte Verbrechen? Wollte Gott ihnen nehmen, was sie am meisten liebten? René hob die Schultern. Dann murmelte er unsicher: «Dieu le veut.»

André hatte sich beim Abschied des Neffen bescheiden im Hintergrund gehalten. Nun, als er ins Haus zurückging, sagte er: «Möge Gott mit unsern Buben sein!» Und dann, als die beiden anderen nichts antworteten, weil die Tränen ihnen die Kehle zuschnürten, setzte er dazu: «Der Herr verlässt die Seinen nicht.»

Die davonziehenden Burschen stellten sich das Meer vor mit seinen grünen Wellen und wie die neuen Segler, von denen sie gehört hatten, flitzen würden – fast ohne das Wasser zu berühren! Sie pfiffen im Ausschreiten vor sich hin, köpften mit ihren Stecken die Disteln, die am Wege standen, und redeten so vom Orient, als seien sie ganz gewiss übermorgen schon dort. Deodat sprach von dem, was er Erneste alles erzählen wollte, sobald sie im Castrum Peregrinorum an Land gehen würden. Sie wiederholten sich die Beschreibungen der Feste, die sie von den heimkehrenden Pilgern gehört hatten.

In Lyon kehrten sie bei Lena und Francis ein, und Deodat lernte seine Vettern kennen: den gleichaltrigen Gottfried, der den roten Schopf seines Vaters geerbt hatte, und den sechsjährigen Gerec, der sich auch von Deodat zu keinem Wort bewegen ließ. Aber als er mit seinem großen Bruder den Vetter am nächsten Morgen zum Kai hinabbegleitete, winkte er ihm nach, solange der Kahn, der die Pilger aufgenommen hatte, zu sehen war.

Eines Tages sahen sie dann jene graue, glitzernde Wand, vor der schon so viele Kreuzfahrer in den vergangenen hundertzwanzig Jahren freudig erschrocken waren: das Meer. Zum ersten Mal in ihrem Leben erlebten sie das beglückende Gefühl der Freiheit.

Die erwartungsvolle Fröhlichkeit der beiden jungen Pilger steigerte sich noch, als sie in Marseille einen tüchtigen Seefahrer gefunden hatten. Mit knatternden Segeln schoss das Boot ins offene Meer, und Deodat wollte lange nicht wahrhaben, dass die Küste, die hie und da im Osten auftauchte, noch immer die der italienischen Halbinsel war.

Am zehnten Tag drehte der Schiffsbug plötzlich nach Süden ab und nahm Kurs auf die ägyptische Küste. Die Pilger waren verwirrt. Hatten sie nicht für den nächsten Tag den Anblick des syrischen Ufers erwartet, nach dem sie sich so sehnten? Bald aber verwandelte sich ihre Verwirrung in Misstrauen und Zorn:

«He!», schrien sie dem Kauffahrer zu, «was ficht dich an, dass du auf die Nilmündung zusteuerst? Willst uns wohl an die Mamelucken verschachern?» Und sie drohten ihm mit Prügeln.

«Hört mich an!», rief der Kapitän mit zur Abwehr erhobenen Händen: «Es ist nicht meine Schuld, sondern der Papst hat es uns Seefahrern befohlen. Er will, dass alle Pilger und Kreuzfahrer zum Nilarm Tanis gebracht werden, ob sie wollen oder nicht. Dort liegt die ägyptische

Schlüsselfestung Damiette. Die soll erobert werden. Auch Kaiser Friedrich hat sein Kommen zugesagt. Er bringt deutsche und italienische Ritter mit.»

«Wieso denn nach Damiette?», schrien die Pilger durcheinander.

«Wer Damiette in der Hand hat, besitzt Kairo, den größten Feind von Jerusalem.»

Der Segler lief in den Tanis ein. Auf den weit auseinander liegenden Ufern sahen sie die ersten Zelte der abendländischen Bogenschützen, die diese Einmündung bewachten. Der Comite beschleunigte seine Kommandos, und die Ruder klatschten einen raschen Takt ins Wasser. Vom Ufer her kamen die Heho-Rufe der Bogenschützen, mit denen sie die Abendländer begrüßten. Sie deuteten flussaufwärts und machten mit den Händen weit ausholende Bewegungen, hoben die Arme wie Masten und wedelten mit der anderen Hand, als sei sie ein Segel.

Die Matrosen verstanden ihre Zeichensprache: Die Kreuzfahrerflotte, die von Castrum Peregrinorum aufgebrochen war, befand sich bereits vor Damiette. Gespannt spähte Deodat voraus. Als die Sonne sich dunstig-rot in die Libysche Wüste senkte, rief er laut: «Dort! Dort!» Und Anton erkannte in der Ferne einen Wald von Rahen.

In Deodat stritten Angst und Freude: Dort hinter diesen Rahen sah er im Abendrot die massigen Mauern von Damiette, an denen sein Großvater als Sklave gefront hatte. Von dort war er ins Abendland geflohen, und die Flucht war ihm geglückt. Welches Schicksal wartete hier aber auf ihn, auf Deodat? Würden auch Anton und er heil und gesund dieses unbekannte Land verlassen? Er sah jene beiden Türme, die vor dem Hafen der Stadt den Fluss mit der schweren Eisenkette sperrten; nur wenn man diese auf den Grund des Wassers senkte, war die Zufahrt frei.

Der Segler ankerte in der Mitte des Flusses, und die Boote wurden ausgelegt. Stumm und verstört verließen die Pilger das Schiff und setzten ihren Fuß mit einem Stoßgebet auf den verhassten ägyptischen Boden, der – wo sie auch hinsahen – mit einer zähen, rissigen Schlammschicht bedeckt war.

Auf diesem steinharten Schlamm wurden die Zelte aufgerichtet; dann war bei den meisten Pilgern der Tatendrang, der sie in den Orient getrieben hatte, erlahmt. Ja, wäre der Boden derjenige des Heiligen Landes gewesen, sie hätten ohne zu zögern das Leben gewagt, um ihn zu verteidigen.

Der schwarze Tod

Die Templer, die unter ihrem Großmeister Wilhelm von Chartres nach Damiette gekommen waren und ihr Lager wie immer außerhalb des Hauptlagers hatten, gingen in der Morgendämmerung daran, ihre neu erfundene Steinschleuder aufzurichten. Zerlegt hatten sie dieses gewaltige Vernichtungsinstrument auf ihren Schiffen hergebracht: Balken, Zapfen, Nägel, Eisenachsen und Keile. In der Deckung eines fahrbaren Tunnels würden sie die Schleuder vor dem Sturm an die Stadtmauer heranschieben.

Zuerst aber mussten in der Umgebung Steine gebrochen werden, die man zu Kugelgeschossen behauen konnte. Ausrufer wurden bestellt, die unter den Pilgern nach Steinmetzen suchten. Anton und Deodat meldeten sich. In einer Gruppe von Steinmetzen hoben sie die Flusssteine aus dem Tanis, machten sich nach den Angaben der Templer Lehrformen aus Holz, damit die Steinkugeln dieselbe Größe und eine gleichmäßige Rundung bekämen.

Ein kümmerlich gewachsener Templer beaufsichtigte die Arbeiten. Beim Sprechen ruckte er auf sonderbare Weise mit dem Kopf, wobei sein eines Ohr, das wie ein zerrissener Lappen am Schädel hing, auf und ab wippte. Mit großen sanften Augen besah er die Kugeln und horchte mit schief geneigtem Kopf, wenn Deodat ihn etwas fragte.

«Warum haben die Templer nur eine einzige von diesen Steinschleudern mitgebracht? Für diese ausgedehnte Stadt sollte man doch mindestens zwei haben?»

Der Kleine ließ sein Ohr flattern. Nachsichtig schüttelte er den Kopf. «Steinmetz», sagte er, und seine Stimme war so sanft wie sein Blick. «Wenn du die Art dieser Schleuder kennen würdest, hättest du diese Frage nicht gestellt: Diese Schleuder ist eine besondere Erfindung. Wenn du nicht Steinkugeln runden müsstest, was du mit viel Gefühl für die Kugelform tust, dann hättest du zusehen können, wie unsere Ingenieure sie aufrichten. Dabei hättest du gemerkt, dass diese neue Art von Schleuder einen schwenkbaren Arm hat und sich hin- und herdrehen kann wie ein tanzender Mensch. Außerdem ist ihre Wurfkraft enorm. So kann sie von einem einzigen wohlgewählten Standort aus den Westen der Stadt wie auch den Osten mit ihren Geschossen belegen. Nächste Woche werdet ihr es mit eigenen Augen sehen.»

Der Kleine kam jeden Tag, blieb ein Weilchen neben Deodat stehen und nickte versonnen lächelnd zu seinen geübten Handgriffen.

«Ich sehe», sagte er zu ihm, «du hast bei einem Mann dein Handwerk erlernt, der in einer von unseren Baubrüderschaften sein Wissen empfangen hat. Ich sehe an der Art, wie du den Stein anfasst, dass du gelernt hast, das Wesen eines Steines zu erfühlen.»

«Du hast recht gesehen», sagte Deodat. «Mein Vater gehört einer Baubrüderschaft an, und ich habe bei ihm gelernt. Er arbeitet als Meister an der Kathedrale von Chartres und kennt ihre Zeichen.»

«Sie ist auf einem Quadrat, auf einem Rechteck und auf einem Kreis erbaut, die werden im Chor von einem Siebenstern gekrönt. Weißt du denn auch, was diese Zeichensprache besagt?»

«Ich weiß es.»

«Sag mir deinen Namen, Steinmetz.»

«Ich heiße Deodat. Und du?»

«Miguel. Ich komme aus einer Templerburg in Spanien, du hörst es an meinem Dialekt. Sie liegt an dem Pilgerweg zum Grab des Heiligen Jakobus in Compostella und wird Ponferrada genannt. Auf dem gesamten Pilgerweg entstehen Kirchen und Hospitäler, in denen die Wallfahrer nächtigen können und versorgt werden. Um die Außenseiten dieser Kirchen würdig zu schmücken, sind Steinmetze nötig, die das Wesen eines Steines erfühlen können.

Bald wird Kaiser Friedrich mit seinem Heer eintreffen, dann soll der Sturm auf die Stadt eingeleitet werden. Falls ich bei diesem Sturm nicht falle, werde ich nach Spanien zurückkehren. Vielleicht hast du dann Lust mitzukommen und dein Können auf die Pilgerhäuser des Jakobsweges anzuwenden.»

«Alle meine Vorfahren», entgegnete Deodat zögernd, «sind im Heiligen Land gewesen und nicht in Spanien.»

Als die beiden Freunde am Abend vor ihrem niedergebrannten Lagerfeuer saßen, fragte Anton: «Was bedeuten die Zeichen im Grundriss der Kathedrale von Chartres? Ist es dir erlaubt, darüber zu sprechen?»

Eine Weile sahen sie miteinander schweigend über den dunklen Fluss, ehe Deodat nickte.

«Du kennst ja selbst die Geschichte vom Aufstand im Himmel, bei dem der Widersacher des Höchsten auf die Erde herabgestoßen wurde.»

«Ich kenne sie.»

«Als er noch droben war, trug er auf seinem Haupt eine leuchtende Krone. Vorne über der Stirn war der Krone ein Karfunkelstein eingefügt.»

«Ich habe von diesem Karfunkelstein schon gehört», sagte Anton und füllte dem Freund den Rest des Würzweines in den Becher.

«Als Luzifer auf die Erde gestürzt wurde, zerschellte der Karfunkelstein und zerbrach in drei Stücke. Das eine war so klein, dass man es in einen Ring setzen konnte; das zweite war wie eine Faust so groß; und das dritte Stück war größer als diese beiden zusammen. So sagt es uns die Überlieferung.»

«Die Überlieferung spricht immer in Bildern, Deodat.»

«Damit hast du Recht. Auch hier spricht sie in einem Bild. Diese drei Bruchstücke wurden durch die Generationen weitergegeben, immer an den Würdigsten. Jedes Volk, das eines dieser Teile besaß, musste sich glücklich schätzen. Denn in diesem Stein hatte sich einst, als er noch ganz war, die Allwissenheit Gottes gespiegelt. Nun haftete an jedem Bruchstück noch etwas davon. Die beiden kleineren Stücke gelangten durch die Geschlechter bis auf den König Salomo. Den einen ließ er in seinen Siegelring einfügen; den anderen ließ er auf seinen Opfertisch setzen. Wenn er an seinem Ring drehte, sah er in dem Stein die Gewalten der Natur; wenn er auf seinem Tisch opferte, sah er in dem größeren Bruchstück die Gesetze der Natur.»

«Weiß man von dem dritten und größten Bruchstück nichts?»

«In ältester Zeit wurde es von Melchisedek gehütet, einem Priesterkönig, der seine Opferstätte im Josaphattal hatte.

Als Abraham im Zweistromland aufgebrochen war, um einen würdigen Platz zu finden, an dem er seinem einzigen Gott dienen könne, gelangte er zu Melchisedek. Dieser trat ihm mit einer leuchtenden Schale entgegen und spendete ihm daraus Wein, in dem einige Weizenkörner schwammen. Diese Schale bestand aus dem größten Bruchstück des Karfunkelsteins.»

Anton schob mit einem Stöckchen die Asche zusammen. «Weiß man von dieser Schale weiter nichts?»

«Später wurde sie im Tempel aufbewahrt. Als Nebukadnezar bei der Eroberung Jerusalems den Tempel plünderte, hatte er es nur auf die goldenen Gefäße abgesehen. Die Schale ließ er unbeachtet liegen. Ihr Leuchten war erblindet.»

«Was wurde endlich aus ihr?»

«Als Herodes den jüdischen Tempel neu aufrichtete, verkaufte er, was man vom alten unter den Ruinen noch fand. Die Schale wurde von einer Frau erstanden; man sagt, es sei jene Berenike gewesen, die durch Jesus vom Blutfluss geheilt worden war. Sie war eine Base des Johannes. Die Überlieferung weiß, dass sie diese Schale auf die Tafel getragen hat, als Jesus das Abendmahl mit seinen Jüngern feierte. Aus dieser Schale hat er die Jünger mit Brot und Wein gespeist. Wenn du dir den Ring des Salomo als Kreis denkst, seinen Opfertisch als Quadrat und die Tafel, an der das Abendmahl gefeiert wurde, als Rechteck, dann hast du in diesen drei Zeichen die irdischen Dinge, die den Karfunkelstein des gefallenen Engels durch die sieben Planetensphären hinauftragen und zurückbringen sollen in Gottes Schoß. Das ist, in Bildern gesprochen, der Baugedanke der Kathedrale von Chartres.»

Anton hob das Stöckchen aus der Asche und sah Deodat an. «Manches», sagte er leise, «manches wiederholt sich in der Weltgeschichte; oder wenigstens sieht es so aus.» Deodat nickte.

«Joseph von Arimathia, der sich von Pilatus die Erlaubnis erbat, Jesus vom Kreuz abzunehmen, nahm die Schale zu sich, aus der Jesus den letzten Bissen Erdennahrung zu sich genommen hatte. Und als er in ihr das heilige Blut des Erlösers auffing, begann sie aufs Neue zu strahlen. Er warf eilig seinen Mantel über sie, um sie vor den Augen der Menschen zu verbergen.»

«Deodat!», rief nun Anton gespannt, «du sprichst doch nicht etwa von der Schale, die man heute den Gral nennt?»

«Doch, ich spreche vom Gral.»

«Es heißt, dass die Templer ihn hüten.»

«So heißt es», sagte Deodat.

«Ich habe auch gehört, sie hätten nach den Trümmern des Karfunkelsteins gesucht, die König Salomo in seinem Ring und auf seinem Opfertisch gehabt habe.»

«Es heißt so», sagte Deodat und erhob sich. «Komm, wir müssen schlafen, die Nacht ist kurz.» Sie gingen zusammen ins Zelt.

Am nächsten Morgen hatte Anton Fieber und konnte sich nicht auf den Beinen halten. Besorgt schaute ihn Deodat an, als er allein zur Arbeit ging. Anton hatte nichts gegessen. Er hatte nur Durst, quälenden Durst. Mühsam schleppte er sich zum Tanis, blieb am Ufer liegen und hielt seine aufgesprungenen Lippen in den Fluss. Lang saugte er das dunkle Wasser in sich hinein, von dem es so köstlich viel gab. Unter sich sah er die Fische vorüberschwimmen und vor sich die bunten Enten. Hie und da trug der Fluss ein Stück faules Holz an ihm vorbei oder den Kadaver einer verendeten Kuh. Gelbe Blätter tanzten auf der Wasserfläche. Sie machten ihn so schwindelig, dass er die Augen schloss.

Als er sie wieder öffnete, sah er zum ersten Mal sein Spiegelbild im Wasser und erkannte es nicht. Er sah ein aufgedunsenes Gesicht, unter dem rechten Ohr trat eine schwärzliche Beule hervor. Er brauchte lang, bis er begriffen hatte, dass dieses entstellte Gesicht das seine war.

«Wie sehe ich denn aus?», fragte er sich hustend. Aber das Erschrekken, das er dabei fühlte, hatte ihm die Antwort schon gegeben: Ich sehe aus wie einer, der die Pest hat.

«Die Pest! Die Pest!», hörte er es nun auch vom Lager her schreien. Schon am Nachmittag sah er Männer, die Karren voll nackter schwärzlicher Leichen an seinem Zelt vorbeischoben und sie in den Tanis kippten. – Der Großmeister der Templer, Wilhelm von Chartres, war unter den Verstorbenen. Wer würde das Heer nun beim Sturm auf die Feindesstadt führen?

Trauernd saß Deodat im Zelt und starrte auf die wenigen Habseligkeiten, die ihn an Anton erinnerten. Aber man ließ ihm keine Zeit zum Trauern.

Am 3. November wurde – als man bis dahin vergeblich auf das Eintreffen Kaiser Friedrichs II. gewartet hatte – zum Sturm auf die Stadt geblasen. Mitreißend jubelten die Hörner ihre Töne in den blauen Himmel. Die Rosse tänzelten, das Heer formierte sich. Der neue Großmeister der Templer, Petro Montecauto, sprach für alle Ordensbrüder die Parole: «Nichts für uns, Herr, nichts für uns, sondern alles zur Ehre deines Namens!»

Auch der König von Ungarn und der Großherzog von Österreich gaben ihren Kriegern christliche Parolen mit. Dann setzte sich die Steinschleuder der Templer langsam, langsam in Bewegung und fuhr, wie von Geisterhand gelenkt, auf die Stadtmauer zu. Hinter ihr wurden die Karren mit den Steinkugeln von Ochsen gezogen. Die Steinmetze blieben neben ihnen. Deodat hatte die Aufgabe, nachher die Kugeln eine nach der anderen auf die Kippschaufel zu heben. Sobald die Schleuder aufgestellt war, übernahmen zwei Templer die Ausrichtung des Wurfarmes, und Deodat hörte das Kommando: «Legt ein!»

Einige von den Steinmetzen waren auf einen Ochsenkarren gesprungen. Nun ließen sie eine Kugel über eine Holzrinne Deodat entgegenrollen, der abwartend in der Hocke dastand. Er fing sie auf, und indem er ihre Fallwucht ablenkte, schwang er sie in die Kippschaufel der Schleuder. Dröhnend rumpelte die Kugel in den Wurfarm.

«Schießt!», rief der Wurfmeister, und die Kugel belegte donnernd die Stadt. Dann drehte sich dieses gespenstige Balkenwerk, und wie es die eine Seite der Stadt belegt hatte, so belegte es die andere. Die Bewohner wussten nicht, wo sie sich in Sicherheit bringen sollten.

«Die Meferteisse schießt!», schrien sie in panischer Angst, «die Unheilbringerin!» So nannten sie in ihrem Entsetzen diese tanzende Schleuder.

Im Schutz der Schleuder und der hinter ihr aufgestellten Bogenschützen wurden die Sturmleitern angelegt, und die Templervorhut erklomm unter dem Hagel feindlicher Geschosse die Zinnen der Stadt. Als der neue Großmeister den Fuß über die Mauer schwang, verlor sich Deodat einen Augenblick im Schauen. Da warf ihn ein feindliches Geschoss zu Boden. Er hörte, wie die Knochen in seiner Schulter krachten, fühlte aber keinen Schmerz. Dann nahm ihm eine Ohnmacht die Sinne.

Obwohl die Ägypter die Festung todesmutig verteidigten, gehörte Damiette zur Mittagsstunde den Christen. Tote füllten die Straßen, lagen auf den Böden der Häuser und in den Betten – sogar im Brunnen, in dem sie Kühlung gesucht hatten. Denn nicht nur die Meferteisse und die hereinbrechenden Krieger hatten sie hingerafft, sondern die Pest. Die Pest hatte diese Stadt besiegt.

Die Kreuzfahrer aber ließen sich von den Toten nicht stören. Sie drangen in jedes Haus, wühlten in allen Truhen und Kasten und fanden eine große Menge Gold, Silber, kostbare Seide und das herrlichste Geschmeide. Streitend wurde die Beute verteilt. Dann erst ging man daran, die Stadt von den verwesenden Leichen zu reinigen, um sie bewohnbar zu machen.

Nach Spanien

Als Deodat aus seiner Ohnmacht erwachte, lag er in einem langen Zelt, dessen Eingangsplanen hochgeschlagen waren. Von rechts und links tönte Wehgeschrei und Gestöhne an sein Ohr. Die Schulter tat so weh, dass er den Kopf nicht dorthin wenden konnte. Er fühlte mit der gesunden Hand einen Verband, der quer über die Brust lief und auf der linken Schulter, die so schmerzte, ein dickes Polster bildete. Der linke Arm war geschient. Er ragte schräg über das Lager hinaus, auf das man Deodat gelegt hatte. Der Schmerz stieg an.

Als Deodats Stöhnen in ein Schreien überging, kam ein Johanniter herbei und flößte ihm einen Kräutertrunk ein. Dabei stützte er Deodats Kopf.

Der Sud betäubte, und der Kranke schlief wieder ein, um später, als es schon dunkel war, für einen Augenblick zu erwachen. Miguel kniete neben ihm auf dem Boden und betete. Im Hintergrund brannte ein Öllicht, und seine ruhig brennende Flamme sank mit Deodat in den Betäubungsschlaf zurück. Die Schreie der anderen Verwundeten rückten in weite Ferne.

Hin und wieder kam jemand, flößte ihm etwas ein. Er unterschied nicht, ob es Suppe, Wasser oder Heiltrunk war. Endlich wurden die Pausen, in denen er wach war, länger; es kam ihm so vor, als tobe der Schmerz in der Schulter nicht mehr mit voller Wucht.

Irgendjemand sagte: «Die Templerzelte sind leer. Das Heer marschiert auf Kairo zu.» Dann kam es ihm vor, als sei das Lager ganz und gar verlassen: Selten der Schritt der Wache, manchmal ein Hund oder eine Katze, die nach Ratten jagte. Nachts das Heulen der Schakale. In unregelmäßigen Abständen kamen Frauen mit Wasserbütten. Sie gaben jedem zu trinken. Die Johanniter sah man kaum; von Pflege konnte nicht mehr gesprochen werden. Die faulenden Wundverbände strömten einen fürchterlichen Gestank aus.

Eines Tages war plötzlich Lärm zu hören. Die Lagergassen füllten sich, und neue Verwundete wurden gebracht. Die Templer aber, die sie trugen, sahen aus, als müsse man sie selbst auf eines der Strohlager betten. Einer von ihnen war Miguel. An seinem Schädel fehlte das flatternde Ohr. Dort, wo es gewesen war, sah man nur noch blutverkrustete Haut. Als er merkte, dass Deodat ihn erkannt hatte, wankte er zu ihm hin. Die Augen in seinem abgemagerten Gesicht waren von gespenstischer Größe. Die Hand, die er auf Deodats Hand legte, war rauh von Schmutz. Er roch nach Schweiß und Blut. Eine Zeit lang sah er Deodat groß an, als wolle er etwas zu ihm sagen. Dann schleppte er sich wortlos aus dem Zelt.

Als Miguel einige Tage später wiederkam, zog er einen Brief aus der Kutte, der das Siegel des Großmeisters Petro Montecauto trug.

«Ich fahre nach Spanien zurück», sagte Miguel. «Auf dem Weg nach Ponferrada muss ich diesen Brief dem Bischof von Elne bringen. Elne liegt östlich der Pyrenäen am Meer. Das Schiff, mit dem ich reise, nimmt eine Anzahl Verwundete mit. Überlege dir, ob du mitkommst. In diesem Zustand würdest du dem Heiligen Land nicht nützen. Obzwar ich glaube, dass die Johanniter dich dorthin mitnehmen würden.»

«Ich brauche es nicht zu überlegen», sagte Deodat. «Ich fahre mit dir. Es ist jetzt so, wie du es anfangs hast haben wollen; aber jetzt bin ich ein Krüppel.»

Die ganze Reise über dachte Deodat an nichts anderes, als dass er ein Krüppel war und vielleicht nie mehr sein Handwerk würde ausüben können. Meistens hielt er die Augen geschlossen, damit Miguel seinen Kummer nicht sah. Nach Castrum Peregrinorum war er von Chartres aus aufgebrochen, um mit Erneste zusammen im Orient zu sein.

Nun fuhr er der spanischen Küste entgegen. Wenn er die Augen öffnete, sah er das geblähte weiße Segel mit dem roten Posaunenkreuz über sich. Jericho-Posaunen, dachte er, aber um welchen Preis!

Im Westen erschien über dem Meeressaum ein graues Band. Der Mann im Auslug rief: «Land in Sicht!» Langsam verbreitete sich das graue Band, stieg an und wurde zur Küste des spanisch-französischen Grenzgebietes. Das Schiff lief in den Templerhafen von Collioure ein.

Der Bischof von Elne war von hünenhafter Gestalt. Klug blickten seine eisgrauen Augen aus dem gütigen Gesicht. Miguel, den die Wachen des bischöflichen Palais rasch vorgelassen hatten, hielt ihm den Brief des Großmeisters so entgegen, dass er das Siegel sofort erkennen konnte.

«Mein Freund», sagte der Bischof, sobald er einen Blick darauf geworfen hatte, «Ihr überbringt mir den Brief, auf den ich mit Bangen gewartet habe. Setzt Euch dorthin, ich will mich sammeln, ehe ich ihn öffne.»

Er kniete nahe beim Fenster nieder. Eine Weile verharrte er so; dann erhob er sich gefasst und ruhevoll und brach das Siegel auf. Mit immer sorgenvollerer Miene murmelte er:

«... so versuchten wir einen Kampf mit den immer zahlreicheren Heermassen des Sultans herbeizuführen und zogen in guter Schlacht-ordnung am Ufer des Nilarmes Tanis hinauf. Als wir aber – nur durch den Fluss getrennt – im Angesicht unserer Feinde unsre Zelte aufschlu-gen, flohen an die zehntausend wehrhafte Kreuzfahrer aus unseren Reihen.

Sobald der Nil zu schwellen begann, schickte der Sultan Galeeren und Gallionen durch einen alten Kanal. Auf diese Weise kamen sie unseren Schiffen auf dem Tanis in die Quere und hinderten sie am Manövrieren. Ja, was noch viel schlimmer war, sie trennten uns vollständig von Damiette ab, so dass wir keinerlei Verbindung mehr mit dem Haupt-heer hatten.

Der Sultan ließ die Wasser des Nils in ein System von unbekannten Kanälen und Höhlungen leiten und machte auf diese Weise unsern Rückzug unwegbar. In diesem Sumpf verloren wir unsere Lasttiere, unsere Rüstungen, die gepanzerten Wagen und Pferde und unsere Waffen mit fast allen Geschossen. Wir konnten uns weder vorwärts noch rückwärts bewegen noch in sonst einer Richtung. Unsrer Lebens-mittel beraubt, waren wir wie Fische im Netz. Wir hätten uns nicht einmal mit den Ungläubigen schlagen können, da uns ein See von ihnen trennte. In dieser Zwangslage mussten wir wohl oder übel einen Vertrag mit dem Sultan machen. Er forderte die Rückgabe der Stadt Damiette.

Wir zogen also nach Damiette zurück, um den Übergabetermin zu bestimmen. Denn wenn wir die Stadt auch hätten freikaufen wollen, wir hätten so schnell kein einziges Silberstück aufbringen können. Die Kreuzfahrer nämlich, welche die reiche Beute unter sich verteilt hatten, waren längst über alle Berge davon, und an ihrer Stelle kämpften bereits wieder neue. Wir mussten uns also fügen und den Pakt mit Geiseln bekräftigen.

Der Sultan gewährte uns freien Abzug und dem Heiligen Land einen Waffenstillstand von acht Jahren. Hätte sich Kaiser Friedrich, der Hohenstaufe, auch nur einen einzigen Tag vor Damiette gezeigt – er hatte sein Kommen nicht nur uns, sondern auch dem Papst gelobt –, so wäre diesem Kreuzzug ein anderes Ende beschieden gewesen. Die Kreuzfahrer hätten ein Machtprestige gehabt, denn der Sultan fürchtet Friedrich II., der die ägyptischen Mündungsgebiete von Sizilien aus unsicher macht.

Der Sultan beachtete treu seine uns gemachten Versprechungen. Er lieferte fünfzehn Tage lang Brot und Polenta an die ausgehungerte Kreuzzugsarmee und hielt uns so am Leben.

Seht mitfühlend unser Unglück, teuerster Freund, und helft uns, so gut Ihr könnt!

Petrus Montecauto
Großmeister des Templerordens.»

Der Bischof ließ das Schreiben sinken und trat wieder zum Fenster. «Der Herr erbarme sich!», sagte er inbrünstig.

Sobald er sich gefasst hatte, wandte er sich Miguel zu. Mit lang geübter Selbstzucht sagte er liebenswürdig: «Entschuldigt, lieber Freund, wenn ich über diesem Brief die Pflichten des Gastgebers versäumt habe. Ich bitte Euch, etwas Wein mit mir zu trinken und ein weniges zu essen.»

Miguel verbeugte sich. «Ich danke Euch für Eure Fürsorge, Herr. Aber es ist uns Templern nicht erlaubt, mit einem Bischof Wein zu trinken. So will es die Ordensregel. Verzeiht, dass ich Euch daran erinnere.» Bedauernd hob er die Schultern.

«Es muss ja nicht gerade Wein sein», sagte der Bischof und lächelte fein.

Mehr und mehr verwundete Templer wurden übers Meer nach Collioure gebracht, und der Platz im Lazarett reichte nicht mehr aus, sie aufzunehmen. Man ging daran, die Pilger, die unter den Versehrten waren, zu den Mönchen nach Elne zu verlegen, die ihnen in ihrem Kreuzgang Krankenlager hergerichtet hatten. Deodat war unter ihnen. Ein Ruf des Entzückens kam über seine Lippen, als er die fein gemetzten Säulen sah, die nicht nur Figurenhäupter hatten, sondern Schäfte, in welche herrliche Ornamente gegraben waren.

«Du bist wohl Steinmetz, wie?», fragten ihn die Mönche lachend. «Dann musst du ja allein vom Anschauen dieser Bildwerke gesund werden!»

Entspannt lag Deodat in der Geborgenheit dieses Säulenhofes, in dem ein Brunnen plätscherte und die schmal aufragenden Zypressen dufteten. Zum ersten Mal verdrängte er den Gedanken an Chartres und die Eltern nicht. Er sah, wie die Mutter ihm zwei neue Hemden zur Reise mitgab, wie der Vater ihm die Silberstücke mit bewegtem Gesicht in die hohle Hand zählte. Jeder von ihnen hatte dazu gesagt: «Verbrauch's gesund!» Und doch hatte er beides nicht gesund verbraucht. Weiß der Himmel, wer es an seiner Statt verbrauchen würde. André, der Oheim, der sonst nie um ein lustiges Wort verlegen war, hatte ihm nur schweigend die Hand auf die Schulter gelegt.

«Ich werde Erneste von euch grüßen, wenn ich ihn sehe.» Da hatte er sich seufzend umgekehrt.

Mit diesen Bildern vor Augen schlummerte Deodat ein; es war zum ersten Mal ein heilender Schlaf. Als er aufwachte, schaute er in Miguels große Augen.

«Wie geht es dir hier?», fragte der Freund. Deodat sah sich eine Weile schweigend um. Da waren die Säulen, die Zypressen, die geschäftig hin- und herlaufenden Mönche, das Plätschern des Brunnens. Die Schmerzen waren weniger geworden. «Gut», sagte er darum. «Es geht mir gut. – Wann musst du nach Ponferrada aufbrechen, Miguel?»

«Nach Ponferrada», sagte Miguel und lächelte ein wenig, «nach Ponferrada brechen wir gemeinsam auf. Jetzt muss ich nach Agde, wohin unsere zerlegte Meferteisse gebracht werden soll, damit die dortigen Ingenieure sie nachbauen können.»

Da lächelte Deodat ebenfalls. «Wann?», fragte er ungläubig, und er meinte Ponferrada.

«Es wird Herbst werden», sagte Miguel. «Bis dahin könntest du wieder auf den Beinen sein.»

«Miguel, falls du einem französischen Steinmetz begegnest, der von Agde aus nach Norden zieht, dann schick ihn zu meinen Eltern, dass sie wissen, wo ich bin.»

«Das verspreche ich dir», sagte Miguel, dann ging er davon.

Deodat aber schickte ihm seine Gedanken nach: Miguel, dachte er, sollte ich wirklich die Kraft in meinen Arm zurückgewinnen, dann schwöre ich, dass ich sie für den Pilgerweg nach Santiago einsetze! Und laut, als sei der Freund noch nicht weggegangen, sagte er: «Ich verspreche es dir!»

Die Mönche pflegten ihn gut. Bald war er so weit, dass er sitzen konnte. Sie stopften ihm ein Heupfühl hinter den Rücken, so dass er Kreuzgang und Garten vollständig überblicken konnte. Als zwei weitere Wochen vergangen waren, knickten seine Beine nicht mehr ein, wenn die Mönche ihn auf die Füße stellten. Schritt um Schritt lernte er wieder gehen. Sein erstes Interesse galt den Säulenhäuptern, die so kunstvoll behauen waren. Auch an der Innenwand des Kreuzganges liefen Bilderfriese entlang. Dort weidete Jakob Labans Schafe, um die schöne Rahel zu gewinnen. Auch Kain war zu sehen, der seinen Bruder Abel erschlug.

Die Verbände an Deodats Arm und Schulter wurden dünner und kleiner; endlich fing er an, den Arm, der so verkümmert an seiner Seite hing, zu bewegen. Er ballte die Hand zur Faust; er hob mit ihr zuerst kleine, dann immer schwerere Kiesel auf und versuchte, den belasteten Arm aus der Schulter hochzuheben. Er fand einen Stecken, den er fest anzupacken lernte. Er rammte das eine Ende des Steckens in die Erde und versuchte, das andere zu Boden zu zwingen. Dann kam es ihm in den Sinn, die Ställe des Klosters aufzusuchen und zu sehen, ob es dort kleine Arbeiten gäbe, die er verrichten könnte. Eines Tages striegelte er mit dem kranken Arm ein Pferd. So erhielt Deodat allmählich seine Kräfte zurück. Wenn die verletzte Schulter nicht sonderbar schief geblieben wäre, hätte man ihn bald wieder für den kräftigen jungen Mann halten können, der er vorher gewesen war.

Im Stall standen auch fünf Maultiere, die das Templerkreuz unter dem Stirnhaar eingebrannt hatten.

«Wo gehören die hin?», wollte Deodat wissen.

«Nach Lavelanet gehören sie», sagte einer von den Stallbrüdern.

«Die geben wir jemandem mit, der auf den Jakobsweg will.»

«Wann werden sie denn abgeholt?», fragte Deodat mit klopfendem Herzen.

«In vierzehn Tagen», sagte der Stallbruder. Dann setzte er ein seufzendes «Hoffentlich!» dazu. «Es sind nämlich wahre Teufel.»

Am nächsten Tag fing Deodat an, die Mäuler zu striegeln; bald kannte er sie so gut, dass er ihre Bosheiten voraussehen konnte. Er beugte ihren Launen so geschickt vor, dass sie sie schließlich vergaßen. Im Hof überlistete er sie und saß ihnen plötzlich auf dem Rücken, und wenn die Mönche sie beladen wollten, packte er sie an den Nüstern. Abends schmerzte ihm die Schulter so, dass er nicht wusste, wie er liegen sollte, aber er gab nicht nach.

Eines Tages trieb er sie über die Koppel, und als sie dort einen Wirbel von trockenen Blättern aufstöberten, merkte Deodat, dass es Herbst geworden war. An diesem Abend schnürte er die wenigen Habseligkeiten zusammen, die sich in der Zeit seiner Krankheit angesammelt hatten. Miguel konnte kommen.

Aufbruch zu dritt

Am Ende der Woche streckte Gottfried seinen roten Schopf zur Stalltür herein.

«Sagt, ihr Mönche!», rief er munter, gibt es hier einen, der Deodat heißt?» Dann begrüßten die Vettern einander, die sich kurz nur kennen gelernt hatten und sich so schnell wieder hatten trennen müssen.

«Wo kommst denn du her? Woher weisst du, dass ich hier bin?»

«Ein Geselle aus Chartres ist neuerdings bei meinem Vater in der Werkstatt; sonst hätte er mich ja nicht auf die Walz schicken können. Und der weiß es von deinem Vater. Dieser hat es von einem anderen Gesellen gehört; und dem hat es ein Templer Namens Miguel gesagt. – Bist du jetzt zufrieden?»

«Wissen meine Eltern, dass meine Schulter nicht mehr so ist wie früher?»

«Sie wissen es. Ich sehe aber, dass deine Hand schon wieder eine gehörige Kraft besitzt.»

«Weißt du, wie es meinen Eltern geht?»

«Es geht ihnen gut. Sie denken viel an dich.»

«Ich reise in den nächsten Tagen nach Spanien. Ich habe mich verpflichtet. Außerdem müssen diese Teufelsmäuler unterwegs irgendwo abgeliefert werden. Miguel holt mich sicher bald ab.»

«Dann reite ich ein Stück mit euch», sagte Gottfried vergnügt, «oder wollt ihr diese Maultiere etwa bepacken?»

«Bepacken nicht. Aber ich kann sie dir mit gutem Gewissen nicht zum Reiten anbieten – oder bist du so gut im Sattel, dass du dich vor gar nichts fürchtest?»

«Ich werde ihnen schon Anstand beibringen», sagte er und zeigte den Maultieren die Faust.

Die Vettern lachten.

«Ist bei dir zu Hause alles gesund?»

«O ja. Da fehlt es glücklicherweise nicht. Nur Gerec macht den Mund nicht auf. Er ist dabei, stark zu werden wie ein Baum und packt tüchtig zu. Aber von den Armen aufwärts ist er faul.»

«Wenn ich ein paar Jahre in Spanien gewesen bin», sagte Deodat, «und eingelöst habe, was ich versprochen habe, dann kehre ich nach Chartres zurück.»

Am übernächsten Tag kam Miguel. Früh am Morgen tauchte er im Klosterstall von Elne auf. Seinen geflochtenen Reisesack hatte er auf der Schulter.

«Kann's losgehen?», fragte er, nachdem er Deodat mit einem prüfenden Blick bedacht hatte. Es war, als sei er vor einer Stunde erst weggegangen.

«Miguel», rief Deodat, «wer sagt dir denn, dass ich es kann?»

«Meine Augen sagen es mir jetzt», entgegnete er lachend, «aber mein Herz hat es mir schon immer gesagt. Welches von den Maultieren willst du zum Reiten haben?»

«Den Braunen dort mit dem hängenden Ohr. Den Hellen will ich meinem Vetter geben, der hier ist und ein Stück weit mit uns reisen möchte. Der Helle ist eine Spur weniger falsch als die anderen.»

Es war noch nicht Mittag, da hatten sie Elne schon weit hinter sich gelassen, und der tiefblaue Streifen des Meeres wurde immer schmaler. Gottfried hatte sich ausbedungen, als Letzter zu reiten. Er sagte, so würde er am wenigsten Ärger mit dem Maultier haben, denn es würde den anderen einfach nachlaufen wollen. Er brauche sich dann nur festzuhalten und könne im Übrigen dösen.

Am Fuße der Felsenfestung Puylaurent nächtigten sie in einer von den zahlreichen Templer-Komtureien, die diesen wichtigen Handelsweg, der die Meere verband, säumten. Dort sahen sie zum ersten Mal, wie Reisende ihre Übernachtung und ihr Essen mit Templergutscheinen bezahlten. Das gesamte Abendland, sagte Miguel, als er ihre neugierigen Blicke sah, könne man mit solchen Gutscheinen durchqueren.

«Stellt euch einen Kaufmann vor, der wie wir von Collioure nach Spanien reisen will. Wenn er die Gutscheine nicht hätte, die unsere Rechenmeister erfunden haben, müsste er eine Truhe voll Silbergeld in mehrerlei Währung mit sich führen. Er könnte sonst weder sich noch seine Knechte und Lasttiere verpflegen. Es könnte aber geschehen, dass ihm die Truhe gestohlen wird; oder dass sie ihm auf einem Saumpfad in den Pyrenäen in die Tiefe stürzt. Dann müsste er mitsamt seinem Diener betteln gehen. Das ist schon öfter vorgekommen.

Die Gutscheine dagegen, die er im Templerhaus seiner Heimatstadt eingetauscht hat, kann er sicher auf der Brust verwahren. Er kann sie aber auch ohne weiteres in die Satteltasche stecken; denn kein anderer kann etwas mit ihnen anfangen, da sie den Fingerstempel des Eigentümers tragen.»

«Kann man diese Gutscheine auch wieder in Geld zurückverwandeln, wenn man sie nicht braucht?»

«Bei den Händlern gelten sie wie bares Geld. Man kann sie aber auch in jedem Templerhaus zurücktauschen. Eine sehr kleine Tauschgebühr behält der Orden für sich.»

«Und was machen die einzelnen Komtureien mit den Gutscheinen», wollte Gottfried wissen, «für die sie den Reisenden Essen, Nachtlager und Pferdefutter gegeben haben?»

«Sie sammeln sie und schicken sie zweimal im Jahr an die Ballei, zu der sie gehören, also an die Hauptkomturei ihres Bezirkes. Dort zählt man ihren Wert zusammen und befördert sie ins Haupthaus des Landes, das sich meist in der Königsstadt befindet.

Aber auch die Haupthäuser der Königreiche müssen abrechnen und ihre Ergebnisse in jenes Haupthaus schicken, das für das Abend- wie für das Morgenland die oberste Rechnungsstelle ist. Dieses Haupthaus ist das Templerhaus von Paris. Dort ist der Tresor des Ordens.»

«Ah, deshalb ist das Templerhaus von Paris so wehrhaft und sicher gebaut! Ich habe es ja selbst noch nie gesehen; aber man hat es mir erzählt», rief Gottfried aus.

«Wenn aber ein Reisender mit seinen Gutscheinen nicht auskommt, was dann?», wollte Deodat wissen.

«Dann wird er den letzten, den er hat, in einem Templerhaus auf eine höhere Summe erweitern.»

«Wieso den letzten?»

«Er muss ja einen in der Hand haben, der seinen Fingerstempel trägt.

Der neue Wert, der darauf eingetragen wird, wird von Komturei zu Ballei und dann in das Templerhaus seiner Heimatstadt gemeldet. Dort werden seine Schulden mit seinen Verwandten, oder, wenn er zurückgekommen ist, mit ihm selbst verrechnet.»

«Mit seinen Verwandten?»

«Manch einer stirbt ja auf so einer Reise. Dann kann niemand mehr mit ihm abrechnen – nur noch der dort oben», und er deutete zum Himmel.

Das schöne Mädchen

Auf der Handelsstraße, auf der sie stetig nach Westen ritten, waren sie nie allein. Kaufleute führten ihre Maultierkarawanen an, Handwerksgesellen, die auf der Walz waren wie Gottfried, marschierten steckenschwingend an ihnen vorbei. Die Soldaten des französischen Königs, der sich diesen Süden untertan machen wollte, fegten frech auf ihren Rössern vorüber und wirbelten Staub auf. Berittene Studenten kamen ihnen entgegen. Vielleicht zogen sie in die Universität von Montpellier, wo jüdische und arabische Gelehrte Schüler aufnahmen. Einen Müller sahen sie, der unaufhörlich auf seinen viel zu schwer beladenen Esel eindrosch. Eine Zeit lang zogen sie neben einem schweigsamen Troubadour einher, der eine zahme Elster, das Zeichen seines Berufes, auf der Schulter trug.

Ein wenig außerhalb von Lavelanet versperrten aufgeregt zusammengerottete Menschen die Straße. Die Töne und Wortfetzen jenes neuen Kirchenliedes konnte Deodat unterscheiden, das von den Gläubigen gesungen wurde, wenn sie auszogen, die Ketzer, die es hier im Süden so zahlreich gab, zu bestrafen.

Deodat sah Miguel fragend an. Aber Miguel schwieg. Sein Gesicht war blass geworden; er hatte die Lippen streng aufeinandergepresst. Was hier vor sich ging, das billigte er nicht. Hatte nicht Jesus selbst gesagt, in seines Vaters Haus seien viele Wohnungen! Was sich die Kirchenmänner hier anmaßten, würde der Kirche eines Tages bitter schaden. Er winkte Gottfried, dass er aufholen solle, und drängte sein Maultier seitlich an der Menschenmenge vorbei.

Nun sah Deodat auch den Scheiterhaufen seitab in der Wiese, aus dem der Pfahl für den Verurteilten ragte. Laut schwoll der Gesang nun an. Die Spitze der Prozession hatte die Wiese erreicht; voraus ging ein Priester, der ein Lattenkreuz trug. Einen Augenblick lang hob er es hoch, dass alle es sehen konnten, dann rammte er es neben dem Scheiterhaufen in den Boden. Zwei Häscher mit roten Kapuzen führten den Verurteilten herbei, dem man einen schmutzigen Sack über die ganze Gestalt gestülpt hatte, so dass Deodat nicht sehen konnte, ob er jünger oder älter war. Er kam ihm ziemlich klein vor.

Die Häscher warteten, bis das Lied zu Ende gesungen war. Dann lösten sie den Strick, an dem sie den Verurteilten herangeführt hatten, und zogen den Sack von der Gestalt. Sie enthüllten ein wunderschönes Mädchen.

«Nein, nein!», rief jemand hinter Deodat verzweifelt. Er merkte, dass es Gottfried war. Das Maultier erschrak und preschte, nach allen Seiten ausschlagend, durch die aufgestörte Menge. Zornig schrien die Gläubigen durcheinander:

«Sie ist eine Ketzerin!» Andere drängten den Priester und die Häscher, sich nicht stören zu lassen und doch weiterzumachen. Dieser Irre auf dem hellen Maultier war gewiss auch einer von diesen Ketzern. Man würde sich nachher schon noch um ihn kümmern können – nachher, wenn dies hier erst einmal erledigt war.

Das Mädchen zeigte keine Angst. Deodat fing einen Blick aus ihren leuchtenden Augen auf, der ihn tief berührte.

«Komm weiter!», befahl Miguel zornig und machte mit der Zügelhand eine Bewegung auf Lavelanet zu. Da dachte Deodat an Gottfried, und dass sie nun an seiner Seite bleiben mussten. Er sah nur noch, wie die Häscher das Mädchen auf den Scheiterhaufen stießen, dann lief sein Mäuler den anderen nach.

Als sie Gottfried eingeholt hatten, nahmen sie ihn in die Mitte. Sein Gesicht war von Tränen nass. Das Weinen, das ihn schüttelte, wollte kein Ende nehmen. «Warum?», schluchzte er auf und sah Hilfe suchend auf Miguel.

«Hier ist die Macht der Templer zu Ende», sagte Miguel bitter. «Hier herrscht das Ketzergericht.»

Dann gelangten sie nach Lavelanet und stellten die drei ledigen Maultiere in den Stall des Templerhauses. Gottfried sagte ihnen Lebewohl. In diesem Süden, der so lieblich aussah, wollte er keinen Tag mehr bleiben.

Fünf Tage brauchten Miguel und Deodat bis zum Pass Roncevalles, an dem sich die nördlichen und östlichen Pilgerwege nach Santiago di Compostella vereinigten. Scharen von Pilgern kamen hier zusammen. Von hier aus warfen sie sich auf die Erde und maßen den Boden mit ihren Körpern bis zum Grab des Heiligen Jacobus: Sie warfen sich der Länge nach nieder, und von dort aus, wo der Kopf gelegen hatte, warfen sie sich aufs Neue zu Boden. Es war ein erschütternder Anblick. Manche hatten nicht mehr die Kraft, wenn sie sich niedergeworfen hatten, wieder aufzustehen. Andere mussten ihnen helfen. Es gab kaum einen unter ihnen, dessen Kleider nicht zerlumpt gewesen wären.

Aber diejenigen, die von Santiago zurückkamen, sangen fröhliche Lieder und tanzten auf der Straße. Alle diese trugen eine Jakobsmuschel auf dem Hut, an der Reisetasche oder auch nur in der Hand, damit sie daraus ihr Wasser schöpfen konnten. Ihre Sprachen waren so verschieden wie ihre Kleidung; aber der gemeinsame Weg hatte aus den verschiedenen Gesten die gleichen gemacht, wie er die Kleider von allen mit demselben Staub bedeckt hatte.

In den folgenden Tagen überholten sie immer wieder Gruppen von Pilgern, und Pilger kamen ihnen entgegen. Eines Abends sagte Miguel:

«Heute war der letzte Tag, Deodat, an dem wir zusammen geritten sind. Morgen erreichen wir Estella. Dort hat unser Orden ein großes Haus und ein Spital, in dem sich die Wallfahrer erholen können, wenn sie es nötig haben. Ich habe in Estella einen Freund, der Steinmetzmeister ist. Er beaufsichtigt den Bau der drei Pilgerkirchen, die dort entstehen. Ich weiß nicht, wie weit er mit seinen Aufgaben vorangekommen ist. Aber gewiss braucht er einen Steinmetz, wie du einer bist, denn die Portale dieser Kirchen sollen sehr schön mit Figuren geschmückt werden. Wenn es dir also recht ist, dann trennen wir uns morgen. Ich reite weiter bis Ponferrada, und wenn es Gottes Wille ist, dann werden wir uns in diesem Leben gewiss noch einmal sehen.»

Deodat war bei diesen Worten blass geworden. Wie sollte es ohne Miguel weitergehen? Warum nahm er ihn nicht einfach nach Ponferrada mit? Dort würde man doch gewiss auch einen Steinmetz brauchen können? Der bevorstehende Abschied machte Deodat so traurig, dass er nicht antworten konnte. Alles, was Miguel für ihn getan hatte, stand wieder vor seinem Auge. Er sah ihn vor sich, wie er ihn vor Damiette zum ersten Mal gesehen hatte: nickend, mit dem flatternden Ohr.

Diese Nacht wälzte sich Deodat unter seinem Schaffell hin und her. Sie lagen auf dem ausgedörrten Boden eines Stoppelfeldes. Der Tag war einer von jenen heißen Herbsttagen gewesen, die es in dieser Gegend gab. Sie waren schwerer zu ertragen als ein heißer Sommertag, weil alles Grün erstorben war. Ab morgen, dachte Deodat voller Unruhe, ab morgen musste er alleine für sich entscheiden und für sich aufkommen. Würde dieser Meister einen Gesellen mit einer verkrüppelten Schulter haben wollen? Würde er, Deodat, genügend Kraft haben, um die schweren Lasten tragen zu können, die ein Steinmetz heben muss?

Endlich dämmerte der Tag. Sie standen auf und führten ihre beiden Mäuler zu einem kleinen Rinnsal, um sie saufen zu lassen. Im frühen Frühjahr würde dieses Bächlein zu einem Fluss angeschwollen sein. Dann konnte man es nicht mit einem einzigen Schritt überqueren wie jetzt.

Als sie dann schweigend aufgesessen waren, warf Miguel dem Freund einen prüfenden Blick zu. Er lenkte sein Reittier nahe neben Deodat und sagte, als merke er dessen Traurigkeit nicht: «Die Feste von Estella wird von uns Templern gehalten. Aber auch unten in der Stadt haben wir ein schönes Haus. Es gehört den Königen von Navarra. Unsere eigenen Gebäude liegen auf einem Felsen über der Stadt.»

Schon während Miguel gesprochen hatte, war in der Ferne die Silhouette von Estella aufgetaucht, und bald danach ritten die Männer durchs Tor. Die engen Gassen gaben einen kleinen Platz frei, auf dem ein schöner Brunnen stand. Es war ein kleiner Platz. Die Königshalle, von der Miguel unterwegs gesprochen hatte, begrenzte ihn auf der einen Seite. Auf der anderen stieg einer jener Felsen an, die für diese Stadt so charakteristisch waren. Eine breite, sehr steile Treppe führte in der Felswand empor bis zu einem noch nicht fertigen Bauwerk. Deodat erkannte, dass es eine von den Kirchen werden sollte, deretwegen Miguel ihn mit aus dem Orient genommen hatte. Jetzt waren sie also da.

«Gib mir dein Maultier, Freund», sagte Miguel, und auch seine Stimme schwankte ein wenig. «Nimm dein Bündel und steig diese Treppe zur Peterskirche hinauf. Dort findest du den Meister Millan. Sag ihm, dass ich dich schicke, und grüß ihn von mir. Ich bin sicher, dass dein Arm die altgewohnte Arbeit verrichten kann.»

Als Deodat abgesprungen war und sein Bündel vom Maultier geschnallt hatte, hob Miguel die Zügelhand grüßend ein wenig hoch, wie es seine Gewohnheit war, und trieb sein Maultier voran.

Deodat schaute dem Davonreitenden nach, so lang er ihn sehen konnte. Dank für alles, dachte er. Dann war die freundliche kleine Gestalt in dem viel zu weiten Templermantel in der Menge verschwunden.

Der Stein

Deodat ging zum Brunnen, holte die Schwenkrinne ein und hielt den Mund an das rinnende Wasser. Dann warf er einen Blick zum oberen Ende der Treppe, von wo aus er Hämmern, Pochen, Sägen und Rufen hörte. Einen Augenblick zögerte er noch. Endlich warf er das Bündel über die schiefe Schulter und stieg die Treppe hinauf.

Die Bauhütte war zwischen die unfertige Kirche und den Felsen gezwängt. Deodat stieg über die herumliegenden hellgrauen Granite und die blassen Kalksteine. Er erkannte den Meister an den Befehlen, die er gab.

Meister Millan war ein alter, schwerknochiger Mann mit riesigen Fäusten und blauen, scharf blickenden Augen, die tief hinter buschigen Brauen lagen. Deodat nannte seinen Namen und sagte: «Der Templer Miguel schickt mich zu dir. Er lässt dich grüßen. Er ist von Damiette zurück und hat mich von dort mitgebracht, da ich verwundet war.»

Meister Millan hatte die schiefe Schulter nur mit einem kurzen Blick gestreift. «So», sagte er nickend. «So.» Dann deutete er auf einen Bretterstapel. «Leg dein Bündel ab!» Nachdem er sich kurz umgesehen hatte, sagte er: «Du kannst bei mir zu Hause wohnen, wenn du so arbeitest, dass es mir gefällt. Heute Nacht kannst du in der Baustelle schlafen. – Hast du genügend zu essen bei dir?»

«Ich habe genug dabei.»

Am nächsten Morgen sagte der Meister, sobald er zur Baustelle heraufgekommen war: «Also zeig mir, was du kannst. Denn wenn ich mich auf Miguels Blick und Urteil auch verlassen kann, will ich doch gleich mit eigenen Augen sehen, woran ich mit dir bin.»

«Ich habe den Templern viel zu danken», sagte Deodat, «deshalb würde ich gern ihr schönes Haus dort unten mit einem Säulenhaupt schmücken, wenn es dir recht ist. Überlass mir einen Stein; ich will seinen Wert mit Arbeit abdienen, damit du nicht geschmälert bist.»

«Dieses Haus gehört den Königen von Navarra.»

«Miguel hat es mir gesagt. Vielleicht wollen die Templer dieses Säulenhaupt, das ich metzen möchte, der Königshalle einfügen aus Dank dafür, dass sie so lang darin haben wohnen dürfen. Ich möchte den Kampf der Templer gegen die Ungläubigen darstellen; der findet ja auch hier in Spanien statt – nicht nur im Orient.»

«Wir nennen die Ungläubigen Mauren. Ihre Schilde sind rund; sie stellen die Scheibe des Vollmondes dar, hinter der sie ihren Gott Allah vermuten. Wenn sie sich mit der Mondenscheibe schützen, glauben sie sich von Allah beschützt. – Wo hast du dein Handwerk erlernt?»

«In Chartres. Mein Vater arbeitet als Baumeister an der Kathedrale. Er ist in einer von den Baubrüderschaften ausgebildet worden.»

«Wenn du bei ihm das Handwerk erlernt hast, wirst du wissen, dass es nötig ist, sich vor jeder Arbeit zu versenken, damit das Bild, das du in den Stein meißeln willst, in dir zu leuchten beginnt. So stark muss dieses Leuchten werden, dass es nicht verschwindet, wenn du die Augen wieder aufmachst. Das Bild muss vor dir stehen bleiben, damit du den Meißel nur entlang seiner Umrisse zu führen brauchst. Nun fang also mit Gottes Hilfe an. Du kannst den Granitblock nehmen, der neben dem Dachträger steht.» Er deutete in die genannte Richtung.

Deodat ging hin und betrachtete den Block. Er hatte eine lebhafte Körnung; seine Farbe war aber nicht so grau wie bei den anderen Blöcken, sondern spielte ein wenig ins Fahle. Der Meister war Deodat mit den Augen gefolgt.

Deodat setzte sich in eine dunkle Ecke, schloss die Augen und dachte an das Bild, das er aus dem Steinblock hauen wollte. Aber die Versenkung glückte ihm nicht so, wie er es von Chartres gewohnt war. Die lang entbehrten Geräusche der Werkstatt lenkten ihn ab: die Zurufe der Gesellen, das Ächzen der Holzrollen unter den Blöcken, das Kreischen der Winden, das Hämmern, das Zischen, wenn der Werkstattschmied glühendes Eisen badete. Dazu kamen die altvertrauten Gerüche von Steinmehl, von Funken, die das Eisen aus den Steinen schlug, und von Holzkohlenrauch. Ohne dass er es hätte ändern können, glitten die Gedanken nach Chartres zurück. Wie weit war man dort wohl mit dem Bau der Kathedrale? Hatte man das Querschiff schon eingewölbt? Waren die Lehrgerüste schon eingezogen worden? Hatte man schon mit den Figuren der Seitenportale begonnen? Und was machte der Vater? Ging es ihm gut? Sorgte sich die Mutter sehr um ihren Sohn? Plötzlich merkte Deodat, dass er Heimweh hatte. Aus der Versenkung war nichts geworden. Das Bild der kämpfenden Ritter, das er hatte hauen wollen, fing nicht an zu leuchten.

«Komm mit!», befahl der Meister dennoch am Abend. «Du kannst bei mir zu Abend essen und schlafen.»

Am nächsten Tag versuchte Deodat es wieder. Es gelang ihm, die Geräusche der Bauhütte zu überhören. Aber der Rauch aus der Esse erinnerte ihn an den Scheiterhaufen von Lavelanet und an das schöne Mädchen. Schweiß brach ihm aus allen Poren. Es hielt ihn nicht in dieser Werkstatt, er musste raus, nur raus! Schweigend sah der Meister ihm nach. Er kannte sich aus mit den Knüppeln, die einem auf dem Weg der Versenkung zwischen die Beine kamen!

Den ganzen Tag über strich Deodat in der Stadt umher. Er mischte sich unter die Pilger, fragte sie aus und ließ sich von ihren Berichten ablenken. Dann besann er sich wieder, stieg zur Bauhütte hinauf und setzte sich auf einen Stein. Das Bild, das er hauen wollte, entstand vor seinem inneren Auge nicht.

Am folgenden Tag war Sonntag, und die Bauhütte lag still und leer. Eine Weile irrte Deodat zwischen den verlassenen Werkzeugen umher, dann stieg er zur Stadt hinab und setzte sich auf den Rand des schönen Brunnens.

Junge Menschen gingen feiertäglich gekleidet vorbei; Paare, die sich an den Händen hielten. Das Gesicht eines zierlichen Mädchens hatte eine flüchtige Ähnlichkeit mit dem des Mädchens vom Scheiterhaufen. Deodat wandte keinen Blick von ihm. Würde sich das Mädchen von Lavelanet so tänzelnd bewegen, wenn es noch leben würde? Mit einem Mal wusste er, dass er nie mehr ein Mädchen so an der Hand halten könnte, wie es dieser junge Mann tat. Immer würde er das Gesicht der Verurteilten vor sich haben, jenes überirdisch schöne Gesicht mit dem leuchtenden Blick.

Wie von Fäden gezogen, sprang er vom Brunnenrand herab und eilte die Felsentreppe hinauf. Er suchte seinen Stein und strich mit den Händen liebkosend über seine Oberfläche. Das leuchtende Gesicht des Mädchens von Lavelanet schwebte vor dem Stein und blieb davor stehen.

So war es auch am kommenden Morgen, als Deodat den fahlen Stein wieder sah. Darum sagte er: «Meister, ich werde das Gesicht eines Mädchens aus diesem Brocken hauen, das ich in Todeserwartung gesehen habe.»

Die Augen des Meisters wurden eng. «Du kennst unsere Vorschrift, Geselle!», sagte er; und Deodat senkte beschämt den Blick. Denn nichts anderes durfte ein Steinmetz aus einem Brocken hauen, als was er sich vorgenommen hatte.

Neun weitere Tage saß Deodat untätig im Hintergrund der Bauhütte. Nur langsam kam die Kraft zurück, die er in Chartres aus der Versenkung gewonnen hatte. Zu lang hatte er diese Übung nicht mehr gemacht. Dann aber war es so weit: Alle eigenen Erlebnisse verblassten. Einzig und allein das Blut, das die Templer im Morgen- und im Abendland vergossen hatten, bekam Gewicht. Das Bild, das Deodat hatte metzen wollen, begann zu leuchten und verschwand nicht mehr vor dem Stein.

Von diesem Augenblick an war Deodat seiner Sache sicher. Die linke Hand diente ihm fast mit der alten Kraft und hielt den Meißel im richtigen Winkel zum Stein. Hie und da schaute der Meister prüfend zu ihm her und wandte sich jedesmal zufrieden wieder ab. Ein Säulenkopf entstand, auf dem man einen Lanzenkampf sehen konnte, der zwischen einem Templer und einem Mauren ausgetragen wurde. Im Hintergrund erkannte man weitere Krieger – die einen mit Langschilden, die vom Templerkreuz gezeichnet waren, die anderen mit dem ornamentenreichen Rundschild der Mohammedaner. Die Gesellen der Bauhütte kamen neugierig und sahen zu, was Deodat aus dem Stein hervorholte. Sogar der Meister stellte sich mitunter eine Weile neben Deodat hin.

«Miguel hatte Recht», sagte er eines Tages anerkennend. «Sein Urteil hat bis jetzt immer gestimmt.» Er nickte Deodat freundlich zu. Als das Säulenhaupt fast fertig war, sagte er eines Tages:

«Geselle, wenn es dir recht ist, und du bei mir in der Bauhütte bleiben willst, dann will ich dich zum Meister machen.»

«Es ist mir recht», sagte Deodat. Da streckte ihm der Meister die schwielige Hand hin, und Deodat schlug ein.

Seine Meisterprüfung fiel in das Jahr 1225. Am Vorabend richtete die Meistersfrau ihm ein heißes Bad; dann gab sie ihm die Wassersuppe zu essen zum Zeichen, dass seine Gesellenjahre zu Ende waren. Ein junger

Geselle kam und blieb die Nacht hindurch bei Deodat als Zeuge für dessen Nachtwache.

Als der Morgen graute, wusch Deodat sich Gesicht und Hände am Brunnen und trat in die Wohnstube des Meisters, in der sich andere Meister mit ihm versammelt hatten. Von jedem wurde er mit Handschlag und mit einem Spruch begrüßt, auf den er die rechte Antwort wissen musste. Dann setzten sich die Meister an den Tisch, und Deodat blieb vor ihnen stehen. Die Prüfung begann.

Als Erstes wurde ihm ein Zahlenquadrat vorgelegt, dessen Bauschlüssel er finden musste. Nach kurzem Nachdenken erkannte er die Schlüsselzahl und konnte diese Frage beantworten. Dann griff der eine Meister unter den Tisch und holte eine aufgewickelte Schnur hervor.

«Knüpf hiermit ein Salomonspendel!», befahl er und schob den Knäuel über den Tisch.

«Das will ich gerne tun», antwortete der Prüfling, «wenn du so gut sein möchtest, mir zu sagen, für welche Stadt ich es knüpfen soll.»

Die Meister murmelten anerkennend zu dieser Frage, denn sie zeigte, dass Deodat von der Orts-Elle wusste, die sich nach den Abständen zu den am nächsten gelegenen Meridianen richtete.

«Also knüpf ein Salomonspendel mit der Ortsstelle von Chartres.»

«Meister», sagte Deodat unverzagt, «das kann ich nicht, denn ich bin nicht dort, wo ich den Stand der Sterne messen kann, sondern hier.» Die Meister nickten zufrieden. Auch diese Antwort war die richtige.

«Wenn ihr erlaubt, dann will ich ein Salomonspendel für Estella knüpfen. Er schlang zwölf Knoten in den richtigen Abständen in das Mess-Seil, so dass es in dreizehn Schnurlängen unterteilt war. Die Aufgabe war richtig gelöst.

Nun musste er die Lasten berechnen, die eine Säule von sieben Ellen Umfang tragen könnte. Auch das konnte Deodat.

Endlich erhoben sich die Meister, um mit Deodat auf eine freie Wiese hinauszugehen, damit er ihnen zeigen konnte, wie ein Baumeister eine Mondsäule aufstellt, mit der er die Abstände seines Salomonspendels nachprüfen konnte. Deodat führte es ihnen richtig vor.

Da nahmen die Alten ihn mit einem feierlichen Spruch in den Kreis der Meister auf, denn nun war Deodat im Vollbesitz jenes Wissens, von dem die Baumeister nur in einer Symbolsprache sprachen. Von jetzt an war er befugt, jedem Stein, den er bearbeitet hatte, sein eigenes Steinmetzzeichen einzumeißeln.

«Was wirst du morgen tun, Meister?», wurde er zum Zeichen dafür gefragt, dass er nun Herr seiner Entschlüsse war.

«Ich will mich nach Chartres aufmachen, um meine Eltern wieder zu sehen», antwortete Deodat.

«Wirst du dann in Chartres bleiben?», wollte einer von ihnen wissen.

«Ich komme von Chartres zurück – », antwortete Deodat zögernd. Seine Gedanken schweiften zu jenen Tagen zurück, als er mit Miguel zusammen in dieses Spanien geritten war. Am Nachmittag, als die Steinmetze wie immer bei ihrer Arbeit waren, setzte er sich sinnend auf den Rand des schönen Brunnens, auf dem er am ersten Sonntag seines Hierseins gesessen hatte. Damals waren junge Leute Hand in Hand vorübergekommen, und er hatte gewusst, dass er nie mehr ein Mädchen würde so an der Hand führen können, weil es immer überdeckt wäre vom Bild jenes leuchtenden Gesichtes, das er in Lavelanet gesehen hatte.

So war es dann auch gewesen. Und so würde es auch in der Zukunft immer sein. Deodats Augen suchten die Königshalle, die den Brunnenplatz abschloss. Templer gingen geschäftig aus und ein. Er ließ sich vom Brunnenrand gleiten und stieg die Felsentreppe empor. Die Figuren, die er in Meister Millans Werkstatt gemetzt hatte, waren rechts und links neben dem Portal der Kirche in die Wand eingefügt, er achtete nicht auf sie. Aber hinten in der einen Ecke der Bauhütte warf er Säcke und Latten zur Seite, und der Stein, den er für die Templer behauen hatte, kam unversehrt unter dem Gerümpel hervor.

Nun lud er ihn mit der Hilfe eines Gesellen auf einen Karren und brachte ihn in die Komturei.

«Nehmt einstweilen diesen Stein, ihr Herren», sagte er, «und seht ihn als den Vorboten dessen an, der ihn bearbeitet hat. Denn es ist mein fester Wille, in euren Orden einzutreten, sobald ich von Chartres zurück sein werde.» Nach einem kurzen Schweigen fügte er hinzu: «Sofern ihr einen Steinmetzmeister brauchen könnt.»

Heimweh

In der Dachkammer von Meister Millans Haus wickelte Deodat am Abend seinen Reisebedarf um den Stecken. So wenig wie möglich wollte er mitnehmen; denn er hatte dem Komtur versprochen, sobald er konnte, wieder nach Estella zurückzukommen.

«Wir warten mit Ungeduld auf deine Rückkunft, Meister», hatte der Komtur zu ihm gesagt. «Unser Orden ist froh um jeden Mann, besonders um einen Fachmann. Wir sind durch die ewigen Kämpfe mit den Mauren so ausgeblutet, dass es auf keiner von unseren Festungen genügend Männer gibt.»

«Ich will nur meine Eltern sehen», hatte Deodat gesagt. Jetzt schnallte er den Stecken an den Riemen und hängte ihn ans Bett. Morgen, ehe die Sonne aufging, wollte er das Haus verlassen.

Da drang Lärm von der Straße zu ihm herauf, und ein Klagen kam von unten aus der Stube. Noch während Deodat lauschend den Kopf geneigt hielt, kamen rasche Schritte über die Treppe herauf, und die Stimme eines Gesellen: «Meister, Meister, schnell! Komm herunter!»

In der Stube fand er Meister Millan auf einer Bahre liegen. Er sah fahl aus, und Blut drang aus seinem Mund. «Er ist vom Gerüst gefallen!» sagte einer von den Gesellen, die ratlos herumstanden.

Meister Millan sah Deodat mit großen Augen an. «Geh an meiner Statt!», sagte er leise, und er hob ein wenig die Hand in Richtung auf die Bauhütte. «Nicht nach Chartres.» Ängstlich wartend sah er Deodat ins Gesicht.

«Ich gehe an deiner Statt», antwortete Deodat, ohne zu überlegen. Meister Millan schloss beruhigt die Augen.

«Schickt nach dem Templerarzt!», sagte Deodat zur weinenden Meisterin. Dann stieg er langsam in seine Kammer hinauf und rollte die Reisekleider wieder vom Stock.

Ein halbes Jahr brauchte Meister Millan, bis er sich von diesem Sturz erholt hatte. Deodat führte in dieser Zeit die Bauhütte allein. Er nahm neue Gesellen auf und entließ die, die weiterziehen wollten. Gleich zu Anfang dieser Zeit kam ein fröhlicher Steinmetz aus Chartres zu ihm.

«Wie geht es meinen Eltern?», fragte Deodat, sobald er gehört hatte, woher der Geselle gekommen war.

«Deiner Mutter geht es gut. Von deinem Vater kann ich das leider nicht berichten.»

«Sag mir genau, warum es ihm nicht so geht, wie es wünschenswert wäre!»

«Das Steinmehl, das wir alle bei unsrer Arbeit einatmen, hat seine Atemwege verstopft. Er sitzt Tag und Nacht auf einem Stuhl, und deine Mutter muss ihm häufig den Rücken klopfen, damit er Schleim und Steinstaub aushusten kann.»

«Er arbeitet also nicht mehr an der Kathedrale?»

Der Geselle schüttelte den Kopf.

Als sich das halbe Jahr von Meister Millans Krankheit seinem Ende näherte, kam wieder ein Geselle, der vorher in Chartres gewesen war. Er brachte die Nachricht, dass der Vater in diesem Frühjahr gestorben war.

«Von deiner Mutter soll ich dir sagen, dass sie noch vor dem Sommer zu ihrer Schwester nach Lyon ziehen wird, um mit ihr zusammen alt zu werden.» Da wurde Deodat sehr traurig, denn er hätte seinen Vater gern noch einmal gesehen.

Noch vor dem Beginn der heißen Jahreszeit trat Deodat in den Templerorden ein. Als er mit seiner geringen Habe Meister Millans Haus verließ und auf die Königshalle zuging, schaute ihm von dessen einer Ecke jenes Säulenhaupt entgegen, das er in den ersten Wochen seines Hierseins gemetzt hatte. Die Templer hatten es an der richtigen Stelle in die Königshalle eingefügt.

«Wir warten schon mit einer großen Aufgabe auf dich!», sagte der Komtur und reichte Deodat seine Hand zum Gruß. «Eine Gruppe von Ordensbaumeistern muss so rasch wie möglich aufbrechen, um Mängel zu begutachten, die in den Festungen an der Grenze zu den maurischen Gebieten aufgetreten sind. Wir konnten diese Festungen nicht mehr mit unsern Ordensleuten halten, und so sind andere christliche Orden in Spanien unserem Beispiel gefolgt und haben sich von unsern Leuten zu Mönchsrittern umschulen lassen. Diese Burgen sollst du mit drei anderen Steinmetzen aufsuchen. Es handelt sich zunächst um die Festung Calatrava, die wir erst vor kurzem an Zisterziensermönche von Fitero übergeben haben. Sie nennen sich seither Christliche Ritterschaft von Calatrava. Die Mönche der Abtei Sankt Julian haben sich zur Ritterschaft von Alkantara zusammengeschlossen. Die Zisterzienser von Valencia sind zur Ritterschaft von Montesa geworden; und auf dieselbe Weise ist in Portugal die Ritterschaft von Avis entstanden.»

Er sah eine Weile durchs Fenster auf den Brunnenplatz hinab, dann sagte er: «Zunächst aber möchten wir dich nach Ponferrada schicken, denn dort warten die anderen Steinmetze auf dich.»

Da freute sich Deodat, denn in Ponferrada würde er Miguel wieder sehen, falls Miguel noch in Ponferrada war.

Der Kaiser zieht ein

Als Abt Bernhard die ersten neun Ritter vor einhundertundzehn Jahren ins Heilige Land entlassen hatte, hatte er zu ihnen gesagt: «Seht die Sache des Königreiches Jerusalem immer als vorrangig an!» Darum war es im gesamten Templerorden zum Gesetz geworden: Wenn Jerusalem rief, wurden aus allen Balleien und Komtureien des Abendlandes alle Brüder abberufen, die nur irgend entbehrlich waren.

Nun rief Jerusalem wieder.

Kaiser Friedrich II., der vor Damiette nicht erschienen war, war vom Papst mit dem Kirchenbann belegt worden. Damit war jeder, der ihm den Vasalleneid geschworen hatte, von diesem Eid gelöst. Nun würde der Kaiser es sich wohl überlegen, ob er nicht doch lieber die Kosten und Mühen eines Kreuzzuges auf sich nehmen wollte, als seine Barone und

Ritter zu verlieren, auf deren Waffenhilfe er angewiesen war! Ein neuer Kreuzzug war in Sicht, und die Templer des Abendlandes rüsteten sich zur Fahrt übers Meer.

Auch die Templer von Ponferrada mussten ihren Beitrag leisten. Aber nur ein kleines Häuflein sammelte sich in dieser Festung am Jakobsweg. Wen hätte man dort entbehren können?

Miguel ritt dem Trüppchen voraus. Das Schlachtross, das neben diesem kleinen Mann so gewaltig aussah, hielt er selbst am Zügel, denn neuerdings mussten sich die Templer zu zweit mit einem Knappen begnügen, und dieser zog die Packpferde an der langen Leine hinter sich her.

Nun ritt Miguel von Estella auf jener Strecke entlang der Pyrenäen zurück, die er mit Deodat in umgekehrter Richtung gezogen war. Er dachte an den Freund, mit dem er vor kurzem so überraschend zusammengetroffen war. Kaum hatte er in dem stämmigen Steinmetzmeister den jungen Deodat wieder erkannt, von dem er sich vor Jahren in Estella getrennt hatte.

«Sieh mal», hatte er zu einem anderen Templer gesagt, «so eine schiefe Schulter wie der Mann dort drüben hat mein Freund aus Damiette mitgebracht. Beim Sturm auf die Stadt war sein Platz an der Meferteisse gewesen, deren Weiterentwicklung ich später in Agde überwacht habe.» Dann hatte er Deodat erkannt, und sie hatten einander umarmt.

Während Miguel nun sinnend seinem Trüppchen vorausritt, fiel es ihm auf, wie viel mehr Herbergen es an diesem Pilgerweg gab und wie viel mehr berittene Wallfahrer als früher. Auch hatten die Kaufleute, die unterwegs waren, kräftigere Rosse, und die Zeltbahnen über ihren Lasten waren weniger bunt zusammengeflickt.

Der Wohlstand des Abendlandes hatte zugenommen, den die Templer mit dem Bau neuer Straßen und mit der Vernichtung des Räuberwesens begründet hatten. Mit großen Scheuern voller Vorräte hatten sie den Hungersnöten die größten Schrecken genommen. Sie hatten die Grenzen gegen die Mauren gesichert und Land urbar gemacht; sie hatten neue Märkte geschaffen und das Bankwesen eingeführt. Miguel war stolz, ein Templer zu sein. Und doch pfiff er nicht fröhlich vor sich hin, sondern schob düster die Brauen zusammen, denn er wusste, wenn er sich umwenden würde, würde er nur dieses elende Trüppchen von Männern sehen, das nun mit ihm ins Heilige Land ziehen sollte. Er dachte an den Herrn von Payens, der einstmals so viele Männer angeworben hatte, nachdem er die Ordensregel empfangen hatte. Ein richtiges Heer musste das vor Marseille gewesen sein, das auf die Überfahrt in den Orient gewartet hatte. Der Orient hatte vor dieser schlagkräftigen Truppe gezittert.

Wenn sich nun auch in Collioure Templer aus allen Gegenden des Südens zusammenfanden und die Templerflotte mit stolz geblähten Segeln und majestätisch ins blaue Wasser des Meeres hinausglitt, so blieb diese Sorge doch in Miguel haften. Aber nicht nur in Miguel allein: Andere Mönchsritter gesellten sich zu ihm und sahen der Küste des Heiligen Landes mit ebenso zusammengezogenen Brauen entgegen. Was würde sie dort erwarten? Wohl war der Küstenstreifen in christlicher Hand, seit das Castrum Peregrinorum erbaut war. Aber Jerusalem gehörte dem Sultan.

Jerusalem weinte.

Als die Mönchsritter aus dem Abendland im Castrum Peregrinorum an Land gingen, wurden sie von einem breitschultrigen Templer erwartet, der sie in die Burg begleitete.

«Ich bin Erneste aus Chartres, Prudhomme des Ordens, und für die Erhaltung dieser Mauern verantwortlich.» So stellte er sich den Ankommenden vor. Miguel wusste, dass dieser Mann Deodats Vetter war. Die Mönchsritter aus dem Abendland umdrängten Erneste, um nur ja gleich das Neueste über die Politik zu hören. Wie waren die Kräfteverhältnisse in diesem Land wirklich? Hatte man von dem neuen Kreuzzug schon etwas gesehen?

«Kaiser Friedrich hat mit einem Templer- und einem Johanniterkontingent die Stadt Jaffa zurückerobert. Jetzt hält er sich in Akkon auf, wo seine Flotte vor Anker liegt.»

«Die Kreuzfahrer sind also schon da!», rief ein junger Mönchsritter begeistert aus.

«Ihr werdet die Zelte der Pilger innerhalb der Burgmauern sehen.»

«Was hat der Kaiser weiter vor? Steht er in Akkon mit den Großmeistern in Kontakt?»

«Davon ist mir nichts zu Ohren gekommen», sagte Erneste bitter.

«Er wird zuerst die Barone des Landes bei sich empfangen wollen», rief ein grauhaariger Ritter, «damit er weiß, mit welchen von ihnen er rechnen kann, wenn es gegen Ägypten geht.»

Aber Kaiser Friedrich wollte mit den Baronen des Heiligen Landes gar nicht rechnen. Das hatte Zeit. Auch die beiden Großmeister der Ritterorden ließ er nicht vor. Man sah ihn vor Akkon auf seinem Prunkschiff sitzen und über die Wellen schauen. Das unzufriedene Brodeln unter den Kreuzfahrern schien ihn nicht zu berühren. War das die rechte Zeit zum Träumen? Machte er vielleicht jetzt, wo alles zum Aufbruch drängte, eines von jenen Gedichten in provenzalischer Sprache, die er so meisterhaft zu formen verstand?

Nur hie und da sah man ihn die Ordonnanz herbeiwinken und mit einer ungeduldigen Handbewegung wieder entlassen.

Eines Tages endlich drang ein unglaubliches Gerücht bis ins Castrum Peregrinorum vor: Der Kaiser habe geheime Unterhandlungen mit dem Sultan von Ägypten!

Da strömten die Pilger und Kreuzfahrer, die in den Mauern vom Castrum Peregrinorum ihr Zelt aufgeschlagen hatten, auf den Hof vor dem Palais und riefen nach dem Komtur. Mit energischen Schritten trat dieser auf die Freitreppe heraus. Der Zorn der Kreuzfahrer war gerecht.

«Wisset, ihr Ritter und Leute», rief er ergrimmt in die Menge, «dass der Kaiser mit dem Sultan von Ägypten einen Vertrag ausgehandelt hat. Er hat es nicht für nötig befunden, sich zuvor mit den christlichen Herren Syriens zu beraten. Er hat auch den König von Zypern nicht befragt. Nicht einmal die Heerführer eures und seines Kreuzzuges hat er ins Vertrauen gezogen!

In dieser Stunde ist uns die Niederschrift dieses Vertrages in die Hände gelangt. Ich lese euch die wichtigsten Punkte daraus vor.»

Gespannte Stille herrschte im Hof, als der Komtur zu lesen begann: «Die Stadt Jerusalem wird für zehn Jahre den Christen in die Hand gegeben.»

«Bravo! Gut! Gut!», kam es aus der Menge. «Es lebe der Kaiser!»

«Die christlichen Mächte», fuhr der Komtur fort, ohne auf die Zwischenrufe zu achten, «verzichten dafür auf jede Kampfhandlung im Orient. Auch der Sultan von Ägypten wird sich aller Angriffe auf christliches Gebiet enthalten.»

Verdutzt schwiegen die Kreuzfahrer. Dann brach es aus ihnen hervor: «Was hat der Kaiser da mit dem Sultan ausgemacht? Keine Kriege sollen wir gegen die Feinde des Heiligen Landes führen dürfen? Wozu sind wir denn dann hergekommen? Wozu haben wir die Gefahren, Strapazen und Kosten der Reise auf uns genommen? Können wir denn gar nichts für das Heilige Land tun? Wird also das Heilige Grab den Christen nur geliehen sein? Gehört es in zehn Jahren dann den Ägyptern?»

Einige riefen: «Er hat uns um die Beute geprellt, die wir hätten machen können!» Sie schmähten ihn zornig. Noch andere riefen: «Ein Verräter ist er an der Sache der Christen!» Keiner hörte mehr auf das, was der Komtur noch weiter vorzulesen hatte.

Aber auch zufriedene Stimmen wurden laut: «Endlich können wir wieder in Frieden zu den heiligen Stätten pilgern! Und ohne Blutvergießen hat es der Kaiser erreicht! Wenn dieses Abkommen auch nur für zehn Jahre gilt!» Miguel war auf ihrer Seite: Nun würde der Orden sein einstiges Haupthaus wieder in Besitz nehmen, das Templerhaus von Jerusalem, den Fundort des großen Geheimnisses, für welches Deodats Urahn sein Leben gelassen hatte!

Finster schweigend scheuerten die Templer ihre Schwerter mit Sand. Sie wuschen ihre Mäntel nur widerwillig und bürsteten ihre Kettenhemden nur nachlässig blank: In drei Tagen sollte Jerusalem von einem christlichen Prunkheer feierlich übernommen werden. Ein Templerkontingent sollte die Vorhut bilden. Freuten sie sich nicht auf das Wiedersehen mit ihrem Haupthaus auf dem Tempelplatz?

Sobald sie den Kaiser mit den prächtig gerüsteten Rittern und

Baronen auf der Uferstraße von Akkon herannahen sahen, entrollten sie ihr schwarzweißes Banner und formierten sich zur Vorhut. Abweisend sahen ihre Gesichter aus, und sie achteten peinlich darauf, dass sich der Abstand zum Heer des Kaisers, der ja noch unter dem Kirchenbann stand, nicht verringerte.

Miguel verstand seine Brüder nicht. War heute nicht ein Tag, der mit goldenen Lettern ins Buch der Geschichte geschrieben sein würde? Am 16. März 1229 wurde Jerusalem ohne Blutvergießen in die Hand der Christen zurückgegeben! So würde es heißen.

Drei Tage brauchte der Prunkzug, bis er durchs Jaffator in die Heilige Stadt eingezogen war. Zum ersten Mal war ein christlicher Kaiser aus dem Abendland in Jerusalem. Stolz saß er auf seinem weißen Pferd; in dichten Falten floss der Purpurmantel von seinen Schultern, in den mit Goldfäden Kamele eingewoben waren. Vorn im Stirnreif glänzte ein riesiger Rubin.

Das Eintreffen des Kaisers kümmerte die Bewohner von Jerusalem wenig. Nur die wenigen Christen, die es hier noch in den Klöstern gab, waren auf die Straße gekommen. Was kümmerte die Mohammedaner dieser herrische christliche Mann? Allah gab ihm diese Stadt für die kurze Spanne von zehn Jahren. Wenn die vorüber waren, würde es Allah vielleicht gefallen, sie den Arabern oder den Türken oder sonst wem zu geben. Die Wege Allahs waren unergründlich.

Betroffen sah Miguel sich um: Da war die Gleichgültigkeit der Leute, die Verwahrlosung der Gebäude, der Schmutz in den Gassen. War das wirklich die viel gepriesene Stadt, auf die einst das Neue Jerusalem herniederschweben sollte?

«Jerusalem trauert», murmelte er unbewusst, «wer stillt seine Tränen?»

Erneste, der neben Miguel ritt, hatte seine Enttäuschung gesehen. «Das Templerhaus wirst du in gutem Zustand vorfinden», sagte er und hob die Schultern, «denn die Mohammedaner sehen es als das einzige verehrungswürdige Gebäude in Jerusalem an außer den Moscheen, versteht sich.»

Der Sultan ritt dem Kaiser mit seinem Gefolge auf dem Tempelplatz entgegen. Die Prunkzüge machten Halt, und beide Herrscher sprangen gleichzeitig aus den Sätteln und eilten aufeinander zu. Ehrerbietig wichen die Suiten zurück.

Der Kaiser verbeugte sich, indem er die Rechte aufs Herz legte. Der Sultan hielt die seine bei der Verbeugung flach vor die Stirn. Dann machte er eine großzügige Gebärde zum kaiserlichen Gefolge hin, und alle christlichen Ritter glitten vom Pferd und verbeugten sich sehr tief.

Daraufhin hob der Kaiser den Gefolgsleuten des Sultans die Hand grüßend entgegen. Mit unglaublicher Eleganz sprangen die mamelukischen Ritter von ihren Pferden und verbeugten sich geschmeidig und ebenfalls sehr tief. Dann schritten die beiden Machthaber zum einzigen Haus in Jerusalem, das ihnen und ihren Suiten genügend Raum bieten konnte: zum Templerhaus.

Dem Kaiser folgte der König von Zypern und Jerusalem und der Großmeister des Deutschherrenordens. Hinter diesen beiden sah man den derzeitigen Grafen von Ibelin zwischen dem Großmeister der Templer und dem der Johanniter gehen. Diesen folgten einige Ritter der kaiserlichen Hausmacht und einige christliche Barone aus dem Orient. Auch die edelsten Männer aus der Hausmacht des Sultans folgten diesem als Zeugen der Übergabe in den Rittersaal des Templerhauses. Einige andere Ritter blieben im hinteren Hof als Wachen zurück.

Sobald sich das Tor hinter den Vertragszeugen geschlossen hatte, vertraten sich die Ritter, die mit den Pferden auf dem Tempelplatz zurückgeblieben waren, die Beine. Erneste nahm Miguel am Arm. «Komm mit!», sagte er bitter, «wir wollen die auserwählte Stadt näher betrachten.» Er ging ihm voran durch ausgestorbene Gassen, wo die Haustüren an den fensterlosen Fassaden schief in den Angeln hingen. Manche fehlten ganz, so dass man in die Innenhöfe schauen konnte, wo hüfthohes Dürrgras stand. Viele von den Zisternen, die einstmals aus dem herrlichen Aquädukt gespeist worden waren, waren eingestürzt und von Vögeln verunreinigt. Aus den Wasserrinnen wuchs dorniges Gestrüpp.

Erneste kannte das Haus nicht, in dem Peter, Arnold und Roland gewohnt hatten. Diese Stadt hatte so viele Menschen ein- und wieder ausziehen sehen, dass alle Namen, die es hier einmal gegeben hatte, von anderen längst verschüttet waren.

Dann gelangten die beiden Männer zu der verwüsteten Mauer. Betroffen blieb Miguel stehen. «Die Stadt ist ohne Wehr!», rief er entsetzt. Erneste lachte traurig auf. «Merkst du es jetzt, warum der Vertrag des Kaisers mit dem Sultan so niederträchtig ist? Keiner denkt mehr daran, dass Sultan Saladin die Mauern von Jerusalem im Jahre 1189 hat schleifen lassen!»

«Aber der Kaiser wird diese Stadt doch wieder befestigen!»

«Das wird der Vertrag nicht erlauben. Außerdem reut ihn jeder Pfennig, den er nicht für seine Kriege in Oberitalien ausgeben kann. Die Übernahme von Jerusalem ist dem Kaiser genug, um damit über den Papst zu triumphieren. Sie reicht aus, um den Kirchenbann von ihm zu lösen. Was weiter mit dem Heiligen Land geschieht, bewegt den Kaiser nicht. Das sollen die christlichen Barone Syriens und die Ordensritter mit ihrem Blut, mit ihrem Geld und mit ihrer versteckten Diplomatie machen, zu der er ihnen aber mit diesem Teufelsvertrag fast keinen Spielraum mehr gelassen hat. Er soll zur Hölle fahren mit seinem Verbündeten!»

«Gibt es denn gar nichts Gutes an diesem Vertrag, Erneste?»

«Du siehst es doch selbst, dass diese Stadt wehrlos ist. Das Umland aber, so weit du schauen kannst, gehört den Muselmännern. Was sie auf den Äckern anbauen, werden sie an die vielen ägyptischen Garnisonen verkaufen, die es in der Umgebung von Jerusalem gibt. Der Besitzer dieser Stadt – nur mit Hohn kann ich dieses Wort aussprechen – dürfte sich nicht ein einziges Tagwerk Ackerland mit seinem Schwerte sichern! Das heißt: Wer in der Stadt sitzt, der sitzt in einer Mausefalle! Jeder, der draußen ist, kann ihn verhungern lassen.»

Als Erneste und Miguel zum Tempelplatz zurückkamen, wurden sie Zeuge vom Auszug des Sultans aus Jerusalem. Da gab es dann doch ein Weinen und Lamentieren unter der mohammedanischen Bevölkerung, das nur langsam verebbte.

Die schändliche Absicht

In dieser Nacht schlugen die Templer ihre Zelte unterhalb des Tempelplatzes auf. Sie nächtigten nicht in ihrem Haupthaus, sie betraten es nicht, solange der Kaiser mit seinem Gefolge darin wohnte. Nur der Großmeister musste in der Nähe des Kaisers bleiben, wie auch der Großmeister des Johanniterordens.

An den langen Tischen im Templerpalais saßen die christlichen Barone mit dem Kaiser beim Mahl. Sie aßen, was der Prunkzug mitgeführt hatte. Der Wein, den der Kaiser befohlen hatte, stachelte bereits die Streitsucht an, und die hitzigen Reden der Heerführer tönten durch die offenen Fenster ins Tal hinab bis zu den Zelten der Templer. Da war die Stimme des Grafen von Ibelin deutlich vernehmbar:

«... und darum sage ich Euch, kaiserlicher Herr, dass Euer Vertrag so viel wert ist wie die Nacht für die Maus: Die Katze sieht nämlich auch nachts ihre Beute!»

Der Kaiser antwortete nicht. Aber Petro de Montecauto, der Templergroßmeister, sagte mit ruhiger Stimme: «Wir bitten Euch, Herr: Lasst diese Stadt wieder befestigen! Ich sage Euch die volle Unterstützung unseres Ordens zu. Denn was nützt den Christen eine offene Stadt, wenn ein Kranz von feindlichen Burgen um sie gelagert ist wie wilde Löwen? Ein einziger von ihnen könnte uns ohne Mühe verschlingen.»

«Der Vertrag, meine Herren, den ich mit meinem Freund, dem Sultan, ausgehandelt habe», so hörte man die gereizte Stimme des Kaisers, «kann in keinem einzigen Punkt geändert werden. Die Stadt bleibt offen!»

«Dann gibt es nur eine Rettung!» Das war wieder die Stimme des Templergroßmeisters: «Wir müssen unser Haupthaus ausreichend befestigen. Schon einmal hat es als Garnison gedient.»

Die Stimme des Kaisers wurde scharf, als er dem Großmeister entgegnete: «Sollten die Templer auf die Befestigung ihres Haupthauses nicht verzichten, so schwöre ich, ihre Güter in den deutschen Landen, in Italien und in beiderlei Sizilien einzuziehen! Eine Templerfeste in einer Stadt, die *ich* durch Unterhandlungen gewonnen habe, geht gegen meine kaiserliche Ehre!»

«Früher», sagte der Graf von Ibelin hämisch, «war es im Orient üblich, dass Verträge von derjenigen Militärmacht abgeschlossen wurden, die in der Lage war, die Einhaltung dieser Verträge zu garantieren. Das waren in erster Linie die Templer.»

Mit diesen Worten spielte Graf Ibelin auf die kläglichen vierzig Ritter an, aus welchen sich die kaiserliche Hausmacht zusammensetzte, seit der Kaiser unter dem Kirchenbann stand.

Am nächsten Morgen setzte sich Friedrich II. bei einem feierlichen Gottesdienst selbst die Krone des Königreiches Jerusalem auf. Ein Tumult brach in der Kirche aus wie damals, als sich die Mutter des früh verstorbenen Baldouin V. mit ihrem zweiten Gemahl hatte krönen lassen. Denn nun war da ein König, der unter dem Kirchenbann stand! Konnte der denn die heiligen Salbungen empfangen? Würden sie sich nicht in einen Fluch verwandeln auf diesem Haupt? Würde der Segen Gottes nun nicht vollständig von diesem Lande weichen? Nein, niemals war dieser Kaiser der rechtmäßige König von Jerusalem! In den Gesichtern der syrischen Barone spiegelten sich Abscheu, Verachtung und Zorn.

Doch gab es unter ihnen einige, die dem neuen Herrscher gefällig sein wollten. Sie begleiteten den Kaiser nach der Krönung aus der Stadt. Denn nicht einen Tag länger wollte er an einem Orte bleiben, wo die Mängel des von ihm ausgehandelten Vertrages so deutlich ins Auge fielen wie hier in Jerusalem! Zudem verfolgte er noch andere Pläne, und seine hochmütige Miene verhieß nichts Gutes.

Mit kaum unterdrückter Wut sahen die Templer dem Auszug des Kaisers zu. Selbst die Muselmänner schnitten verächtliche Grimassen hinter seinem Rücken. Sie hatten gesehen, was vorher nur als Gerücht zu ihnen gedrungen war: dass der Beschützer des christlichen Glaubens unchristlicher war als der letzte seiner Untertanen. Damit war er für die Mohammedaner nicht einmal ein Gegner, den sie achten konnten.

Ein junger syrischer Ritter, den Erneste kurz zuvor im vertrauten

Gespräch mit dem Großmeister angetroffen hatte, ritt ebenfalls mit dem Kaiser durchs Tor. Also auch du hast dich betören lassen!, dachte Erneste bitter. Fragend schaute er zum Großmeister hin; aber keine Regung zeigte sich in dessen verschlossenem Gesicht.

Am Jaffator kehrten die Templer niedergeschlagen zurück. Wie anders hatten sie sich das Wiedersehen mit dem Ort ihres Ursprungs vorgestellt!

Unverzüglich gingen die Templer daran, die Räume ihres Haupthauses in Augenschein zu nehmen; denn wenn sie es auch nicht nach außen sichtbar befestigen durften, so wollten sie es doch so schnell wie möglich von innen her tun. Erneste war die Prüfung allen Mauerwerkes aufgetragen: Das Templerhaus *musste* eine Fluchtburg für die Christen werden, die sich in dieser wehrlosen Stadt befanden.

«Nun werden wir dort unsere Arbeit tun», sagte er zu Miguel, «wo mein Urahn Peter gearbeitet hat.» Er meinte damit den salomonischen Pferdestall. «Manchen Stein werde ich in die Hand nehmen, den auch er in seiner Hand gehalten hat.»

Aber ein Bote des Großmeisters rief ihn von seiner Aufgabe weg hinauf ins Palais.

Blass, mit geballten Fäusten stand der Großmeister vor jenem syrischen Ritter, vor jenem Verräter, der am Morgen so willig mit dem Kaiser die Stadt verlassen hatte. Nur langsam begriff Erneste, dass dieser Mann kein Verräter war, sondern ein Kundschafter des Großmeisters selbst.

«Wiederholt, was Ihr mir soeben gemeldet habt, Herr Roland, damit mein Verstand es besser fassen kann!»

Gehorsam wiederholte der Kundschafter seinen Bericht: «Als wir ein Stück weit auf der Straße nach Jaffa geritten waren, kam ein kaiserlicher Gefolgsmann an meine Seite und sagte:

‹Wisset, dass uns morgen das Castrum Peregrinorum gehören wird!›

‹Wie sollte das möglich sein?›, fragte ich überrascht.

‹Der Kaiser will sich harmlos in die Pilgerburg aufnehmen lassen und sie mit seiner Hausmacht und den syrischen Baronen, die ihm ergeben sind, von innen her in Besitz nehmen. Ich zweifle nicht, dass uns dieser Streich gelingen wird.»

Der Großmeister, der ganz weiß im Gesicht geworden war, wandte sich an Erneste.

«Die Ereignisse zwingen mich, dich ins Castrum Peregrinorum zurückzuschicken. Nimm dir einen Begleiter nach eigener Wahl mit. Hör nun gut zu, was ich dir befehle: Nimm den beschwerlichen Weg übers Gebirge. Wenn du ihn selbst auch noch nie geritten bist, so kennst du ihn doch genau vom Hörensagen, wie jeder von uns. Auf diesem Weg müsst ihr schneller sein als der Kaiser, der auf der bequemen Küstenstraße reist. Ihr müsst so rechtzeitig in der Pilgerburg sein, dass ihr die dortigen Brüder warnen könnt. Denkt immer daran, dass der Kaiser sich heute nicht mehr mit der Trägheit eines Prunkheeres voranbewegt. Ich kann euch keine Brüder von hier mitgeben, denn sie sind hier genauso unentbehrlich wie dort. Das hat sich der Kaiser wahrhaftig gut ausgerechnet! Er weiß genau, wie schwach die Pilgerburg im Augenblick bemannt ist!»

Draußen hörte man Hufgeklapper, und Miguel, den Erneste hatte benachrichtigen lassen, eilte herbei.

«Es ist gesattelt!», sagte der Großmeister mit einem Blick in den Hof. «Grüß die Brüder, es macht mir großen Kummer, dass ich nicht bei ihnen sein kann!

Noch eins: In der Burg befinden sich viele deutsche Pilger. Sie werden versuchen, ihrem Kaiser zu helfen. Unsere Brüder müssen daher Sorge tragen, dass die Festung nicht durch Verrat in seine Hände fällt!» Mit düsterem Blick entließ er sie.

Der Weg über Nablus führte durch wasserloses Gebirge, durch Engpässe, über Hochebenen ohne den Schatten eines Baumes. Die Flussläufe waren ausgetrocknet in dieser Jahreszeit, die Sonne brannte vom Himmel. Erneste und Miguel gönnten sich keine Rast. Der große Breitschultrige und der kleine Schmächtige waren einander im Aushalten ebenbürtig. Zu viel hing von ihrer Durchhaltekraft ab! Sie sprachen kein Wort miteinander. Aber jeder von ihnen dachte dasselbe: Nur ja nicht zu spät kommen! Sie befanden sich im Wettlauf mit dem Kaiser, von dem dieser zwar nichts wusste, den er aber sehr wohl gewinnen konnte. Der Vorsprung, den er durch die frühere Abreise und die bequemere Straße hatte, war groß.

So heiß der Tag war, so eisig war die Nacht. Abwechselnd schlief der eine, dann der andere. Überall gab es ja streifende ägyptische Reiter; sie durften nicht in deren Hände fallen.

Von Kakoun aus neigte sich das Gelände und wurde grün, und am Nachmittag des zweiten Tages erreichten sie eine Felsnase, die hoch über dem Meeresufer lag. Fischer kamen mit ihren Booten von weiter Fahrt, und am Horizont blinkte ein Segel in der Sonne.

Das Meer hielt ihren Blick aber nicht. Sie spähten nach Süden, wo sich die Küstenstraße, die von Jaffa kam, wie ein weißliches Band durch die Uferbüsche zog. Dort war ein Reiterzug aufgetaucht, der unversehens näher kam.

Erneste und Miguel verständigten sich mit einem kurzen Blick, rissen die Pferde herum und sprengten davon. Sie hatten begriffen, was für ein Zug das dort unten war! Wenn sie jetzt nicht das Letzte aus sich und den Tieren herausholten, dann kam er ihnen bei der Pilgerburg zuvor.

Eine Viertelstunde später hatten sie die Küstenstraße erreicht, und nach einem letzten halsbrecherischen Ritt stiegen die Mauern von Castrum Peregrinorum vor ihren Blicken auf.

«Öffnet um Gottes willen!», riefen sie von weitem, «Öffnet uns!»

Die Torhüter legten den Fallsteg aus, denn sie ahnten, dass diese heranpreschenden Brüder keine Botschaft zu überbringen hatten, die ein Hinauszögern vertrug.

Der Komtur erwartete sie schon vor dem Palais. Nachdem er sie angehört hatte, handelte er rasch: Er ließ die Tore sichern und besetzte die Zinnen mit Männern aus der Garnison. Für die Pilger aber, die sich innerhalb der Mauern befanden, ließ er die Kirchenglocken zum Gottesdienst läuten. – Und schon kündeten die Späher das Nahen des Kaisers an.

Der Herold mit dem kaiserlichen Wappen ritt nahe vors Haupttor an den Graben heran und rief: «Der Kaiser der Christenheit steht vor dem Tor! Öffnet und beherbergt Euren rechtmäßigen Herrn!»

In der Burg blieb alles still.

«Öffnet dem Kaiser!», schrie der Herold zornig. Aber auch jetzt rührten sich die Torwächter nicht. Aber die Armbruster auf den Zinnen fingerten bedeutungsvoll an ihren Pfeilen herum und weideten sich schadenfroh an dem wutverzerrten Gesicht des Kaisers.

«Wenn ihr nicht aufmacht», rief dieser nun selbst, «werden wir euch dazu zwingen!»

Da erschien der Komtur mit dem Fahnenträger auf der Mauer. Ohne Hast ließ er das schwarzweiße Banner entrollen und pflanzte es neben sich auf.

«Wie Ihr an diesem Banner seht, Herr Kaiser», rief er streng, «untersteht diese Burg dem Templerorden. Er allein hat hier zu befehlen. Zieht also friedlich an unseren Mauern vorbei, hoher Herr, sonst wären wir gezwungen, Euch an einen Ort zu bringen, von dem aus Ihr nicht so leicht nach Hause kommt.»

Da begriff der Kaiser, dass er sich dieser Burg nicht so leicht bemächtigen konnte, wie er gehofft hatte. Und für eine Belagerung fehlten ihm Heer und Maschinen. Wütend riss er sein Pferd herum und ritt Richtung Akkon davon.

Der Kaiser war so wütend, dass er bis Akkon kein Wort mehr zu seinen Begleitern sprach, und sie fragten sich, wie er sich an diesen hochmütigen Templern rächen würde. Aber das Maß des Hasses war noch nicht voll: Als der Kaiser in die Stadt Akkon einritt, um zu seinem Schiff zu gelangen, wurde er Zeuge eines Aufrufes, mit dem ein Templerherold die Einwohner über den Vertrag aufklärte, den er, Friedrich II., mit dem Sultan von Ägypten abgeschlossen hatte. «Den gefährlichsten Pfeil hat er uns aber in der Wunde stecken lassen: Den feindlichen Sultan von Damaskus! Da wir uns laut Vertrag jeglicher kriegerischen Handlung enthalten müssen, ist die Bedrohung des Heiligen Landes durch Damaskus jetzt größer als zuvor!»

«Schande dem Kaiser!», tönte es aus der Menge. Der Kaiser drängte an ihr vorbei zu seinem Schiff. Dann schickte auch er einen Herold unter das Volk. Sein Racheplan war gereift.

«Euch zu wissen, ihr Bewohner der Stadt Akkon! Der Kaiser wird in einer Stunde außerhalb der Mauer zu einer Volksversammlung am Strand erscheinen. Alle Bewohner der Stadt sind dorthin geladen! Auch die Templer sollen dorthin kommen, denn er will auf ihren Aufruf antworten!»

Das Volk versammelte sich am Meeresufer. Voll Spannung wartete es auf das, was der Kaiser sagen würde. Aber als er dann im Kranz seiner Ritter erschien und rief: «Schuld an der Lage des Heiligen Landes haben allein die Templer!», da riefen seine Worte nur hämisches Gelächter hervor.

Der Kaiser versuchte es noch einmal: «Sie allein missdeuten meinen Vertrag!» Aber das Gelächter wurde nur noch lauter.

In diesem Wirrwarr eilte der Kaiser mit seinen Rittern in die Stadt zurück. Noch ehe sich das Volk draußen am Strand beruhigt hatte, hatte er die Zinnen der Mauer mit den Armbrustern aus seiner Flotte besetzt.

Endlich kamen die Templer dem Volk voran vom Strand herauf. Dies war der Augenblick, auf den der Kaiser gewartet hatte. Er gab seinen Armbrustern ein Zeichen, dass sie jeden Templer, der dem Stadttor zu nahe kam, abschießen sollten. Nur die Stadtbewohner ließ er ein. So rächte er sich für seine Niederlage vor dem Castrum Peregrinorum. Endlich eilte er, von den Schmährufen der Bevölkerung begleitet, unter der Deckung seiner Hausmacht zum Hafen und bestieg sein Schiff.

«Wolle Gott», riefen die Leute, «dass Ihr nie mehr zurückkehrt, Herr Kaiser!» Sie beruhigten sich nicht eher, als bis Friedrichs Flotte am Horizont verschwunden war.

Auf der Heimfahrt aber brütete Kaiser Friedrich eine noch viel schlimmere Rache aus: An alle Königshöfe des Abendlandes ließ er Briefe schreiben, in welchen er die Templer als Verräter der christlichen Sache und des Unglaubens brandmarkte. Auch wenn diese Beschuldigungen von den meisten Empfängern durchschaut wurden als das, was sie waren – nämlich ein Versuch, die eigenen Fehler einem verhassten Gegner aufzuladen –, so sickerte dieses Gift doch langsam, aber stetig in das Denken der Machthaber ein und mischte sich mit dem Neid auf den

Templerreichtum und mit einer Ahnung, die man von dem geheimen Templerschatz hatte.

Erneste blieb bis 1239 im Castrum Peregrinorum, also die ganzen zehn Jahre, die der Waffenstillstand mit dem Sultan von Kairo dauerte. Gleich nachdem der Staufenkaiser abgesegelt war, zogen auch die Kreuzfahrer wieder ab. Im Heiligen Land gab es für sie nichts mehr zu tun. Die Templer aus den spanischen Grenzburgen packten ihre Riemensäcke und nahmen ihre Schlachtrosse am Zügel. Auch Miguel machte sich zur Heimfahrt bereit.

«Ich lasse dich ungern fort», sagte Erneste mit gepresster Stimme, «es war, als wäre Deodat mit dir hier gewesen. Grüß ihn, falls du ihn in Spanien wieder siehst.»

Miguel nickte stumm. Weil er aber den Abschied nicht noch trauriger werden lassen wollte, sagte er halb scherzend: «Die Wege Allahs sind verschlungen.»

Seufzend wandte sich Erneste ab.

Viel geschah in den kommenden Jahren in der östlichen Welt: Die Mongolen brausten wie eine Sturzflut nach Westen. Sie steckten Moskau, Kiew und Krakau in Brand, vernichteten das ungarische Heer, verwüsteten das ganze Donauland und entvölkerten es. Wilder noch als die wilden Chowarezmier, die in Syrien und Armenien schon eingefallen waren, drängten sie diese aus ihren Weidegebieten in den vordersten Orient ab.

Zu allen diesen Sorgen wurde der zehnjährige Waffenstillstand, den der christliche Orient mit dem Sultan von Kairo hatte, von rauflustigen Pilgergruppen gebrochen, und das Heilige Land befand sich somit wieder im Krieg mit Ägypten. Ängstlich sahen die Christen von Jerusalem nach Osten, Norden und Süden, und wer sich einen kleinen Reichtum erworben hatte, trug ihn zur Sicherheit ins Templerhaus.

Dann war es eines Tages so weit: Die Chowarezmier rückten mit ihren Herden, Wagen und wendigen Pferdchen heran, mit Weibern, Kindern und den Sklaven aus den christlichen Ländern, die sie überfallen hatten. Beim Sturm auf die offene Stadt Jerusalem ketteten sie die erbeuteten

Christen zusammen, so dass sie eine dichte Menschenmauer bildeten. Diese Mauer schoben sie vor sich her der Stadt entgegen und deckten sich mit ihr. Und kein christlicher Armbruster wagte, auf christliche Brüder zu schießen. So geriet Jerusalem im Jahre 1244 in die Hand der Chowarezmier, und als sie es in Besitz nahmen, war es ein Haufen blutiger Trümmer. Nur der salomonische Pferdestall blieb unversehrt. Aber die wenigen Templer konnten die Christen, die sich dorthin geflüchtet hatten, nicht vor dem Schlimmsten bewahren.

Das Heilige Grab war wieder in der Hand der Ungläubigen. Aber das Castrum Peregrinorum hatten sie auf ihrem blutigen Weg nach Jerusalem nicht erobern können. Es hatte der unbändigen Wildheit dieses Steppenvolkes widerstanden.

Erneste war zu dieser Zeit bereits in der Feste Saphet, die nahe bei der Jakobsfurt lag. Großzügig sollte er sie zum Schutz der Ostgrenze erweitern. Er hatte ein Heer von Arbeitern zu befehligen und bewältigte diese Aufgabe mit Fachkenntnis und Umsicht. Wie hätte er ahnen können, dass diese Feste im Jahre 1266 durch Verrat in die Hand des Sultans von Damaskus fallen würde. Alle Templer, die bei der Verteidigung nicht das Leben verloren hatten, ließ der Sultan hinrichten. Auch Erneste verlor in Saphet sein Leben.

Der Verrat
an
den Templern

Alphonse, der verlorene Sohn

Deodat hatte von der Steinmetzarbeit, die er so liebte, Abschied nehmen müssen, nachdem die Schulter seit längerer Zeit zu schmerzen begonnen hatte. Dann waren die Schmerzen so heftig geworden, dass er den Arm nicht mehr bewegen konnte. Nun arbeitete er als Schreiber beim Rechenmeister von Lyon und hatte die Abrechnungen der orientalischen Templerhäuser zu sammeln, zu ordnen und mit laufenden Nummern zu versehen, ehe sie ins Haupthaus nach Paris weitergingen. Die gesamten Ausgaben, die der Orden im Orient für den Festungsbau, für Garnisonen und für Almosen machte, wurden von Deodat in Listen eingetragen und zusammengezählt.

So saß er nun täglich dem Rechenmeister an dem großen Tisch gegenüber, und beide murmelten halblaut Zahlen vor sich hin.

Eines Tages versagte Deodat plötzlich die Stimme, Tränen tropften ihm aus den Augen und liefen in den grauen Bart: In seiner Hand hielt er einen Zettel, und die Hand begann zu zittern, als er ihn las:

«1.100.000 byzantinische Gold-Sarazenati betrugen die Ausgaben, die wir für die ersten zwei Baujahre der Feste Saphet errechnet haben. Gott hat unser Werk gesegnet.

Die Ausgaben für die weitere Unterhaltung der Festung berechnen wir auf jährlich 40.000 byzantinische Gold-Sarazenati. Denn täglich müssen 1700 Männer verpflegt werden; in Zeiten der Gefahr 2200.

Diese sind: 50 Ordensritter und 30 Servienten zur Bewachung. 50 einheimische Ritter, die von uns ausgebildet worden sind. Dazu 300 Bogenschützen, 820 Handwerker und 400 Knechte. Gott erhalte dieses Bollwerk dem Heiligen Land!

Verantwortlich: Erneste von Chartres – Prudhomme.»

Deodat wischte mit dem Ärmel die Tränen ab. Der Fall der Feste Saphet war im Abendland schon bekannt geworden. Nun würde er seinen Vetter nicht mehr sehen, dessen Handschrift er jetzt vor sich hatte.

Mit müden Schritten schleppte sich Deodat am Abend zu Gottfried ins Steinmetzhaus. Er erzählte ihm von Ernestes Aufstellung und saß dann still zwischen Nachbarn und Verwandten am Tisch in der großen Küche. Sein Blick ging vom einen zum anderen.

Da war Gottfried, genauso ergraut wie er selbst. Aber die Fäuste konnte er in der Werkstatt noch gebrauchen. Neben ihm der wortkarge Gerec. Rechts von Gerec der Kaufmann, dessen Schulden die Templer im letzten Jahr übernommen hatten, als er krank war und nicht zahlen konnte. Er saß an der Seite des Müllers, der eine von den Ordensmühlen an der Saône betrieb. Neuerdings war es ihm erlaubt, Mahlgut auf eigene Rechnung anzunehmen.

Eve, Gottfrieds Frau, stellte ein Öllicht auf den Tisch, und Gerecs Frau schob ein Scheit in den Herd. Auf der Wandbank saßen Mütter mit Kindern. So war es seit Generationen gewesen. Ein hellhaariger Junge von etwa vierzehn Jahren warf einen Arm voller Knüppel in die Holzkiste neben dem Herd und wischte die Hände an der Hose ab.

«Du könntest mich zu unserem Stadthaus zurückbegleiten, Arnold», sagte Deodat zu ihm, während er sich ächzend erhob, «ich habe noch Pflichten.» Er hielt seine schiefe Schulter mit der Hand fest, so dass man sah: Sie tat ihm weh. Draußen stützte er sich auf den Vettersohn. «Gib acht», sagte er zu ihm, «die Straße ist gefroren.»

In der Küche sprach man weiter. Ein neuer Geselle, der mit am Tisch saß, war von einer Bauhütte aus Chartres gekommen und hatte von André gegrüßt, der seine verwaiste Werkstatt an einen fremden Steinmetz verpachtet hatte, seit seine Frau gestorben war. Bei diesem Pächter konnte er bleiben, bis er starb. Seit er wusste, dass Erneste nicht mehr am Leben war, wollte auch er am liebsten sterben.

«Das kann ich verstehen», sagte Gottfried düster, und Eve legte ihm beruhigend die Hand auf den Arm. Als aber der junge Arnold vom Templerhaus zurückkam und Gerec fragte: «Hast du den Vetter gut nach Hause gebracht, Sohn?», sah sie Gerec etwas neidisch an, und eine Weile stockte das Gespräch am Tisch.

Dann wurde die Tür noch einmal geöffnet. Ein eisiger Luftzug wehte herein. Ein Templer trat, ohne ein Wort zu sagen, in die Küche und ging mit langen Schritten zum Herd. Sein prüfender Blick streifte die Runde nur kurz und blieb an Gottfried und Eve hängen. Ein Seufzer hob seine Brust, und ein Murmeln war zu hören: «Gott sei Dank!» Wärmesuchend hielt er die Hände über die Glut.

Der Feuerschein erhellte das Gesicht eines vielleicht zweiunddreißigjährigen Mannes. Seine Haut war gegerbt. Tiefe Falten zogen sich von den Nasenflügeln abwärts bis zum Kinn und andere quer über die Stirn. Eine Narbe quoll rot von der Schläfe bis zum Ohr. Langsam schmolz das Eis aus seinem Bart, und die Falten seines Mantels wurden weich. Fragend hingen alle Blicke an seinem Gesicht. Ein Kind begann in der Stille, die eingetreten war, zu weinen.

«Gottfried», sagte Eve scheu, «es ist unser Sohn. Es ist Alphonse!»

Gottfried schob die Fäuste über den Tisch und stemmte sich hoch. Das also war der Sohn, der ihm vor achtzehn Jahren davongelaufen war! Sein einziger Sohn, der die Werkstatt aus seiner Hand hätte übernehmen sollen! Fortgelaufen! Tief hatte es ihn getroffen! Bis zum heutigen Tag war er nicht darüber hinweggekommen. Was wollte der jetzt hier? Seinen Platz nahm Gerec ein, der Söhne hatte! Arnold, der älteste, würde bald erwachsen sein.

Eve betrachtete das Gesicht des Sohnes. Wie anders es geworden war! Mein Kind?, fragte sie sich. Mein Sohn?

Wie tot war sie damals gewesen, als er mit einer Gruppe von Kreuzfahrern aus der Stadt verschwunden war. «Nach Damiette!», hatten sie begeistert gerufen. «Auf nach Damiette!» Aber auch damals war Damiette nicht erobert worden, und sie hatte sich um ihn gegrämt.

«Was willst du?», hatte eine Nachbarin gesagt. «Er ist doch vierzehn Jahre alt! Und hat es nicht schon ganze Kreuzzüge aus Kinderheeren gegeben? Sie sind doch auch ohne das Wissen ihrer Eltern ins Heilige Land gezogen! Wenn damals auch keines zurückgekommen ist und wenn vielleicht alle miteinander zugrunde gegangen sind, so sind sie doch gewiss in den Himmel gekommen.»

Eve begriff Gottfrieds zornigen Schmerz.

Da kniete Alphonse in der Mitte der Küche nieder und hob die Hände.

«Ich bitte meine Eltern um Verzeihung für den Kummer, den ich ihnen bereitet habe.»

Sachte schob Eve die Hand über Gottfrieds geballte Faust. Gottfried beugte sich weit nach vorn und starrte auf den Tisch. Endlich richtete er sich auf und wandte sich dem Knienden zu. «Steh auf, mein Sohn», sagte er mit rauher Stimme, «und sei willkommen in deinem Vaterhaus.» Als Alphonse aufgestanden war, trat Gottfried vor ihn hin und legte ihm die Hände auf die Schultern. Lange forschte er so in seinem Gesicht. Dann presste er ihn wortlos an die Brust.

Alphonse begrüßte den Oheim Gerec, seine Frau und die Freunde, die um den Tisch saßen. Er ließ sich die Namen seiner Vettern und Basen nennen. Arnold gefiel ihm besonders, denn so wie dieser Junge musste er selbst ausgesehen haben, als er aus Lyon davongezogen war.

«Heute habe ich wenig Zeit», sagte er gleich, «man erwartet mich in der Templerburg im Schwanensee. Aber morgen Abend bleibe ich lang.»

«Im Stadthaus eures Ordens ist Deodat», sagte Gottfried, während er den Sohn zur Tür begleitete, «wärst du nur ein wenig früher gekommen, dann hättest du ihn gesehen.»

Eve hatte keinen Blick von Alphonse gewandt. Warum presste er die Hand immer wieder auf die Seite? Hatte er dort eine Verwundung, die ihm zu schaffen machte? Er sah überhaupt aus, als habe er Pflege nötig!

Alphonse bückte sich nach dem Mantel und stöhnte. Aber Eve wagte nicht, ihn nach der Ursache zu fragen. Morgen vielleicht oder übermorgen, wenn die alte Vertrautheit wiedergekehrt ist, würde sie es tun.

Unter der Tür machte Alphonse für die Kinder noch einen Scherz.

«Also bis morgen!», rief er in die Küche und zog die Tür hinter sich zu.

«Bis morgen!», hörte er die Kinderstimmen.

Er trat auf die dunkle Straße hinaus. Milchiger Dunst lag über der Stadt. Von Alphonse fiel alle Fröhlichkeit ab. Wie lauschend blieb er neben seinem unruhig scharrenden Reisepferd stehen und tastete unter dem Mantel nach der Seite. Dann saß er mühsam auf und ritt zusammengekrümmt über die beiden Brücken aus der Stadt.

«Wer da?», riefen die Wächter.

«Ein Templer auf dem Weg zur Burg.»

Spät in der Nacht, als Alphonse sicher sein konnte, dass alle Brüder schliefen, schob er sich vom Strohsack hoch und tappte in die Mitte des Schlafsaales, wo das Talglicht von der Decke herabhing. Er zog das Hemd von der schmerzenden Seite, konnte im öden Schein der Lampe aber nichts erkennen. Gegen Morgen fiel er in tiefen traumlosen Schlaf.

Als der Wächter zum Wecken blies, lag bleierne Müdigkeit in allen seinen Gliedern. Die Brüder gingen zu den ersten Gebeten in die Kapelle. Alphonse aber stand noch immer schwankend vor dem Wasserbecken, in dem er sich hatte waschen wollen. Eisstücke schwammen glasig umher. Endlich kniete er auf den Steinfliesen der Kapelle. Beim Schlussgebet fiel er vornüber. Brüder sprangen auf und trugen den Kranken hinaus.

Als Alphonse zu sich kam, lag er auf einer Bahre im Krankenraum. Er war nackt. Ein alter Templer neigte sich über ihn und betrachtete seine Seite. Er nickte und nickte noch einmal. Dann sah er Alphonse mit großem Ernst in die Augen und sagte:

«Wir haben gelernt, das Schicksal, das Gott uns bestimmt hat, in Demut anzunehmen. Du hast den Aussatz, Bruder.»

Alphonse starrte den Alten an, als habe er seine Worte nicht verstanden. Dann presste er die Lippen aufeinander und grub die Nägel in die Handballen.

«Es kommt ja öfter vor», fuhr der Alte fort, «dass ein Bruder den Aussatz aus dem Orient mitbringt. Aber erst seit kurzer Zeit sind wir für solche Fälle eingerichtet. Wir haben am Oberlauf der Ardèche ein Haus für Aussätzige gebaut. Vier Brüder werden dich dorthin begleiten.»

«Wann?», fragte Alphonse mit blutleeren Lippen.

«In einer halben Stunde fahrt ihr ab.»

Ein Lastkahn lag wartend im unwirtlichen Wasser der Rhône, das schwarz aussah zwischen den weiß verschneiten Ufern. Eiszapfen hingen am Steg und von der Bordwand herab.

Alphonse kauerte sich, in seinen Mantel gewickelt, auf ein Bündel Stroh. Von dem, was um ihn herum geschah, nahm er nichts wahr. Er hatte die Aussätzigen vor Augen, die er im Orient gesehen hatte.

Außerhalb der Städte lebten sie in Höhlen und aßen, was das Mitleid ihnen bescherte. Wenn Ordensbrüder den Aussatz hatten, gab man ihnen im Kloster eine eigene Zelle, in der sie aßen, schliefen und wachten. Aus diesen Zellen tönten manchmal traurige Lieder. Vielleicht gab es in dem Haus an der Ardèche auch solche Zellen und solche Lieder. Alphonse sah sich wie einen Fremden, dem dort oben Finger und Zehen abfaulen würden, der traurig sang und eines Tages erblindet sein würde.

Er schaute seine schönen gesunden Hände an, die er zu kraftvollen Fäusten schließen konnte; und plötzlich wurde er vom bittersten Kummer geschüttelt. «Du hast den Aussatz, Bruder», wiederholte er die Worte des Alten schluchzend, «den Aussatz!»

Dann aber klammerte er sich an das bisschen Hoffnung, das ihm blieb: Diese Krankheit verlief nicht bei jedem gleich. Sie konnte ja auch langsam voranschreiten, so langsam, dass er noch Zeit hatte, etwas Sinnvolles mit seinen Händen zu tun.

Die Brüder, die ihn begleiteten, suchten liebevoll nach Trost, als sie ihn schluchzen hörten. «Bruder», baten sie, «fasse dich, damit wir an dir ein Vorbild haben, falls uns dieselbe Krankheit trifft!»

Am Ort der Leiden

Hoch oben in einem Talschluss der Cevennen lag das Haus der aussätzigen Templer hinter einer hohen Mauer. Beim Heranreiten hatte Alphonse ängstlich sein Gehör geschärft. Gab es da kein Jammern, hörte man noch keines von diesen traurigen Liedern, die ihn im Orient bis in die Seele erschüttert hatten?

Ein Bruder öffnete das Tor und nahm ihnen die Reittiere ab. Tief erschrocken starrte Alphonse auf seine mit Binden umwickelten Finger. Wie schrecklich kurz sie waren! Fehlten ihm auch schon die Zehen? Alphonse taumelte. Der Gang des Rossknechtes war so eigenartig ruckend gewesen.

Aber schon kam der Bruder pfeifend aus dem Stall zurück. «Soll ich euch die Gebäude zeigen, bis der Komtur zu sprechen ist?»

Sie folgten ihm in einen Raum mit groben Holztischen und Bänken. «Das ist unser Palais!», sagte der Bruder stolz. «Diese Tische und Bänke sind nur von Kranken gemacht worden.» Dann zeigte er auf eine Tür. «Wir gehen jetzt hier durch, da kommen wir in die Küche.»

Die Küche war groß und hatte eine Tür auf den Hof. «Hier seht ihr den Fleischherd und dort den Suppenherd. Dieser heizt mit seiner Rückseite den Bettenraum der Schwerkranken. Seht, da führt eine Wasserrinne durch die Wand. Sie ist bei den Schwerkranken nötig, das werdet ihr dort noch sehen. Wenn wir zu ihnen hinüber wollen, können wir von der Küche aus nicht direkt in ihren Raum eintreten. Dazu müssen wir erst mal hinaus ins Freie. Das Essen für die Schwerkranken schieben wir durch diese Klappe da. Hätten wir sie nicht, dann würde das Essen beim Hinübertragen auf dem Hof abkühlen und unseren Brüdern schlecht bekommen.»

Alphonse schluckte mit trockenem Mund: Die Schwerkranken! Gleich darauf sah er sie auf ihren Lagern kauern oder auf dem Boden umherkriechen. Der Verwesungsgeruch der abfaulenden Glieder erfüllte die Luft. Pfleger eilten hin und her, wechselten Verbände, legten mit Heu gepolsterte Linnen unter die elenden Körper und schafften beschmutztes Heu in Schubkarren weg. Andere wuschen eitrige Binden in einem Becken aus, das von der Wasserrinne aus der Küche gespeist wurde. Wenn sie den Stöpsel aus der Wand zogen, floss dampfendes Wasser in den Trog. Einige von den Kranken saßen betend auf dem Bett, die blinden Augen nach oben verdreht. Viele stöhnten. Alphonse fürchtete, ohnmächtig zu werden. Er ahnte noch nicht, wie viele Jahre er draußen, im Saal der Leichtbehinderten, würde zubringen dürfen. Seine Krankheit schritt langsam voran.

Jahrelang half er in der Landwirtschaft, schnitzte Holzzapfen und

Rechenzähne, solange seine Finger es vermochten, und flocht Stroh. Bei allen diesen Arbeiten wurde er schließlich so unbekümmert wie die anderen Kranken auch, die ihm immer wieder sagten: «Wären wir im Orient, wir wären jetzt vielleicht schon tot.»

Auch Ginsterbesen band Alphonse zusammen, solange er die Kraft dazu hatte, und nähte Ochsengeschirr, und manchmal sägte er Holz.

Gleich zu Anfang hatte er einen Freund gefunden, mit dem er alles besprechen konnte; der Freund hieß Jean.

An einem strahlenden Herbsttag wurden sie auf einen flachen Hügel geschickt, um Ähren zu lesen. Nach der Arbeit setzten sie sich unter einen Wacholderstrauch, kauten an ihren Fladen und tranken verdünnte Molke dazu. Eine Weile würde die Sonne noch am Himmel sein; sie mussten noch nicht ans Heimgehen denken.

Sie stützten das Kinn auf die hochgezogenen Knie und schauten in die Weite, wo sich die Linien der einzelnen Bergkuppen überschnitten. Wie goldene Tüchlein schmiegten sich die winzigen Stoppelfelder in die Mulden der Einöde. Der Mond zeichnete sich blass auf dem sanftblauen Himmel ab. Sie fühlten den großen Frieden, der sie umfing.

«Es gibt Dinge, die sind wie dieser Mond», sagte Jean. «Im hellen Tageslicht sieht man sie selten oder kaum; und doch haben sie ihre Wirkung auf das Leben. Ich denke jetzt an das Geheimnis unseres Ordens.»

Alphonse nickte. Dann schwiegen sie, bis die Zeit zum Aufbrechen kam.

Als sie hintereinander den steilen Pfad hinabstiegen, fiel es Alphonse zum ersten Mal auf, wie vertraut ihm diese Gegend geworden war. Wie lange bin ich jetzt hier?, fragte er sich; aber er konnte sich keine genaue Antwort mehr auf diese Frage geben.

Im Haus der Aussätzigen wartete ein Mann auf Alphonse. Es war Arnold, der ein hagerer junger Steinmetz geworden war. Freudig begrüßte er seinen Vetter.

Alphonse zog die Hände, die er unbewusst hinter dem Rücken verborgen hatte, vor. Es fehlten ihnen die Nägel. Dann umfing er den Jüngeren mit liebevollem Blick. Er freute sich über diesen Besuch und forderte den Vetter ungeduldig zum Erzählen auf.

Arnold berichtete von Lyon, von der Wanderschaft, von der Arbeit und zuletzt davon, dass er sich bald verheiraten wollte.

«Sie ist die Tochter eines Köhlers aus unserer Stadt», sagte er, als ob das alles erklären würde, und Alphonse nickte ihm brüderlich zu.

Im Schlafraum sank Alphonse auf sein Bett. Es schwindelte ihm, und die Augen brannten heftiger als sonst. Hatte er zu lange in der Sonne gesessen? Oder war dies das erste Zeichen der Erblindung? Für einen kurzen Augenblick stieg die alte Angst in ihm hoch. Dann sagte er die Worte, mit denen sich alle Bedrückten trösteten: «Wir stehen alle in Gottes Hand.»

Alphonse konnte sich von da an noch acht Jahre im Schlafsaal der Leichtbehinderten halten, und Arnold besuchte ihn noch viele Male. Er meldete ihm seine Hochzeit und die Geburt seiner Kinder, aber auch den Tod von Deodat, Gottfried und Eve.

Dann begann die Krankheit sich zu beeilen. Sie griff von Fingern und Zehen auf Arme und Beine über; es faulten die Augenlider; und dann war Alphonse eines Tages blind. Still lag er auf dem Stroh. Jean, der ihn täglich besuchte, sah die leeren Augen, die entblößten Zähne des Freundes mit Kummer, denn auch die Lippen waren der Fäulnis zum Opfer gefallen.

Doch noch mehrere Jahre lebte dieser elende Rest eines Menschenleibes, und der Verstand blieb wach für alles, was in der Welt geschah.

«Wie geht es im Orient?», fragte er, solange er die Zunge noch bewegen konnte. «Was weiß man von unseren armen Brüdern im Heiligen Land?»

«Tripolis ist verloren; aber der Sultan gewährt einen neuen Waffenstillstand.»

Als Alphonses Kräfte dahinschwanden und er mit langen Sprechpausen fragte: « – weißt – du –», da hatten die Kreuzfahrer, die der Papst ins Heilige Land geschickt hatte, den Waffenstillstand brutal gebrochen.

«Durch Dummheit und Unverstand», sagte Jean zornig, «haben sie einen vernichtenden Krieg heraufbeschworen: Alle die sarazenischen Kleinhändler, die – wie du weißt – seit eh und je in Akkon ihre armseligen Waren verkaufen, haben sie über die Klinge springen lassen. Dazu haben sie in ihrer Verblendung viele syrische Christen umgebracht, die sie wegen ihrer fremdartigen Bärte für Muselmänner gehalten haben.»

Alphonse stöhnte laut. Die Worte, die er zu sprechen versuchte, konnte Jean nicht verstehen. Er tauchte die Finger in ein Schüsselchen mit Wasser und benetzte dem Freund die bloßliegenden Zähne. Dann berichtete er sehr langsam weiter, denn auch ihm machte das Sprechen seit einiger Zeit Mühe:

«Der Sultan hat daraufhin beschlossen, Akkon zu bestrafen. Seinem Emir befahl er, den Großmeister, der sich vor den Mauern der Stadt im Templerturm befand, zu warnen, denn der Sultan schätzte den Groß-meister als seinen ehrenwerten Feind. Der Emir hat die Absicht seines Herrn in einem höflichen Schreiben mitgeteilt.

Sofort hat der Großmeister die Warnung an alle christlichen Herren der Umgebung weitergegeben, damit sie den Zorn des Sultans mit Geschenken und Entschuldigungen besänftigen würden; aber sie haben nicht auf ihn gehört.»

«Der Brief – weiß man – ?»

«Man kennt den Wortlaut genau», sagte Jean. «Dies schreibe ich, der Sultan aller Sultane, der König aller Könige, der Herr aller Herren, ich, Melec el Esseraf, der Mächtige, der Gefürchtete, der Unterdrücker der Rebellen, der Franzosenjäger, der Jäger von Armeniern, der die Burgen aus der Hand der Ungläubigen reißt – an Euch, den Meister, den edlen Großmeister des Templerordens, den wahrhaft Weisen, den Herrn Guillaume de Beaujeu. Ich sage Euch Heil und meine Geneigtheit!

Da Ihr immer ein wahrhaftiger Mann gewesen seid, entdecke ich Euch meine Absicht, in Euer Land zu kommen, um das uns angetane Unrecht mit der Einnahme der Stadt Akkon zu sühnen. Weder Briefe noch Geschenke sollen mich fürderhin besänftigen!

Daraufhin», sagte Jean nach langer Pause, «daraufhin hat er Akkon erobert.»

«Und – der Groß – ?»

«Guillaume de Beaujeu ist in heldenhaftem Kampf gefallen.»

«Weiß man – ?»

«Als er den Schild hob, um sich im Kampf zu verteidigen, fuhr ihm eine Lanze in die Seite und riss ihn herum, so dass alle meinten, er wolle in die Stadt zurückreiten. Sie kämpften nämlich zu dieser Zeit zwischen den Mauern von Akkon und den Festungsmauern des Templerturmes.

‹Um Gottes Willen, Meister!›, hat ein Ritter gerufen, ‹kehrt nicht in die Stadt zurück, denn die ist schon verloren!›

Der Großmeister sah den Ritter groß und traurig an. Dann rief er laut: ‹Ihr Herren, ich kann nicht mehr, denn ich bin tot! Seht meine Wunde!›

Dabei hob er seinen Arm, und alle sahen seine Gedärme. Dann neigte er den Kopf und fiel vom Pferd.»

Jean tauchte die Hand wieder ins Wasserschälchen. Als er aber die Zähne des Freundes benetzen wollte, merkte er, dass Alphonse gestorben war.

Fünf Jahre vergingen, bis Arnold wieder ins Gebirge kam, um Alphonse die Geburt seines vierten Sohnes zu melden. Auf dem Strohsack des Vetters lag Jean.

«Was – weißt – du – vom Orient?», fragte er so mühsam, wie früher Alphonse gefragt hatte.

«Die letzten drei Templerburgen im Orient sind gefallen: Sayète, Berut – und Castrum Peregrinorum.» Man hatte es den Kranken verheimlicht.

«Nachdem die Feinde das gesamte Umland verwüstet hatten, sahen die Templer keine Möglichkeit mehr zu überleben. Der türkische Emir hat die Übriggebliebenen aufgehängt. Im Orient gibt es keine christlichen Besitzungen mehr.»

Jean kehrte den Kopf zur Wand.

«An dem Tag, als unser Sohn geboren wurde», fuhr Arnold fort, um Jean ein wenig Hoffnung zurückzugeben, «haben die Templer auf Zypern einen neuen Großmeister gewählt. Er heißt Jacob von Molay. Wir haben unseren Sohn nach ihm getauft. Dieser Großmeister fasst die Rückgewinnung des gesamten christlichen Orients in Gemeinschaft mit den Johannitern ins Auge.»

Das Fest von Lyon

Die Stadt Lyon hatte sich aus der Reichsunmittelbarkeit gelöst, als Kaiser Friedrich II. den Kirchenbann auf sich gezogen hatte. Seither wurde sie mehr oder weniger von ihren Bischöfen regiert. Die einen schielten nach Westen, die anderen nach Süden; schließlich amtierten dort auch solche, die es wieder mit dem deutschen Kaiser halten wollten. Eine Entscheidung gab es aber nicht, denn eine Entscheidung hätte Krieg bedeutet: Lyon, den Mund der Welt, gönnte keiner dieser großen Nachbarn dem anderen. So wichtig war diese Stadt, dass sie die Ehre eines überwältigenden Festes erfahren sollte: Der französische Bischof von Bordeaux sollte in Lyon zum Papst gekrönt werden. Seit seiner Wahl trug er den Namen Clemens V.

Schon eine Woche vor dem Fest waren die Straßen und Plätze voll von schön gekleideten Damen und Herren, und Prachtkutschen aus aller Welt verstopften die engen Gassen. Fuhrwerke voller Reisebedarf wurden in den Hof des erzbischöflichen Palastes gelenkt. An allen Ecken hatte man Wasserbehälter aufgestellt. Die Wasserträger behaupteten, sie hätten schon die halbe Saône leer geschöpft. Vor den Mauern waren Zelte und Unterstände errichtet worden. Holz für die kleinen und großen Lagerfeuer hatte man aus den Bergen hergeschafft. Eine Herde von Ochsen und Hammeln, die am Spieß gebraten werden sollten, war auf der Aue zwischen den Flüssen eingepfercht.

Die Kathedrale wurde mit roten Läufern und Wandteppichen ausgeschlagen. Fahnen wehten von allen Türmen der Stadt. Aus den Braukellern dampften würzige Dünste. Die Jäger lieferten Spieße voll Rebhühner und Bekassinen an die Köche aus. Und Fuhren von Wild wurden an die Herbergen verteilt.

Durch alle diese Geschäftigkeiten huschte das Gerücht, König Philippe, den man den Schönen nannte und der nun fast zwanzig Jahre König von Franzien war, habe seine Hand bei dieser Papstwahl im Spiel gehabt. Würde Clemens V. nach seiner Pfeife tanzen müssen?

Der Novembertag dieses denkwürdigen Jahres 1305 war neblig und kalt. Warm eingemummt strömten die Bewohner von Lyon aus ihren Häusern, um den Festzug zu sehen. Viele erkletterten die alte Stadtmauer, viele stiegen auf Bäume. Fast alle Dächer waren besetzt, und in den Fenstern wurde um den besten Platz gekämpft. Jacob kroch in den Taubenschlag. Von hier aus konnte er die Hauptstraße und den Platz vor der Kirche überblicken.

Schon hörte er ein Schreien und Jubeln vom Tor herannahen: Der Festzug rückte heran!

Voraus ritten die Herolde in den Farben der Stadt Lyon. Dann folgten die königlichen Herolde zu Fuß. Die Herolde des Papstes schmetterten ihre Hornsignale hinter der Vorhut der Templer her. Der König in seinem schönsten Schmuck und Gewand führte mit der weiß behandschuhten Rechten das Pferd, auf dem der Papst saß. Ein Glücksgeschrei erschallte aus der Menge: «Habemus papam! Wir haben einen Papst!» Jetzt sollte er gekrönt werden, und das in der Kirche von Lyon! Wie war diese Stadt doch bevorzugt unter allen!

Geduldig warteten die Menschen, bis die Feierlichkeit in der Kirche zu ihrem Ende gelangt war. Sie schlugen sich die Hände warm und trippelten auf den vor Kälte abgestorbenen Füßen. Dann erschallten die Glocken, und das Kirchentor öffnete sich. Die Herolde kamen heraus, und der Festzug folgte in umgekehrter Reihenfolge wie zuvor: Nun schritten anstelle der Vorhut die Bischöfe und Kardinäle vor dem König und dem Papst einher, und der Papst, der im Krönungsmantel auf seinem weißen Zelter saß, trug die Tiara auf dem Kopf, das Zeichen der päpstlichen Würde. Die Fürsten aus allen Ländern folgten mit ihren wertvollen Geschenken. Allen voran der Bruder des Papstes und der des Königs.

Plötzlich stürzte die alte Mauer unter der Last der Schaulustigen ein und begrub viele Menschen unter sich. Der Bruder des Königs und zwölf Edle aus seinem Gefolge wurden schwer verletzt. Dann stockte Jacob das Blut: Das Pferd des Papstes stieg hoch, und der Papst, den der schwere Krönungsmantel behinderte, konnte sich nicht auf dem scheuenden Zelter halten. Er wurde zu Boden geschleudert, und die edelsteinbesetzte Dreifachkrone, die Tiara, rollte in den Straßenkot.

Das Fest war verdorben. Die Hochstimmung, die zu Anfang geherrscht hatte, war verflogen. Oder war dies etwa kein schlechtes Zeichen? Das Volk schwieg plötzlich dumpf. Hatte dieses Unglück nicht etwas mit dem Gerücht zu tun, dass der König die Kurienväter bei der Papstwahl bestochen habe? Zeigte Gott mit diesem Unglück nicht an, dass diese Wahl nicht rechtens gewesen war? – Die Leute drückten sich weg, als der Papst, nachdem er wieder im Sattel saß, die Hand zum Segen hob. Womöglich brachte der Segen Fluch!

Dann hörte man, dass beim abendlichen Bankett, das die Stadthäupter zu Ehren des Papstes gaben, Streit ausgebrochen war. Keiner wollte die riesengroßen Kosten dieses Krönungsfestes auf sich nehmen. Die Anschuldigungen, die hin- und hergingen, wurden immer heftiger. Plötzlich brach der Bruder des Papstes über dem Tisch zusammen: Man hatte ihn erstochen.

Dies war das zweite böse Omen für das Volk von Lyon.

Als die Gäste die Stadt verlassen hatten und die Einwohner zu ihrem gewohnten Tageslauf zurückkehren wollten, erschien das dritte und schlimmste Omen: Ein Komet tauchte am Himmel auf und war viele Tage lang zu sehen.

«Er zeigt das Blut an», riefen die Leute entsetzt, «das dieser unrechtmäßige Papst über unsere Häupter bringen wird!» Bedrückt gingen sie in ihre Häuser zurück, und es dauerte lang, bis diese Bedrückung den Alltagssorgen wieder wich.

Jacob verfolgte die Ereignisse mit dem hellen Verstand eines aufgeweckten Jungen. Für ihn gehörte alles, was unter den Mächtigen geschah, zum eigenen Leben, denn nicht umsonst sollte man ihn nach dem wichtigsten Mann der Weltgeschichte getauft haben: nach dem Großmeister des Templerordens. Von ihm hatte der Papst sofort nach seiner Krönung ein Gutachten angefordert, ja, er hatte den Großmeister mitsamt seinem Konvent aus Zypern nach Poitiers befohlen, wo der päpstliche Hof residierte. In dem geforderten Gutachten sollte ein strategischer Plan enthalten sein, der die Wiedergewinnung des gesamten christlichen Orients ins Auge fasste. Kein anderer als der Großmeister könnte aus der eigenen Erfahrung heraus ein solches Gutachten verfassen! Jacob verehrte ihn glühend, auch wenn er ihn noch nie gesehen hatte. Stolz sagte er zu sich: «Er ist mein Pate!»

Wenn sich nach Feierabend die Freunde und Verwandten am großen Tisch in der Küche des Steinmetzhauses einfanden, stand er mit weit offenen Ohren nahe bei den Männern, um ja kein Wort zu versäumen, das vielleicht von den Templern gesprochen wurde.

Eines Abends fragte der Schiffer Friedolf: «Willst du mir nicht deinen Jacob in die Lehre geben, Arnold? Du hast vier Söhne, und ich habe keinen. Oder meinst du, das Schifferhandwerk sei nicht so gut wie das der Steinmetze?»

«Den Jacob?», fragte Arnold erstaunt, «der will doch Templer werden. Wusstest du das nicht?»

«Auch die Templer sind über einen tüchtigen Schiffsmann froh.»

«Da hast du Recht, Friedolf, und die Schifffahrt halte ich für etwas Rechtes», sagte Arnold und schaute Jacob fragend an.

Jacob sah sich im flatternden Templermantel in den Orient segeln. Die heiligen Stätten der Christenheit würde er mit seiner Flotte bedrohen und erobern. Einem Schiffer stand die Welt offen; und Lyon war der Mund zu dieser Welt. Er frohlockte.

Eine Woche später zog er mit seinem Bündel beim Schiffer Friedolf als Jungknecht ein. Auch hier gab es einen großen Tisch in der heimeligen Küche, und es kamen Männer und Frauen nach Feierabend und sprachen über die Geschehnisse des Tages. Manche von ihnen kannte Jacob aus der elterlichen Küche; und manchmal ging er mit Friedolf abends in die heimatliche Küche zurück. Dort aber schien ihm alles anders zu sein als früher; denn er selbst war jetzt ein anderer, seit er eine feste Aufgabe hatte. Er war nicht mehr nur ein Kind.

Wenn Friedolf mit ihm zu seinen Eltern ging, freute er sich einerseits, andrerseits warf er einen bedauernden Blick auf Katharina, die mit der Meisterin nahe beim Herdfeuer saß und entweder Federn schliss, ein Huhn rupfte oder Erbsen für den Morgentrunk röstete. Sie hatte dicke krause Zöpfe, und schon einmal hatte sie ihm einen Krapfen zugesteckt. Den hatte sie verstohlen aus der Schürze gewickelt und mit niedergeschlagenen Augen gefragt: «Magst?» Dabei war ihr Gesicht sehr rot geworden; und auch Jacob hatte gemerkt, dass seine Ohren brannten. Als sie einander dann besser kannten, hatte er ihr geholfen, Bohnen auszupellen, oder hatte ihr die Gießkanne gefüllt, wenn sie im Garten zu tun hatte. Eines Abends, die Sonne war noch nicht vollständig hinter die Berge gerutscht, hatte er ihr im Garten gesagt, dass er vorhabe, Templer zu werden. Da war sie traurig geworden und hatte ihn stehen gelassen.

Jacob war die folgenden Tage sehr unglücklich gewesen, denn Katharina hatte ihm keinen Blick mehr gegönnt. Das Leben im Schifferhaus war dunkel geworden. Konnte ein Templer denn wirklich keine Freundin haben? Es waren schwere Überlegungen, die Jacob am Schlafen hinderten, wenn er nachts in der Dachkammer auf seinem Strohsack lag. Gab es denn gar keine Möglichkeit, beides zu vereinen? Er sann hin und her. Wenn Katharina gewusst hätte, wie er sich um sie quälte, hätte sie ihn vielleicht weniger mit Nichtachtung bestraft.

Endlich, nach qualvollen Nächten, hatte er einen Ausweg gefunden. Als er seine Freundin wieder einmal allein im Garten sah, ging er zu ihr hin und sagte wie nebenbei: «Übrigens, Templer muss ich nicht unbedingt werden. Ich kann mich dem Orden ja eine Zeit lang verbrüdern.» Als Katharina ihn erschrocken ansah, zerdrückte er eine Mohnkapsel und sagte, während er die Samen ausbröselte: «Ich kann mich dem Großmeister gewiss auch so nützlich machen. Denn dass ich es muss, das wirst du doch einsehen. Er ist doch mein Pate!»

Katharina nickte ernsthaft. «Wenn du ein fertiger Schiffer bist», sagte sie, «musst du etwas Großes für ihn tun. Bis dahin müssen wir es uns ausgedacht haben.» Dann schob sie mit dem Fuß die Gießkanne ein wenig in Jacobs Nähe, und er füllte sie am Fluss. Seit diesem Abend war das Leben im Schifferhaus wieder hell.

«Komm», sagte Friedolf, «wir wollen dich deinen Eltern vorzeigen!» Er lachte auf seine gutmütige Art.

Jacob warf einen Blick auf Katharina, die neben ihrer Mutter saß und in einer großen irdenen Schüssel rührte. Dann lief er hinter dem Meister her. Es war ein lauer Sommerabend, und der Himmel war noch nicht vollständig dunkel. Wie oft, so fragte sich Jacob zum ersten Mal, bin ich nun schon mit dem Meister abends zu meinen Eltern gegangen? Er rechnete sich vor, dass er fast zwei Jahre im Haus des Schiffers lebte. In der elterlichen Küche war er nur noch zu Besuch, und das Gefühl von Heimat war schon fast verschwunden. Jetzt gehörte er in den Kreis der Schiffer, die nicht über Steinsägen oder Meißel und Klötze sprachen, sondern über Bohlen, Masten und Teer; und er befühlte seine schwarzverklebten Hände, die neuerdings so weit aus den Ärmeln hervorsahen. Auch die nackten Sohlen hatten vom Teer etwas abbekommen und spannten. Jacob spürte die Arbeit des Tages, und sie machte ihn zum Mann.

Die Nachbarn saßen schon in der elterlichen Küche am Tisch.

«Der König», raunte der Müller und schaute ängstlich zur Tür, als spreche er etwas Unrechtes, «wollte sich als Ehrenmitglied in den Templerorden aufnehmen lassen. Aber die Templer haben es ihm abgeschlagen.»

«Das kann ich gut verstehen», entgegnete Arnold und winkte den Eintretenden zu, «wenn sie ihn aufnehmen, müssen sie ihm einen Rang geben, der seiner weltlichen Stellung entspricht. Sie können einen König ja nicht als einfachen Bruder einreihen, wo denkt ihr hin! Damit wäre er auch gar nicht zufrieden. Er würde es als Beleidigung ansehen. Ich habe gehört, dass er seinen Sohn als Meister in den Orden setzen wollte.»

«Er will sich in den Besitz des Ordensgeheimnisses bringen!», rief der Müller gedämpft. «Dazu muss er wenigstens Meister sein, sonst kommt er nicht an das Geheimnis heran. Er will ja das Goldmachen lernen, hahaha!»

Friedolf sagte, indem er sich auf die Bank schob: «Seit sie es ihm abgeschlagen haben, tauchen – man weiß nicht woher – böse Gerüchte über die Templer auf. Es ist gleichgültig, ob wir sie glauben oder nicht: Sie werden sich ausbreiten und in jedes Haus sickern, in jedes Herz und in jedes Hirn, wenn sie nur lang genug ausgestreut werden. Keiner fragt dann mehr danach, ob sie der König nicht aus Rache unter die Leute hat bringen lassen. So geschieht es ja mit allen Gerüchten, das weiß man doch!»

«Der König will Frankreich mit einer einheitlichen Gesetzgebung zusammenfassen», gab der Kaufmann zu bedenken, «da stört ihn der Templerorden, der ein unabhängiges übernationales Rechtsgebilde ist. Der König kann die Templer seinen Gesetzen nicht beugen, weil sie eigene haben und nur dem Papst untertan sind.»

«Dem Papst!», echote Friedolf verächtlich.

«Außerdem hat er nur Schulden, wogegen die Templer mit ihren neuntausend abendländischen Niederlassungen und mit ihrer Flotte sehr wohlhabend sind – die beweglichen Güter noch nicht mitgerechnet.»

«Als der König das falsche Geld hat prägen lassen», erinnerte Arnold, «musste er vor dem Volkszorn zu den Templern fliehen. Da hat er wohl den Reichtum in ihrem Tresor gesehen!»

«Über diesen Reichtum kann man sich auch täuschen», widersprach der Kaufmann. «Im Tresor des Templerhauses von Paris werden viele Juwelen und Gelder gehütet, die dem Orden nicht gehören und nur in seine Sicherheit gegeben sind. Denkt doch daran, dass sogar der englische König seine Kronjuwelen in ihre Hut gegeben hat, als sein Thron wackelte!»

«Der König hat bei den Templern viele Schulden», warf der Müller ein. «Als er sich bei ihnen in Sicherheit gebracht hatte, musste er mit dem Rechenmeister wohl darüber sprechen. Seit damals kennt sein Hass nämlich keine Grenzen mehr!»

Arnold legte den Finger auf den Mund und deutete zur Tür. Aber es war nur der Schuster aus der Nachbarschaft, der in die Küche trat.

«Freunde», sagte er, sobald er sich gesetzt hatte, mit gedämpfter Stimme, «wisst ihr, dass der Großmeister den Papst gebeten hat nachzuforschen, wo die Gerüchte herrühren, die über den Orden ausgestreut werden? Er will den Orden gegen die Verleumder verteidigen. Die Kardinäle sind damit einverstanden, und der Papst soll einen Brief in dieser Sache an den König geschrieben haben.»

«Ich will euch etwas sagen», nahm der Leineweber das Wort, der bis jetzt zu allem geschwiegen hatte, «zufällig weiß ich, wer in diesem Fall die Interessen des Königs vertritt. Und weil ich es weiß, gebe ich dem Großmeister bei diesem Unternehmen keine Chance. Es läuft mir vielmehr kalt den Buckel hinunter, wenn ich bedenke, was daraus entstehen kann: Die Verfechter der königlichen Interessen sind die drei schrecklichen Guillaumes. So, jetzt wisst ihr es!

Guillaume de Nogaret, der königliche Siegelbewahrer, ist eine tückische Schlange. Guillaume de Plaisians, des Königs Adjutant, ist ein gewissenloses Nichts und lässt sich für jede Schurkerei gebrauchen, nur um dem König zu gefallen. Und Guillaume Imbert ist der Beichtvater des Königs und der Großinquisitor von Frankreich.

Und nun frage ich euch, Freunde: *Wer* steht diesen dreien gegenüber? – Ein weiser und lauterer Mann, ein ehrlicher und verdienter Feldherr, der vortrefflich für die Sache Gottes streiten kann. Ein Großmeister, der seinen Orden bis in die tiefsten Geheimnisse hinein kennt und zu lenken versteht, der aber gegen diese Zusammenballung weltlicher Tücke verloren ist. Man kann sich an den Fingern abzählen, wie diese Sache laufen wird.»

«Und dazu», sagte Arnold düster in das Schweigen hinein, das den Worten des Leinewebers gefolgt war, «und dazu dieser wankelmütige Papst!»

Mit Katharinas Hilfe

Zwei Monate später wurden die Bürger von Lyon in der Nacht von den klirrenden Schritten einer Häscherkolonne aus dem Schlaf gerissen. Es war der 13. Oktober 1307, der bis ans Ende der Welt als der «schwarze Freitag» und als die «unglücksbringende Dreizehn» im Gedächtnis der Menschen haften bleiben sollte. Voll düsterer Ahnung fuhren die Erschreckten von ihren Strohsäcken auf und schlüpften in die Kleider. Die Straßen waren stockdunkel; nur vor dem Stadthaus der Templer erhellten Fackeln den Platz. Schon von weitem hörten sie dumpfe Stöße und Geschrei. Ein starkes königliches Kommando war dabei, das Tor einzurammen.

Auf der Mauer erschien der Komtur.

«Was wollt ihr? Was soll das heißen?», rief er zu den Häschern hinab.

«Im Namen des Königs: Macht auf!»

Als der Komtur sich nicht rührte, riefen sie: «Kommt nur herunter von dort oben! Jetzt ist es mit dem Templerhochmut vorbei!»

Unter den Entsetzensschreien der herbeigeströmten Volksmenge gab das Tor nach und brach ein. Die Häscher drangen ins Haus. Ketten rasselten, Rufe klangen heraus in die plötzlich eingetretene Stille. Weit hinten in der Stadt ertönte fast gespenstisch leise der Ruf des Nachtwächters: «Hört, ihr Leut, und lasst euch sagen, unsre Glock hat zwölf geschlagen! Hütet Feuer und auch Licht, dass kein böser Brand ausbricht!»

Ein Stöhnen drang aus der Menge: Dort drinnen im Templerhaus war ein böser Brand, ein schwelender Brand zum Ausbruch gekommen, und jeder fühlte es. Angstvoll zogen die Wartenden die wollenen Tücher enger um sich, als sich die klirrenden Schritte dem Ausgang wieder näherten.

Mit derben Zurufen trieben die Häscher eine Reihe von zusammengeketteten Templern auf die Straße. Ein schmerzliches «Oh!» entrang sich mancher Brust, als man sah, dass sie barfuß waren und unter dem

Mantel nur das Nachtzeug trugen. Die Schergen hatten diesen verdienten Männern nicht einmal die Zeit gelassen, sich würdig zu bekleiden!

Die Leute von Lyon schlugen die Augen nieder. Die Scham über das, was in ihrer Stadt geschah, auf die sie so stolz gewesen waren, versiegelte ihnen den Mund. Wenn auch mancher den Mund öffnete, um seinem Herzen Luft zu machen, so schloss er ihn doch wieder, weil er fühlte, dass seine Worte nichts sein würden gegen das Unrecht, das hier geschah. Sie hörten, wie das Rasseln der Ketten sich zum Hafen hin entfernte, und blieben doch wie angewurzelt stehen in der Hoffnung, es würde sich alles als ein arger Irrtum erweisen. Da aber ritt der Herold des Bischofs vor die Menge.

Im Schein einer hochgehobenen Fackel las er einen Aufruf vor:

«Bürger von Lyon!» Alle drängten sich herzu, um ja keines dieser Worte zu versäumen.

«Auf Beschluss des Königs von Frankreich werden am heutigen Tag alle Templer in den französischen Landen und in denen, die befreundet sind, in ihren Häusern verhaftet! Die hohen Würdenträger des Ordens sollen nicht ausgeschlossen sein. Ebenso soll es den Beratern des Königs ergehen, sofern sie Templer sind. Der Orden ist schlimmer Dinge angeklagt und wird sich verantworten müssen. Noch am heutigen Tag werden in ganz Frankreich die Voruntersuchungen aufgenommen werden. Der König hat an alle gekrönten Häupter des Abendlandes schreiben lassen und sie aufgefordert, seinem Beispiel zu folgen und die Templer gefangen zu setzen.

Leute von Lyon! Verabscheut diese Brüderschaft von Verrätern, deren Schuld es ist, dass das Heilige Land in die Hände der Ungläubigen zurückgefallen ist! Die Templer sind Gotteslästerer; das habt ihr nur nicht gewusst, weil sie es geschickt geheim gehalten haben. Nun ist es ans Licht gekommen, dass sie bei ihrem Eintritt in den Orden auf unseren Heiland spucken und ihn verleugnen. Außerdem lassen sie sich auf den Mund, den Nabel und den Hintern küssen. Sagt also selbst, ob man sie achten soll!

Geht jetzt euren Geschäften nach, wie jeden Tag, wenn dieser Tag anbricht, der das Land von der Templerpest befreien soll! Ich, euer

Bischof, befehle euch, Ruhe und Ordnung zu halten! Kein Unbefugter lege Hand an früheres Templergut, dem allein der König von Frankreich sein Siegel aufprägen darf!»

Nur allmählich zerstreuten sich die verschreckten Menschen. Aber dann waren die Straßen und Gassen so leer wie nie zuvor. Dumpf fühlten alle, dass etwas Furchtbares seinen Anfang genommen hatte, von dem man noch nicht wusste, wohin es führen sollte. Aber eines war allen beim Anhören des bischöflichen Aufrufes klar geworden: Dass Lyon bald keine freie Stadt mehr sein würde. Der Gehorsam des Kirchenfürsten gegenüber Frankreich war zu groß.

Friedolf legte den Arm um Jacobs Schulter. «Ich werde dir von jetzt an größere Arbeiten zuteilen. Wenn schlimme Zeiten kommen, trägt keiner an Erlerntem schwer.»

«Meister», fragte Jacob mit rauher Stimme, «warum haben sich diese geübten Kämpfer nicht gewehrt?» Er konnte das Schluchzen nicht länger zurückhalten.

«Ach Junge», entgegnete Friedolf trüb, «in ihrer Regel steht doch, dass sie ihre Waffen niemals gegen Christen richten dürfen. Diese Dinge sind viel schwieriger, als sie uns erscheinen mögen. Lass uns jetzt an die Arbeit gehen. Unser Herumgrübeln hilft ihnen nicht.»

Die schwerere Arbeit konnte Jacob nicht vom Grübeln abhalten. Er sprach immer weniger, nahm geistesabwesend die Mahlzeiten ein und strich, wenn er konnte, um den Bischofspalast herum. Zu Katharina in den Garten kam er nur noch selten; er merkte nicht, wenn sie ihn ängstlich forschend ansah. Sobald ihm aber irgendwo ein bischöflicher Diener begegnete, machte er sich an ihn heran und fragte immer dasselbe: «Wo hat man den Großmeister hingebracht?»

«Den Großmeister», sagte ein Diener endlich zu ihm, «den hat man in das Verließ seiner Templerburg in Paris gesteckt. Dort sind die Mauern so dick, dass ihn keiner stehlen kann, den Templerschatz, hahaha!»

Dann fuhr eines Tages ein Gerücht wie ein Blitz auf die Freunde des Templerordens nieder: Der Großmeister habe die Schuld des Ordens vor einer Kommission von Mönchen, Bischöfen und Magistern der Universität von Paris bekannt!

Das Volk stürzte in unsagbare Verwirrung. Hatte man es also zweihundert Jahre lang getäuscht? Waren die Templer doch Verräter? Von nun an glaubte es überhaupt nichts mehr. Oder machte man sich etwa nicht lächerlich, wenn man die Unschuld des Ordens vertrat? Für Jacob war diese Nachricht wie ein Signal, auf das er schon lange gewartet hatte. Er suchte Katharina und fand sie im Garten. Eine Weile stellte er sich wortlos neben sie und sah ihr zu, wie sie Asche auf ein Beet streute.

«Da sollen im Frühjahr Zwiebeln rein», sagte sie, und ihre Stimme zitterte. Ohne zu ihm hinzusehen, horchte sie zu ihm hinüber. Dann flüsterte sie: «Ich weiß, dass du gehen musst.» Jacob nickte. Ja, jetzt war es so weit: Er musste nach Paris in die Nähe seines Taufpaten Jacob von Molay. Er fühlte sich aufgerufen; er konnte nicht bleiben.

«Ich will keinen Tag verstreichen lassen, Katharina, ohne an dich zu denken.»

Katharina sah stumm auf ihre Hand, die in der Asche wühlte. Sie sagte: «Komm nach der zweiten Nachtwache zum hinteren Tor. Ich will dir einen Schnappsack herrichten und den Riegel hinter dir zumachen. Die Hunde binde ich vorher an.» Dann streute sie weiter Asche auf das Beet.

Ungeduldig hatte Jacob die zweite Nachtwache erwartet. Dann schlich er zum hinteren Tor. Katharina wartete mit dem Schnappsack; er war schwer und prall. Die Hunde jaulten an der Kette.

«Heute ist Mittwoch, und der Großknecht ist an der Reihe, mit dem Kahn stromaufwärts zu fahren», sagte sie leise.

«An den habe ich schon gedacht, weil ich bis Chalon-sur-Saône auf dem Fluss bleiben will.»

«Er darf dich auf keinen Fall sehen, sonst bringt er dich zum Vater zurück!» Dann quietschte der Riegel hinter Jacob, und er stand auf der Straße.

Der Kahn war noch nicht voll beladen; mehrere Ballen standen noch am Kai. Im Wasser vor der Bordwand spiegelte sich das Flackerlicht der beiden Fackeln, die außenbords in eisernen Haltern steckten. Zwei

Lastträger stampften über den Steg herab. Jeder von ihnen packte einen dieser Ballen mit einem Ruck, wuchtete ihn hoch und schob den gekrümmten Rücken darunter. Tief gebückt schlurften sie unter ihrer Last über den schwankenden Steg in den Kahn.

Mit klopfendem Herzen schlich Jacob hinter ihnen her. Im Kahn glitt er zwischen andere Lasten, während die Lastträger ihre Ballen vom Rücken warfen. Dann polterten sie über den Steg davon. Bis sie wiederkommen würden, wollte Jacob ein Versteck gefunden haben, in dem er die Fahrt über würde bleiben können.

Die Ladefläche war fast voll bepackt. Nur der Umlauf für die Stakeknechte war noch frei, wo die Treideltaue aufgerollt auf den Taunasen hingen. Jacobs suchender Blick blieb an der Ruderbank hängen. Unter ihrem Boden sah er nur wenige Lasten. Er verrückte sie so, dass zwischen ihnen eine Höhle entstand.

Schon kamen die Lastträger über den Steg zurück. Jacob kroch hastig in die Höhle und zerrte einen Ballen vor den Einschlupf. Lauschend presste er die Hand auf sein wild pochendes Herz.

Noch einige Male kamen die Träger mit Frachtgut zurück; dann übergaben sie den Kahn in die Aufsicht der Hafenwacht. Ihre Stimmen entfernten sich auf dem Kai.

Jacob fing an, erbärmlich zu frieren. Er zitterte am ganzen Leib, und seine Zähne klapperten. Er zog den Mantel eng um sich und tastete im Schnappsack nach etwas Wollenem. War das, was seine klammen Finger fühlten, ein Schal? Auch etwas Festes geriet in seinen Griff: Eine hart geräucherte Wurst, ein Stück Speck! Dann fand er etwas, das sich anfühlte wie Leder. Wenn er draufdrückte, gab es nach: Eine Schweinsblase, mit etwas Trinkbarem gefüllt! Dankbar dachte er an Katharina, und der Abschied von ihr tat ihm weh.

Die Höhle war groß genug, dass Jacob sich ausstrecken konnte. Er konnte sich sogar in ihr bewegen. Die Spalten zwischen den Lasten wurden langsam grau. Es dämmerte. Vom Ufer her hörte Jacob Leute kommen. Richard, der Großknecht, polterte mit den Stakeknechten über die Mole heran. Sie sprangen ins Boot und holten das Fallreep ein.

Unverzüglich richtete sich Richard auf der Ruderbank ein und gab die

Kommandos zum Ablegen. Der Kahn trieb erst eine Strecke weit flussabwärts zum anderen Ufer hinüber. Die Staker begannen mit ihrem Rufen. Schwer stemmten sie sich gegen die Strömung. Dann warfen sie den Treidlern die Taue zu. Einen Augenblick schaukelte der Kahn, und dann stimmten die Treidler ihren uralten Singsang an: Der Kahn zog ruhig den Fluss hinauf.

«Wer da?», riefen die Wachen am Wehr.

«Richard mit dem Lastkahn des Schiffers Friedolf aus Lyon. Die Ladung geht nach Chalon-sur-Saône.»

«Leute an Bord?»

«Sechs Staker, keine Reisenden!»

Die Hafengeräusche verebbten. Jacob hatte Lyon verlassen.

Ein Freund

Drei Tage oder vier war Jacob nun schon auf dem Schiff. Am Tage hörte er mehr oder weniger schläfrig den Rufen der Staker und dem Singsang der Treidler zu. Nachts kroch er aus seinem Versteck, wenn der Kahn festgemacht war und in der Obhut einer Hafenwacht zurückgelassen wurde. Dann vertrat er sich die Beine und reckte die verkrampften Glieder, ehe er in seine Höhle zurückkroch.

Eines Nachts kam von der Bordwand ein schabendes Geräusch zu ihm her, ein Plumps und tapsende Schritte. Bewegungslos horchte er. War da ein Dieb? Jetzt machte sich der Fremde an der Ruderbank zu schaffen; dann wurde der Ballen vor dem Einschlupf der Höhle ein wenig verrückt.

Jacob fühlte sich in seinem Versteck gefangen. Was war zu tun? Es fiel ihm nichts Besseres ein, als wie ein Hund zu bellen.

Einen Augenblick lang war draußen alles still. Dann hörte Jacob ein leises Lachen.

«Komm heraus!», raunte eine Jungenstimme. «Ein Hirt, der mit Hunden umzugehen weiß, lässt sich nicht täuschen.»

Jacob kroch aus der Höhle. Vor der Ruderbank kniete ein Junge, der nicht viel älter als er selber war; aber er war größer und stärker. An seiner Seite baumelte eine Hirtentasche. Die Jungen maßen einander mit Blicken. Jeder hatte ein Messer im Gürtel, das im blassen Mondlicht glänzte.

«Ist hier einer von uns beiden zu viel?», fragte der Hirt. «Oder hat es für uns beide Platz?»

«Zu zweit geht alles besser», sagte Jacob, denn der Junge sah nicht übel aus.

«Dann wollen wir das Versteck erweitern, damit ich mich neben dir halten kann.»

«Viel ist dazu nicht nötig», sagte Jacob und gab den Einschlupf frei. Der Hirt kroch in die Höhle. Beim Zurückkommen meinte er: «Wenn es eng ist, ist es warm.» Er schnürte seine Tasche auf und reichte Jacob einen Käse. Kauend saßen sie, an den Ballen gelehnt. Der Hirt aß seinen Käse mit dem Messer.

«Ich habe im Kalkgebirge dort drüben», er deutete mit dem Messer nach Osten, «eine Schafherde für die Templer geweidet. Aber wenn du ein einziges Wort gegen diesen Orden sagst, dann werfe ich dich ins Wasser! Die Herden gehören jetzt den Dieben! Oder wofür sonst soll man die Leute des Königs halten? Sie haben den Schafen das rote Kreuz aus der Haut geschnitten, damit keiner mehr was sagen kann. Da bin ich weggelaufen.» Nach einer Weile wiederholte er empört: «Das rote Kreuz!»

Jacob nickte. Ja, es war ein ungeheures Verbrechen! Das rote Kreuz, mit dem die Habe eines jeden Menschen vor Zugriffen gesichert worden war, der sich unter den Schutz des Ordens gestellt hatte: Der Müller malte es auf seine Mühle, der Wirt auf seine Hauswand, das alte Weiblein auf seinen Fensterrahmen, der Herdenbesitzer brannte es in sein Vieh; und die Besitztümer des Ordens selber wurden ebenfalls mit dem roten Kreuz gezeichnet. Wehe, es hätte sich einer an so gezeichnetem Gut vergriffen! Er hätte die Häscher des Ordens zu fürchten gehabt!

«Wohin willst du eigentlich?», wollte der Schafhirte wissen. Er wischte sich mit dem Ärmel den Mund.

«Nach Paris.»

«Ich will auch nach Paris», sagte er, «übrigens heiße ich Erec.»

«Ich heiße Jacob und bin nach dem Großmeister getauft. Ich habe mir vorgenommen –»

«Still, es kommen Leute!»

Flink schlüpften sie in die Höhle und zogen den Ballen vors Loch. Jacob erkannte Richards Stimme. War denn schon Morgen? Diese Nacht war ihm viel schneller vergangen als die anderen vorher. Auch die Staker kamen und warfen ihre Ranzen ins Boot. Eine fremde Männerstimme war zu hören, und dann hörten die Jungen das Poltern und Stolpern von Pferdehufen im Kahn. Eine Kette rasselte; und das Tau wurde vom Boller gelassen und ins Boot geworfen. Der Fremde richtete sich neben Richard auf der Ruderbank ein; sein Schwert stieß scheppernd auf die Bohlen, die ihn von den Jungen trennten. Kaum wagten sie zu atmen.

«Wenn du allein wärst», hörten sie den Fremden über sich raunen, «dann würde ich dir von diesen Dingen schon mehr erzählen. Aber deine Staker könnten uns belauschen.»

«Sprich nur ohne weiteres», sagte Richard, «die hören uns nicht, und sonst gibt es keinen Menschen auf diesem Kahn.»

Die Jungen stießen einander an. Gespannt horchten sie nach oben.

«Was wolltest du mir also von den Templern sagen, die du verhören musstest?»

«Es sind nur die Gedanken, die ich mir über diese Sache mache. – Da gibt es nämlich eine Schwierigkeit –»

«Was denn für eine Schwierigkeit? Sobald sie gestanden haben, ist doch alles klar, oder nicht?»

«Du sprichst, wie du es verstehst! Aber so einfach ist die Sache nicht: Auf der einen Seite sollen wir sie peinlich verhören, auf der anderen Seite fangen sie selber alle an, sich zu beschuldigen, und kommen damit um die Folter herum. Und wir Angeworbenen, die wir für jeden Gefolterten unser Handgeld beanspruchen können, stehen überflüssig da.»

«Und noch etwas», fuhr er nach einer Pause fort. «Wer freiwillig bekennt, hat ein Recht auf Vergebung. Wenn der ganze Orden freiwillig bekennt, wie der Großmeister es getan hat, dann wird er weiter bestehen wie zuvor. Und das geht unserem König gegen den Strich.»

«Verzwickt ist diese ganze Geschichte!»

«Davon lässt sich euresgleichen nichts träumen; aber von unsereinem wird erwartet, dass man mit dieser Verzwicktheit zurande kommt!»

«Wie wäre es denn, Eduard», fuhr Richard etwas unsicher fort, «wenn die Templer wieder frei wären? – Ich meine ja nur – ich wollte ja nur sagen – weil meine Frau den Krautgarten hat, der den Templern gehört. Sie hat ihn gepachtet. Der Stadtvogt hat aber gesagt, den sollten wir nur behalten und kein großes Geschrei davon machen. Der Stadtvogt, weißt du, war mir nämlich noch das Geld für ein paar Frachten schuldig. Dafür hat er mir den Krautgarten gelassen. – Müsste man diesen den Templern dann wiedergeben?»

«Das ist es ja eben, warum ich mir in dieser Sache auch meine Gedanken mache! Da gibt es eine Mühle in der Nähe von Paris, die mir von einem Geschäftsfreund zugesagt ist. Eine Templermühle, verstehst du! – Sollte ich die dann etwa auch wieder zurückgeben müssen?»

«Willst du deswegen morgen nach Paris weiterreisen?»

«Warum denn sonst?»

«Du solltest dir in Chalon-sur-Saône zwei Esel für deine Lasten kaufen, Müller. Das Pferd brauchst du zum Reiten.»

Der Müller brummte etwas, was die Jungen nicht verstanden.

«Ich wundere mich überhaupt darüber, wie schwer sie sind.» Richards Stimme war bei den letzten Worten lauernd geworden. «Hast wohl Templergold bei dir – was, Eduard?»

«Red keinen Mist! Du weißt genau, dass alles Templergold dem König gehört, weil der Orden bei ihm so große Schulden hat.»

Nach einer Weile sagte Richard widerspenstig: «Das weiß man nicht so genau.»

Sie saßen schweigend nebeneinander.

«Wann kommt denn dieser lahme Kahn in Chalon an?», fragte der Müller gereizt.

«Du hättest ja nicht mitfahren müssen! An deiner Stelle hätte ich mir einen Kurierwagen geleistet – wenn ich Mühlenbesitzer wäre.»

Dann hörten die Jungen kein Wort mehr von oben. Es rumpelte. Anscheinend hatte der Müller die Ruderbank verlassen. Von fern erklangen die Hafengeräusche von Chalon. Sie hörten, wie der Müller das Pferd abkettete. Er ging als Erster an Land.

Richard teilte die Arbeiten ein:

«Du, John», befahl er, «stellst dich mit mir an Land. Ihr anderen ladet aus. Ich habe nichts dagegen, wenn ihr euch von den Jungen aus Chalon helfen lasst, dann geht das Ausladen schneller. Sagt ihnen aber, dass sie die Lasten der Ordnung gemäß vor mir abstellen müssen, damit ich sie auf meiner Tafel ankreuzen und dann wieder löschen kann, wenn der Eigentümer sie abgeholt hat.»

«Ein Kahn ist da! Ein Kahn ist da!», schrien die umherstrolchenden Jungen auf dem Kai, und wildes Getrappel rasselte über den Steg.

«Jetzt müssen wir raus!», raunte Erec.

Tief unter Lasten gebeugt, stampften sie zwischen den Stadtjungen zum Kai hinüber und setzten die Ballen vor Richard aufs Pflaster der Uferbefestigung. Aber Richard hielt seinen Blick auf die Tafel geheftet. Als er die Fracht dann mit seiner Aufzeichnung verglich, lief Jacob bereits hinter Erec die Hafenstraße hinauf in die Stadt.

Die nächtliche Verabredung

Vor einer Herberge hielten sie verschnaufend an. Über dem Tor stand mit breit gemalten Lettern «Zum Templerkreuz». Der Wirt kletterte mit einem Farbtopf auf eine Leiter und machte sich daran, den ersten Teil des Wortes zu übermalen.

«Bald wird es viele Gasthöfe geben, die ‹Zum Kreuz› heißen, sagte Jacob bitter. Durchs offene Fenster der Gaststube hörten sie die ungeduldige Stimme des Müllers, die sie vom Kahn her kannten. Die Wirtin schloss das Fenster mit einem Knall.

«Will der nicht weiterfahren in die Nähe von Paris?», raunte Erec und hielt den Freund am Ärmel. Dann wandte er sich mit einem Ruck an den Wirt:

«He, Wirt, dort oben! Gibt es einen Viehmarkt hier?»

«Am Sonntag in zwei Wochen.»

«Kann man vorher nirgends Esel kaufen?»

«Der Büttel hat zwei feil, die er auf den Viehmarkt bringen will.»

«Was sind die beiden wert?»

«Nicht zu wenig, denn sie sind gut gehalten – aber auch nicht allzu viel, weil sie nicht mehr die Jüngsten sind. Jeder vielleicht zehn Silberstücke. – Aber seit wann kaufen Kinder Esel ein?»

«Die Zeiten haben sich geändert.»

«Da hast du Recht, du Grünschnabel. Geändert, hahaha!»

«Wo wohnt der Büttel?»

«Am Ende der Gasse neben dem Brunnenhaus.»

Wortlos eilten sie die Gasse hinab, die der Wirt ihnen bezeichnet hatte. Im Brunnenhaus knieten Frauen auf dem Rand des Beckens und bürsteten weit vorgebeugt ihre Wäsche. «Wir können doch keine Esel kaufen, Erec. Wir haben doch kein Geld!»

«Ich will sie aber sehen.» Erec klopfte an die niedere Haustür.

«Du hast zwei Esel zu verkaufen», sagte er, sobald der Büttel geöffnet hatte, und drängte sich an ihm vorbei ins Haus.

Im Stall standen zwei wohlgepflegte Esel. Als sie die Köpfe hoben, um aus der Raufe Heu zu fressen, fiel dem einen das Stirnhaar zur Seite und gab eine blutverkrustete Narbe frei. Sie hatte die Form eines Kreuzes.

Während Jacob der Herzschlag noch stockte, sagte Erec sehr langsam: «Die Narben sollten wohl bis zum nächsten Viehmarkt verheilt sein, Büttel, was?»

Der Büttel fuhr auf. «Was willst du damit sagen, Kerl? Wenn dir meine Esel nicht gefallen, dann sieh zu, dass du rauskommst!»

«Es sind nicht ‹deine Esel›; Templeresel sind es, und du bist ein Dieb! Du weißt wohl noch nicht», log er dem Alten vor, «dass der König eben dabei ist, den Templern die Freiheit wiederzugeben? Da kannst du auf dem Viehmarkt was erleben! Es wird dort viele Zeugen geben, die zusehen, wie du diese Esel verkaufst!»

Da fuhr sich der Büttel mit der Hand an den Hals. «Was soll ich denn tun?», jammerte er, und seine ganze Unverschämtheit war von ihm abgefallen. «Seit Wochen fressen sie mein gutes Heu. Dafür muss ich doch entschädigt werden! Und bezahlen musste ich sie dem Königlichen ja schließlich auch, von dem ich sie habe. Das muss mir doch alles wieder hereinkommen! Ich bin doch ein armer Mann, und einen Striegel habe ich auf ihrem Fell zerbrochen. Manchmal haben sie ein Maß Hafer bekommen, und meine Frau hat ihnen Ohrenhüllen gegen die Mücken gestrickt!»

«Sechs!», sagte Erec unerbittlich und hielt ihm sechs Finger vor die Augen. Und Jacob sagte: «Keinen Sou mehr!» Dann liefen sie erregt zur Herberge zurück. Der Wirt räumte Leiter und Farbkübel weg; die Herberge hieß nun «Zum Kreuz».

Der Müller war noch in der Gaststube. Zum ersten Mal sahen sie den, dessen Stimme und innerste Gedanken sie schon kannten. Er hatte ein mageres, bleiches Gesicht und dunkle, kleine Augen. Haare und Bart waren grau durchzogen, wenngleich der Mann wohl nicht mehr als fünfunddreißig Jahre alt war.

Als die Jungen hereingekommen waren, hatte er nur kurz aufgeblickt und sich dann wieder mit seinen Fingernägeln zu schaffen gemacht.

«Meister», sagte Erec, «der Schiffer Richard schickt uns zu dir, weil du zwei Eselstreiber suchst.»

«Ich? Zwei Eselstreiber? Soso!», rief der Müller aufgeräumt, weil er mit Meister angesprochen worden war. Er schielte zur Küche hinüber, ob die Wirtin es auch gehört habe. «Hat er das wirklich gesagt? Dann soll er mir auch die Esel zu den Treibern beschaffen.»

«Das hat er schon, Meister. Er hat hier welche im Auge, die sind in gutem Stand. Was gibst du uns, wenn wir sie dir zur Zufriedenheit bringen? Sie sind gut und gern elf bis zwölf Silberstücke jeder wert.»

«Gib nicht mehr als zehn für jeden!», kreischte die Wirtin von der Küche her.

«Neun genügen mir», sagte Erec höflich.

Der Müller lachte schallend. «Neun genügen ihm, diesem Wicht!»

«Willst du die bezahlen, Meister, wenn wir dir die Esel bringen?»

«Du sollst sie haben!», schrie der Müller vergnügt und hieb mit der flachen Hand auf den Tisch. «Den anderen Wicht da lässt du mir als Bürgen zurück, für den Fall, dass du mit meinem Beutel verduften wolltest! So dumm, wie ihr denkt, bin ich nämlich nicht.

Bring also diese Esel, bring sie her! Und wehe, sie sind keine neun Silberstücke wert! Dann dienst du mir die restlichen ab!»

Nach kurzer Zeit kam Erec mit den Eseln zurück. Der Müller stürzte in den Hof, um sie zu begutachten. Kaum konnte er seine Zufriedenheit verbergen: Diese Esel waren schön.

Auch die Wirtin lief neugierig herbei. Sie tätschelte die Tiere und fuhr ihnen wie nebenbei unters Stirnhaar. Dann lachte sie hämisch auf. Sie hatte gefühlt, was sie hatte erfahren wollen.

Der Müller war durch den glücklichen Eselskauf in Spenderlaune gekommen. Er bezahlte den beiden Jungen ein Abendessen und zusammen ein Bett für die Nacht. – So müde wie sie waren, wären sie auch sofort eingeschlafen; aber Erec wälzte sich stöhnend hin und her. Endlich schob er Jacob die Faust entgegen und sagte: «Mach sie auf!» In der Faust des Freundes fand Jacob sechs Silberstücke.

«Ich möchte sie wegwerfen wie Judas die dreißig Silberlinge!», sagte er unglücklich. «Ich habe sie mit Templergut erschachert.»

Es zeigte sich, dass der Müller keineswegs die Absicht hatte, auf dem kürzesten Weg Richtung Paris zu reisen. Denn bald bog er von der Landstraße ab und nahm den Weg, der nach Dijon führt. Ja, nicht einmal in Dijon fiel es ihm ein, die Straße nach Paris einzuschlagen! Ohne seinen Eselstreibern einen Hinweis auf das Reiseziel zu geben, ritt er ihnen nach Norden voraus. Aber immer häufiger wendete er sein Pferd, sprengte zu den Jungen zurück und trieb sie zur Eile an. Sein ganzes Wesen schien von Ungeduld erfasst.

Am dritten Tag ließ er sie bei einem Viehhändler in Langres halten. Er verkaufte ihm die beiden Esel um je zehn Silberstücke und kaufte sich ein Maultier und ein zweirädriges Wägelchen dazu, wie es die Kleinbauern benutzten, wenn sie ihr bisschen Heu von der Wiese holten.

«Zwei Eselstreiber sind mir von nun an zu viel. Wieso soll ich zweien das Maul stopfen, wenn ich mit einem von euch auskomme?»

Als er aber sah, dass weder Erec noch Jacob allein mit ihm weiterreisen würde, lenkte er ein und sagte: «Der zweite mag so mitfahren. Ich berechne ihm keinen Kutschlohn für die Bequemlichkeit, die er durchs Mitfahren gewinnt.» Dann ritt er ihnen voraus und beschleunigte seinen Trab so sehr, dass das Maultier kaum hinter ihm gehalten werden konnte. Der Abstand zum Müller vergrößerte sich mehr und mehr.

Unterhalb von Langres – die Sonne versank schon in dem gelben Dunst, der den westlichen Horizont verschleierte – bog er scharf nach Westen ab. Als er vor einer einsamen Herberge Halt machte und steifbeinig vom Pferd rutschte, war die Dunkelheit hereingebrochen.

Die Herberge, die nahe neben der Straße hinter einer hohen Mauer lag, war an allen vier Ecken mit Rundtürmen bewehrt. Man sah diesem Bau an, dass er eine Templerkomturei gewesen war. Vor dem Zufahrtstor war die Straße mit einem Grenzbalken versperrt, der nach neuer Farbe roch.

Der Müller zog die Glockenschnur; während er wartete, dass geöffnet würde, sagte er mürrisch: «Hinter diesem Schlagbaum dort beginnt das Land des Grafen von Champagne.» Ungeduldig trippelte er auf und ab.

«Ein Graf von Champagne», raunte Jacob nahe an Erecs Ohr, «hat sich mit den ersten neun Templern an jenem Tag in Jerusalem vereint, als mein Vorfahr Peter dort verschüttet worden ist.»

«Was gibt's da zu flüstern?»

Innen am Tor wurde hantiert. Kreischend schürfte der Riegel. Während der Müller sich ungeduldig gegen die Balken stemmte, zog Jacob Erec an der Jacke. «Jetzt gibt es wieder Grenzen zwischen den einzelnen Grafschaften», und er deutete mit einer Kopfbewegung auf den Schlagbaum, «wo vorher Templerland von hüben und drüben aneinandergestoßen ist. Da hat man keine Zölle zu zahlen gebraucht!»

Der Wirt hob die Laterne den Ankömmlingen entgegen. Seine Äuglein saßen im Fett versteckt. Flink kroch ihr schlauer Blick über die neuen Gäste hin.

«Oh!», rief er, «so feine Leute in meiner Herberge?» Der Müller schob ihn ungeduldig beiseite.

«Es würde dir besser anstehen, wenn du uns ohne langes Gefasel einlassen würdest!»

«Warum so schlecht gelaunt, Meister Müller? Wo dir doch die gebratenen Tauben ins Maul fliegen, wie man hört? – Einen mürrischen Herrn habt ihr da!», sagte er zu den Jungen. Er wies mit der Laterne zum Stall hin, wo sie die Tiere unterbringen konnten.

«Wenn er uns nur genug zu essen gibt», antwortete Erec schlagfertig. Dieser Wirt gefiel ihm auch nicht besser.

Aber der Müller war geizig geworden. Beim Abendessen warf er ihnen ein Hasenknöchelchen zu, an dem es kaum etwas abzunagen gab. Mochten sie sich um den Happen streiten, wenn sie wollten! Er hatte ja nur einen von ihnen zu ernähren, denn nur einer war bei ihm im Dienst.

Mit leeren Mägen trollten sich die Jungen in die Scheune und gruben sich für die Nacht ein Loch im Heu. Sie wagten nicht, sich für die Silberstücke, die sie beim Eselskauf gewonnen hatten, etwas zum Essen zu kaufen. So steckten sie hungrig in ihren Löchern und konnten nicht schlafen.

Plötzlich hörten sie, wie die Tür der Wirtsstube aufgerissen wurde. Das Lachen der Grenzwächter, die beim Essen dem Müller gegenüber gesessen hatten, drang schallend heraus. Dann unterschieden die Jungen die Stimme des Müllers: «He, Wirt, gib den Grenzwächtern Wein, bis ich wiederkomme. Ich will nach meinem Pferd und den Lasten sehen.»

Aber dann hörten sie, dass er nicht zum Stall hinüberging, sondern in Richtung auf das Tor. Wo wollte der Müller jetzt noch hin? Hastig wühlten sie sich aus dem Heu und spähten zum Tor hinüber.

Der Müller zog so vorsichtig am Riegel, dass er kein kreischendes Schaben verursachte. Dann glitt er lautlos auf die Straße hinaus.

Vorsichtig erkletterten die Jungen die Mauer und legten sich bäuchlings auf sie hin. Der Müller ging auf der Straße auf und ab, als warte er auf etwas. Der volle Mond schien nun weiß durch die kahlen Bäume. Wenn er noch höher steigen würde, konnte der Müller nichts mehr ungesehen tun. Die Jungen lagen im Schatten einer breiten Tanne.

Hufschläge kamen näher. Der Müller blieb stehen, stützte sich mit beiden Händen auf den Schlagbaum und beugte sich horchend vor. Dann trat er einen Schritt zurück und stellte sich in Positur.

Ein einsamer Reiter sprengte heran und glitt vom Pferd. «Wer da?», rief der Müller, als sei er ein Grenzwächter. Seine Stimme klang streng.

«Müllersfreund.»

«Du hättest auch früher kommen können. Ich stehe hier und warte und muss gewärtig sein, dass die Grenzwächter, die dort drinnen auf meine Rechnung zechen, herauskommen und dumme Fragen stellen. – Hast du die Papiere mitgebracht?»

«Ich antworte dir, sobald du mir die versprochene Belohnung gegeben hast.»

Die Jungen hörten einen verbissenen Fluch und Münzengeklingel.

«Also die Papiere!»

«Ich habe sie in der Satteltasche. Die Mühle ist dein: Die Mühle und die Wasserrechte.»

«Gib her! – Ist alles richtig beglaubigt?»

«Dein Busenfreund Georg erwartet dich übermorgen im Templerwald. Ich kann auch ‹Sumpfwald› sagen, wenn dir dieses Wort lieber ist. Dort hat man Templersiegel gefunden. Mit einem solchen will Georg dir die Papiere siegeln.»

«Und wer wird mich durch diesen verhexten Sumpfwald führen, dass ich lebend wieder rauskomme?»

«Du sollst vom Flecken Vendeuvre aus den Weg nach Norden nehmen. Da kommst du an einem großen Ziegenstall vorbei, der den Templern gehört hat. In diesem wartet ein Führer auf dich. – Übrigens rät Georg dir, morgen im Kloster Clairvaux zu übernachten. Dort bist du am sichersten; denn die Bewohner dieser Gegend hängen noch immer an ihren Templern, und man muss sich vor ihnen in Acht nehmen.» Der Bote besann sich eine Weile, dann sagte er: «Das wär's.»

«Dann kannst du von mir aus verschwinden.»

Die Jungen glitten lautlos von der Mauer und liefen zur Scheune zurück. Lang lagen sie wach im Heu. Ihre Zähne klapperten vor Aufregung, und der Zorn auf den Müller ließ sie nicht schlafen. Übermorgen also würden sie die Zeugen eines Verbrechens sein! Und waren sie nicht sogar seine Helfershelfer, indem sie diesem Dieb auf der Reise zu seinem Diebsgut halfen? Ach, wie schwierig war doch das Leben geworden! Ihr ganzes Sinnen und Trachten war auf das Wohl der Templer gerichtet; und doch waren sie gleichzeitig in das Unrecht gegen die Templer verstrickt!

Am späten Nachmittag des folgenden Tages fuhren Jacob und Erec durch jenen Wald, in dem Peter der Steinmetz vor so vielen Jahren von Räubern überfallen, ausgeplündert und zu Tode verwundet worden war. Dann ritten sie in das Kloster ein, zu dem Eustache den Sterbenden gebracht hatte. Aus Jacobs Gesicht war alle Farbe gewichen. Während die Pferde aus dem Bach tranken, der das Kloster durchfloss, sah er sich um. So viele Gebäude hatte es damals noch nicht gegeben.

«Hier», sagte Jacob mit blassen Lippen, «ist mein Vorfahr vom wundertätigen Abt Bernhard ins Leben zurückgerufen worden. Dann ist er mit den Templern ins Heilige Land gezogen, Erec.»

«Höre ich recht?», fragte ein Mönch im Vorübergehen. «Was hast du eben gesagt? Wer ist von unserem Abt Bernhard geheilt worden?»

«Peter, der Steinmetz von Lyon. Er war mein Vorfahr und ist mit den ersten neun Templern nach Jerusalem gezogen.»

Da seufzte der Mönch. «Wie viel Blut haben sie in den dazwischenliegenden zweihundert Jahren vergossen! Auch heute noch tragen sie das rote Kreuz zu Recht: Ich denke an die Foltern, die sie jetzt ertragen müssen.»

Er wischte sich mit dem Kuttenärmel über die Augen. «Mit wem bist du auf der Reise?»

«Mit einem, der Templergut stiehlt!», antwortete Erec an Jacobs Stelle voller Hass. Aber der Mönch legte ihm beschwichtigend die Hand auf den Arm.

«Was tut es, lieber Freund, wenn sich die Diebe über das weltliche Gut des Ordens hermachen! Sein Geheimnis können sie ihm nicht rauben.»

«Ich will nach Paris!», sagte Jacob schluchzend. «Ich will den Großmeister sehen, der mein Pate ist.»

«Der Inquisitor hat dem Großmeister für seinen ganzen Orden Verzeihung versprochen», raunte der Mönch nahe vor Jacobs Gesicht, «vorausgesetzt, dass er alles bekennt, was man dem Orden vorgeworfen hat. Bekennt er aber nicht, dann kann er seine Brüder vor der Folter nicht mehr retten, und der Orden wird aufgelöst. – Und noch etwas kann ich dir berichten: Der König hat den Großmeister im Kerker besucht und ihn zu überreden versucht zu fliehen.»

«Ist das nicht schön vom König?»

«Der König hoffte, den Orden so von seinem Großmeister trennen zu können. Sobald der Orden von seinem Großmeister im Stich gelassen worden wäre, hätte man ihn auflösen können.»

«Wie hinterhältig!»

«Das Protokoll von den Aussagen während der Folterung der Brüder ist schon dreißig Ellen lang. Allein diese Länge soll die Schuld des Ordens beweisen, denn lesen wird diesen Wust wohl keiner. Was beweist schon ein Geständnis, das unter der Folter erzwungen worden ist!»

Das, was der Mönch gesagt hatte, beschäftigte die Jungen die ganze Nacht. Es war ihnen, als seien sie in dieses entsetzliche Geschehen mit einem Ruck hineingestoßen worden, seit sie in den Klostermauern waren. Alles war jetzt plötzlich ganz nah, und die Gerüchte schrumpften in dieser Nähe zu Tatsachen zusammen. Unausgeschlafen, frierend und vor Erregung zitternd, bestiegen sie am nächsten Morgen den Wagen. Der Müller schlug den Weg nach Vendeuvre ein.

Ziemlich steil stieg die Straße an. Das Maultier dampfte. Die großen Schneeflocken, die immer dichter niederfielen, schmolzen rasch auf seinem Fell. Auf der Höhe des Hügels blies dann ein steifer Wind. Dort waren die Flocken fein und hart und schmolzen nicht mehr so schnell. Sie blieben hartnäckig in den Falten des Stoff- und Lederzeugs hängen; bald hatten die Jungen den Schnee in den Ärmeln, im Haar und im Nacken.

Der Müller, der gut gefrühstückt hatte, dachte an diesem Tag überhaupt nicht ans Essen; er ritt durch das wie ausgestorben daliegende Vendeuvre ohne Halt. Er wandte sich auch nicht zu den Jungen um, und so konnte er auch nicht sehen, wie ihre Aufregung zunahm, je weiter sie sich von dem Flecken entfernten. Wann tauchte der Ziegenstall vor ihren Augen auf? Würde der Müller ihn nicht verfehlen? Sie kniffen die Augen zusammen und blinzelten gegen die Schneewand hin und meinten, sie könnten sie durchdringen.

Dann sahen sie eine Reihe windschiefer Bäume, unter die ein lang gezogenes Dach geduckt war.

Der Stall! Er war von einem Steinmäuerchen umzogen; das Gatter war offen.

Der Müller hob die Hand zum Halt. Er rutschte vom Pferd und verschwand im Stall. Jacob und Erec drückten sich schweigend aneinander und starrten auf die Fußspuren des Müllers im Schnee.

Nach geraumer Zeit kam der Müller mit einem einfältigen Mann zurück.

«He, du da!», rief er Erec zu. «Du bringst Pferd und Fuhrwerk in den Stall und bleibst dabei, bis ich wiederkomme. Damit du aber nicht meinst, du könntest in der Zwischenzeit mit meinem Eigentum verschwinden, nehme ich deinen Freund als Bürgen mit. Hast du verstanden?»

Er trat zu seinem Pferd und holte aus der Satteltasche das Papier, das der Bote ihm in jener Nacht vor der Herberge gegeben hatte; die Jungen wussten, dass er es irgendwo hinter diesem Schneegestöber mit einem gestohlenen Siegel beglaubigen würde. Dann war die Mühle endgültig sein!

Ein Fetzen Leder nur

Sofort wandte sich der Einfältige zum Gehen. Der Müller folgte ihm, und hinter dem Müller ging Jacob. Sehr schnell befanden sie sich in einem undurchdringlichen Gewirr von halbhohen Buchen. Die hatten dicke, krumme Äste von der Wurzel an und standen so dicht beieinander, dass diese Äste unentwirrbar miteinander verflochten waren.

Der Pfad war zu einer dünnen Spur geworden. Trotz aller Aufmerksamkeit hatte Jacob bald die Orientierung verloren. Plötzlich standen sie vor einer Reihe von Tümpeln, zwischen denen nur schmale Dämme dahinliefen. Auf einem von ihnen ging der Einfältige voran. Wieder gelangten sie in ein Buchenstück. Aber auch hier gab es solche Tümpel und solche schmalen Dämme. Jacob musste sehr genau vor die Füße schauen, um nicht rechts oder links ins Wasser abzugleiten. Immer mehr Tümpel gab es bald, so dass Jacob nicht mehr wusste, ob es immer dieselben oder wieder andere waren. Der Schnee verdeckte ja alle Spuren. Wusste denn der Einfältige selber noch, wo er sich befand? War es nun nicht an der Zeit, laut nach Hilfe zu schreien, um aus diesem verhexten Buschwald erlöst zu werden? Oder wollte man sie bis ans Lebensende zwischen Tümpeln, Dämmen und Buchengewirr umherirren lassen?

Weiter und weiter ging der Mann. Es war, als habe er den Weg im Blut;

und plötzlich standen sie am Ufer eines Sees. Ein Kahn lag da, in den der Einfältige stieg. Als sie nachgekommen waren, stieß er ab und setzte zu einer Insel über, die Jacob im Schneegestöber nicht gesehen hatte. Auf ihrem festen Boden führte der Mann sie zu einer niedrigen, sehr wehrhaften Burg und wies sie in den Burghof ein.

Aus den Fenstern tönte wildes Gepolter in den Hof. Dort drinnen schwangen irgendwelche Männer die Äxte und rissen die Dielen auf. Suchten sie nach Templergold?

Jacob war im Hof zurückgeblieben. Alles um sich herum vergaß er, so wie er selbst hier vergessen war. Er hörte nicht mehr auf das Dröhnen der Axthiebe, er fühlte nicht mehr, dass er fror. Er vergaß, dass hier ein Betrug besiegelt werden sollte. Er dachte nur noch an die Templer, die abgeschieden von der Außenwelt diese Burg bewohnt hatten, und er ahnte, dass er nun an dem heiligen Ort stand, wo sie ihr Geheimnis gehütet hatten.

Nahe vor ihm schlug eine Katze einen Vogel. Seine Flügel zuckten, und der Schnee färbte sich rot.

Wie das Kreuz auf dem Templermantel, dachte Jacob. Traumwandlerisch drehte er sich um und ging von der Burg aus auf einem festen Weg weiter. Zwischen den Bäumen war ein Brunnen; er war mit Brettern zugedeckt. Ein Ledereimer baumelte an einem Seil.

Mit diesem Eimer haben sie Wasser geschöpft, dachte es in ihm. Er lehnte den Ellenbogen auf den Deckel und stützte den Kopf in die Hände. Weder in ihm noch außer ihm gab es etwas anderes als traurige Leere. Endlich richtete er sich auf, wischte die Flocken von den Wimpern und ließ sich weiter von dem Weg mitnehmen.

Nahe bei einem runden Turm fand er eine gewaltige Eiche. Um sie herum sah er unter hohen Schneehauben einen Kranz von Steinklötzen, die im Sommer zum Sitzen einladen mochten.

Hier haben sie gesessen, dachte es wieder in Jacob. In der Eiche haben die Vögel gesungen, und die Templer haben die Sprache der Vögel verstanden. Er legte das Ohr an den Stamm und horchte. Plötzlich stand der Einfältige vor ihm und sah ihn mit wissenden Augen an. Er nickte. Alle Einfalt war aus seinem Gesicht verschwunden.

«Ich bin hinter dir hergegangen», sagte er. «Vertrau mir an, was dich bewegt!»

Jacob starrte dem Mann ins Gesicht. Rührte die Narbe in seinem Gesicht etwa von einem Türkensäbel her?

«Ich bin sehr unglücklich», sagte Jacob so langsam, als müsse er die Worte erst zusammensuchen. «Ich bin ein Nachkomme von Peter, dem Steinmetz aus Lyon. Ich will zum Großmeister nach Paris. Er ist mein Pate. Ich bin auf seinen Namen getauft.»

«Die Unglücklichen verstehen einander mit wenigen Worten», sagte der Mann.

«Du bist ein Templer!» Wie Schuppen fiel es Jacob von den Augen. «Weißt du etwas von *ihm*?»

«Er darf wieder hoffen, vom Papst zu einer Unterredung empfangen zu werden. Der Papst hat der Inquisition die Templerverhöre aus der Hand genommen. Sofort hat unser Großmeister den Papst wissen lassen, dass sein Schuldbekenntnis falsch sei.»

«Mir wird so leicht ums Herz! Du hast mir mit dieser Nachricht eine große Freude gemacht!»

«Ach Jacob», entgegnete der Templer traurig, «der Papst ist ein schwacher und kranker Mann und leider sehr in den Klauen des Königs. Die Anstrengungen, die er macht, müssen wir ihm hoch anrechnen. Aber es fehlt ihm die Kraft, eine Anstrengung länger durchzuhalten. Eines Tages wird er die Sache der Templer wieder in die Hände der Inquisitoren legen, weil der König es will.»

Nach einer Weile, in der er Jacob sonderbar unschlüssig erschien, fuhr er fort: «Ich will dir auch das noch sagen, Jacob: Den Großmeister hat man in die Stadtfeste von Corbeil gebracht.» Er zögerte wieder und sah Jacob prüfend an. «Ich brauche einen Boten», sagte er dann leise. «Willst du dieser Bote sein?»

Jacobs Herz klopfte zum Zerspringen. Mit einem langen Blick sah er dem Mann in die Augen und nickte.

Sie gingen rasch zur Burg zurück. Der Müller trampelte schon vor dem Tor herum.

«Wie lang soll ich denn noch auf euch warten, he?»

Jacob warf einen Blick auf den Templer, dessen Gesicht wieder das eines Einfältigen war.

«Gleich, Meister», stotterte er und verschwand für kurze Zeit in der Burg. Dann führte er den Müller durch den Sumpfwald zurück. Die Wasser der Tümpel glänzten schwarz zwischen den schmalen weißen Dämmen, aber Jacob hatte keine Angst mehr, der Mann würde sich verirren. Seine Gedanken überstürzten sich, denn in der letzten Stunde war alles anders geworden als zuvor. Wenn er ein Bote für den Großmeister sein durfte, dann würde er ihn auch sehen! Er wagte nicht, sich dieses Zusammentreffen auszumalen. Wer sagte ihm denn, dass die Botschaft dieses Templers dem Großmeister gelten sollte? Vielleicht galt sie einem ganz anderen.

Die windschiefen Bäume tauchten vor seinen Augen auf und darunter das Dach des Ziegenstalles. Sie waren angekommen. Drinnen schlief Erec auf dem Wagen. Die Tiere fraßen. Sonst war der Stall leer. Der Müller weckte den Schläfer grob, und Erec spannte mit der Hilfe des Templers an. Dann kutschierte er durchs Gatter, während Jacob vom Templer einen Augenblick zurückgehalten wurde.

«Gib *ihm* das da!» Er steckte ihm etwas in die Tasche. «Sag ihm, es ist von Robert im Wald.» Kurz hob er die Hand zum Gruß und wandte sich eilig ab.

Jacob hatte nun etwas in der Tasche, von dem er nicht wusste, was es war. Im Fahren wollte er es nicht herausziehen, aus Angst, er könnte etwas davon verlieren. Der Inhalt der Tasche war für ihn nun das Wichtigste, was es auf der Welt gab. Er war flach und klein und buchtete die Tasche nicht aus.

In der Herberge eines kleinen Fleckens blieben sie zur Nacht. Sobald die Jungen allein waren, zog Jacob aus der Tasche, was der Templer ihm hineingesteckt hatte. Es war ein Stück Leder. Verdutzt sahen sie einander an. Hatte man sich mit ihnen einen Scherz erlaubt? Es wäre ein bitterer Scherz! Sie hielten das Leder unter die Lampe und drehten es ratlos in den Händen.

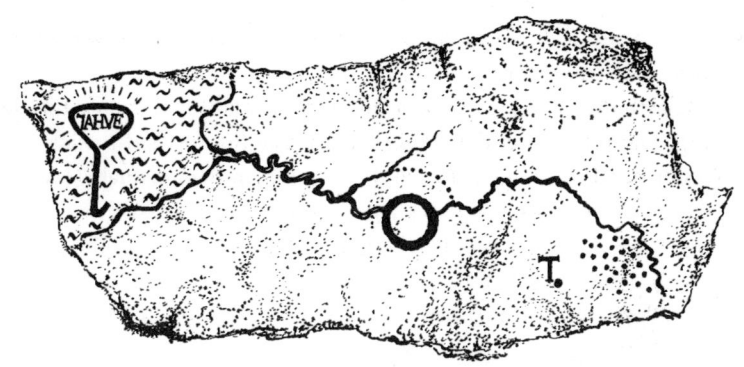

Nachdem sie es lange schweigend betrachtet und hin- und hergewendet hatten, entzifferten sie auf ihm ein großes «T». Sie drehten das Leder, bis das «T» richtig vor ihnen stand. Neben dem «T» war ein Nest kleiner Tupfen; und oberhalb dieser Tupfen zog sich eine Wellenlinie zuerst nach links oben, dann aber wieder ein wenig abwärts, bis sie auf einen Kreis traf.

Aus diesem Kreis lief links eine ebensolche Wellenlinie in vielen Windungen bis zum oberen linken Rand des Leders. Wo sie endete, waren viele kleine Schnörkel zu sehen, die den Eindruck von Wellen machten. Mitten in diesen Wellen sah man etwas, das einem Schlüssel glich.

Die Jungen verstanden diese Zeichnung nicht; aber sie meinten, man habe sie in Eile mit einem glühenden Nagel in das Leder gebrannt. Tief einatmend, sah Jacob von dieser unverständlichen Botschaft auf und blickte ins Dunkel der Nacht. Was er in Händen hielt, war vielleicht ein schwerwiegendes Geheimnis, eine für die Templer lebensnotwendige Botschaft!

«Erec», rief er leise aus, «versprich mir – falls mir unterwegs etwas passiert – versprich mir, alles daran zu setzen, dass der Großmeister dieses Leder erhält!»

Am nächsten Morgen war der Müller ungewohnt aufgeräumt. Er hatte den gesiegelten Vertrag in der Tasche. Ihm gehörte die Mühle! Während sie die Morgensuppe aßen, redete er pausenlos; und sein

Gefasel würzte er mit Schmatzen und Schlürfen. Zuerst hörten die Jungen kaum zu. Zu sehr waren sie mit dem beschäftigt, was sie am Abend erlebt hatten.

«Wenn ich weiter mit euch zufrieden bin, will ich euch als Knechte in meine Mühle nehmen. Und damit wir diese Sache gleich festmachen: Da! – Schlagt ein! Ich bin der Müller, und ihr seid meine Knechte.»

Er hielt ihnen die Hand über den Tisch.

«Und der Lohn?», fragte Erec frech, ohne die Hand zu beachten.

«Ja, freilich, der Lohn!», räumte der Müller etwas unsicher ein.

«Der Lohn soll auch nicht anders sein als in anderen Mühlen.» Dann fand er zu seinem vorigen großspurigen Ton zurück und setzte dazu: «Und zwar von heute an gerechnet!»

Erec stieß Jacob unterm Tisch ans Bein. Merkte er, dass der Müller sie auf diese Weise um den Lohn als Eselstreiber und Fuhrleute zu prellen versuchte?

«Wo steht denn deine Mühle genau, Müller?»

«Bei Corbeil, du Dummkopf! Dort mündet die Essonne in die Seine.»

Die Jungen vergaßen zu schlucken. Die Löffel zitterten in ihren Händen. Keiner wagte, die Augen vom Suppennapf zu heben. Der Müller aber glaubte, sie seien von seinem Angebot so überwältigt, und nahm sich vor, ihren Lohn so sehr er konnte zu kürzen.

Am Nachmittag passierten sie Troyes, die elegante Hauptstadt der Grafen von Champagne. Der Müller ritt sofort zum Seine-Ufer hinab und verhandelte mit einem Schiffer wegen der Weiterfahrt. Er glaubte, auf dem Wasser würde er schneller vorankommen, und winkte die Jungen mit dem Wägelchen aufs Boot. Aber die Seine hatte in dieser Gegend viele Windungen und wenig Gefälle. Schon bald war seine Ungeduld so angewachsen, dass er gähnend und stöhnend neben seinem Pferd hin- und herging und den Schiffer nach dem Namen jedes kleinen Fleckens fragte, der vom Fluss aus zu sehen war. Wenn dann der Schiffer die Stange einzog und fragte: «Welcher Flecken – ach der?» und ihm den Namen sagte, da hörte er schon nicht mehr hin.

Auf der linken Flussseite kam ein befestigtes Haus in Sicht, das auf einem künstlichen Hügel stand und Gräben um sich hatte wie eine Wasserburg.

«Das ist Payens», sagte der Schiffer von sich aus. «Ein Herr von Payens ist einst der erste von den Templern gewesen, die man jetzt so verleumdet.» Und er stieß seine Stange zornig in den schlammigen Grund. Der Müller räusperte sich betreten. Von da an fragte er nichts mehr.

In Nogent hatte er von der Fahrt auf dem Wasser genug. Er zahlte dem Schiffer die Fracht, und das Wägelchen mit den Jungen polterte an Land. Sehr rasch verloren sie den Fluss im Nebel aus den Augen.

«Hoffentlich haben wir es heute Nacht wenigstens warm!», sagte Erec. Aber es war nicht die Kälte allein, die machte, dass den Jungen die Zähne klapperten. Steifgefroren kletterten sie am Abend im Hof einer armseligen Herberge vom Wagen, die leider nicht so aussah, als würde sie mit einem warmen Pfühl auf frierende Gäste warten.

Ein Knecht stand vor der Stalltür und schnitt Häcksel aus dürren Hirseblättern.

«He, du», schrie der Müller, «kannst du dein Häcksel nicht später machen und mir mein Pferd abnehmen?»

«Dein Pferd frisst im Dunkeln, was ich im Hellen schneiden muss!», gab der Knecht zurück und zog weiter die Haue übers Stroh.

«Gibt's denn hier kein Weizenstroh?»

«Das wäre noch schöner», brummte der Knecht, «wenn es hier in der Kornkammer von Franzien kein Weizenstroh gäbe!»

«Das wollte ich hören!» Der Müller warf sich geschmeichelt in die Brust. «Nicht umsonst habe ich mir in Corbeil eine Mühle gekauft!»

Da horchte der Mann auf, und die Hand mit der Haue blieb eine Weile in der Luft stehen.

«Soso», sagte er dann, «in Corbeil hat man demnach Mühlen verkauft! Wie sonderbar, dass unsereiner nichts davon weiß.»

Jacob streifte den Mann mit einem forschenden Blick. Warum sprach der von «unsereiner»? Wie absichtslos schaute er ihm in die Augen und zeichnete sich mit dem Finger dort ein Kreuz auf die Schulter, wo die Templer es trugen. Kaum merklich nickte der Mann.

Obwohl die Jungen zusammen in ein Heuloch geschlüpft waren, froren sie die ganze Nacht. Schon vor Tagesanbruch krochen sie darum heraus und fingen an, die Pferde zu füttern. Plötzlich sahen sie, dass der Knecht sich ebenfalls im Stall zu schaffen machte. Als er merkte, dass sie ihn gesehen hatten, stellte er sich nahe neben sie und stützte das Kinn auf die Mistgabel.

«Ihr seid schon lang bei dem da im Dienst?», fragte er.

«Wie man es nimmt», antwortete Erec, der die Hufe des Müllerpferdes soeben wichste.

«Seid ihr Müllerburschen?»

«Nicht direkt», antwortete Jacob. «Manchmal ist man etwas, ohne es zu sein.»

«Das kenne ich von mir.» Jacob sah den Mann nicht an, bis dieser die Gabel an die Wand gelehnt hatte und nahe zu ihm hintrat.

«Geh zur Seite!» Er drückte das Maultier beiseite und schob sich zu Jacob in den Verschlag.

«Schau», sagte er, während er auf dem Pferdebauch die Zeigefinger kreuzweise übereinanderlegte, «schau, was für ein glänzendes Fell es hat!» Jacob sah dem Mann ins Gesicht und dann auf die Hände, und er merkte, dass ihm die beiden kleinen Finger fehlten.

«Deshalb gehen wir mit dem Müller *dorthin*», sagte Jacob, denn er hatte die Zeichensprache verstanden.

«Wer hat euch gesagt, dass *er* sich dort befindet?» fragte er misstrauisch.

«Robert im Wald», antwortete Jacob leise.

Er fühlte den überraschten Blick des Mannes auf sich. Dann wurde er von ihm ganz vor zur Raufe gedrängt.

«Hafer hast du ihm keinen gegeben?», fragte er laut.

«Der Müller hat keinen Hafer gekauft», antwortete Jacob ebenso laut. Der Mann zog ihn nahe zu sich und raunte: «Grüß den Schiffer Landolf in Corbeil von mir!» Jacob nickte.

Noch einmal hob der Mann die Hände, um Jacob die fehlenden Finger einzuprägen. Dann verschwand er lautlos aus dem Stall. Beim Wegfahren sahen die Jungen den Templer nicht mehr im Hof.

Am nächsten Tag erreichten sie Corbeil und passierten das Flusstor zur Mittagszeit. Verzagt schauten sie zur Mauer der königlichen Vogtei hinüber, und aller Mut verließ sie. Hinter diesen fensterlosen, dicken Mauern war jener Mann gefangen, den Jacob so glühend verehrte. Aber niemals würde er in diese Feste eindringen können – er, ein unbekannter dreizehnjähriger Junge! Jacob kam es vor, als erwache er jetzt erst zur Wirklichkeit und habe bis zu diesem Augenblick kindisch geträumt. Tief senkte er den Kopf auf die Zügel. Dann waren sie vor der Mühle angelangt, und Erec deutete wortlos auf ein frisches, weiß gekalktes Viereck über der Tür.

Die große Begegnung

Jacob und Erec wurden Müllerburschen. Sie mussten Körner sieben, die Radnaben der Mahlwerke schmieren, Säcke auf Esel laden, Säcke flicken, Korn schaufeln, Mausefallen aufstellen, Bretter für die Schaufelräder sägen, das Wehr bewachen und einmal in der Woche das Mehl aus den Mühlendielen kratzen und der Müllersfrau für die Schweine geben.

Wenn sie zum Schmerkoch in den Wald geschickt wurden, kamen sie an den hohen Mauern der Vogtei vorbei. Ohne Hoffnung schauten sie jedes Mal an ihnen empor und warfen einen zornigen Blick auf die schwere Zugbrücke, die von Bewaffneten gesichert wurde.

Eines Tages endlich hatten sie sich in ihr neues Leben so eingewöhnt, dass sie an etwas anderes denken konnten als an die Arbeit. Jacob machte sich nach Feierabend auf, um nach jenem Landolf zu suchen, den er von dem Achtfingrigen grüßen sollte.

Er fand ihn vor seinem kleinen Haus in der Fischeraue. Ein Mann, den er nach ihm gefragt hatte, zeigte es ihm.

«Dort steht er doch vor seiner Tür!», rief er. «Heho, Landolf, du bekommst Besuch!»

Jacob sah sich einem seltsam kurzbeinigen Mann gegenüber, dessen Gesicht voll rötlicher Bartstoppeln war. Auf dem Kopf hatte er nur schütteres Haar. Der Mann war von ungesunder Schwammigkeit, als säße er nur immer im Küchendampf. Jacob zögerte, ihn anzusprechen, bis ihn ein scharfer Blick aus Landolfs kleinen Augen traf. Da vergaß er das seltsame Äußere des Mannes und sagte:

«Ich soll dich grüßen von einem achtfingrigen Knecht, der keiner ist. Er arbeitet in einer Herberge zwischen hier und Nogent. Es geht ihm gut.»

«Komm herein!», sagte Landolf kurz. Drinnen wies er auf einen Hocker: «Setz dich hierher!»

Eine lange Zeit saßen sie einander gegenüber, ohne zu sprechen. Jacob überlegte sich, ob er nun nicht wieder gehen sollte. Da sagte Landolf: «Du bist in einer anderen Sache hier.»

«Manchmal vermischen sich die Absichten», wich Jacob aus. «Und zum Schluss weiß man gar nicht mehr, was die Erste gewesen ist.»

Landolf nickte und lenkte das Gespräch auf eine andere Bahn: «Du bist in Eduards Mühle.»

Jacob horchte auf. Da gab es also Leute, die den Dieben auf die Finger sahen. «Mein Freund», sagte er, «ist mit mir dort. Er ist Hirt. Ich stamme von Peter dem Steinmetzen ab und bin bei einem Schiffer von Lyon in der Lehre.»

«Aha, ein Hirt und ein Schiffer – und nun sind beide Müller. Ja, die Wege sind heute sonderbar. Habt ihr keine Freunde in der Stadt?»

Jacob schüttelte den Kopf. «Allein ist es manchmal besser.»

«Vielleicht braucht ihr mal einen?»

Jacob sah dem Mann fragend ins Gesicht. Meinte er es ernst? Leise sagte er: «Über einen verlässlichen wären wir sehr froh.»

Landolf stand auf und nahm ein Fässchen Salz vom Bord. Im Tischkasten griff er nach dem Brot und brach einen Kanten davon ab.

Nachdem er Salz darauf gestreut hatte, reichte er ihn Jacob. Dann nahm er sich das Gleiche. Schweigend kauten sie.

«Wir haben gemeinsam Brot und Salz gegessen», sagte Landolf nach einer Weile. «Sprich nun vertrauensvoll von dem, was dir auf dem Herzen liegt!»

«Ich muss den Großmeister sehen und sprechen», raunte Jacob fast unhörbar.

Landolf rückte seinen Hocker so nah neben Jacob, dass sich ihre Schultern berührten, wenn sie sich vorbeugten. Dann flüsterte er ihm ins Ohr:

«Ich kenne einen Mann in der Burg, der hat das Küchenwesen unter sich. Er heißt Gero. Ich will ihm sagen, er soll das nächste Mal, wenn Mehl gebraucht wird, es bei deinem Müller kaufen. Mehr kann ich nicht für dich tun.»

Jacob stand auf, und auch Landolf hatte sich erhoben. Sie nickten einander nur schweigend zu, und Landolf führte Jacob zur Tür.

Mit großer Spannung warteten die Jungen auf den Käufer aus der Burg. Woche um Woche verstrich, bis der Müller eines Tages beim Morgenmahl sagte: «In der Burg wollen sie zehn Halbsäcke Weizen haben. Aber der Kleinste von euch soll sie bringen, weil das Kammerloch, durch das die Säcke getragen werden müssen, so eng und niedrig ist. Wir sollen sie zwischen zehn und halb elf Uhr liefern. Wünsche haben diese Herren!»

«Das soll der Jacob machen! Der ist der Kleinste, und außerdem ließe sich keiner von uns mit einem Halbsack auf dem Buckel in der Öffentlichkeit sehen!», rief einer von den Gesellen.

Jacob war blass geworden. Ein tiefes Erschrecken erfüllte seine Brust. Hoffen und Bangen, aber auch Angst vor der Größe der Begegnung vermischten sich in ihm. Seine Hände wurden kalt. Wenn doch noch alles missglückte, was dann? Er musste sich zusammennehmen, um nicht zu stöhnen.

Mit Erec zusammen wog er das Korn in die Säcke und lud sie auf den Karren. Dann sagte Erec feierlich: «Hol nun das Leder aus dem Versteck!»

Die Beine versagten Jacob fast, als er auf den Dachboden stieg und das Leder aus dem Versteck zog, in dem es so lang verborgen gewesen war. Er schob es sorgfältig unters Hemd. Dann kehrte er in den Hof zurück und packte die Karrengriffe.

Als er auf die Burg zusteuerte, setzte sein Denken vollständig aus. Er merkte kaum, wie das Karrenrad über die Zugbrücke rumpelte. Die Wächter wussten Bescheid und ließen ihn durch. Im Hof rief ihm jemand entgegen: «Die Küche ist dort!»

Jacob war es, als befinde er sich außer sich selbst. In der dunklen Küche nahm er zunächst nur den Gluthaufen auf der Feuerstelle wahr. «Hierher!», rief eine Stimme, und Jacob tappte ihrem Schall entgegen.

«Bist du der kleinste von Eduards Mühle?», fragte der Mann, der gerufen hatte.

Jacob sah im Dunkeln nun auch einige Köche, die mit Häfen umgingen. «Der bin ich.»

«Du hast einen guten Meister gefunden.»

Verwirrt dachte Jacob an den abscheulichen Müller. Aber dann begriff er plötzlich, dass mit dem «guten Meister» der Großmeister gemeint war. Er befand sich also noch hier in der Burg; und dieser Mann war Gero, der sich auf diese Weise zu erkennen gegeben hatte.

«Lad deine Säcke ab!», befahl Gero.

Einige Male ging Jacob zwischen dem Schubkarren und der Kornkammer hin und her. Jedes Mal, wenn er den einen Sack ausgeschüttet hatte und den nächsten vom Karren hob, dachte er: Es ist wieder nichts geschehen! Fast war er schon beim letzten angelangt, als Gero neben ihm stand und ihm winkte, dass er ihm folge. Sie stiegen Treppen hinab und hinter einem düsteren Flur andere Treppen wieder hinauf. Dann holte Gero einen großen Schlüssel unter der Schürze vor und sperrte eine Tür auf. Beim Öffnen knarrte sie laut. Dann nahm er Jacob am Arm und schob ihn in den Raum. Die Tür fiel zu.

Der Raum war kahl. Durch ein sehr hoch gelegenes Fenster drang helles Frühlingslicht ein. In der Mitte des Raumes stand ein hoch gewachsener Templer. Das Kreuz auf seinem Mantel leuchtete rot. Sein Fuß steckte in einem Eisen, das mit einer Kugel beschwert war. Jacob warf sich vor ihm auf den Boden. Der Schlüssel drehte sich kreischend im Schloss, und Jacob war mit dem Großmeister gefangen.

«Fürchte dich nicht!», sagte eine tiefe Stimme über ihm. «Gero wird kommen und dich wieder hinauslassen. Er kennt die Zeiten, in denen er die Schlüssel gefahrlos entwenden kann.» Dann fühlte sich Jacob fürsorglich aufgehoben.

«Wie heißt du?», fragte der Großmeister freundlich.

«Ich heiße nach Euch, Herr. Mein Vorfahr war Peter, der Steinmetz von Lyon. Ihr seid mein Pate, wenn es Euch gefällt.»

Jacob von Molay lächelte. Auf Jacobs Schulter gestützt, schleppte er sich zu einer Bank, die an der Wand stand. Die Eisenkugel rumpelte hinter ihm über den Boden.

«Bringst du mir eine Nachricht?», fragte er. Jacob nickte wortlos. Er schluckte an den Tränen, die beim Poltern der Kugel in ihm aufgestiegen waren. Dann zog er das Leder aus dem Hemd.

«Von Robert im Wald», sagte er.

Der Großmeister nahm es in die Hand und betrachtete es genau. Mit verhaltener Stimme rief er: «Gott, dem Herrn sei Dank! Nun mag kommen, was da will!» Und als er sich auf die Anwesenheit Jacobs besann, sagte er mit einem erleichterten Seufzer: «Wie gut es ist, wenn man einen Patensohn hat! Du hast mir mit dieser Nachricht eine große Beruhigung verschafft! Denn das, was der Orden als höchstes Gut gehütet hat, ist dem Zugriff der Schergen entrissen worden und befindet sich bereits auf dem Weg in die Sicherheit.

Einst wird es wieder Menschen geben, die aus dem Elend ihres Lebens heraus nach diesem hohen Gut verlangen. Dann werden sie danach suchen, und die Besten unter ihnen werden es vielleicht wieder finden – zum Heil der ganzen Erde.»

Der Großmeister riss das Leder in der Mitte durch.

«Verbrenn dieses Stück, mein Sohn, damit es nicht in unrechte Hände kommt!»

Bei diesen Worten hatte Jacob das Schaben des Schlüssels im Türschloss gehört. Nun knarrten die Angeln, und er begriff, dass er gehen musste. Der Großmeister stand mit ihm auf und küsste ihm die

Schulter, wie es die Ordensbrüder miteinander tun. Dann reichte er Gero den anderen Teil des Leders und sagte: «Verbrenn dieses Stück; bei mir darf man es nicht finden!»

Von der Tür aus schaute Jacob noch einmal zurück. Er sah den Großmeister wie vorhin in der Mitte des kahlen Raumes stehen. Die rechte Hand hatte er auf die Herzseite gelegt, dorthin, wo das rote Posaunenkreuz auf dem weißen Mantel war. Diese Geste hieß unter den Templern:

DIE TODESGEFAHR IST NAH!

Wo aber waren die Christen, die ihn und seinen Heiligen Orden retten würden?

Jacob brachte den Schubkarren mit den leeren Kornsäcken nach Hause. Er war so traurig, dass er nicht einmal mit Erec sprechen konnte. Erst viele Tage später erzählte er ihm, was er in der Burg erlebt hatte.

Zu Boten auserwählt

Eines Tages tauchte Landolf in der Mühle auf und kaufte ein Säckchen Mehl. «Kommt zu mir!», raunte er Jacob zu. Er machte mit dem Müller ein paar Witze und ging. Die Jungen liefen am Abend zur Seine hinunter. Nahe neben Landolf saßen sie in der kleinen Küche.

«Der Papst», sagte Landolf und machte eine Pause, während der er die Zähne so zusammenbiss, dass die Kiefermuskeln an seinen Wangen hervortraten, «der Papst hat die Sache der Templer auf Wunsch des Königs wieder der Inquisition übergeben.»

«Wie hat der Großmeister darauf reagiert? Hat man es ihm gesagt?», fragte Jacob mit stockender Stimme.

«Er hat sofort ein neues Schuldbekenntnis abgelegt. Nur so kann er den Orden vor nochmaliger Folterung schützen. Und nur, wenn er selbst nicht gefoltert wird, kann er darauf hoffen, wenigstens so lange am Leben zu bleiben, um vielleicht doch noch eines Tages den Orden vor einem gerechten Gericht zu verteidigen.»

Ohne Übergang fragte er die Jungen dann: «Seid ihr bereit, einen Gegenstand nach Paris zu bringen, an dem uns liegt? Ich will gleich dazu sagen, dass ihr danach nicht mehr hierher zurückkehren dürft.»

«Aus der Nähe des Großmeisters weggehen?», rief Jacob entsetzt. Er stand noch ganz unter dem Eindruck seiner Begegnung mit ihm.

«Und wenn ich euch sage, dass dieser Auftrag gerade von ihm selber kommt?»

«Dann fahren wir», sagten die Jungen ohne zu zögern.

«Jacob», begann Landolf aufs Neue, «ich will dir sagen, was du noch nicht weißt: Der Großmeister ist nicht mehr hier. Heute Morgen hat man ihn von hier weggebracht. Zusammen mit siebzig Brüdern ist er unterwegs nach Poitiers – zum Papst.»

«Hat denn das jetzt noch einen Sinn?»

«Man stellt ihn und die Brüder dem Papst natürlich nur unter königlicher Bewachung und Bespitzelung gegenüber. Dann kann man einerseits sagen, man habe es getan, andererseits kann der Großmeister mit dem Papst kein vertrauliches Wort sprechen.»

«Alles ist mit großer Bosheit ausgetüftelt!»

Landolf griff einen Packen unter der Bank, der etwa die Größe von drei Ziegelsteinen hatte. Er war mit Leinwand umwickelt, die man an den Kanten vernäht hatte. Dann schob der Schiffer den Kopf zwischen die Köpfe der Jungen. Sehr leise flüsterte er:

«Diese Wachstafeln müsst ihr dem Schiffer Gaufried in Paris überge-ben. Auf ihnen sind wichtige Nachrichten eingeritzt. Die Wachstafeln sollen zu jenen Templern gelangen, die in den Kellern der Pariser Bürgerhäuser gefangen sitzen. Die öffentlichen Gefängnisse haben ja für so viele Brüder nicht ausgereicht.» Er schob die Tafeln wieder unter die Bank.

Beim nächsten Morgenessen saßen Jacob und Erec zum letzten Mal mit dem Müller am Tisch.

«Seht nur diese Knirpse an!», rief der Oberknecht empört. «Da machen sie mit ihren Löffeln Rinnen ins Mus, damit das ganze Schmalz in ihre Richtung fließt!»

«So ist es immer», sagte der Müller schlappernd, «die am wenigsten arbeiten, die fressen am meisten.»

Sobald die Arbeiten nach dem Frühmahl eingeteilt waren, liefen die beiden Müllerburschen mit Halbsäcken auf dem Rücken hinunter an die Seine. In dem einen befand sich ihre geringe Habe. Im anderen war nur Spreu, in welches die Wachstafeln gebettet werden sollten.

Landolf brachte die Jungen ein Stück weit zum Ufer hinab. Auf dem Fluss saß ein Angler in einem Kahn und sah scheinbar teilnahmslos vor sich hin. Kaum hatte er sie aber erblickt, glitt er ins seichte Wasser, sprang aus dem Kahn und trieb mit einer energischen Handbewegung die Jungen zur Eile an. Sie sprangen ins Boot und nahmen sofort die Riemen. Der Fischer schob die Säcke unter die Bank und setzte sich ans Ruder; und schon glitt das Boot in der Mitte des Flusses dahin.

Der Fischer sprach kein Wort mit ihnen. Er sah aufs Wasser voraus, hob den Blick zu den Wolken oder ließ ihn die Ufer entlanggleiten. Hie und da spähte er scharf nach hinten. Nach einer Stunde Fahrt tauchte die Stadt vor ihnen auf, und bald ruderten sie an der Templerburg vorbei, die gewaltig auf dem rechten Ufer des Flusses wuchtete. Aus ihrer Mitte ragte der Schatzturm auf: mächtig, abweisend, trutzig. Aber die schwarz-weiße Fahne, die der Wind in früheren Tagen über ihn hingejagt hatte, war von der Fahne des Königs verdrängt.

Die Insel mit der Kathedrale Notre-Dame stellte sich den Ruderern in den Weg. Sie lenkten in den linken Flussarm ein. Hinter der Kathedrale Unsrer Lieben Frau schob die Königsburg ihre Längsseite zum Wasser hin. Dann war die Insel zu Ende; nur ein grasiges Streifchen Land buckelte sich aus der wieder zusammenlaufenden Strömung.

«Der Judenzipfel», sagte der Fischer eintönig und deutete auf dieses spitz zulaufende Inselende. Es waren die einzigen Worte, die er auf der Reise zu ihnen gesprochen hatte.

Er drückte den Kahn an den linken Kai. Vielleicht würde er auf dem Heimweg den Judenzipfel umfahren und auf der anderen Inselseite flussaufwärts rudern. Er warf den Jungen die Säcke zu und ließ sie stehen.

Die Jungen standen mit ihren Säcken am Kai. Ein Hafenwächter ging vorüber und fragte, warum sie hier herumstehen und so dumm in die Luft sehen wollten.

«Wir suchen den Schiffer Gaufried», antworteten sie, «der hier seinen Lastkahn haben soll.»

«Wenn ihr zu dem wollt, dann lauft mal hinter mir her.» Er lachte sonderbar.

Seineabwärts waren die Schifferhäuschen an die Stadtmauer gelehnt. Auf eines von ihnen deutete der Wächter und patrouillierte ohne Aufenthalt weiter. Die Jungen hörten ihn meckernd lachen.

Erec klopfte an die Tür; als sie ein ächzendes «Herein!» hörten, öffnete er sie.

Ein etwa vierzigjähriger Mann lag in der Küche unter einer Wolldecke auf der Bank. Er sah erschreckend aus: Wild standen die schwarzen Haare um sein schweißnasses Gesicht, das hohläugig und zerfurcht war und ungewaschen wirkte. Er warf einen angstvoll bohrenden Blick auf die Jungen. Während er sich etwas hochhob, um sie besser ansehen zu können, entfuhr ihm ein zorniges Stöhnen. Sie merkten, dass sein rechter Arm in einem Tuch hing. War er verletzt?

«Was wollt ihr?», herrschte er sie an. «Habe ich euch bestellt?»

«Nein», antwortete Jacob und unterdrückte seine Scheu, «aber Landolf von Corbeil hat uns geschickt – wenn du der Gaufried bist, den wir suchen.»

«Landolf?», fragte er misstrauisch. Er legte sich auf die Bank zurück, und es dauerte lange Zeit, bis er sich wieder auf die Jungen besann.

«Setzt euch hin!», befahl er. «Näher zu mir! – Nein, noch näher!» Dann sagte er: «Ganz nah!»

Da knieten sich die Jungen vor die Bank, und ihre Gesichter waren vor dem seinen. «Sag uns, ob du wirklich Gaufried bist, der mit Landolf befreundet ist», bat Jacob. «Gib uns ein Zeichen.»

«Landolf hat schütteres Haar und einen rötlichen Bart. Er ist schwammig und hat scharfe Augen. In seiner Küche steht auf dem Bord ein irdenes Salzfass. In seiner Tischlade verwahrt er das Brot.»

«Er hat mir Salz und Brot gegeben!», rief Jacob leise. «Du hast mit allem Recht.»

«Dann bist auch du gerechtfertigt vor mir, denn nur einem wirklich Vertrauenswürdigen gibt Landolf Brot und Salz. Seid also willkommen und berichtet mir alles genau! Später wollen wir sehen, ob etwas zu essen da ist.» Er wollte eine Bewegung machen, hielt aber wieder stöhnend inne.

Erec wühlte den Packen aus der Spreu und legte ihn Gaufried auf die Knie.

«Nachrichten an die Templer, die in den Kellern der Privathäuser von Paris gefangen gehalten werden. Du sollst sie verteilen lassen.»

Gaufried machte Anstalten aufzustehen, um die Wachstafeln zu verstecken. Es gelang ihm nicht.

«Es wird immer schlimmer mit diesen verfluchten Schmerzen!», stieß er zornig aus. «Vielleicht ist er ausgekugelt? – Mir ist – mir ist nämlich – wisst ihr, beim Beladen meines Lastkahnes – ein Balken draufgefallen.» Lauernd sah er sie aus den Augenwinkeln an. Glaubten die Jungen ihm diese Geschichte? «Der Bader kommt nicht, weil er zu viel zu tun hat, sagt er.»

«Mein Freund Erec», sagte Jacob schüchtern, «ist ein tüchtiger Hirt. Er versteht sich auf Krankheiten und kann viele heilen. Vielleicht kann er es auch bei dir?»

«Also heile mich!», sagte Gaufried bitter und nahm das Tuch vom Arm. Entsetzt fuhr Jacob zurück: Oberarm und Schultern waren mit schwarzen, roten und blauen Malen bedeckt. Der ganze Arm war geschwollen. An der Handwurzel schien er gebrochen zu sein, denn die Hand war verdreht. Fragend sah Erec dem Kranken ins Gesicht; aber Gaufried wich den forschenden Blicken aus.

Sobald Jacob am Abend neben Erec auf dem Dachboden lag, fragte er leise: «Kann ein Arm, der so zugerichtet worden ist, je wieder heilen?»

«Er kann es – wenn nur der andere nicht auch noch dazukommt!»

«Wieso der andere? Es wird ihn doch nicht noch mal ein Balken treffen!»

«Das war kein Balken, Jacob, das war die Folter.» Da wusste Jacob, warum der Wächter, der ihnen den Weg gewiesen hatte, so schadenfroh gelacht hatte.

«Ich fürchte», sagte Erec nach einer Weile, «dass die Wachstafeln bei Gaufried nicht gut aufgehoben sind. Wie leicht kann man sie hier finden! Wir müssen sehen, dass wir sie so bald wie möglich aus dem Haus schaffen.»

Gaufried hatte dieselben Gedanken gehabt, sobald die Jungen ihn allein gelassen hatten. Am nächsten Morgen befahl er Erec, ein schwarz-weißes Kopftuch, das neben der Tür am Nagel hing, umzubinden.

«Du bist groß», sagte er, «und jeder wird dich sehen. Geht also in die Studentengasse und achtet auf die herumlungernden Bettler. Sobald sie das Kopftuch gesehen haben, werden sie mit dem Mittelfinger an die Stirn fahren und dir ein Zeichen machen. Dann wartet an der nächsten Ecke auf sie. Wenn sie herankommen, dann sagt nur das eine Wort: ‹Fisch›. Sie wissen alle, dass ich dann in der Nacht auf sie warte.» Als die Jungen sagten, dass sie alles verstanden hätten, bat er sie, doch ja recht vorsichtig zu sein, denn auch die Späher des Königs seien wie Bettler gekleidet und trieben sich in der Studentengasse herum.

«Wir werden unauffällig sein, Gaufried», versicherte ihm Erec. «Wir wollen ja nicht, dass dein zweiter Arm auch noch erkrankt.»

Da wurde Gaufried unter seinen Stoppeln rot und sagte: «Nun also. Es muss nichts weiter gesagt werden.» Er legte sich auf die Bank zurück.

«Etwas anderes», begann er noch einmal, «liegt mir sehr auf der Seele: Ihr solltet etwas zu essen haben. Es ist aber kein Geld im Haus. Die Häscher haben mir alles genommen.»

Da waren die Jungen froh, dass sie die sechs Silberstücke von jenem Eselskauf hatten.

Erec hob den Kopf mit dem schwarz-weißen Tuch, und sie bogen in die Studentengasse ein. Manchmal sahen sie, wie einer mit dem Mittelfinger zur Stirn fuhr und ihnen ein Zeichen machte. Dann warteten sie an der nächsten Ecke. Wenn er wenig später an ihnen vorbeischlenderte, sagten sie: «Fisch!»

Vor ihnen her spazierten zwei Priester durch die Gasse und plauderten leutselig mit diesem und jenem Scholaren. Aber ihre flinken Blicke schossen nach allen Seiten.

«Wie gefällt Euch das», fragte der eine im Weitergehen, «dass der König den Großmeister und die drei höchsten Templer auf der Reise nach Poitiers im Schloss von Chignon hat zurückhalten lassen?»

«Nun, dort sind sie fest in seiner Hand.»

«Dem Papst hat er geschrieben, der Großmeister sei auf der Reise krank geworden und könne nicht weiterreiten. Von den anderen dreien hat er nichts geschrieben.»

«Man muss es dem König lassen: Dumm ist er nicht. Erst stellte er sich so, als wolle er dem Papst in dieser Sache entgegenkommen und schickte die Templer auf den Weg nach Poitiers, dann lässt er den wichtigsten von ihnen krank werden. – Aber mir soll es recht sein.»

«Der Großmeister hat damit seinen letzten Trumpf endgültig eingebüßt: die Begegnung mit dem Papst.»

«Der Orden ist ohnehin verloren», sagte der andere, «und ich weine ihm keine Träne nach. Die Templer waren mir immer zu fett.»

Niedergeschlagen kehrten die Jungen zu Gaufried zurück und erzählten ihm, was sie gehört hatten. Dann holten sie die Wachstafeln aus dem Versteck, und Gaufried sagte trübe: «Schneidet die Nähte auf!» Keiner von ihnen konnte lesen, was auf diesen Tafeln stand.

Am Abend hieß Gaufried die beiden Jungen, die Haustür unverschlossen zu lassen und auf den Dachboden zu gehen. Voll Unruhe taten sie, was er sie geheißen hatte. Sollten sie ihn wirklich die Nacht über bei offener Haustür alleine lassen?

An ein Einschlafen war nicht zu denken. Mitten in der Nacht hörten sie die Tür in den Angeln kreischen, dann gedämpfte Männerstimmen, dann wieder das Kreischen der Tür. Daraufhin blieb alles still. Am Morgen war das Tuch, in das die Wachstafeln eingenäht waren, leer.

Gaufrieds Arm wurde langsam dünner und blasser; Erec konnte ihn endlich schienen, aber an Arbeit durfte der Schiffer noch lange nicht denken. Und doch sollte der Lastkahn Fracht aufnehmen, denn die Silberstücke aus dem Eselskauf waren bald zu Ende.

Eines Tages ließ Gaufried darum den Oberstaker rufen, und etwa eine Woche später lehnte er am Ruderkasten seines Kahnes und gab den beiden Jungen und den Stakern seine Befehle. Erec erlaubte ihm aber nicht den kleinsten Handgriff; auch ein Zugreifen mit der gesunden Hand hatte er ihm verboten. Seufzend fügte sich der Schiffer in dieses Verbot. Als sie dann auf dem Rückweg am Kai von Paris anlegten und der kranke Arm nicht schlimmer schmerzte als beim Wegfahren, da leuchtete Anerkennung für Erecs Heilkünste in Gaufrieds Blicken auf.

«Heute», sagte er fröhlich, als er mit Erec auf sein Häuschen zuging, «habe ich zum ersten Mal Hoffnung, dass ich mein Handwerk doch wieder ausüben kann.»

Jacob, der von zwei Männern am Kai aufgehalten worden war, sah, wie vergnügt sie miteinander davongingen. Die Männer hatte er vorher noch nie gesehen. «Na, Kleiner», rief der eine, «bist wohl beim Gaufried in der Lehre?»

«Wieso?», wollte Jacob wissen. Etwas in ihm sträubte sich gegen den Mann, der ein Silberstück vor seiner Nase tanzen ließ.

Auch der andere spielte mit einem Silberstück. «Manch einer», näselte er hinterhältig, «hat sich schon einen schönen Batzen bei uns verdient. – Erzähl uns doch, was dein Meister über die Templer spricht! Was tut er denn für sie?»

Jacob erschrak. Krampfhaft suchte er nach einer unverfänglichen Antwort. Die beiden Späher schauten grinsend seiner Verlegenheit zu. Dann ließen sie ihn stehen und gingen lachend davon.

«Jetzt ist es so weit!», sagte Gaufried müde, als Jacob ihm diese Begebenheit berichtete, und die hoffnungsvolle Fröhlichkeit, die ihm vorhin so wohl getan hatte, fiel in sich zusammen.

«Ich kenne mich aus!», sagte er düster. «Ich weiß, wie lang ein Unglück braucht, um heranzuschleichen. Wir müssen hier weg! Bis zum kommenden Sonntag will ich noch zuwarten, denn ich habe mich verpflichtet, eine geheime Last zu fahren. Wenn ich länger warte, bringe ich uns alle und diese Last in Gefahr.»

«Wohin sollen wir denn gehen?»

«In St.-Honoré ist meine Schwester mit einem Schiffer verheiratet. Bei ihm können wir mit unserem Lastkahn bleiben.»

Die kostbare Last

Mit Sturm und Regen brach der Herbst herein. Feuchtigkeit drang durch alle Ritzen des Hauses. Gaufried holte die Jungen zum Schlafen in die Küche herunter. Da lag nun jeder auf einer Bank und konnte auf dem Herdplatz die Glut unter der Asche schwinden sehen. An Schlaf war kaum mehr zu denken. Zu vieles musste erwogen werden.

«Wie machst du es», fragte Jacob eines Nachts in die Dunkelheit, «damit die Leute, die dir die kostbare Fracht bringen, wissen, wo du bist, falls sie nach dem Sonntag erst kommen?»

«Sie wissen, wo mein Schlüssel liegt. Sie werden hereinkommen und das kleine Holzschiffchen sehen, das du vielleicht auf dem Wandbrett dort drüben bemerkt hast. Es wird dann mit dem Bug nach unten neben der Tür am Nagel hängen. Daran werden sie erkennen, dass ich seineabwärts gefahren bin. Sie wissen, wo meine Schwester wohnt. Würde das Schiffchen mit dem Bug nach oben am Nagel hängen, wüssten sie, dass ich seineaufwärts davongefahren bin.»

Ein Wochentag nach dem anderen verging, ohne dass die geheime Fracht gemeldet wurde. Am Sonntag beluden die Jungen Gaufrieds Kahn mit dem wenigen, was sie mitnehmen wollten. Die Glocken hatten zur Kirche gerufen, die Gassen hatten sich geleert, und auch Gaufried war mit den Stakern in der Kirche.

Ein einzelner Reiter sprengte über den Kai heran, sprang vom Pferd und kam nahe ans Wasser heran.

«Das ist doch Gaufrieds Kahn!», rief er den Jungen zu. «Wo ist der Schiffer?»

«Der wird schon kommen», entgegnete Erec mürrisch.

«Ihr macht euch reisefertig? Habt ihr einen Auftrag, heute am Sonntag?»

«Denkt Ihr, wir fahren zum Vergnügen in der Welt herum?»

«Ich habe ein Abkommen mit dem Schiffer, dass er meine Fracht in diesen Tagen fährt!» – Jacob horchte auf.

«Das beredet gefälligst mit ihm selbst», sagte Erec gleichmütig. Jacob sah den Mann genauer an. Er hatte die Haltung und den Gesichtsausdruck eines erfahrenen Mannes, der Selbstzucht übte. Das war kein Königsspitzel, wie Erec zu meinen schien. Das war kein wohllebender Müßiggänger! In seiner Hand konnte sich Jacob keine Schnapsflasche vorstellen und kein Silberstück, mit dem sie spielte.

Ich will ihn auf die Probe stellen, dachte Jacob. Kindisch verzog er das Gesicht und krähte: «Bimbam macht das hölzerne Schiffchen. Der Bug hängt nach unten!»

Einen Augenblick stutzte der Mann, dann sagte er: «War es denn schon nötig?» Jacob nickte.

Kurz darauf kam Gaufried aus der Kirche. Er hatte das Ende des Gottesdienstes nicht abgewartet. Die Unruhe hatte ihn zum Kai getrieben.

«Wo ist die Ladung?», fragte er, noch ehe er dem Fremden die Hand gereicht hatte. «Habt ihr euch nicht an den Plan halten können, der auf dem Leder steht?»

Der Plan, der auf dem Leder steht! Wie Schuppen fiel es den Jungen von den Augen. Jacob sah den Großmeister vor sich und hörte seinen erleichterten Seufzer: «Nun mag kommen, was da will!» Gaufried war also auserwählt worden, das kostbarste Gut der Tempelbrüder mit seinem Kahn in Sicherheit zu bringen! Die Jungen sahen ihren Schiffer ehrfürchtig an.

«Die Fracht», hörten sie den Fremden sagen, «liegt in der Bucht, wo die Oise in die Seine mündet. Du kennst sie ja. Können diese beiden Burschen deinen Kahn von der Bucht aus mit den Stakern nach St.-Honoré zurückbringen? Wir wollen die Fracht nämlich nicht in deinen Kahn umladen, wie wir es ursprünglich vorhatten. Sondern du sollst unseren Kahn mitsamt der Fracht übernehmen. Mit unseren Stakern.

Bring dein Hilfssegel mit, wir haben keines mehr. Du musst ein Stück weit über die Seinemündung ins Meer hinausfahren.»

«Wie geht es weiter?», fragte Gaufried, als der Fremde eine Pause machte und um sich sah. Kein Mensch war auf dem Kai.

«In fünf Tagen wird vor dem Städtchen Honfleur eine Gallione im Wasser stehen – weit genug entfernt, dass sie von der Stadt nicht beobachtet werden kann. Zwei Rahsegel und das Besansegel wird sie aufgezogen haben, auf dem eine rote Taube abgebildet ist. Dort wartet man auf dich. Und nun leb wohl!» Die Männer umfingen einander mit einem ernsten, Abschied nehmenden Blick. Der Fremde schwang sich aufs Pferd und ritt eilig davon.

Die Kirchentore wurden geöffnet; lachend und schwatzend kamen die Staker zum Kai. Sobald sie im Kahn waren, gab Gaufried den ersten Befehl. Die Männer drückten den Lastkahn in die Mitte des Flusses. Immer schneller glitt die Mauer an den Augen der Jungen vorbei, und schmutzige Wiesen bedeckten die Ufer, die von braunen Blättern übersät waren. Manchmal warf Gaufried einen Blick zum Himmel. Die Sonne zeigte sich wie ein blasser runder Schild.

Am Nachmittag spürten sie am Rückstau die Oisemündung. Die Staker brachten alle ihre Stangen über die linke Bordwand, und auf Gaufrieds Kommando hin bohrten sie sie in den schlammigen Grund. Dieses Manöver wiederholten sie, bis sich die Oise vollständig mit der Seine vermischt hatte. Dann befahl der Schiffer, auf das rechte Ufer zuzuhalten. Dort erst bemerkten die Jungen die versteckte Einfahrt in eine Bucht, in der ein fremder Kahn lag. Sie legten neben ihm an, und Gaufried ergriff sein Hilfssegel.

«Haltet euch tapfer!», rief er seinen Leuten zu, während er in den fremden Kahn hinübersprang; Gaufrieds Staker wendeten den Kahn.

Am Morgen des fünften Tages gab Gaufried den schweigsamen Stakern, die mit ihm auf dem fremden Kahn fuhren, den Befehl, das Hilfssegel zu setzen. Er wartete die Flut ab, deren Bewegung er in dem breiten Flussbett deutlich beobachten konnte, und stellte es in den Wind. Mit ablaufender See gelang es ihm, aus der Flussmündung hinauszuschiffen. Zwei Stunden vor Niedrigwasser musste er die Gallione anlaufen, die vor Honfleur auf ihn wartete. So würde er genügend Zeit zum Verladen der Lasten haben und mit auflaufender See die Flussmündung wieder erreichen.

Bald machte er die Gallione aus, und dann unterschied er die rote Taube auf dem Besansegel. Er manövrierte den Kahn backbord neben sie. Der Kapitän der Gallione kam herüber in Gaufrieds Schiff.

Als sich die Männer umarmten, sagten beide nur ein Wort: «Gottlob!» Ihre Gesichter spiegelten die überstandene Sorge um die Last wider.

Der Kapitän hob die Hand und grüßte die Staker, und sie dankten ihm schweigend. Dann trat er auf die Plane zu, die über die Lasten gebreitet war, und zog sie zur Seite. Sie enthüllte einen Haufen von Templermänteln, die über und über blutverkrustet waren: vom Blut, das im Heiligen Land vergossen worden war. Still sahen die Männer auf dieses Blut; und alles, was der Templerorden erlitten hatte, damit die Welt am Jüngsten Tag ins Neue Jerusalem würde aufgenommen werden, wenn die Natur gerettet und der Mensch von seiner Selbstsucht gereinigt wäre, das stand vor ihren Augen. Unter diesen Mänteln zeichneten sich aber die Umrisse der zwölf Steinkisten ab, in welchen die Möglichkeit zu dieser Verklärung verborgen war.

«Jerusalem weint», sagte der Kapitän endlich mit rauer Stimme, «wer stillt seine Tränen.»

Einen letzten Blick warfen die Männer auf die verhüllte Fracht. Dann begannen sie die Steinkisten zu verladen.

Gaufried hatte den Zeitpunkt recht gewählt: Die auflaufende See nahm ihn zur Seinemündung mit. Er aber saß nach hinten gewandt, um zu sehen, wie die Gallione die Segel schwellen ließ. Sie wendete nach Westen und schwebte in das von der Abendsonne vergoldete offene Meer hinaus. Mit brennenden Augen spähte Gaufried ihr nach, bis sie immer kleiner wurde und als Punkt zwischen den goldenen Wellen und der sinkenden Sonne verging.

Einen Monat später kam er nach St.-Honoré zurück. Die Jungen betrachteten ihn scheu. Seine Augen, so meinten sie, glänzten von einem inneren Feuer, und ein Schatten von Traurigkeit wich nicht mehr aus seinem Gesicht. Wohin das Geheimnis der Templer gebracht worden war, wussten sie nicht. Sie wagten auch nicht, ihn danach zu fragen.

Asche

Jacob und Erec erlernten bei Gaufrieds Schwager das Schifferhandwerk. Sie wurden in die Schiffergilde aufgenommen. Die ganze Zeit über war Gaufried mit ihnen in St.-Honoré. Mehr und mehr zog er sich aber grübelnd von der Arbeit zurück. Die Jungen fühlten, dass ihn das Heimweh nach seinem Häuschen in Paris plagte; er fühlte sich in St.-Honoré nicht daheim. Jede Nachricht, die über die Templer aus der Hauptstadt zu ihnen gelangte, sog er gierig auf. Als er eines Tages von einem Händler erfahren hatte, dass man den Großmeister wieder nach Paris gebracht habe, hielt es Gaufried nicht länger aus; er rüstete sich zur Reise, denn eine unbezähmbare Unruhe hatte ihn gepackt.

Die Jungen nahmen Abschied vom Meister in St.-Honoré. Sie fuhren mit Gaufried nach Paris zurück, denn keiner wollte ihn allein wissen in der gefährlichen Stadt. Unterwegs sagte er ihnen, was der Händler genau berichtet hatte:

«Wollt Ihr Euren Orden verteidigen?», habe das Inquisitionstribunal den Großmeister gefragt.

«Vor euch nicht!», habe Jacob von Molay ganz entschieden geantwortet.

«Aber dem Papst werde ich mich jederzeit stellen, wenn es ihm gefällt. Ich beschwöre euch, ihn zu bitten, dass er mich so schnell wie möglich ruft, denn ich bin sterblich wie jeder Mensch. Ihm allein werde ich sagen, was über meinen Orden zu sagen ist, sofern meine Kräfte noch reichen.»

Auf den Flussauen von Paris waren zerlumpte Gestalten zusammengerottet. Es waren Templer, die man aus weit abgelegenen Gefängnissen vor die Stadt getrieben hatte. Am nächsten Morgen wurden sie in den Park des bischöflichen Palastes geführt. Auch die Gefangenen aus den Kellern der Bürgerhäuser wurden dazugeholt. Gaufried und die Jungen spähten wie so viele Pariser Bürger durch die Ritzen des Zaunes. Durch einen Amtsträger ließ der Bischof die Templer fragen: «Wir haben euch herbeiholen lassen, damit ihr euren Orden verteidigen könnt, wenn ihr wollt. Wollt ihr das?»

Brausend tönte es aus dem Heer der Zerlumpten: «Bis in den Tod! Die Schuldgeständnisse, die wir abgelegt haben, sind unter der Folter erpresst worden. Sie stimmen mit der Wahrheit nicht überein!» Und immer wieder: «Wir wollen!»

«Dann schickt uns einen Bevollmächtigten; der soll es in eurem Namen tun. Wir können euch ja nicht alle anhören», sagte der Bischof listig, «ihr seid zu viele.»

«Wir haben nur einen einzigen Bevollmächtigten», riefen sie, «das ist unser Großmeister Jacob von Molay! Führt ihn vor uns! Wir wollen ihn sehen!»

«Ja, wir wollen ihn sehen! Wir wollen ihn sehen!»

«Nun seht, das ist ganz überflüssig», ließ der Bischof antworten, «denn erst vor kurzem hat er es abgelehnt, euren Orden zu verteidigen. Geht also wieder dorthin zurück, woher ihr gekommen seid!»

Und die Wächter trieben sie wieder in ihre meilenweit entfernt gelegenen Kerker zurück.

An diesem Abend sprach Gaufried zum ersten Mal wirr. Besorgt schauten die Jungen ihn an. Erec fühlte, ob er Fieber habe, aber Gaufrieds Stirn war nicht heiß. Bald darauf wich die Verwirrung wieder, und der Schiffer war wie zuvor.

Einige Tage später brachten sie eine Fracht die Yonne hinauf bis nach Sens. Es war Dienstag, der 12. Mai 1310. In der Stadt gerieten sie in eine erregte Menschenmenge. Man drängte sie zum großen Platz, auf dem ein breit angelegter Scheiterhaufen aufgerichtet war. Karren wurden unter lautem Geschrei herangefahren. Auf ihnen kauerten gefesselte Templer. Ihre Mäntel, das Zeichen ihrer Ordenswürde, hatte man ihnen geraubt. Vierundfünfzig Männer waren es, die im Kampf ums Heilige Land ergraut waren, und solche in vollster Lebenskraft, Jünglinge in der Blüte des Lebens und Ritter aus dem edelsten Blute Frankreichs.

Man riss ihnen die Kleider ab, stieß sie auf den Holzhaufen und band sie an die Pfähle. Dann versprach ihnen ein Herold das Leben, sofern sie die Schuld des Ordens bekennen würden.

Aber es war wie vor langer Zeit im Orient, als ein Sultan den Templern das Leben versprochen hatte, wenn sie nur Christus verleugnen würden: Keiner wollte um den Preis dieser Sünde leben.

Die Henker zündeten etwas weiter entfernt Reisigbündel an und schoben sie mit langen Stangen an die Scheiterhaufen heran. Noch durch den Rauch konnte man die Stimmen der Unglücklichen hören, die die Unschuld des Ordens beteuerten. Andere riefen den Wahlspruch des Ordens, unter dem dieser zweihundert Jahre gestanden und gewirkt hatte: «Nichts für uns, Herr, nichts für uns, sondern alles zur Ehre deines Namens!»

Von diesem Augenblick an waren Gaufrieds Sinne für immer getrübt. Das Los der Templer, das er so leidenschaftlich mitgefühlt hatte, würde von jetzt an durch einen gnädigen Schleier von seiner Seele fern gehalten werden. Bald saß er in seiner Küche und wusste nicht mehr, was um ihn geschah.

Philippe der Schöne, König von Frankreich, bildete das Inquisitionstribunal zu seinem königlichen Gerichtshof um; und der Papst berief ein Konzil zur Untersuchung der Templerfrage ein: Es sollte südlich von Lyon in der Stadt Vienne zusammentreten.

Aber dem König gingen die Konzilsväter viel zu langsam vor. Hatte er ihnen das fertige Protokoll der Templerbefragung nicht längst schon zugeschickt? Wich der Papst seinen Erpressungsversuchen etwa noch aus? Er hatte ihn doch fest in der Hand! Er, der König, war doch der Stärkere in diesem Spiel! Ja, der Templerorden musste durch den Papst selbst vernichtet werden; mit den Gliedern dieses Ordens würde er auf die erprobte Weise schon fertig werden!

Der Beginn des Konzils hatte sich bereits gejährt. Da riss dem König die Geduld, und er zog mit einem heerähnlichen Gefolge in das nahe Lyon. Einen halben Tagesritt würde er von hier aus nur brauchen, um Vienne zu überfallen. Spürte der Papst diese Bedrohung? Der König schickte ihm seinen Unterhändler zu.

Die Bevollmächtigten der beiden Gewalten feilschten zwölf Tage lang um das Schicksal des Templerordens. Dann war sein Untergang besiegelt – nicht zuletzt deshalb, weil der Papst zu dieser Zeit schon alle Templergüter der Comté und der Provence an seine Familie verteilt hatte, so wie der König sich schon des meisten Templergutes im Norden des Landes bemächtigt hatte.

Am 3. April 1312 war es so weit: Das Urteil über den Templerorden wurde in der Kirche von Vienne verkündet. Papst und Kardinäle hatten sich dort im Schein vieler Kerzen zusammengefunden. Eine dumpfe Stimmung schwebte im Raum, als der Papst die Treppen zum Altarraum hinaufstieg und dann zu sprechen begann:

«Nicht ohne Bitterkeit und Seelenschmerz», ertönte seine zitternde Stimme, «aber auch durch keinen Rechtsspruch –, sondern allein durch die Macht unseres Apostelamtes, aus Fürsorge für die Christenheit und mit Zustimmung des Konzils, *heben Wir den Templerorden auf!* Alle Templergüter werden auf die Johanniter übertragen.»

Der König zog mit seiner Hausmacht zufrieden nach Paris zurück. Zusammen mit seinem Finanzminister arbeitete er seine Forderungen an das Templergut aus:

Die Templer seien ihm 200 000 Pfund, also 5 000 000 Goldfranken schuldig gewesen.

60 000 Pfund habe ihn die Unterbringung und die Folterung der Angeklagten gekostet.

12 000 Pfund habe er den Templern zur Aufbewahrung gegeben, aber die seien vom Orden veruntreut worden.

Was die Johanniter schließlich in Frankreich übernahmen, waren ausgeraubte Balleien und Komtureien und ein Rest an Feldern und Wald. In den anderen Ländern erbten sie eine reiche Hinterlassenschaft.

Zwei Jahre später:

Die Glocken von Notre-Dame läuteten zu ganz ungewohnter Zeit. Aus allen Gassen und Straßen von Paris strömten die Menschen zu der Holzbrücke, die auf die Königsinsel führte. Sie drängten sich vor der Kathedrale zusammen, wo eine Tribüne aufgestellt worden war. Diejenigen, die vorne standen, riefen den hinten Stehenden zu, was es zu sehen gab:

«Heute wird der Großmeister Jacob von Molay endlich die Schuld des Ordens öffentlich bekennen.»

«Der Götzendiener!», schrien Einzelne. «Es hat den Templern nichts genützt, dass sie den goldenen Kopf angebetet haben!»

«Man bringt ihn! Man bringt ihn! Endlich werden wir die ganze Wahrheit über diesen Teufelsorden erfahren!»

«Jetzt stellt man die vier höchsten Templer auf dem Gerüst zur Schau! Sie sehen erbärmlich aus.»

«Warum haben sie nicht schon längst ihre Teufeleien bekannt!», rief ein zwerghafter Mann in die eingetretene Stille und kicherte nervös.

«Hört, jetzt spricht der Großmeister selbst! Hat der noch eine kräftige Stimme, nach sieben Jahren Kerker!»

«Ruhe! Hört, was er sagt!»

Erschüttert hörte Jacob die Stimme des Mannes, den er wie einen Vater liebte:

«Im letzten Augenblick meines Lebens will ich die Wahrheit enthüllen und die Lüge anklagen; denn die Wahrheit muss siegen!

Ich erkläre im Angesicht des Himmels und der Erde, dass ich nur aus Angst vor der Folter gegen meinen Orden ausgesagt habe. Ich halte dies für ein Verbrechen; und für dieses Verbrechen habe ich den Tod verdient.

Ich bezeuge aber vor dem immer gegenwärtigen Angesicht Gottes, dass der Templerorden unschuldig ist – wenn ich auch weiß, dass mich dieses Zeugnis das Leben kosten wird.»

Da brach ein Tumult unter der Tribüne aus. Bischöfe und Inquisitoren zeigten unverhüllt ihre Wut. Weshalb hatten sie denn diesen Templer noch einmal vors Volk gestellt? Doch nur, weil es noch immer Templerfreunde gab, die nicht anders zu belehren waren als mit einem öffentlichen Schuldbekenntnis des Großmeisters! Immer noch gab es Stimmen, die den König einen Räuber von Templergut schimpften. Sie störten das edle Bild, das sich die abendländischen Fürsten von ihm machen sollten. Man musste diese Stimmen endlich zur Ruhe bringen! – Und nun war dieser Schachzug missglückt.

Der Bischof von Paris winkte einen Schergen herbei und schickte ihn zum König. Bald kam der Scherge zurück.

«Man zerrt den Großmeister vom Gerüst!», riefen die Nächststehenden den hinten Stehenden zu. «Hört nur! Hört! Der König hat die Verbrennung des Großmeisters für den heutigen Nachmittag befohlen!»

«Wehe uns», klagte eine Stimme in der Menge, «wenn dieses Blut ein gerechtes ist!»

Jacob und Erec kehrten erschüttert zu Gaufried zurück. Sie mussten ihm zu essen geben, sie mussten für ihn sorgen.

«Gaufried, hör», begannen sie immer wieder und verstummten schluchzend, weil er nichts mehr begriff.

Der Nachmittag kam. Es zog sie mit allen Fasern ihres Herzens zur Seine. Viel Volk wartete schon am Kai. Die Brücke zur Königsinsel war gesperrt. Von der Königsburg zum Judenzipfel war ein schmaler Steg gespannt. Er endete in der Nähe eines Scheiterhaufens.

«He», riefen ein paar Leute, «seid ihr nicht Schiffer? Ihr könntet uns ein Stück weit in den Fluss fahren, damit wir das Schauspiel besser sehen! – Für gutes Geld, versteht sich!»

«Für gutes Geld!», wiederholte Jacob mechanisch. Ihn schauderte.

Die Glocken von Notre-Dame begannen zu läuten; die Prozession der Inquisitoren setzte sich in Bewegung. Auf dem Altan der Burg erschien der König. Unbeweglich wie ein Standbild blieb er über dem Jubel der Menge stehen.

Der Großmeister wurde von einem Henker herbeigeführt.

Neben Jacob und Erec stand ein Mann mit ernstem, kühlem Gesicht. Weder für noch gegen die Templer hörte man ihn etwas sagen. Er beobachtete nur. Dieser Mann war der Geschichtsschreiber Gottfried von Paris. Mit ruhiger Hand zeichnete er die letzten Augenblicke im Leben des letzten Großmeisters auf:

Sowie der Großmeister das Feuer angezündet sieht, entkleidet er sich ohne Zaudern. Ich berichte es, wie ich es sehe: Ganz nackt in seinem Hemd tritt er heran, mit leichtem Schritt und froher Miene und ohne zu zittern, wenngleich man ihn stößt und zerrt. Man will ihm die Hände fesseln, damit man ihn nachher auf dem Holzstoß an den Pfahl binden kann. Er aber bittet herzlich:

«Ihr Herrn, lasst mir die Hände frei, damit ich sie falten kann, um meinem Gott mein letztes Gebet darzubringen. Der Augenblick ist gekommen, in dem ich sterben werde.

Gott allein weiß, welches Unrecht hier geschieht! Und Ihr, Herren, mögt wissen, dass alle, die uns hier auf Erden verfolgt haben, drüben unsretwegen werden leiden müssen. In dieser Gewissheit sterbe ich.

Dreht mich nun mit dem Gesicht zur Jungfrau Notre-Dame, die unseren Erlöser geboren hat. Sie stand bei allem Beginnen unseres Ordens und wachte über seine Unschuld.»

Sie wenden ihn der Kathedrale zu.

Als spüre er die Flammen nicht, tritt Jacob von Molay weiter für die Unschuld des Ordens ein. Die Menge ist von Verwunderung und Entsetzen erfüllt.

Jetzt hat der Tod ihn so sanft hinweggenommen, dass alle es für ein Wunder halten.

In dieser Nacht legten in aller Heimlichkeit Boote am Judenzipfel an. Männer stiegen aus und nahmen sich ein wenig Asche aus dem Scheiterhaufen. Jacob und Erec aber wachten schweigend bei ihrem Kranken.

Anhang

Die Großmeister des Templerordens

1. Hugues de Payens,
   Paenz oder Paens   ab 1128 bis 1136
2. Robert de Craon   1149
3. Everard des Barres   1152
4. Bernhard de Tremelay   1153
5. Andreas de Monbard   1156
6. Bertrand de Blanquefort   1169
7. Philippe de Milly   1171
8. Odo de St.-Amand   1180
9. Arnald de Turre   1185
10. Gerard de Ridefort   1190
11. Robert de Sablé   1193
12. Gilbert Herail   1201
13. Philippe de Plessis   1209
14. Guillaume de Chartres   1218
15. Petro de Montecauto   1232
16. Armand de Peragors   1243
17. Richard de Bures   1247
18. Guillaume de Sonnac   1250
19. Renaud de Vichiers   1256
20. Thomas Berard   1273
21. Guillaume de Beaujeu   1291
22. Tibaud Gaudin   1295
23. Jacques de Molay   1314

Die Schreibweise der Eigennamen wurde im Mittelalter sehr unterschiedlich gehandhabt und richtete sich oft nach dem Land, in dem sich der Namensträger im Augenblick befand.

Die Steinmetze von Lyon

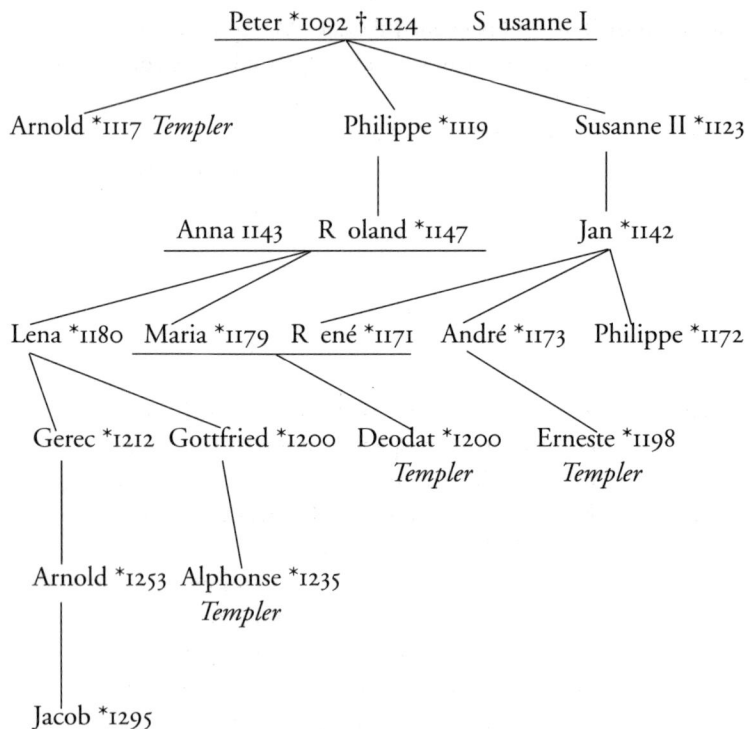

Zeittafel

	1174	Tod König Amalrichs. Der dreizehnjährige und aussätzige Baldouin IV. wird König von Jerusalem
	1180	Waffenstillstand Baldouins IV. mit Saladin, Gefangenschaft des Templergroßmeisters Odo von St.-Amand
bis	1181	Papst Alexander III.
	1183	Verletzung des Waffenstillstandes durch Rainald de Châtillon
	1184	Saladin belagert dessen Burg, die Grenzfeste Krak von Moab. Baldouin IV. besetzt die Burg
	1185	Tod Baldouins IV.; Regentschaft des Grafen von Tripolis, dem Vormund des Baldouin V., der ein kleiner Knabe ist (Sohn der Sibylle, der Schwester von Baldouin des IV.)
	1186	Baldouin V. stirbt. Sibylle und Guido von Lusignan erzwingen ihre Krönung
	1187	Schlacht bei Hattin. Vernichtung des gesamten christlichen Heeres, abgesehen vom Kontingent aus Tripolis
bis	1187	Papst Urban III.
bis	1187	Gregor VIII.
	1188	Dschingis-Khan einigt die Mongolei
	1189	Aufbruch des dritten Kreuzzuges unter der Führung des Kaisers Barbarossa
	1189	Richard Löwenherz, König von England
	1190	Tod des Kaiser Barbarossa. Auflösung des dritten Kreuzzuges in Bezug auf den deutschen Teil
	1190	Aufbruch des französischen und des englischen Heeresteils des dritten Kreuzzuges unter der Führung von Richard Löwenherz und Ludwig VII.
bis	1191	Papst Clemens III.

bis	1303	Papst Bonifazius VIII.
ab	1305	Papst Clemens V. (in Avignon)
	1307	Gefangennahme aller Templer in Frankreich; Beschlagnahme des Templergutes durch Philippe den Schönen am 13. Oktober
	1310	Der Bischof von Sens lässt am 12. Mai 54 Tempelritter ohne Prozess bei lebendigem Leibe verbrennen.
	1312	Papst Clemens V. hebt am 3. April auf dem Konzil von Vienne den Templerorden auf
	1314	Letztes Zeugnis und Verbrennung des Großmeisters Jakob von Molay am 18. März
	1314	Tod des Papstes Clemens V.
	1314	Tod von Philippe dem Schönen

ORDENSZEICHEN DER KREUZRITTER

Kreuz des Templer-Ordens
rot-weiß

Kreuz des Johanniter-Ord.
weiß-schwarz

Kreuz des Deutschherren-Ord.
schwarz-weiß

POLEN

Breslau

RUSSLAND

Tisza

1217: 5. Kreuzzug
Buda
Pest

UNGARN

Maros

Sava

ATIEN

Belgrad

Donau

SERBIEN

BULGARIEN

Siegel der Templer

6. Kreuzzug
1228

Byzanz
(Konstantinopel)

Nicaea

SULTANAT RUM
(Türken und Seldschuken)

BYZANTINISCHES REICH

Friedrich II.

Athen

Satalia

Richard Löwenherz 1191

Antiochia Euphr.

Philipp-August 1191

Rich. Löwenherz

ZYPERN

SYRIEN

KRETA

Ludwig IV. 1248

Erich II.

Damaskus

land 1271

Friesen und Engländer 1147

Damiette

Jerusalem

KALIFAT der
FATIMIDEN

Kairo

Nil

Jerusalem

*Das Leben und die Zeit
des spanischen Nationalhelden
erzählt von Inge Ott*

Der Cid

*Das Leben und die Taten
des berühmten spanischen Nationalhelden
223 Seiten, kartoniert*

Rodrigo Diaz von Vivar, genannt El Cid, lebte im Spanien des 11. Jahrhunderts. Er stammte aus dem Ritteradel, kam in jungen Jahren an den Hof des Königs von Kastilien und wurde dessen Heerführer.

Bald erkannte Rodrigo seine Aufgabe: die Einigung der rivalisierenden spanischen Fürsten und die Zurückdrängung des islamischen Einflusses. In dem ständigen Bemühen, sein Ziel zu erreichen, wurde der Cid zur größten Heldengestalt des spanischen Mittelalters.

In packender Schilderung rollt das Leben des Cid vor dem Leser ab und führt ihn in das große Panorama einer entscheidenden Epoche der europäischen Geschichte.

«Eine ausgezeichnete Biographie des spanischen Nationalhelden.»

Das gute Buch in der Schule

«Das Zeitalter der Reconquista wird lebendig geschildert, Liebe und Hass, höfische Intrigen und treue Freundschaften werden als menschliche Kräfte im politischen Spiel hervorgehoben. Das Buch macht ein Stück europäischer Geschichte lebendig.» *Coburger Tagblatt*

VERLAG FREIES GEISTESLEBEN

Gestalten und Geschehnisse
des Dreißigjährigen Krieges
erzählt von Inge Ott

Verrat!

Feinde und Freunde um Wallenstein
280 Seiten, gebunden

Den verschlungenen, sich trennenden und wieder kreuzenden Schicksalswegen um den mächtigen, unnahbaren Wallenstein spürt Inge Ott nach. Die Reise zu den Schauplätzen des Dreißigjährigen Krieges führt in die Paläste der Regenten, in die Welt derer, die Religion sagen und Macht meinen. Sie führt aber auch durch zerstörte, geplünderte, verarmte Dörfer, zeigt eindringlich Mühsal und Not der «kleinen Leute» und lässt uns indes gerade hier Beispiele ehrlicher, uneigennütziger Freundschaft und Liebe erleben. Wie ein roter Faden zieht sich der Namensstein aus Wallensteins Schwertgehenk durch das dramatische Geschehen. Seitdem Jan von der Kate in jungen Jahren Wallenstein einmal half, trägt er den Namensstein mit sich. Doch wann wird er ihn seinem Namensträger zurückgeben können?

«Fesselndes Jugendbuch um die Gestalt des geheimnisumwitterten Friedländers. Auch die Schicksale ‹kleiner Leute› in den grausamen Zeitläuften kommen ins Bild. Spannend, phantasievoll und historisch glaubwürdig erzählt.» *Das gute Buch in der Schule*

VERLAG FREIES GEISTESLEBEN

Vier Jungen und zwei Mädchen
in den Wirren der Französischen Revolution
erzählt von Inge Ott

Freiheit!!

Sechs Freunde in den Wirren der Französischen Revolution
230 Seiten, gebunden mit Schutzumschlag

Der rüde Ton der Zeitungsschreiber des beginnenden Journalismus, die harten Parolen der großen Politiker, der verzweifelte Ausbruch des lang unterdrückten Selbstbewusstseins bei den Sansculotten bilden die Atmosphäre, in der sich das Schicksal von sechs Freunden abspielt.

Aus dem kleinen französischen Dorf Les Granges brechen im Sommer 1789 die vier Jungen und zwei Mädchen heimlich und voll Hoffnung auf, um die Revolution in Paris mitzuerleben. Aber bei einem Aufruhr in Versailles werden sie auseinandergerissen ...

«Durch diesen Kunstgriff werden die fünf aufregendsten Jahre der französischen Geschichte von ganz verschiedenen Seiten beleuchtet, und der/die jugendliche LeserIn erfährt viel über die relativ komplizierten Zusammenhänge dieser Zeit.» *S. v. Selchow, Eselsohr*

«Der Roman ist eine gelungene Mischung zwischen Geschichtsbericht und spannender Handlung.»
Arbeitsgemeinschaft Jugendliteratur & Medien in der GEW

VERLAG FREIES GEISTESLEBEN

*Mit Napoleon auf dem
langen Rückzug in eine neue Heimat
erzählt von Inge Ott*

Im Schatten
des goldenen Adlers

*Ein Junge auf Napoleons Spuren
243 Seiten, gebunden mit Schutzumschlag*

Große Faszination übt Napoleon auf viele Menschen aus, auch als sein
Stern schon im Sinken ist. Für den jungen Sandor, der als Sohn eines
französischen Emigranten und einer Polin in Russland aufgewachsen
ist, wird er eine Art Leitfigur. Sandor kehrt auf Napoleons Spuren nach
Frankreich zurück. Er erlebt den katastrophalen Rückzug der «Großen
Armee» aus Russland und entscheidende Phasen in der Veränderung der
politischen Lage in Europa mit. Zugleich löst sich das Rätsel seiner
Herkunft nach und nach.

«Inge Ott erzählt in packender und anschaulicher Sprache die letzten
Jahre des Kaisers Napoleon von der Räumung Moskaus bis zur Über-
fahrt nach St. Helena.»
Arbeitsgemeinschaft Jugendliteratur & Medien in der GEW

«Die facettenreiche Lektüre ist spannend und lehrreich zugleich.»
Das neue Jugendbuch, Basel

VERLAG FREIES GEISTESLEBEN

Das Schicksal der Katharer
erzählt von Inge Ott

Geier über dem Montségur

Der heldenhafte Kampf einer Schar auserlesener Ritter
gegen König und Papst
Mit einem Nachwort von Heinrich Pleticha
180 Seiten, gebunden

Ein Jahr lang verteidigt eine kleine Schar occitanischer Ritter die Felsenburg Montségur gegen das Heer des französischen Königs und gegen das Kreuzzugsheer des Papstes. Dem Schutz der Ritter haben sich zweihundert Katharer, Angehörige einer verfolgten Gruppe von «Ketzern», anvertraut. Sollte die Festung fallen, warten auf sie die Scheiterhaufen der Inquisition.

«Die Autorin lässt die dramatischen Geschehnisse aus der Perspektive jugendlicher Burginsassen auferstehen. In einfühlsamer Weise gelingt ihr sowohl eine sachgerechte Darstellung der religiösen Merkmale der Katharer-Bewegung … als auch die Vermittlung größerer geschichtlicher Zusammenhänge. – Ein überaus empfehlenswertes Buch, wahrlich nicht nur für ein jugendliches Publikum.» *Fantasia 88*

«Inge Ott hat nach eingehenden Studien und aus guter Kenntnis der Landschaft eine ebenso realistische wie abenteuerliche Jugenderzählung geschrieben.» *Der Nordschleswiger*

VERLAG FREIES GEISTESLEBEN